财务管理专业系列教材

财务管理原理

（第2版）

张功富　索建宏　主编

首都经济贸易大学出版社
中国农业大学出版社
·北京·

图书在版编目(CIP)数据

财务管理原理/张功富,索建宏主编.—2版.—北京:中国农业大学出版社,2011.8（2016.1重印）

ISBN 978-7-5655-0361-0

Ⅰ.①财…　Ⅱ.①张…　②索…　Ⅲ.①财务管理　Ⅳ.①F275

中国版本图书馆CIP数据核字(2011)第151347号

书　　名　财务管理原理(第2版)

作　　者　张功富　索建宏　主编

策划编辑	赵　中	**责任编辑**	韩元凤
封面设计	郑　川	**责任校对**	王晓凤　陈　莹
出版发行	首都经济贸易大学出版社 中国农业大学出版社		
社　　址	北京市海淀区圆明园西路2号	**邮政编码**	100193
电　　话	发行部 010-62818525,8625 编辑部 010-62732617,2618	**读者服务部** **出　版　部**	010-62732336 010-62733440
网　　址	http://www.cau.edu.cn/caup	**e-mail**	cbsszs@cau.edu.cn
经　　销	新华书店		
印　　刷	北京鑫丰华彩印有限公司		
版　　次	2011年8月第2版　2016年1月第2次印刷		
规　　格	787×980　16开本　24印张　442千字		
定　　价	36.00元		

图书如有质量问题本社发行部负责调换

财务管理专业系列教材编委会

主　编　张功富　　索建宏

编　者　（以姓氏笔画为序）

刘　娟　　张功富

索建宏　　雷淑琴

第 2 版前言

《财务管理原理》作为财务管理专业系列教材之一，自 2006 年第 1 版出版发行以来，受到了广大读者的认可和厚爱，被不少高校选作财务管理专业本科生财务管理原理课程教学的首选教材，还被不少参加中级会计师、注册会计师的考生选作备考复习用的参考书。与此同时，许多热心读者对本教材的内容和体例等方面提出了宝贵的修改建议。在第 2 版出版之际，谨向选用本教材和提出宝贵修改建议的全国广大师生和读者朋友致以衷心的感谢！

本次修订在保持原有体系不变的基础上，遵循“充实、优化、完善”的原则，结合近年来企业财务管理理论与实践的发展变化，采用时代思维，增添时代特色，适当更新内容，力求做到“深入浅出、通俗易懂”。期望通过本次修订，进一步改进和完善财务管理原理教材的内容及教学方式，贴近财务管理的实际，拓展财务管理的视野；使学生更好地掌握财务管理的基本知识，为中级财务管理和高级财务管理等后续课程的学习打下坚实的基础。

具体而言，与第 1 版相比，本次修订的主要变化体现在：将原第六章“财务预算”和第七章“财务控制”合并为一章“财务预算与控制”；将原第五章“财务决策”中第三节“资本成本和资本结构”拆分为“资本成本”、“资本结构”与“杠杆价值”三节；对各章“本章导读”、“知识链接”进行了全面更新和补充。

本次修订由张功富教授和索建宏副教授任主编，负责总体框架设计、拟定大纲、组织撰写、审阅、修改及总纂等工作。全书共分为 8 章，各章执笔人员如下：第一章及附录，张功富；第二章，雷淑琴；第三、四章，刘娟；第五章，张功富、雷淑琴；第六、七、八章，索建宏。

由于时间紧急和水平所限，书中难免存在错误和遗漏，恳请读者批评指正。在本书的编写过程中，参阅了国内外许多优秀教材、著作，限于篇幅未能一一列出，在此表示衷心感谢！

编　者

2011 年 4 月于郑州

第 1 版前言

本书是郑州航空工业管理学院会计学系经过几年的考虑与策划，组织会计学系长期从事财务管理教学与研究的教师编写的财务管理专业系列教材之一。

本书以财务管理的各个环节为基本主线阐述财务管理人员进行财务管理活动所必须具备的基础知识和基本技能，主要介绍：财务管理目标、原则、假设；财务管理环境；货币时间价值与风险报酬；财务预测；财务决策；财务预算；财务控制；财务分析和财务工作组织等。

本书由张功富、索建宏任主编，编写提纲由张功富执笔完成。全书编写分工是：第一章、第二章、第三章、第五章由张功富执笔；第四章、第七章由周继民执笔；第六章由刘娟执笔；第八章、第九章由索建宏执笔。书稿完成后，由张功富、索建宏统一对书稿进行了修改、补充、总纂和定稿。

在本书提纲的提出以及书稿的写作过程中，得到了郑州航空工业管理学院会计学系领导和有关老师的支持、指点和帮助，同时，本书的写作参考了大量的文献，在此一并予以衷心的感谢。限于编者的理论、业务水平，本书的错漏之处在所难免，恳请读者批评指正。

编著者

2005 年 8 月

目　录

第一章 总 论

本章导读

传统的会计人才过剩，但是高级财务管理人才奇缺。从 2010 年 11 月 27 日在成都举行的首届首席财务官论坛上传出消息，中国高级财务管理市场面临 30 万人才的缺口。“我们最近给宁波的几家企业招财务总监，开出了 30 多万元的年薪，但 2 个多月过去了，至今没有招到合适的人才，企业急了，年薪加到了 50 万元，但一时之间还是一将难求。”宁波一家猎头公司的负责人如是说。根据中国会计视野网站的调查，2008 年深沪 444 家上市公司财务总监的平均薪酬为 21.14 万元，最高者为珠海中富财务总监罗俊武，年薪为 115.77 万元。这是一个很诱人的高薪职业，然而对于财务管理专业的学生而言，要成为高级财务管理人才还有很长的路要走。从《财务管理原理》学起，一步一个脚印，一定能实现心中的梦想。

在现代管理学科中，企业管理可算是最为复杂且多元化的一门艺术，包括生产、营销、人力资源、财务等企业管理科学。财务管理正是这门艺术的核心组成部分。摊开财经类报纸，访问财经类网站，诸如“一汽整体上市箭已上弦”、“上汽拟投 100 亿元打造南京基地”、“浙江娃哈哈公司向公司全体股东每股派发现金红利 1.023 元”等财务事件每天都在上演。这些财务事件中无不暗含着财务管理学的核心内容：筹资、投资和利润分配等。可见财务管理对企业的重要性非比寻常。

财务管理作为一项独立的活动和一门学科，形成于 20 世纪初，其理论和方法还处于不断完善和发展的过程中。本章将主要阐述财务管理的概念、目标、假设、原则、环节等相关的基本理论。学习并研究这些基本理论是掌握财务管理知识、方法与技能的出发点和基础。

第一节 财务管理的概念

假设你是一位财务管理专业的优秀毕业生，决定创办一家公司。为此，你要按照有关法律规定去工商管理部门办理注册登记，还要到人才市场雇用一位经理，并招募一批员工为公司服务，此外还得购置设备和原材料等。无论是注册、还是雇人，抑或是设备购置和材料，都离不开资金。作为创办人，首要的任务是如何筹集公司正常运转所需的资金，然后是在资金到位后如何有效地运用这些资金，并在创造了利润后如何在各利益相关者之间进行分配。在整个公司经营过程中，需要考虑怎样科学合理地协调企业内部各部门间的利益关系，以及如何妥善处理企业与投资者、债权人、政府、客户、社区方面的关系等问题。这些问题可概括为两大问题：财务活动（资金运动）和财务关系，这也正是财务管理概念的核心所在。

一、企业资金运动及其形式

资金对于企业而言，有如“血液”对于人一样重要。企业缺乏资金，就像人的身体没有了血液一样会死亡。如果企业拥有充裕的资金但这些资金是静止的或流动不畅，企业同样无法正常生存和发展。可见，资金运动对于企业而言至关重要。

资金运动是指企业实物商品运动和金融商品运动过程中的价值运动。具体表现为以下两种形式：

（一）实物商品资金运动

企业再生产过程是实物商品的使用价值的生产和交换过程与价值的形成和实现过程的统一。实物商品经过采购、生产和销售三个基本环节，既表现为其使用价值的实现过程，又表现为实物商品的价值运动过程。这种价值运动过程可以图示为：

$$G —— W < \begin{matrix} A \\ P_m \end{matrix} \cdots P \cdots W' —— G'$$

在企业的再生产过程中，企业通过不同渠道，以不同的方式筹措一定数量的货币（G），然后用货币购买商品（W），具体表现为，购置机器设备、建造房屋、采购材料等生产资料（P_m）和雇佣劳动者（A）。借助于劳动手段改变劳动对象，使房屋和设备折旧的价值、材料等消耗的价值和劳动者的劳动价值转移于生产物（P），使之成为在产品和产成品（W′），再以产成品销售的形式收回更多的货币（G′）。随着企业再生产过程的不断进行，上述由货币→材料和固定资产→在产品→产成品→货币的转换过程也不断地周而复始地运动下去，这种转换过程称为企业实物商品资金运动。资金运动的结果实现了资金的增值性要求。

(二)金融商品资金运动

金融商品是指在金融市场反复买卖,并有市场价格的各种有价证券(如股票、债券等)。企业进行的各种金融商品投资或买卖活动可以图示为:

$$G——G^{W}——G'$$

随着金融商品买卖的进行,货币资金(G)依次转化为金融商品资金(G^{W})和更多的货币资金(G')。

如果企业利用发行股票或债券筹集资金以及之后的偿付资金(如回购股票、支付股利、还本付息),那么,完整的实物商品资金运动可以图示为:

$$G^{W}——G——W<\begin{matrix}A\\P_{m}\end{matrix}\cdots P\cdots W'——G'——G^{W}$$

G^{W}——G 成为实物商品运动的前提,称为筹资活动,实物商品运动称为广义的投资活动,G'——G^{W} 成为实物运动的结果,称为偿付筹资活动。

金融商品资金运动与实物商品资金运动的结合使企业的资金运动形成一个完整的运动链条,随着企业的再生产过程的不断进行而进行。从货币资金开始,经过若干阶段,依次转换其资金形态,又回到货币资金的过程称为资金的循环。这种循环周而复始地进行下去,称为资金的周转。资金的循环和周转,体现了资金形态的变化,具有时间上的继起性和空间上的并存性。

二、财务活动与财务关系

(一)财务活动

如前所述,企业资金运动过程是资金形态的不断转化及其增值过程,而这一过程是通过一系列的财务活动实现的。所谓财务活动是指资金的筹集、运用、耗资、收回及分配等一系列行为。其中资金的运用、耗资和收回称为投资活动。资金运动和财务活动对应关系如下图所示:

$$\underbrace{G^{W}——G}_{\text{筹资活动}}——\underbrace{W<\begin{matrix}A\\P_{m}\end{matrix}\cdots P\cdots W'}_{\text{投资活动}}——\underbrace{G'——G^{W}}_{\text{分配活动}}$$

从上图可知,筹资活动是资金运动的前提,投资活动是资金运动的关键,分配活动是作为投资成果进行的。这也体现了企业投资与筹资的目标要求。

(1)筹资活动。任何企业要从事生产经营活动,首先必须筹集一定数量的资金。从资金运动的角度看，企业从各种渠道以各种方式筹集资金是资金运动的起点。在筹资过程中，企业不仅要确定适宜的筹资规模，而且要研究各种不同的筹资渠道、方式、工具的特点，确定合理的筹资结构，努力使筹资的代价最小且风险最低。在社会主义市场经济条件下，企业的筹资渠道、方式和工具逐步多样化，但从总体上看主要包括从投资者（国家、其他单位、个人、外商等）那里取得的自有资金（资本）和从债权人（银行、非银行金融机构、其他单位、个人、外商等）那里取得的借入资金（资本）两部分。企业从投资者、债权人那里筹集来的资金，可以是货币，也可以是实物、无形资产等其他形式。

（2）投资活动。企业在取得资金后，必须将其投放于生产经营过程中，以谋求最大的经济效益。从一定意义上讲，资金的投放与使用是企业筹集资金的目的和归宿。企业资金的投放与使用主要包括购建房屋、机器设备等固定资产；购买或制造材料、在产品、产成品等流动资产；购买或研制开发专利、专有技术等无形资产；购买股票、债券等各种形式的资产对外投资；等等。企业在资金的投放与使用中必须确定合理的投资规模，通过投资方向和投资方式的选择，确定合理的投资结构，使投资者在承受较小风险的条件下取得较高的报酬。

（3）分配活动。企业将资金投放和使用后，必然会有一定成果，这种成果首先表现为收入（销售收入或其他收入），并在补偿各种成本、费用后获得利润（若收入不足以补偿成本、费用则为亏损）。从资金运动的角度看，收入的实现过程实质上是货币资金的回收，收回的货币资金在补偿生产经营中的资金耗费后若有剩余即表现为利润。企业实现的利润首先用于弥补税法规定弥补期限内的以前年度亏损，其次是在缴纳所得税后弥补在税前利润弥补亏损之后仍存在的亏损，然后再按照国家的有关法律、法规规定提取公积金，最后将剩余部分在投资者和企业之间进行合理分配。由于资金的分配实质是各相关利益主体之间利益的权衡过程，因此，企业的分配必须在国家有关法律、法规的指导下，根据国家确定的分配原则，合理确定分配的规模与方式，在满足各相关利益主体愿望的基础上，力争使企业的长期利益最大。

以上三个方面的活动伴随着企业生产经营活动过程的循环往复不断进行，三者相互联系、相互依存，共同构成企业财务活动的完整过程，同时也成为企业财务管理的主要内容。

（二）财务关系

企业组织资金运动，进行资金筹集、资金运用和资金分配等财务活动，必将与有关各方发生广泛的经济联系，这种联系的核心是经济利益。因此，我们将企业在财务活动中与有关各方发生的经济利益关系称为财务关系。根据契约理论，现代企业是一系列契约的总和。每一种财务关系实际上就是企业与某相关者之间的一种契约关系。在社会主义市场经济条件下，企业的财务关系主要表现在以下几个方面：

(1)企业与投资者之间的财务关系。企业与投资者之间的财务关系表现为投资者(国家、法人和个人)按约定向企业投入资金，企业向投资者支付投资报酬所形成的经济利益关系。投资者因向企业投入资金而成为企业的所有者，拥有对企业的最终所有权，享受企业收益的分配权和剩余财产的支配权；企业从投资者那里吸收资金形成企业的自有资金，拥有法人财产权，企业以其全部法人财产依法自主经营、自负盈亏、照章纳税，对投资者承担资产保值增值责任，向投资者支付投资报酬。所以，企业与投资者之间的财务关系实质上是一种所有权和经营权的关系。

(2)企业与债权人之间的财务关系。企业与债权人之间的财务关系表现为债权人(银行、非银行金融机构、其他单位、个人、外商)按合同、协议向企业投入资金，企业按合同、协议向债权人支付利息、归还本金所形成的经济利益关系。债权人向企业投入资金的目的除了安全收回本金外，更重要的是为了获取固定的利息收入；企业吸收债权人的资金形成借入资金，对此企业必须按期归还，并依合同、协议的约定支付利息。所以，企业与债权人之间的财务关系实质上是一种债权债务关系。

(3)企业与政府之间的财务关系。企业与政府之间的财务关系主要体现在政府为行使维护社会、经济秩序以及文化、教育、公共事业等职能而向企业征收各种税金而形成的利益关系。企业按照税法规定定期向政府缴纳流转税、所得税等，政府保护企业的合法利益不受侵害，由此形成的财务关系实质上是一种强制和无偿的分配关系。

(4)企业与其他企业(单位)之间的财务关系。企业与其他企业(单位)之间的财务关系表现在三个方面：一是企业因购买材料、销售产品或劳务而与购、销客户之间发生的货币收支结算关系；二是企业之间相互赊购、赊销形成的短期债权债务关系；三是企业之间相互投资或因持股、控股而形成的所有权与经营权关系。在社会主义市场经济条件下，企业(单位)之间的经济交往愈来愈密切，其间的经济利益关系也愈来愈复杂，由此形成的财务关系必将成为企业财务管理的重要方面。

(5)企业内部各单位之间的财务关系。企业内部各单位之间的财务关系表现为企业内部各单位之间因相互提供产品、劳务而形成的经济利益关系。在实行内部经济核算制和经营责任制的条件下，企业内部的各单位之间相互提供产品、劳务必须进行合理的计价结算，严格分清各单位的经济利益与经济责任，以充分发挥激励机制和约束机制的作用。由此形成的财务关系实质上是一种货币收支结算关系。

(6)企业与其职工之间的财务关系。企业与其职工之间的财务关系表现为职工向企业提供劳动，企业向职工支付劳动报酬而形成的经济利益关系。企业按照按劳分配的原则，以职工提供劳动的数量和质量为依据，向职工支付工资、奖金、津贴等劳动报酬，由此形成的财务关系实质上是一种职工和企业在劳动成果上的分配关系。

三、财务管理的概念

在西方国家，基于实证性的考虑，对于财务管理较有权威性的表述是"确定资金和资源的最佳利用，以使企业价值增值的过程。"在我们国家，关于财务管理的概念，更多的是基于规范性的考虑。因此，本书也从规范性的角度对财务管理的概念进行概括。

财务管理，顾名思义，就是对财务的管理，财务包括财务活动和财务关系，因此财务管理的主要内容就是组织财务活动、处理财务关系。无论是组织财务活动，还是处理财务关系，其目的都是为了实现价值增值，因此，财务管理的性质是一项价值管理工作。

综上所述，企业财务管理是基于企业再生产过程中客观存在的财务活动和财务关系而产生的，是组织企业财务活动、处理财务关系的一项价值管理工作。

四、财务管理在企业管理中的地位

企业生产经营活动的复杂性，决定了企业管理必须包括多方面的内容，如生产管理、技术管理、劳动人事管理、设备管理、销售管理、财务管理等。那么，哪方面的内容是企业管理的中心呢？企业管理在不同时期有不同的中心，它依次经历了四个阶段：在计划经济体制下，企业管理以生产计划为中心；随着市场经济体制的建立和发展，演变到先是以市场销售为中心；后又转变到以资本经营为中心；随着企业规模迅速扩大，企业集团和跨国公司的涌现，资本市场日臻完善，多数企业资金十分紧张，企业为了生存、发展、获利和资本增值，就必须以财务管理为中心。企业管理以财务管理为中心的客观必然性体现在以下几方面：

(一)企业管理以财务管理为中心是社会资源优化配置的必然要求

在社会主义市场经济条件下,社会资源配置中起基础和调节作用的是市场信息,即价格、成本、盈利、利息等价值指标信息。而财务管理是对企业价值的综合管理,它首先接受各种市场信息,综合处理价值信息,并据此提出决策方案,参与经营决策。因此,只有以财务管理为中心,才能使社会资源得到合理配置。如果不以财务管理为中心,而以生产或销售为中心,以产品、产量、销量等指标为中心(在现阶段,产品生产出来不一定能销售出去,销售出去不一定能盈利,有了盈利也不一定能收回现金),必然对市场信息反应迟缓,丧失商机,造成资源的极大浪费。

(二)企业管理以财务管理为中心是建立现代企业制度的客观要求

现代企业制度要求产权清晰、责任明确、政企分开、管理科学。在企业内部,要使企业管理科学化,就必须以财务管理为中心,狠抓财务管理,带动整个企业的科学管理。这是因为:①财务管理活动涉及企业的供、产、销等各个环节;②财务管理可以为生产管理、经营管理、质量管理、技术管理、设备管理、劳动人事管理、物资管理等一切管理活动提供准确完整的基础资料;③企业的一切生产经营管理活动,最终都要反映到财务成果上来,通过核算、分析、对比,可以检查企业生产经营活动执行情况,发现存在的问题,提出解决问题的措施,为企业领导经营决策提供可靠的依据。

(三)企业管理以财务管理为中心是由财务管理的特点决定的

财务管理与其他企业管理活动相比具有综合性、广泛性和灵敏性等特点。

(1)综合性。在众多的企业管理活动中,有的侧重于使用价值的管理;有的侧重于价值管理;有的侧重于劳动要素的管理;有的侧重于信息的管理。财务管理作为企业管理的重要组成部分,主要利用价值形式对企业的生产经营活动实施管理,通过价值形式将企业生产经营的各个方面及其他管理工作的质量、效果、问题等综合地反映出来,促使企业管理水平和经济效益不断提高。

(2)广泛性。财务管理的广泛性在于它涉及企业生产经营的各个方面、各个部门。在企业中凡涉及资金的收支活动,都与财务管理有关。而资金是企业的“血液”,流动于企业各个方面、各个部门,因此,企业的每一项生产经营活动、每一个部门都与财务管理发生广泛的联系,都必须接受财务部门的指导和财务制度的约束,以此来保证企业经济效益的提高。

(3)灵敏性。在企业中,生产经营状况如何,管理的效果怎样,都可以迅速地通过各种财务指标反映出来。如决策是否得当、经营是否有方、技术是否先进、生产组织是否合理、产销是否衔接、收入与利润的取得是否合理等都会迅速地影响企业的财务指标，从而有利于及时总结经验，分析问题，不断地提高企业经济效益。

五、财务管理学与相关学科①

按照财务管理发展的趋势，财务管理学正在和其他学科交叉，向其他领域渗透，因此，在学习这门课程之前有必要先了解财务管理学和以下有关学科的关系。

（一）财务管理学与经济学

从学科的产生与发展看，财务管理学是从经济学中分离出来逐渐成为一门独立科学的。财务管理的发展轨迹，一再证明了财务管理是随经济的发展特别是市场经济的发展而发展的，是随着经济学的发展而发展的。反过来说，财务理论的发展带动了经济学的发展，财务理论的每一次飞跃都标志着经济学的重大突破；财务理论的每一次升华，也是对经济学的重大贡献。例如 MM 资本结构理论②从定性到定量的突破，不仅使财务管理系成为一门精确的科学，而且也使经济分析方法成为经济学的一大新突破。

从学科研究的范畴看，经济学是研究个人、企业、政府以及其他经济组织如何在社会内进行选择，以及这些选择如何决定社会稀缺资源的使用的科学；财务管理学则主要就这些稀缺资源的配置如何达到最优化进行研究，进行成本与效益的比较选择，以求得管理和决策效益的最大化。所以它是经济学在经济领域中的具体运用。

从学科研究的内容看，经济学所讨论的资源基本上分为三种：人力资源、自然资源与资本资源，当它们被投入到生产过程用以满足人们欲望的最终产品时，就表现为生产要素；财务管理学研究的就是这些生产要素的价值方面及其货币表现，主要指以资金反映的在企、事业单位等经济组织中的资金投放、融通、使用及其收益的分配管理等问题。

从学科的功能和用途看，经济学理论依靠一套基本概念、假设及公理化的推理体系对于所观察到的经济现象进行解释，进而进行预测。经济学中的一些基本概

---

①除“（三）财务管理学与会计学”外，“财务管理学与相关学科”的其余内容均参考西安交通大学精品课程“财务管理学”第二章“企业财务管理环境与相关研究领域”部分教案。

②中级财务管理教材将介绍 MM 资本结构理论的主要内容。

念，如成本、利润、价格在财务管理学中得到了具体体现，它的供给、需求等基本原理是财务管理的指导思想；财务管理学正是利用这些基本概念和原理进行具体的预测、决策、控制和调节管理的。

从学科的研究方法看，经济学研究经济问题有实证经济学和规范经济学之分，在具体方法上就有实证分析与规范分析之别。特别是在微观经济学中实证分析占据了重要位置。财务管理学与微观经济学更为贴近。由于实证经济学所涉及的基本上是经济变量之间的关系，例如投入与产出之间的关系，成本与利润之间的关系，在财务管理学中表现得更为直接和具体。从实质上看，财务管理就是研究资金、成本、利润之间的关系的学科。在经济学理论或模型中所描述的若干经济量的特征，例如常量和变量、内生变量和外生变量、存量和流量等，都是财务管理学要研究和处理的范畴和内容。可见财务管理学既是从经济学中分离和衍生的，同时又是经济学研究范畴的更精细、更具体、更直接的内容。

（二）财务管理学与管理学

财务管理学从属于管理学。管理学是研究如何促使组织内的个人协调工作，以便使组织机构内所有人员达到最佳状态，发挥管理人员和其他人员作用的一门的学科。由此可见，管理学涵盖了财务管理学。

从管理学科的产生和发展看，真正称之为科学的仅仅是近 100 多年的事，而财务管理的发展史也告诉我们，它与管理学的产生与发展是同步的。在此之前，无论中外的管理活动历史上，都闪烁着管理思想的光芒，其中不乏财务管理的思想光环。19 世纪末 20 世纪初，在泰勒的“科学管理理论”产生之际，1897 年美国著名经济学家格林的《公司财务》的出版标志着财务管理学科初步形成，筹资财务管理阶段开始，这不是时间上的巧合，而正是两者内在因果关系的体现。

从管理的定义和职能、管理学的研究对象来看，管理有多重含义和职能，因而管理学也有多种研究内容。最近 70 年中有许多人对管理下了多种定义，最著名的如法国的法约尔提出的以计划、组织、指挥、协调及控制五职能论为要素形成的活动过程论，简洁的说法如“管理是通过其他人的工作达到组织的目标”等。这种多定义的原因一方面是由于管理的普遍性所造成；另一方面也是由管理的复杂性所造成。因而形成了管理学研究的广泛领域和复杂的研究内容。概括地说，管理就是设计并保持一种良好环境，使人们能够高效、协调地完成既定目标的过程。而财务管理在各个领域也是普遍存在的，它是在组织的内外环境的制约下，通过管理者对资金有效的管理，包括筹集、融通和调配，实现组织中资源的有效配置，所以它正体现了管理所要达到的目标。按管理的对象分，管理涉及企业、政府、学校、医院、军队等各种组织和团体，因而也就形成了各种不同门类的管理学，如企业管理学、行政管理学、学校管理学、军队管理学等。在企业管理学中，具体又包含生产、销售、劳动、人事、技术、质量和财务等多项管理工作，财务管理属于管理中的一项重要工作。

从管理学所运用的方法论原理来看，很多也可适应财务管理学。管理方法是管理理论、管理原理的自然延伸和具体化、实际化，是管理原理指导管理活动的必要中介和桥梁，是实现管理目标的途径和手段。管理原理必须通过管理方法才能在管理实践中发挥作用。如果从特定角度对管理方法进行分类，可以看出管理学的基本方法论原理均可以用于指导财务管理学。譬如，按照管理方法的适用普遍程度可划分为一般方法和具体方法，财务管理方法也不过如此；按照管理对象的性质可划分为人事管理方法 、物资管理方法、资金管理方法、信息管理方法，后三者在财务管理学中均有使用，然而更多地使用资金管理方法；按照所运用方法的量化程度可划分为定性方法和定量方法，这两者财务管理学中也均使用。

综上可见，财务管理学是管理学原理及其方法论在财务管理理论方面的具体体现和运用。两者具有紧密的联系和主从关系。

(三)财务管理学与会计学

自20世纪80年代初至今，在我国财务与会计界就财务与会计到底谁包括谁的问题展开了两次大的讨论，关于财务与会计的关系问题主要有“大会计观”、“大财务观”和“财会并列观”三种观点。“大会计观”认为会计具有直接的管理职能，会计应当包括财务，财务是管理的对象，必须对财务实施会计管理。“大财务观”认为会计工作是财务管理工作的组成部分。他们认为会计核算只是财务管理的一个基本环节，并提出广义的财务管理包括会计，只有狭义的财务管理才与会计并列。“财会并列观”与前述两种观点均不相同，它既不赞成会计包括财务，也不赞成财务包括会计，因为财务与会计二者工作性质、内容都各不相同，主张二者并列。

我们赞同财务管理与会计是并列的或平行的观点，即二者虽然关系密切，但它们之间是有区别的。

1.财务管理与会计的区别

(1)目标不同。财务管理的根本目标在于实现股东财富最大化；而会计目标只在于如何定期、完整、准确地提供投资者、企业管理者及其他利益相关主体所需要的会计信息，即对外提供会计报表和对内提供内部决策报表。

(2)管理的内容和方法不同。财务管理以资金运动(现金流量、财务活动等)作为学科内容，侧重于事前的预测、决策、计划和事中的控制与监督，财务计划、财务控制和财务分析是其主要方法。会计则主要把会计作为信息系统，以会计要素的确认、计量、报告作为主要内容，侧重于对事后经济事项进行反映和监督，它以设置会计科目和账户、复式记账、填制凭证、登记账簿、成本核算和编制报表为主要方法。

(3)工作内容不同。财务人员主要负责以下工作：筹集资金、投资管理、股利分配、银行与保险、信用和收款等；而会计人员则主要负责以下工作：提供对外会计报告、对内报告、计划与控制、经济评价、保护企业财产、税务管理等。

(4)工作机构不同。财务机构的设置与否受企业规模的影响，比如在西方，小型企业一般不单独设立财务管理组织，而大型企业则一般都设置专门的财务管理机构负责企业的财务与会计工作。会计机构的设置则不受企业大小的影响，也就是说，所有企业都应当设置会计部门以加强会计核算。

2.财务管理与会计的联系

财务管理学与会计学是密不可分的，其联系主要表现在以下几个方面：

(1)财务管理工作的有效进行必须依赖于会计所提供的信息。财务管理的基本环节包括财务预测、决策、预算、控制、分析评价，每一个环节都依赖于会计信息。财务人员对企业财务活动的前景进行预测时，必须了解会计所提供的历史信息，根据历史信息，采用一定的预测手段，如回归分析法、平滑指数法等，对企业的未来财务前景做出判断，在此基础上，做出科学的决策，并以数量化的形式编制财务计划和预算。财务控制是根据实际执行情况与计划的偏离程度进行调节，而实际执行结果必须通过会计提供实际运行的信息。财务管理人员根据企业资产使用情况、成本耗费情况，及时调节财务资金，使整个企业的资金运动不致割裂和梗塞。财务分析是根据会计报表提供的会计信息采用对比、比率等方法了解企业的资本运作情况，并根据分析的结果进行考核和评价各部门经营业绩。

(2)财务管理工作的好坏可以通过会计信息得以揭示和反映。企业财务管理主要包括筹资、投资和分配的管理。投资者、债权人和其他会计信息使用者通过会计报表所提供的信息，可以了解企业的资本结构、盈利能力、偿债能力和营运能力，进而了解企业的财务状况。企业财务状况的好坏，很大程度上取决于财务管理的水平。所以，一个企业理财是否有成效，通过会计信息的分析就可得出结论。

(3)会计信息的提供要满足财务管理的需要。会计作为以提供经济信息为主的决策支持系统，它们所提供的信息必须要满足企业内部经营管理的需要。财务管理作为企业管理的重要组成部分，在会计信息方面的要求比其他管理更为迫切。如果会计信息失真，必然会造成财务分析结果失当、财务预测准确性差、财务决策失误、财务预算约束无效、财务控制乏力，从而造成财务管理混乱、经济效益低下，最终可能导致企业破产清算。为此，会计信息必须满足信息的质量特征，会计应提供准确、及时、具有相关性的会计信息，为财务人员实施正确的财务决策提供强有力的支撑。

(四)财务管理学与金融学

众所周知，财务与金融在英语中通属一词“Finance”，按我国传统的理解这两者所研究的对象之间并没有太多的重复和交叉。“金融”所指的范围大体包括：与物价有紧密联系的货币供给，银行与非银行金融机构体系，短期资金拆借市场，证券市场，保险系统，以及通常以国际金融概括的这诸方面在国际之间的存在等。而财务通俗地讲，是指涉及钱财的事务，是企、事业单位资金及其运动，尽管有人也将财务管理划分为宏观和微观财务管理，但它们均涉及的是与资金有关的层面，包括融资、投资、用资等理财活动。随着西方管理知识和经济理论进入及其对我国传统理论的冲击与交融，人们对“金融”和“财务”的理解不断有新的含义。对两者之间共性的理解越来越多，两者研究的范围越来越有更多的交叉，因而学科之间的交叉和重复也开始出现。在西方，财务学科体系是由三个领域组成：资本市场学、投资学、财务管理。加拿大一般院校的“Finance”专业主修的课程主要有：财务理论、资本市场理论。另外再由财务系提供若干学分课程，包括公司财务理论、资本预算、短期财务管理、投资分析、投资组合管理、期权和期货、不动产投资财务、高级财务、国际财务、金融管理机构和财务案例。西方“Finance”所研究的领域大致包括两个方面，一是资本市场，二是公司财务。而我们国内则对金融和财务的研究有所不同，有所交叉：金融侧重于宏观层面的货币政策管理、货币供给和银行与非银行金融机构体系、短期资金拆借市场，而财务研究的范畴宏观上则主要侧重于财务政策的制定，微观上侧重于企、事业单位资金的融通和运用，两者在资本市场、风险管理、期权期货等方面有越来越多的交叉和联系。

(五)财务管理学与数学、统计学、计量经济学及计算机技术

在财务管理与上述学科密切联系，不断寻求新的发展空间的同时，财务管理在研究方法上更多地与数学、统计学、计量经济学及计算机技术交织在一起。借助于这些学科严密的逻辑推理，进行自身独有的方法体系拓展。特别是在实证方法研究中，更多地借助这些学科的公式、推理，建立数学模型，进行统计检验，加之计算机的使用，使这种研究更加快速和深化，财务管理学的科学性、严密性及精确性更为突现。

可以看出，经济学、管理学为财务管理学科提供了理论支撑，奠定了财务管理学科的理论基础；而数学、统计学、计量经济学以及计算机技术则为财务管理学科提供了技术支撑，构成了财务管理的方法论基础；会计学和金融学是与财务管理并列的学科，前者从微观角度为财务管理提供会计信息，后者既从宏观和中观角度为财务管理提供相关信息，也为财务运作提供了必不可少的工具和场所，它们与财务管理互相渗透，交融发展，又不断拓展着各自独立的学科体系。

第二节 财务管理目标

美国著名管理学家彼得·德鲁克在其《管理的实践》一书中提出：一切活动开始于目标的制定，活动的进行以目标为导向，活动的结果以完成目标的程度来评价。可见，目标贯穿于整个管理活动过程中。财务管理是企业的一项重要管理活动，因此，财务管理目标也贯穿于企业的整个财务管理过程中。正确的财务管理目标是企业财务管理系统良性循环的前提条件，财务管理目标是财务管理研究的起点。初学者首先必须了解和掌握财务管理目标的相关理论。我们很难想象一个不懂财务管理目标理论的财务学者会取得高水平的研究成果，也很难想象一个不懂财务管理目标理论和实务的财务总监能把一个企业的财务管理好。

财务管理是企业管理的重要组成部分，因此企业目标对财务管理目标有决定性的作用。

一、企业目标及其对理财的要求

企业作为社会经济的细胞是社会生活中各种经济利益关系的集合点。因而，企业目标往往是一个多元化的目标体系。概括起来说，企业目标是由以下几部分构成的：

(1)生存。任何一个企业的创始人及其经营者都希望其企业能够在激烈的市场竞争中长期生存下来，因此，生存目标是每一个企业的首要目标。而企业要在市场竞争中生存下来必须具备以下两个基本条件：①以收抵支，如果长期亏损且扭亏无望，将失去存在的意义；②到期偿债，否则将可能被债权人接管或被法院宣告破产。生存的目标要求企业在财务管理中注重资产的流动性和偿债能力，做到以收抵支，持续稳健经营，使企业能够长期、稳定地生存下去。

(2)获利。企业的投资者对企业进行投资并不是从事慈善事业，他们要求企业必须以收抵支，以较少的投入获得较大的产出，获得尽可能多的利润。获利的目标要求企业在财务管理中想方设法使有限的资金得到合理、有效的利用，千方百计降低各种成本费用。

(3)发展。逆流行舟，不进则退。“发展是硬道理”。面对激烈的市场竞争，企业如果不能稳定发展，就要被淘汰，影响其生存这一基本目标，因此企业的稳定发展是其重要目标之一。企业发展集中表现为扩大收入。扩大收入的根本途径是提高产品质量，扩大销售数量，这就要求不断更新设备、技术和工艺，不断提高人员素质，不断改善管理。这些更新和改进都需要资金的投入，因此发展的目标要求企业在财务管理中注重资金的筹集，为企业不断发展提供资金上的保障。

二、财务管理目标的概念与特征

财务管理目标又称财务目标、理财目标，是指企业进行财务活动所要达到的根本目的，是评价企业财务活动是否合理的标准，它决定着财务管理的基本方向。财务管理目标反映着理财环境的变化，并根据环境的变化做适当调整，它是财务管理理论体系中的基本要素和行为导向，是财务管理实践中进行财务决策的出发点和归宿。因此，研究财务管理目标问题，既是建立科学的财务管理理论结构的需要，也是优化我国财务管理行为的需要，无论在理论上，还是实践上都有重要意义。

财务目标一般具有如下特征：

(1)相对稳定性。任何一种财务管理目标的出现，都是一定的政治、经济环境的产物，随着环境因素的变化，财务管理目标也可能发生变化。例如，西方企业在财务管理的不同发展阶段就有不同的财务管理目标，如“筹资数量最大化”、“利润最大化”、“股东财富最大化”等。在我国，财务管理的目标过去虽未明确提出过，但在过去计划经济体制下，财务管理是围绕国家下达的产值指标来进行的，可以概括为“产值最大化”。改革开放以来，我国企业最关心的是利润的多少，企业财务管理工作围绕利润来进行，可以把财务管理的目标概括为“利润最大化”。在一定时期或特定条件下，财务管理的目标是保持相对稳定的。

(2)整体性。财务目标必须服从企业整体发展战略和发展规划，也即企业目标决定着财务目标。财务管理系统内部的筹资、投资和利润分配等各个方面的目标必须具有合力。例如，某企业的五年计划中提出“在计划期末要实现利润×××万元”，则该企业财务目标就应该是利润最大化，其筹资、投资和利润分配等目标也应围绕利润最大化来制定。

(3)多元性。财务目标的多元性是指财务目标不是单一的。由于企业财务涉及财务活动的各方面和财务管理各环节,并都有其特定的目标,这些目标反映了不同的财务活动处于不同的财务关系之中,形成了目标的多样性,包括企业筹资目标、投资目标、资金营运目标、利润分配目标等。

(4)层次性。财务目标的层次性是指财务目标按一定标准可划分为若干个层次。财务目标之所以具有层次性,主要因为财务管理的内容可以划分为若干层次。财务管理内容的层次性使财务目标由总体目标和具体目标两个层次构成。所谓总体目标是指一般目标,处于支配地位,它决定着整个财务管理过程的发展方向,是企业财务活动的出发点和归宿。所谓具体目标则是指在总体目标的制约下,从事某一部分财务活动所要达到的目标,这些目标处于被支配地位。根据整体性的要求,具体目标不应与总体目标相左。

(5)阶段性。任何目标都必须具有时间期限。长期目标是企业总体目标实施全过程所要达到的总体结果,中期、短期目标则是在长期目标实施过程中所要达到的阶段性成果。任何长期目标都是由若干个中短期目标所构成的。

(6)定量性。财务目标的提出既要有定性的分析判断,又要有定量的指标。定量方面的指标就是要把达到的目标数量化,用具体的数字予以表达。

以上六个特征对于指导财务管理实践和确定财务管理目标体系具有重要意义:①财务管理目标的稳定性要求企业在财务管理中必须把不同时期的经济形势、外界环境的变化与财务管理的内在规律结合起来,适时提出并坚定不移地抓住企业财务管理的基本目标,防止忽冷忽热,忽左忽右;②财务管理目标的整体性要求我们制定财务目标时一定要紧密结合企业目标,为实现企业整体发展战略和发展规划服务,防止财务目标与企业目标相互冲突,财务部门与其他职能部门相互推诿、扯皮;③财务管理目标的多元性要求我们既要了解各目标之间的统一性,又要了解各目标之间的差别性,要以主导目标为中心,协调各目标之间的矛盾;④财务管理目标的层次性要求我们把财务管理的共性与财务管理具体内容的个性结合起来,以总体目标为中心,做好各项具体工作;⑤财务管理目标的阶段性要求我们制定的财务管理目标体系应该由一个长期目标和若干个中期、短期目标组成,长期目标的实现取决于各个中短期目标的完成情况;⑥财务管理目标的定量性要求我们制定的财务管理目标要尽可能地易于量化,便于在财务管理实践中实施和考核。

根据财务管理目标的稳定性、整体性、多元性、层次性、阶段性和定量性,可以建立一种协调不同时间、不同系列、不同层次的财务目标体系,以完善企业财务理论,指导企业财务管理实践。

三、财务管理的总体目标

财务管理的总体目标是全部财务活动实现的最终目标，它是企业开展一切财务活动的基础和归宿。中西方财务理论对于财务管理的总体目标有很多不同的表述，其中最具代表性的观点有以下几种：

（一）利润最大化

利润最大化是财务目标的较早表述。这种观点从西方经济理论的角度出发，认为企业的财务目标应当是企业的利润额在尽可能短的时间内达到最大。这一目标强调企业的奋斗目的在于利润，认为利润是企业持续经营的必要条件，利润是经营者唯一的追求，企业没有利润就不可能生存。将利润最大化作为企业财务追求的目标，不仅有利于企业讲求经济核算、加强企业管理、改进技术与工艺、提高劳动生产率、不断降低成本，而且有利于考核管理的效率。

但是，将利润最大化作为企业财务行为的根本目标，也存在一定的缺陷，主要表现在：

(1)利润最大化的概念模糊不清。这里的利润额是指息税前利润还是利润总额？是税后利润还是分配给投资者的利润？息税前利润最大化并不意味着利润总额最大，债务的规模与利息是其重要的影响因素。税后利润的最大化也不意味着分配给投资者的利润最大，还必须考虑企业的分配政策。

(2)利润最大化未考虑利润实现的时间。不同时点上相等金额的利润所代表的价值不同，因为资金是有时间价值的。例如，今年获利 100 万元和明年获利 100 万元，哪一个更符合企业的目标？若不考虑货币的时间价值，就难以作出正确判断。

(3)利润最大化没有考虑投入与产出的关系。利润额是一个绝对指标，若不将其与相应的资本投入额联系起来看，则很难做出正确的判断与选择，还有可能使财务决策选择高投入的项目，而放弃高效益的项目。例如，同样获得 100 万元利润，一个企业投入资本 500 万元，另一个企业投入 600 万元，哪一个更符合企业的目标？若不与投入的资本额联系起来，就难以作出正确判断。

(4)利润最大化没有有效地考虑风险问题。获取利润与所承担的风险往往存在着一定的对等关系，不考虑风险因素而片面追求利润最大化，将会使财务决策优先选择高风险的项目，一旦不利的事实存在，企业将陷入困境，甚至可能破产。例如，同样投入 500 万元，本年获利 100 万元，一个企业获利已全部转化为现金，另一企业获利则全部是应收账款，并可能发生坏账损失，哪一个更符合企业的目标？若不考虑风险大小，就难以作出正确判断。

(5)利润最大化目标往往使企业财务决策者带有短期倾向。如只顾实现当前的最大利润，而不顾企业的长远发展；只顾迎合投资者的心理，当期多分红而少积累；只顾局部利润最大，而不顾总体目标的实现；等。我国企业在改革开放初期实行的“利润承包制”就曾暴露出这个问题，严重影响了企业的可持续发展能力。

因此，现代财务理论认为，尽管从经济学的角度来看利润最大化有一定道理，但它很难适应现代财务管理的要求。

(二)股东财富最大化

股东财富最大化是指通过财务上的合理经营，为股东带来尽可能多的财富。在股份经济条件下，股东财富由其所拥有的股票数量和股票市场价格两方面决定。在股票数量一定的情况下，当股票价格达到最高时，则股东财富也达到最大，所以股东财富最大化又演变为股票价格最大化。西方一些财务学者认为，在运行良好的资本市场里，股东财富最大化目标可以理解为最大限度地提高现在的股票价格。

与利润最大化目标相比，股东财富最大化目标的积极意义在于：

(1)考虑了股东未来报酬取得的时间因素，并用资金时间价值原理进行了科学的计量。股票的价格取决于股票的价值，而股票的内在价值取决于该股票能给持有人在持有期内带来多少现金流入，它是未来现金流入的现值之和(有关货币时间价值的具体计算原理将在本书第三章中详细介绍)。因此股票价值的计算考虑了时间因素。

(2)考虑了风险与报酬之间的联系，能有效地克服企业财务决策者不顾风险而片面追求利润的错误倾向。“投资者的眼睛是雪亮的”，对于利润相同但风险不同的两家公司的股票，投资者的估价往往是不相同的。

(3)有利于克服企业在追求利润上的短期行为，使企业财务管理从更长远的考虑上发挥统帅作用。经营者如果存在短期行为，则尽管其报表上的利润可观，股价同样会对其短期行为作出正确的反映。

(4)如果每个企业都将股东财富最大化作为自己的财务目标，整个社会的财富将会得到相应的增加。

(5)比较容易量化，便于考核和奖惩。

但是，我们也应该看到，股东财富最大化也存在一些缺点，主要表现在：

(1)股票价格的变动除受企业经营因素影响之外，还会受到企业无法控制的因素影响。如果股票价格没有及时地反映管理当局认为较好的财务决策，将会使管理当局失去信心；如果管理当局过分注重股票价格的变动，则可能会使财务决策误入歧途。

(2)它只强调股东的利益，而对企业其他关系人的利益重视不够，在某些时候可能会影响股东财富最大化的实现。

(3)它只适用于上市公司，对非上市公司则很难适用。

(三)企业价值最大化

所谓企业价值就是企业资产的市场价值，它等于负债的市场价值与股东权益的市场价值之和。企业价值最大化是指通过企业财务上的合理经营，采用最优的财务政策、充分考虑资金的时间价值和风险与报酬的关系，在保证企业长期稳定发展的基础上使企业总价值达到最大。这一定义看似简单，实际上包括丰富的内容，其基本思想是将企业长期稳定发展摆在首位，强调在企业价值增长中满足各方利益关系。因此，我们认为企业价值最大化与一些学者提出的“相关者利益最大化”①是一致的。

企业价值最大化的财务目标具体包括以下几方面的内容：①强调风险与报酬的均衡，将风险限制在企业可以承受的范围之内；②创造与股东之间的利益协调关系，努力培养稳定的股东群；③关心本企业职工利益，创造优美、和谐的工作环境；④不断加强与债权人的联系，重大财务决策请债权人参加讨论，培养可靠的资金供应者；⑤关心客户的利益，在新产品的研制和开发上有较高投入，不断推出新产品来满足顾客的需求，以便保持销售收入的长期、稳定增长；⑥讲求信誉，注意企业形象的宣传；⑦关心政府政策的变化，努力争取参与政府制定政策的有关活动，以便争取出现对自己有利的法规，但一旦立法并颁布实施，不管是否对自己有利，都会严格执行；⑧积极参与社会公益活动，提高企业在社会公众中的形象。

以企业价值最大化为财务管理的目标，具有以下优点：①企业价值最大化目标考虑了取得报酬的时间，并用时间价值的原理进行计量；②企业价值最大化目标科学地考虑了风险与报酬的联系；③企业价值最大化能克服企业在追求利润上的短期行为，因为不仅目前的利润会影响企业的价值，预期未来的利润对企业价值的影响所起的作用更大。

企业价值最大化是一个抽象的目标，在运用时也存在一些缺陷：①由于企业价值最大化目标要求企业在财务决策时要考虑各相关者的利益，容易使决策者左右

---

①相关者利益最大化是指企业的财务活动必须兼顾和均衡各个利益相关者的利益，使所有利益相关者的利益尽可能最大化。

为难,“多目标就是没目标”;②非上市企业的价值确定难度较大,虽然通过专门评价(如资产评估)可以确定其价值,但评估过程受评估标准和评估方式的影响使估价不易客观和准确,从而影响企业价值的准确性与客观性。

尽管企业价值最大化财务目标存在着上述缺陷,但就如同从利润最大化向股东财富最大化转变一样,从股东财富最大化向企业价值最大化的转变是财务管理目标理论的又一次飞跃,其意义体现在以下几个方面:

(1)企业价值最大化扩大了考虑问题的范围。现代企业理论认为,企业是多边契约关系的总和:股东、债权人、经理阶层、一般职工等,对企业的发展而言,缺一不可。各方都有自身利益,共同参与构成企业的利益制衡机制,如果试图通过损伤一方利益而使另一方获利,结果会导致矛盾冲突,出现诸如职工罢工、债权人拒绝提供贷款、股东抛售股票、税务机关提出罚款等,这些都不利于企业的发展。从这个意义上说,企业价值最大化能弥补股东财富最大化容易仅仅考虑股东利益而忽略其他关系人利益的缺陷。

(2)企业价值最大化注重在企业发展中考虑各方利益关系。从上述论述可看出,确立财务管理目标必须考虑与企业有契约关系的各个方面,但如何考虑仍是一个十分重要的问题。企业价值最大化是在发展中考虑问题,在企业价值的增长中来满足各方利益关系。如果我们把企业的财富比做一块蛋糕,这块蛋糕可以分为几个部分,分属于企业契约关系的各方——股东、债权人、职工等。从逻辑关系上来看,当企业财富总额一定时,各方的利益是此消彼长的关系,而当企业的财富增加后,各方利益都会有所增加,各种契约关系人的利益都会较好地得到满足,这又有利于企业财富的增加,实现财务管理的良性循环。

(3)企业价值最大化目标更符合我国社会主义初级阶段的国情。现阶段我国是一个以社会主义为政治制度、以市场经济为经济模式的国家,现代企业制度在我国有着独特、复杂的发展历程。与国外企业相比,我国企业应更加强调职工的利益与权利,强调社会财富的积累,强调协调各方利益,实现共同发展和共同富裕。所以,以企业价值最大化作为财务管理目标符合社会主义初级阶段的特点。

知识链接:我国企业财务管理目标的选择①

我国著名的财务管理学教授王化成在1997年下半年对财务管理问题进行了一项问卷调查,调查主要在华北地区进行,共发出问卷105份,回收问卷70份,合格问卷60份。在此项问卷调查中,有两个涉及财务管理目标的问题:①您认为财

①王化成.财务管理理论结构.现代财务理论前沿专题.大连:东北财经大学出版社,2000,34-35.

务管理目标应是什么？②您单位的财务管理目标实际是什么？两个问题的备选答案一样，均有以下5个：A. 企业价值最大化；B. 股票价格最高；C. 利润最大化；D. 财务风险最小；E. 筹资数量最多。问卷结果的统计情况见表1-1。

表1-1 财务管理目标问卷调查统计表

项目	你认为应该是		你所在单位实际上		差异	
	人数	百分比(%)	人数	百分比(%)	人数	百分比(%)
企业价值最大化	50	84	19	31	31	53
股票价格最高	0	0	0	0	0	0
利润最大化	8	13	33	55	−25	−42
财务风险最小	2	3	4	7	−2	−4
筹资数量最多	0	0	4	7	−4	−7
参加人数合计	60	100	60	100	0	0

四、财务管理的具体目标

企业财务管理的具体目标取决于财务管理的具体内容，主要包括以下三个方面：

(1)筹资决策目标。企业生产经营所需资金可以从多种渠道，采用多种方式筹措。而不同来源的资金，其使用期限、附加条款的限制及资本成本的大小均不相同。企业的筹资决策要贯彻总体财务目标的要求，就必须在资本成本、财务风险等因素之间进行权衡，以筹资渠道多样化、筹资方式多元化、筹资成本最小化、筹资风险最低化和资本结构最优化作为筹资决策的主要标准。

(2)投资决策目标。投资的最终目的在于获取一定的投资收益，但由于投资收益的未来性使得投资决策不可避免地带有一定的风险性。企业的投资决策要贯彻总体财务目标的要求，就必须在投资收益与投资风险之间进行权衡，加强投资过程的控制，以较低的投资风险和投资成本，获取更大的投资收益。

(3)利润分配决策目标。利润分配决策的核心是对企业一定时期实现的利润在股东(投资者)和企业之间进行分配，是选择“多留少派”还是“多派少留”的问题。分配给股东的利润越多，可以满足大多数股东的当期利益，有利于股票价格的上升，但过少的留存收益将会影响企业的进一步发展，进而影响股东的长远利益。特别是当企业大量采用现金股利分配时，还可能影响企业财务的稳定性和安全性。反之，如果企业采取“少派多留”的办法，则会损害股东的当期利益，造成股票价格下跌，影响企业的声誉。因此，在利润分配决策中要贯彻总体财务目标的要求，就必须在分配给股东的利润与留存收益之间进行权衡，选择适当的分配标准和分配方式，既能提高企业的即期市场价值和财务的稳定性与安全性，又能使企业的未来盈利水平不断增加，从而使企业市场价值不断上升。

五、代理冲突与财务管理目标

(一)代理关系与代理冲突

在个人独资企业中，所有者与经营者的身份是合二为一的。业主在分析企业经营问题时，自然会将企业价值与自身财富放在同样的位置上进行思考，不会出现企业价值增加而自身财富受损，或者自身财富增加而企业价值受损的情形。但在股份有限公司中，所有权与经营权的分离，所有者与经营者各自的利益就有相互冲突的可能，主要表现在经营者过多地考虑了自身的利益并由此影响到股东的利益。如何分析和解决这些冲突，成为近数十年以来经济学研究的一大前沿课题，形成了所谓的代理理论。

代理理论是过去30多年里契约理论最重要的发展之一，它是20世纪60年代末70年代初，一些经济学家不满Arow-Debreu体系中的企业“黑箱”理论，而深入研究企业内部信息不对称和激励问题发展起来的。代理理论的中心任务是研究在委托人与代理人的利益冲突和信息不对称的环境下，委托人如何设计最优契约激励代理人。

在由一系列契约联结的企业中，存在着多重委托代理关系，如经理与股东、股东与债权人、控股股东与其他股东之间。但委托代理关系并不必然导致代理问题，只有在同时具备以下两个条件时代理问题才会产生：①委托人和代理人之间利益相互冲突。在委托代理关系中，代理人更多的努力或付出，就可能有更好的结果，而委托人最关心的是结果，代理人对此却不感兴趣；代理人最关心付出的努力，委托人却没有直接的兴趣。委托人的收益直接取决于代理人的努力，而代理人的收益就是委托人支付的报酬。因而，委托人与代理人相互之间的利益是不一致的，甚至是相互冲突的。由于利益的相互冲突，代理人便可能利用委托人委托的资源和决策权谋取自己的利益，即可能产生代理问题。因而，委托人与代理人之间需要建立某种机制以协调两者之间相互冲突的利益。②委托人与代理人之间信息不对称。在委托代理关系中，委托人并不能直接观察到代理人的努力工作程度，即使能够观察到，也不可能被第三方证实；而代理人自己却很清楚付出的努力水平。代理结果是与代理人努力水平直接相关的，且具有可观察性和可证实性。由于委托人无法知道代理人的努力水平，代理人便可能利用自己拥有的信息优势，谋取自身效用最大化，从而可能产生代理问题。代理人努力水平的不可观察性或不可证实性意味着代理人的努力水平不能被包含在契约条款中，因为契约即使包含了这一变量，如果出现违约，也没有第三者能知道代理人是否真的违约，从而无法实施。因此，委托人必须设计某种契约或机制，诱使代理人选择适合委托人利益的最优努力水平。

在委托代理关系中，当利益相互冲突但信息对称时，委托人与代理人就能找到最优策略，解决代理问题；当利益没有冲突，即使信息不对称，代理问题也不存在；而当委托人与代理人的利益相互冲突且信息不对称时，代理人从自身利益最大化出发，利用信息优势损害委托人的利益，即产生代理问题。由于信息不对称和委托人与代理人利益冲突的普遍性，所以代理人的道德风险屡见不鲜，代理问题普遍存在。在企业财务管理中，影响财务管理目标实现的主要的代理冲突有：①所有者与经营者的代理冲突；②所有者与债权人之间的代理冲突；③大小股东之间的代理冲突。

(二)所有者与经营者之间的代理冲突与协调

现代公司制企业的所有者一般不直接参与企业的经营管理，而是聘请具有经营管理才能的专业人士来管理企业，所有者与经营者之间就形成委托代理关系，所有者为委托人，经营者为代理人。所有者的目标是股东财富最大化，经营者的目标则是企业规模最大化，这是因为经营者所看重的薪水、权利和地位与公司规模之间都是正相关的关系。通常，规模较大的企业会提供给经营者更可靠的就业保证和更高的报酬，较快的发展会为低层和中层经理创造更多的内部提升机会。这种因所有者与经营者目标的差异而造成的潜在利益冲突，被称为“代理难题”。

1. 所有者与经营者的代理冲突表现

(1)经营者不尽最大努力(不使出全部劲儿)去实现企业的财务目标，在工作中不求有功，但求无过，以增加闲暇时间，避免风险。由于这样做并不构成法律和行政责任问题，故称为经营者的道德风险。无论什么时候，只要经营者趁人不察，采取符合自己利益但侵害所有者利益的行为，就会出现道德风险。

(2)经营者背离股东的愿望，蓄意压低股票价格，然后以自己的名义借款买回，增加自己的报酬而损害所有者(股东)的利益，或在工作中贪图享受，随意开支，利用公车办私事，过分豪华的办公室装饰，使股东利益受损，这种现象称为经营者的逆向选择。例如,在2004年的Adelphia通信公司证券欺诈案中,公司创始人John Rigas被控两次征用公司飞机为其女儿运送圣诞树,而Rigas的儿子Timothy,同时也是公司的财务总监,为讨好澳大利亚女模特Peta Wilson而多次将飞机借予其使用。①

2. 解决所有者与经营者代理冲突的途径

解决所有者与经营者在财务目标上的冲突有以下四条途径:①全面监督,即所有者坐镇监督经营者的一举一动;②解聘;③接收;④激励。显然,第一条途径是不现实的,因为这样做成本太高,会令很多人很快下结论:"还不如我自己做呢。"由于所有者的专业知识等限制,这样做所能产生的作用也令人怀疑。其他三条途径相对有效。

(1)解聘。这是一种通过所有者约束经营者的办法。如果经营者未能使股东财富最大化,股东可以在股东大会上行使表决权解聘经营者,经营者由于害怕被解聘而被迫约束自己的行为去为实现股东财富最大化而努力,从而使所有者与经营者之间的目标基本一致。但是,由于现代企业的股权越来越分散,一个股东要联合足够表决权的股东人数确非易事,因此这一办法在国外企业中运用得越来越少了。

(2)接收。这是一种通过市场约束经营者的办法。如果一个企业的经营者经营决策失误、经营不力,未能采取一切有效措施使企业价值提高,股票价格一路走低,则该公司就很有可能被其他公司强行接收或吞并,相关的经营者也会被解聘。根据国外一项调查,被兼并的公司高层管理人员中有70%在兼并后被立即解雇,其余未被解雇的管理人员日后也很难有升职的机会。一个有被解聘史的经营者要想在经理劳动力市场中再找到工作的难度非常大,因为没有哪个所有者会愿意聘请一个有搞垮企业"劣迹"的人来管理其企业。因此,经营者为了避免这种接收,必须采取一切措施提高股票市价,增加股东财富。

(3)激励。将经营者的报酬与其绩效挂钩,以使经营者自觉采取满足股东财富最大化的措施。激励有两种基本方式:①"股票期权"方式。它是允许经营者以固定的价格购买一定数量的公司股票,股票的价格高于固定价格越多,经营者所得的报酬就越多。经营者为了获取更大股票涨价益处,就必然会主动采取能够提高股价的行动,而该行动与所有者的目标是一致的。目前,西方多数上市公司采取"经理人员股票期权"方式对其经营者进行激励,实践表明,它确实能较为有效地解决所有者与经营者的代理冲突。②"绩效股"方式。它是公司运用每股利润、资产报

① Yermack D. 2006. Flights of Fancy: Corporate Jets, Ceo Perquisites, and Inferior Shareholder Returns. Journal of Financial Economics, 80 (1): 211-242.

酬率等指标来评价经营者的业绩，视其业绩大小给予经营者数量不等的股票作为报酬。如果公司的经营业绩未能达到规定目标时，经营者也将部分丧失原先持有的“绩效股”。这种方式使经营者不仅为了多得“绩效股”而不断采取措施提高公司的经营业绩，而且为了使每股市价最大化，也要采取各种措施使股票市价稳定上升。

(三)所有者与债权人之间的代理冲突与协调

除了股东与经营者之间的代理冲突之外，还有一类代理冲突也需关注，即所有者与债权人之间的代理冲突。债权人将资金贷放给企业后，拥有按约定的固定利率收取利息和到期收回本金的权利，利息的获得和本金收回都取决于公司资产的流动性，因此其债权的价值大小取决于公司资产的整体风险大小。而所有者可以通过“指使”经营者调整公司资产的整体风险。例如，投资于高风险的项目，或者拒绝风险较低但净现值为正的项目(所谓的“投资不足”现象)，或者以公司宝贵的现金向股东支付现金股利，这些行为均会提高公司资产的整体风险，降低债权的市场价值。根据零和博弈理论，这部分降低的债权价值必然转移至股东，从而提升股权的价值。显然，在公司正常经营的情况下，公司所有者是不会采取这种扭曲的策略的，仅在公司有破产或财务困境的可能性时，才会发生上述扭曲策略。

为了理解所有者与债权人的代理冲突，我们来看一个公司濒临破产的极端情况，此时公司净资产接近于零，股东手中的股票几近“废纸”一张。公司股东有两个选择：一是不作为，等候破产，则其股票真的成了“废纸”；二是立即将现有资产变卖，投资于某一高风险项目，之所以投资于高风险项目是因为此时的企业已经不能靠正常的项目投资来挽救了。该项目尽管成功的概率较低，但一旦项目投资成功，公司不必破产，股票价格上升，与项目投资前几近“废纸”的股票相比，股东得到了投资成功的全部收益，但债权人的收益并不会因为项目投资成功而增加。然而，一旦项目失败，股东手中的股票和项目投资前是一样的(都是“废纸”)，并没有什么损失，而债权人可得到的偿还将比项目投资前要少，因而债权人分担了一部分投资损失。对于股东而言，这种投资是一场“成功时我赢，失败时你输”的游戏，这对债权人而言却不是什么好游戏。

一个或许不足凭信的故事①说明了这个原理。在联邦快递刚成立的前几年里，公司财务近于崩溃。创始人弗雷德里克·史密斯在绝望中带着 20 000 美元公

---

①斯蒂芬·A·罗斯，伦道夫·W·威斯特菲尔德，杰弗利·F·杰富. 公司理财. 6 版. 吴世农，沈艺峰，王志强译. 北京：机械工业出版社，2003，308.

司资金来到赌城拉斯维加斯，他在赌桌上赢得了足以使公司生存下来的资本。但假若他赌输了，当公司破产时，银行可能仅获得 20 000 美元。

解决债权人与所有者(股东)之间的冲突，除了寻求法律保护外，往往采取以下方式加以协调：

(1)在借款合同中加入限制性条款，或要求发行债券的企业规定筹集资金的用途、担保方式、信用条款等。

(2)当债权人发现面临的风险增加时，采取提前收回债权或不再提供新债权的方式。

(四)大小股东之间的代理冲突与协调

尽管股权高度分散是现代公司的特征之一，但学者们发现即使在股权相当分散的美国公司中，也存在一定程度的股权集中现象，其他学者发现股权集中在欧洲和东南亚等国家的公司中更为常见。尤其在我国，股权集中现象更严重。据统计，截至 2009 年底，沪深 1 774 家上市公司的第一大股东持股比例平均为 36.63%，第一大股东持股比例在 25%以上的上市公司共有 1 291 家，占全部上市公司的 72.8%，其中有 401 家公司的第一大股东持股比例在 50%以上，处于绝对控股地位。股权高度集中带来的一个显著的问题就是大小股东的代理冲突问题。

由于大股东与中小股东间的权利不对等，监督的成本与收益不对等，使得大股东有侵占中小股东利益的条件和动机。在我国的上市公司，控股股东主要采取以下方式侵占中小股东利益：

(1)控股股东及其他关联方违规占用大量上市公司资金的行为。控股股东及其他关联方往往大量占用或挪用股份公司从广大股东处募集的资金，掏空上市公司。广大中小股东由于信息不对称，而不易察觉，至发现时已血本无归。具体的做法有：控股股东及其关联方有偿或无偿地拆借上市公司的资金；通过银行或非银行金融机构向其关联方提供委托贷款；要求上市公司为其垫支工资等费用；授意上市公司委托其及其关联方进行投资活动等。

(2)利用上市公司为其担保的行为。控股股东通过上市公司的担保，侵吞银行资产，一旦出现风险将赔偿责任留给公司，从而将经营风险转移至上市公司，继而进一步将风险转移给中小股东。

(3)利用不公平关联交易，调控上市公司经营业绩，操纵利益分配的行为。控股股东往往通过采取不公平关联交易，如低价买入高价卖出等来转移上市公司的资源或利润，调控上市公司的经营业绩，这种做法不仅可以使大量资产和利润落入自己手中，还可以达到操控利润分配的目的。目前，有越来越多的上市公司年终不进行红利分配，这样中小股东得不到正常的股利收入，利益受到严重侵害。

解决大小股东代理冲突的措施主要有：

(1)对大股东加强内部监督和外部监督。从内部来看，完善独立董事的激励与约束机制、实施大股东表决回避制度、推进大股东诚信体系建设等应是目前的工作重点。从外部来看，加大对大股东的市场监管力度，尤其是对控股股东内幕交易行为的监管，严格信息披露制度，防止大股东之间为攫取私利而进行的勾结行为，建立健全大股东之间相互制衡的机制。

(2)加强中小股东的法律保护。从法律上加强对中小股东利益的保护，建立中小股东保护的法律体系，加大对大股东滥用权力的惩罚力度，从而促进上市公司持续健康地发展。

(3)在监管手段上做到法律手段与市场手段并重。法律手段不仅应加强相应的法律法规制度的建设，更应完善保证法律制度的执行效率。在市场手段上，应充分发挥媒体和社会中介机构的监督作用。媒体的关注会迫使大股东按照社会的行为规范来活动，从而抑制大股东的侵占动机并降低侵占程度。

第三节 财务管理假设

一、财务管理假设的概念与分类

假设是人们根据特定环境和已有知识所提出的、具有一定事实依据的假定或设想，是进一步研究问题的基本前提。任何基础理论的形成都需要事先提出各种基本假设，并在此基础上经过演绎推理，验证后上升为指导实践的理论概念体系。根据假设的概念，结合财务管理的特点，我们可以把财务管理假设定义为：财务管理假设是人们利用自己的知识，根据理财环境的外部要求所作出的符合财务活动的内在规律、具有一定事实依据的假定或设想，是进一步研究财务管理理论和实践问题的基本前提。

根据财务管理假设的作用不同，财务管理假设可以分为以下三种：

1.财务管理的基本假设

财务管理的基本假设是研究整个财务管理理论体系的假定或设想，它是财务管理实践活动和理论研究的基本前提。财务管理基本假设在构建财务管理理论体系中具有重要意义，它作为财务管理理论和财务管理实践的逻辑前提，是深入研究许多财务管理问题的基础，在财务管理研究中处于根的地位，每一位财务管理人员都必须对此有明确的认识。

2. 财务管理的派生假设

财务管理的派生假设是根据财务管理基本假设引申和发展出来的一些假定和设想。财务管理的派生假设与基本假设互为作用，互为前提，派生假设是对基本假设的进一步说明和阐述，在构建财务管理理论体系中也起重要作用。

3. 财务管理的具体假设

财务管理的具体假设是指为研究某一具体问题而提出的假定和设想。它是以财务管理基本假设为基础，根据研究某一具体问题的目的而提出的，是构建某一理论或创建某一具体方法的前提。例如，财务管理中著名的 MM 理论、资本资产定价理论、本量利分析方法等都是在一系列假设的基础上构建的。

二、财务管理假设的特点

财务管理假设具有以下特点：

1. 财务管理假设具有相对稳定性

财务管理假设是财务管理学科赖以存在的基础。作为基础，财务管理假设不可能经常发生变动，否则，财务管理这门学科就处于风雨飘摇之中，财务管理假设也就失去了存在的意义。因此，财务管理假设应当在相当长的时期保持稳定。

但是，这种稳定并不是绝对的一成不变，因为财务管理假设是根据环境的产生而产生的，一旦环境发生变化，基本假设也会发生变化。

2. 财务管理假设具有完整的系统性

财务管理假设的系统性是指财务管理各种假设之间不是互相矛盾，而是互相配合，构成一个完整的假设体系，整个假设体系应与财务管理系统，乃至企业管理系统相互协调、共同作用。财务管理假设之间不存在包含或因果关系，不能互相冲突与矛盾，财务管理假设应当是互相联系的整体，即财务管理假设应当互相补充、互相协调，共同构筑财务管理理论的基石。

3. 财务管理假设具有科学的实践性

财务管理假设不是从人们的主观想象出发任意创造出来的，而是有一定事实依据的科学设想。财务管理假设来源于现实的财务活动及财务工作，是被千千万万的财务实践活动所证明了的，是财务工作的经验总结。

4. 财务管理假设具有高度概括性

财务管理的基本假设是根据财务管理实践和财务管理环境抽象出来的，因此，财务管理假设不是事实与经验的简单堆砌与罗列，而是对各种现象的高度概括与抽象。它有助于进一步推理，也就是说，能从基本前提推导出许多其他财务理论问题。

5. 财务管理假设具有普遍性

财务管理假设只要环境相同，它在这种环境中就客观存在。因此，只要是市场经济，有的假设就能通用，不管是资本主义制度，还是社会主义制度。同时，每一个企业的财务管理在同一体制下都面临着相同的环境，因此它们的财务管理假设也是一致的。

三、财务管理假设的内容

关于财务管理假设的研究，我国一些学者进行过诸多尝试，在假设体系的组成内容上众说纷纭，意见极为不一致。我们比较赞同财务管理假设应包括理财主体假设、持续经营假设、有效市场假设、资金增值假设和理性理财假设的观点(图 1-1)。①

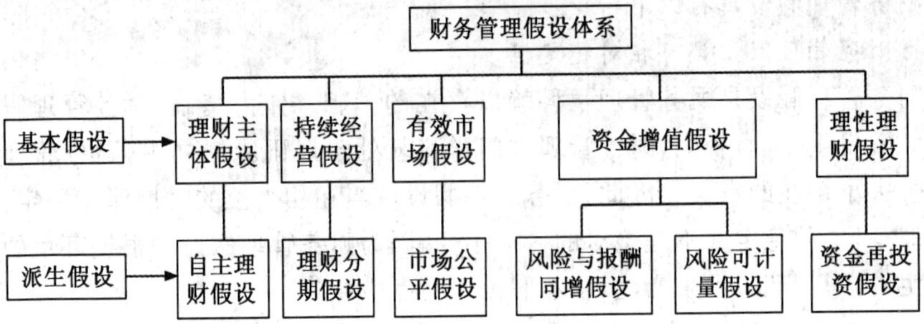

图 1-1 财务管理假设体系

(一)理财主体假设

理财主体假设是指企业的财务管理工作不是漫无边际的，而应限制在每一个经济上和经营上具有独立性的组织之内。它明确了财务管理工作的空间范围。这一假设将一个主体的理财活动同另外一个主体的理财活动相区分。在现代的公司制企业中，客观上要求将公司的财务活动与股东的财务活动划分清楚，如果将成千上万的股东和企业混在一起，就无法判断企业的经营业绩和财务状况。而使用理

①王化成.财务管理理论结构.现代财务理论前沿专题.大连：东北财经大学出版社，2000，21-27.

财主体假设，将公司与包括股东、债权人和企业职工在内的其他主体分开，无疑是一种聪明的做法。

理财主体应具备以下特点：①理财主体必须有独立的经济利益；②理财主体必须有独立的经营权和财权；③理财主体一定是法律实体，但法律实体并不一定是理财主体。一个组织只有具备这三个特点，才能真正成为理财主体。显然，与会计上的会计主体相比，理财主体的要求更严格。例如，某个主体虽然有独立的经济利益，但不是法律实体，则该主体虽然是会计主体，但不是理财主体，如一个企业的分厂。如果某主体虽然是法律实体，但没有独立的经营权和财权，则其也不是理财主体。当然，实际工作中，为了管理上的要求，会人为地确定一些理财主体。例如，对一个分厂实行承包经营，赋予它比较大的财权，这个分厂也就有了理财主体的性质。因此，考虑到实际情况，理财主体可以区分为完整意义上的理财主体（或称真正的理财主体、自然的理财主体）和相对意义上的理财主体（或称相对的理财主体、人为的理财主体）。一个真正的理财主体，必须具备上述三个条件。一个相对的理财主体，条件可适当放宽，可以根据实际工作的具体情况和一定单位权、责、利的大小，确定特定层次的理财主体。不过，在财务管理理论研究中所说的理财主体，一般都是指真正意义上的理财主体。

由理财主体假设可以派生出自主理财假设。从上述理财主体的概念中可知，凡是成为理财主体的单位，都有财务管理上的自主权，即可以自主地从事筹资、投资和分配活动。两权分离的推行，使财权回归企业，经营者有权独立地进行财务活动，包括筹资、投资和分配等重要决策。“经理革命”的出现，进一步为企业成为理财主体奠定了基础。所谓经理革命是指领取薪水的经理人员在高层管理中逐渐取代传统的所有者在企业中的支配地位，这是现代企业制度的一个基本特征。所有权与经营权的分离，更加显示出理财主体假设的实际意义。因此，在现代的股份制企业中，企业是一个独立的理财主体。

理财主体假设为正确建立财务管理目标，科学划分权责关系奠定了理论基础。

（二）持续经营假设

持续经营假设是指理财的主体是持续存在并且能执行其预计的经济活动。也就是说，除非有相反的证明，否则将认为每一个理财主体都会无限期地经营下去。它明确了财务管理工作的时间范围。

显然，持续经营虽然是一种假设，但在正常情况下，却是财务管理人员唯一可选择的办法，因而为财务管理人员所广泛接受，成为一项公认的假设。因为在任何一个时点上，企业的前景只有两种可能，即持续经营和停业清算，非此即彼，没有第三种可能。在正常情况下,当企业进行筹资、投资和分配时,假定企业持续经营是完全合理的,推测企业破产反而有悖情理。因为只有在持续经营的情况下,企业的投资在未来产生效益才有意义,企业才会根据其财务状况和对未来现金流量的预测、业务发展的要求安排其借款的期限,如果没有持续经营假设,这一切都无从谈起。

但是,在持续经营这一前提下,一旦出现迹象表明企业经营欠佳,出现财务状况恶化,不能偿还到期债务,持续经营假设就失去了支持其存在的事实。进而,以这项假设为基础的财务管理原则和方法也就失去了其应有的效用。这样,财务管理中必须放弃此项假设,而改为在清算假设下进行工作。例如,在企业破产清算中,1 年期的债务和 3 年期的债务、未到期的债务和已到期的债务是没有区别的,而在持续经营的条件下,它们却有实质性的差异。

持续经营假设可以派生出理财分期假设。按理财分期假设,可以把企业持续不断的经营活动,人为地划分为一定期间,以便分阶段考核企业的财务状况和经营成果。根据持续经营假设,企业自创立之日起,直到解散停业为止,其生产经营活动和财务活动都犹如奔腾的长江一样川流不息、持续不断。企业在其存在期内的财务状况是不断变化的,一直到停业之日才停止变动。为了分阶段地考核企业经营成果和财务状况,必须将持续经营的企业人为地划分为若干个期间,这就是理财分期假设的现实基础。

持续经营假设是财务管理上一个重要的基础前提。在确定筹资方式时,要注意合理安排短期资金和长期资金的关系;在进行投资时,要合理确定短期投资和长期投资的关系;在进行收益分配时,要正确处理各个利益集团短期利益和长期利益的关系,都是建立在此项假设基础之上的。

(三)有效市场假设

有效市场假设是指财务管理所依据的资金市场(通常指证券市场)是健全和有效的。只有在有效市场上,财务管理才能正常进行,财务管理理论体系才能建立。

什么样的证券市场才是有效的呢?其中一项标准就是证券价格如何对新信息做出反应,如果价格能完全且即时地反映所有可获得的相关信息,则该证券市场即为有效市场。在证券市场上,新的信息的到来可以比做是一块羊肉扔进一群食肉鱼池里,在这里,投资者可能很像肉食性鱼锯齿鲑,在羊肉刚触及水面的一瞬间,鱼儿们狼吞虎咽,混乱不堪。很快,肉吃完了,只剩下毫无用处的骨头,水面马上又恢复正常。与之极为相似,当新的信息传到证券市场上,投资者对这些信息做出反应，有的买，有的卖，乱成一团，造成价格变动。一旦价格调整过后，所有残留下来的信息如同鸡肋，食之无味。对这些信息再怎么去研究也不会给投资者带来任何更多的利润。所以一个有效市场就是指在一个市场里，价格能根据新的信息做出迅速调整，且现有市价能充分反映所交易资产所有可得到的信息。

根据价格对信息调整的速度以及它们要反应信息的类型，证券市场可分为弱式有效市场、次强式有效市场和强式有效市场。

(1)弱式有效市场。如果当前证券价格能充分反映有关过去价格的所有信息，则市场就处于弱式有效。在弱式有效市场中，证券价格的过去变化和未来变化是不相关的，即投资者无法通过研究过去价格的变化规律来推测未来价格的变动趋势。就像被食肉鱼吃剩的骨头一样，这些信息对于投资者预测未来价格毫无用处。反之，如果投资者通过分析研究证券的历史资料能比较准确地预测证券价格的未来变化，则说明证券市场尚未达到弱式有效。

(2)次强式有效市场。如果当前证券的价格能充分反映所有公开可得到的信息(如公司的年度报告、投资咨询报告、董事会公告等)，市场就处于次强式有效。在次强式有效市场中，证券价格不仅完全反映了所有历史信息，而且完全反映了所有公开发布的信息。各种信息一经公布，证券价格将迅速调整到其应有的水平上，使得任何利用这些公开信息对证券价格的未来趋势所做的预测对投资者失去指导意义，从而使投资者无法利用对所有公开发表的信息的分析来始终如一地获取超额利润。

(3)强式有效市场。如果证券价格能充分反映所有公开的和私下的信息，市场就处于强式有效。在强式有效市场中，投资者即使掌握内幕信息也无法获得额外利润。强式有效市场是对市场效率的最严格的假设。

实证研究表明，美国等发达国家的证券市场均已达到次强式有效市场。事实上，即使是发达的股票市场，也不是在所有的时间和所有的情况下都是有效的，个别情况会出现例外，所以称为假设。

有效市场假设的派生假设是市场公平假设。它是指理财主体在资金市场筹资和投资等完全处于市场经济条件下的公平交易状态。市场不会抹杀某一理财主体的优点，也不会无视某一理财主体的缺点。理财主体的成功和失败，都会公平地在资金市场上得到反映。因此，每一个理财主体都会自觉地规范其理财行为，以便在资金市场上受到好评，以利于今后的财务管理工作。市场公平假设还暗示着另外一个假设，即市场是由众多的理财主体在公平竞争中形成的，单一理财主体，无论其实力多强，都无法控制市场。

有效市场假设是建立财务管理原则，决定筹资方式、投资方式，安排资金结构，确定筹资组合的理论基础。如果市场无效，很多理财方法和财务管理理论都无法建立。

(四)资金增值假设

资金增值假设是指通过财务管理人员的合理运营，企业资金的价值可以不断增加。这一假设实际上指明了财务管理存在的现实意义。因为财务管理是对企业的资金进行规划和控制的一项管理活动，如果在资金运筹过程中不能实现资金的增值，财务管理也就没有存在的必要了。

资金增值假设的派生假设是风险与报酬同增假设。此项假设是指风险越高，获得的报酬也越高(指取得的增值越大或付出的成本越低)。资金的运筹方式不同，获得的报酬就不一样，例如，国库券基本是无风险投资，而股票是风险很大的投资，为什么还有人将巨额资金投向股市呢，这是因为他们假设股票投资取得的报酬要远远高于国库券的报酬。风险与报酬同增假设实际上暗含着另外一项假设，即风险可计量假设。因为如果风险无法计量，财务管理人员不知道哪项投资风险大，哪项投资风险小，风险与报酬同增假设也就无从谈起。

资金增值假设说明了财务管理存在的现实意义，风险与报酬同增假设又要求财务管理人员不能盲目追求资金的增值，因为过高的报酬会带来巨大的风险。这两项假设为科学地确立财务管理目标、合理安排资金结构、不断调整资金投向奠定了理论基础。风险报酬原理、利息率的预测原理、投资组合原理也都是依据此项假设展开论述的。

(五)理性理财假设

理性理财假设是指从事财务管理工作的人员都是理性的理财人员，因而，他们的理财行为也是理性的。他们都会在众多的方案中，选择最有利的方案。在实际工作中，财务管理人员分为两类：理性的和盲目的。但不管是理性的还是盲目的理财人员，他们都认为自己是理性的，都认为自己做出的决策是正确的，否则，他们就不会做出这样的决策。尽管我们承认存在一部分盲目的理财人员，但从财务管理理论研究来看，只能假设所有的理财行为都是理性的，因为盲目的理财行为是没有规律的。没有规律的事情无法上升到理论的高度。

理性理财的第一个表现就是理财是一种有目的的行为，即企业的理财活动都有一定的目标。当然，在不同的时期，不同的理财环境中，对理性理财行为的看法是不同的。例如，在过去计划经济时期，企业的财务目标是产值最大化，今天看来，当时的理财行为是不理性的，但在当时，人们会认为这种理财行为是正确的，是理性的。可见理性理财假设中的理性是相对的，是相对具体理财环境而言的。无论事后这种理财行为正确与否，其行为的基本前提和出发点都被认为是理性的。

理性理财的第二个表现是理财人员会在众多方案中选择一个最佳方案。即表现为财务管理人员要通过比较、判断、分析等手段，从若干个方案中选择一个有利于财务管理目标实现的最佳方案。

理性理财的第三个表现是当理财人员发现正在执行的方案是错误的方案时，都会及时采取措施进行纠正，以便使损失降至最低。

理性理财的第四个表现是财务管理人员都能吸取以往工作的教训，总结以往工作的经验，不断学习新的理论，合理应用新的方法，使得理财行为由不理性变为理性，由理性变得更加理性。

尽管上述四个方面为理性理财行为假设提供了理论依据，但在实际工作中，仍有个别理财行为不是理性行为。另外，即使所有的理财行为都是理性行为，也不一定完全导致理性的结果。因此，理财的理性行为只是一种假设，而不是事实。

理性理财假设可派生出另外一项假设——资金再投资假设。这一假设是指当企业有了闲置的资金或产生了资金的增值，都会用于再投资。换句话说，企业的资金在任何时候都不会大量闲置。因为理财行为是理性的，因此企业必然会为闲置的资金寻找投资途径，因为市场是有效的，就能够找到有效的投资方式。财务管理中的资金时间价值原理、净现值和内部报酬率的计算等，都是建立在此项假设基础之上的。

理性理财假设是确立财务管理目标，建立财务管理原则，优化财务管理方法和理论的前提。例如，财务管理的资源合理配置原则、财务管理的决策、计划和控制方法等都与此项假设有直接联系。

第四节 财务管理原则

财务管理原则，又称理财原则，是企业财务管理工作必须遵循的准则，它是从企业理财实践中抽象出来并在实践中证明是正确的行为规范，它反映着理财活动的内在要求，是联系理论和实务的纽带。财务管理理论是从科学角度对财务管理进行研究的成果，通常包括假设、概念、原理和原则等。财务管理实务是指人们在财务管理工作中使用的原则、程序和方法。财务管理原则是财务管理理论和实务的结合部分。

一、财务管理原则的特征

财务管理原则具有以下特征:①理财原则是财务管理假设、概念和原理的推论。它们是经过论证的、合乎逻辑的结论,具有理性认识的特征。②理财原则必须符合大量观察和事实,被多数人所接受。财务理论有不同的流派和争论,甚至存在观点和结论完全相反的理论,而原则不同,它们被现实反复证明并被多数人接受,具有共同认识的特征。③理财原则是财务交易和财务决策的基础。财务管理实务是应用性的,是理财原则在实务中的应用。各种财务管理程序和方法,是根据理财原则建立的。④理财原则为解决新的问题提供指引。已经开发出来的、被广泛应用的程序和方法,只能解决常规问题,当问题不符合任何既定程序和方法时,原则为解决新问题提供预先的感性认识,指导人们寻找解决问题的方法。⑤原则不一定在任何情况下都绝对正确。原则的正确性与应用环境有关,在一般情况下它是正确的,而在特殊情况下不一定正确。

二、财务管理原则的内容

(一)系统原则

系统是由若干个互相作用、相互依存的部分有机结合而成的整体。根据系统定义,一个企业组织、一个部门乃至一个国家,都可以看成是一个系统。财务管理从资金筹集开始,到资金收回为止,经历了资金筹集、资金投放、资金收回与分配等几个阶段,这几个阶段互相联系、互相作用,组成一个整体,具有系统的性质。为此,做好财务管理工作,必须从财务管理系统的内部和外部联系出发,从各组成部分的协调和统一出发,这就是财务管理的系统原则。

系统具有整体性、关联性、有序性、自适应性和自组织性等特点。系统原则的核心是要求企业财务管理系统具有目的性、整体性、层次性和环境适应性。企业应确定正确的财务管理目标,保证财务管理系统的正常运行;把财务管理系统作为一个整体来进行分析,实现管理系统的整体功能最佳;认真研究财务管理的环境,以使财务管理系统适应环境,利用环境。

(二)成本效益原则

在企业财务管理中,既要关心资金的存量和流量,更要关心资金的增量。企业资金的增量即资金的增值额,是由营业利润或投资收益形成的。因此,对于形成资金增量的成本与效益这两方面的因素必须认真进行分析和权衡。成本效益原则，就是要对经济活动中的所费与所得进行分析比较，对经济行为的得失进行衡量，使成本与效益得到最优的结合，以求获得最高的盈利。成本效益原则的核心是要求企业耗用一定的成本应取得尽可能大的效益，或是在效益一定的条件下应最大限度地降低成本。按照成本效益原则的要求，在较长的时期内，成本必须呈下降的趋势，而效益必须呈上升的趋势。

如在企业筹资活动中，有资本成本与投资报酬率的对比分析问题；在投资决策中，有投资额与各期投资收益额的对比分析问题；在日常经营活动中，有营业成本与营业收入的对比分析问题；其他如劳务供应、设备修理、材料采购、人员培训等，无不有经济得失的对比分析问题。企业的一切成本、费用的发生，最终都是为了取得收益，都可以联系相应的收益进行比较。进行各方面的财务决策，都应按成本效益原则作周密分析。

(三)风险与收益均衡原则

获取收益是市场经济条件下企业经营的基本出发点，而在市场经济的激烈竞争中，进行财务活动不可避免地要遇到风险，风险是与收益的获取相伴随的一种客观现象。而且，随着市场经济的发展和竞争的日趋加剧，会使现代企业在收益获取方面伴随着更大的风险。现代企业欲获取收益，必须要承担风险，承担风险的目的在于获取收益，风险越大则收益越大，收益越小则风险越小。风险收益均衡原则，要求企业不能只顾追求收益，不考虑发生损失的可能，要求企业进行财务管理必须对每一项具体的财务活动，全面分析其收益性和安全性，按照风险和收益适当权衡的要求来决定采取何种行动方案，同时在实践中趋利避害，争取获得较多的收益。

风险与收益均衡原则的核心是要求企业不能承担超过收益限度的风险，在收益既定的条件下，应最大限度地降低风险。因为，若预期收益既定，承担较大的风险会直接导致实际效益的降低；承担超过收益限度的风险，会带来负效益。此二者都会对现代企业整体目标的实现产生不利影响，从而也会危及企业的发展甚至生存。可见，风险与收益均衡原则也是现代企业财务管理必须遵循的一项非常重要的原则。

风险与收益均衡原则与上一节所阐述的“风险与报酬同增假设”是否重复呢？我们认为前者是从指导实务的角度，而后者则是从理论假设的角度阐述风险与收益的关系。这也说明风险与收益的关系是财务管理的重要内容，在理论中它是假设，在实务中它是原则，它是财务管理理论和实务的结合部分。

(四)资源合理配置原则

资源通常是指经济资源,即企业所拥有的各项资产。资产的主要功能是带来效益,但并不意味着拥有资产就一定会取得效益,更不意味着取得最佳效益。资产所带来的效益的大小,在很大程度上取决于资源配置是否合理。而且,资源的合理配置也不仅指资产的合理配置,而是泛指企业的人、财、物等经营要素的有效搭配与协调,由于财务管理所具有的价值管理和综合性的特点,使得各项经营要素的搭配情况直接体现在有关财务指标和各相关财务项目上。

资源合理配置原则的核心是要求企业的各相关财务项目必须在数额上和结构上相互配套和协调,以保证人尽其才、才尽其能、物尽其用,从而获得较为满意的效益。可见,资源合理配置原则也是处于市场经济条件下的现代企业财务管理所应遵循的一项重要原则。

(五)收支积极平衡原则

财务管理实际上是对企业资金的管理,量入为出、收支平衡是对企业财务管理的基本要求。资金不足,会影响企业的正常生产经营,坐失良机,严重时,会影响到企业的生存;资金多余,会造成闲置和浪费,给企业带来不必要的损失。收支积极平衡原则要求企业一方面要积极组织收入,确保生产经营和对内、对外投资对资金的正常合理需要;另一方面要节约成本费用,压缩不合理开支,避免盲目决策。保持企业一定时期资金总供给和总需求动态平衡和每一时点资金供需的静态平衡。要做到企业资金收支平衡,在企业内部,要增收节支,缩短生产经营周期,生产适销对路的优质产品,扩大销售收入,合理调度资金,提高资金利用率;在企业外部,要保持同资本市场的密切联系,加强企业的筹资能力。

(六)利益关系协调原则

企业是由各种利益集团组成的经济联合体。这些经济利益集团主要包括企业的所有者、经营者、债权人、债务人、国家税务机关、消费者、企业内部各部门和职工等。利益关系协调原则要求企业协调、处理好与各利益集团的关系,切实维护各方的合法权益,将按劳分配、按资分配、按知识和技能分配、按绩分配等多种分配要素有机结合起来。只有这样,企业才能营造一个内外和谐、协调的发展环境,充分调动各有关利益集团的积极性,最终实现企业价值最大化的财务管理目标。

第五节　财务管理环节

要做好财务管理工作，实现财务管理目标，除了要依据正确的原则以外，还要掌握财务管理的基本环节。财务管理环节是指财务管理工作的各个阶段，还包括财务管理的各种业务手段。企业财务管理过程从总体上可划分为五个基本环节，即财务预测、财务决策、财务预算、财务控制和财务分析。对于持续经营的企业，财务决策在这些环节中处于关键地位。五个环节相互联系，周而复始，形成财务管理的循环系统。同时，这些环节也构成本书的基本框架。

一、财务预测

财务预测是指利用企业过去的财务活动资料，结合市场变动情况，为把握未来和明确前进方向而对企业财务活动的发展趋势作出科学的预计和测量。财务预测的主要任务是：通过测算企业财务活动的数据指标，为企业决策提供科学依据；通过测算企业财务收支变动情况，确定企业未来的经营目标；通过测算各项定额和标准，为编制计划、分解计划指标提供依据。财务预测的内容一般包括资金需要量的预测、成本费用预测、销售收入预测、利润总额与分配预测以及有关长短期投资额预测等。

财务预测是按一定的程序进行的。一般程序如下：

(1)明确预测目标。财务预测的目标亦即财务预测的对象和目的。预测目标不同，则预测资料的搜集、预测模型的建立、预测方法的选择以及预测结果的表现方式等也有不同的要求。为了达到预期的效果，必须根据管理决策的需要，明确预测的具体对象和目的，如目标利润、资金需要量、现金流量等，从而规定预测的范围。

(2)搜集整理资料。根据预测对象的目的，要广泛搜集与预测目标相关的各种资料信息，包括内部和外部资料、财务和生产技术资料、计划和统计资料等。对所搜集的资料除进行可靠性、完整性和典型性的检查外，还必须进行归类、汇总、调整等加工处理，使资料符合预测的需要。

(3)建立预测模型。按照预测的对象，找出影响预测对象的一般因素及其相互关系，建立相应的预测模型，对预测对象的发展趋势和水平进行定量描述，以此获得预测结果。常见的财务预测模型有因果关系预测模型、时间序列预测模型以及回归分析预测模型等。

(4)实施财务预测。将经过加工整理的资料利用财务预测模型,选取适当的预测方法,进行定性、定量分析,确定预测结果。

近年来,由于预测越来越受到重视,预测方法的发展也很快,据国外统计,已达 130 多种。企业财务管理中常用的预测方法包括定性预测方法和定量预测方法两大类。定性预测方法是由熟悉情况和业务的专职人员,根据过去的经验和专业知识,各自进行分析、判断,提出初步预测意见,然后通过一定的形式(如座谈会、讨论会、咨询调查、征求意见等)进行综合,作为预测未来的依据。定量预测方法主要依据历史和现实的资料,建立数学模型,进行定量预测。以上两类预测方法并不是相互排斥的,在进行预测时,应当将它们结合起来,相互补充,以便提高预测的质量。

二、财务决策

财务决策是指财务人员在财务预测的基础上,根据财务目标的总要求,运用专门的方法,从各种备选方案中选择最佳方案的过程。当然,在财务活动的预期方案只有一个时,决定是否采用这个方案也属于决策问题。在市场经济条件下,财务管理的核心是财务决策,财务预测是为财务决策服务的,决策关系到企业的兴衰成败,同时,财务决策又是财务预算的前提。

财务决策的内容非常广泛,一般包括筹资决策、投资决策、利润分配决策和其他决策。筹资决策主要解决如何以最小的资本成本取得企业所需要的资本,并保持合理的资本结构,包括确定筹资渠道和方式、筹资数量与时间、筹资结构比例关系等;投资决策主要解决投资对象、投资数量、投资时间、投资方式和投资结构的优化选择问题;利润分配决策在股份公司也称为股利政策,主要解决股利的合理分配问题,包括确定股利支付比率、支付时间、支付数额等;其他决策包括企业兼并与收购决策、企业破产与重整决策等。

财务决策的主要程序如下:

(1)确定决策目标。由于各种不同的决策目标所需的决策分析资料不同,所采取的决策依据也不同,因此,只有明确决策目标,才能有针对性地做好各个阶段的决策分析工作。

(2)提出备选方案。以确定的财务目标为主,考虑市场可能出现的变化,结合企业内外有关财务和业务活动资料以及调查研究材料,提出实现目标的各种可供选择的方案。

(3)选择最优方案。备选方案提出后,根据决策目标,采用一定的方法分析、评价各种方案的经济效益,综合权衡后从中选择最优方案。

财务决策的方法有确定性决策方法、不确定性决策方法和风险决策方法三类。决策树法、决策表法、大中取小法、小中取大法、综合平衡法及对比法等,都是常用的决策方法。

三、财务预算

财务预算是用货币计量的方式,将财务决策目标所涉及的经济资源进行配置,以计划的形式具体地、系统地反映出来。财务预算位居财务管理过程的中间环节,是以财务决策确立的方案和财务预测提供的信息为基础来编制的,是财务预测和财务决策的具体化,是控制和分析财务活动的依据。企业编制的财务预算主要包括现金预算、预计资产负债表、预计损益表等。

财务预算的一般程序如下:

(1)分析财务环境,确定预算指标。根据企业的外部宏观环境和内部微观状况,运用科学的方法,分析与所确定经营目标有关的各种因素,按照总体经济效益的原则,确定主要的预算指标。

(2)协调财务能力,组织综合平衡。合理安排企业的人力、物力和财力,使之与企业经营目标要求相适应,使资金运用同资金来源平衡、财务收入与财务支出平衡。

(3)选择预算方法,编制财务预算。以经营目标为中心,以平均先进定额为基础,编制企业的财务预算,并检查各项有关的预算指标是否密切衔接、协调平衡。

编制财务预算的方法有平衡法、余额法、限额法等,其中平衡法有时期平衡法和时点平衡法。

财务预算是企业全面预算体系的重要组成部分。企业全面预算体系包括特种决策预算、日常业务预算和财务预算三大类。特种预算是不经常发生的一次性业务的预算,又称为资本支出预算,其主要是针对企业长期投资决策编制的预算,如厂房扩建预算、购建固定资产预算等;日常业务预算是与企业日常经营业务直接相关的预算,如销售预算、生产预算、直接材料预算、直接人工预算、制造费用预算、产品生产成本预算、销售及管理费用预算等。财务预算是企业在计划期内预计现金收支、经营成果和财务状况的预算,也称为总预算,主要包括现金预算、预计损益表、预计资产负债表。

四、财务控制

财务预算的执行要依靠财务控制。财务控制就是在财务管理的过程中,利用有关信息和特定手段,对企业财务活动施加影响或调节,以便实现预算指标、提高经济效益。它是财务管理人员为保证财务管理工作顺利进行,完成财务预算目标而采取的一系列行动。在企业经济控制系统中,财务控制是一种连续性、系统性和综合性最强的控制,也是财务管理经常进行的工作。

财务控制从不同的角度有不同的分类,从而形成了不同的控制内容、控制方式和控制方法:①按控制的时间分为事前控制、事中控制和事后控制;②按控制的依据分为预算控制和制度控制;③按控制的对象分为收支控制和现金控制;④按控制的手段分为绝对数控制和相对数控制。

实行财务控制是落实预算任务、保证预算实现的有效措施。一般而言,财务控制需实施如下步骤:

(1)确定控制目标。财务控制目标一般可以按财务预算指标确定,对于一些综合性的财务控制目标应当按照责任单位或个人进行分解,使之能够成为可以具体掌握的可控目标。

(2)建立控制系统。即按照责任制度的要求,落实财务控制目标的责任单位和个人,形成从上到下、从左到右的纵横交错的控制组织。

(3)信息传递与反馈。这是一个双向流动的信息系统,它不仅能够自下而上反馈财务预算的执行情况,也能够自上而下地传递调整财务预算偏差的要求,做到上情下达,下情上报。

(4)纠正实际偏差。根据信息反馈,及时发现实际脱离计划的情况,分析原因,采取措施加以纠正,以保证财务计划的完成。

五、财务分析

财务分析是以企业财务报告反映的财务指标为主要依据,采用适当的方法,对企业的财务状况、经营成果和未来前景进行评价和剖析的一项业务手段。通过财务分析,可以分析计划期内财务预算完成情况以及财务指标的发展变化情况,并且查明原因,提出改进措施,为以后进行财务预测、决策和编制预算提供依据。

财务分析从不同的角度有不同的分类,根据分析的内容可分为偿债能力分析、营运能力分析、盈利能力分析、发展能力分析和综合分析;根据分析的方法可分为纵向分析和横向分析等。企业可根据需要，选择适合企业自身需要的分析方法组成财务分析方法体系。

财务分析的一般步骤为：

(1)占有资料，掌握信息。开展财务分析首先应充分占有有关资料和信息。财务分析所用的资料通常包括财务预算等计划资料、本期财务报表等实际资料、财务历史资料以及市场调查资料。

(2)指标对比，揭露矛盾。对比分析是揭露矛盾、发现问题的基本方法。财务分析要在充分占有资料的基础上，通过数量指标的对比来评价企业业绩，发现问题，找出差异。

(3)分析原因，明确责任。影响企业财务活动的因素，有生产技术方面的，也有生产组织方面的；有经济管理方面的，也有思想政治方面的；有企业内部的，也有企业外部的。这就要求财务人员运用一定的方法从各种因素的相互作用中找出影响财务指标的主要因素，以便分清责任，抓住关键。

(4)提出措施，改进工作。要在掌握大量资料的基础上，去伪存真，去粗取精，由此及彼，由表及里，找出各种财务活动之间以及财务活动同其他经济活动之间的本质联系，然后提出改进措施。提出措施，应当明确具体，切实可行，并通过改进措施落实，推动企业财务管理的发展。

第六节 财务管理的演进

只有了解历史，才能了解发展；只有了解过去，才能更好地把握现在和将来。正确认识和了解企业财务管理的产生和发展过程，对于学习和掌握现代企业财务管理的基本理论和实践问题，有着十分重要的意义。

财务管理作为一项独立的管理活动，是在 20 世纪初才形成的，其理论和方法还在不断完善和发展之中。过去的 100 年，正好是财务管理学从独立走向不断完善的 100 年。

一、西方财务管理的产生与发展

(一)西方财务管理的产生

现代财务管理的产生是社会生产力发展的结果，其直接原因是代表现代化大生产的新的企业组织形式——股份公司的产生。

15～16世纪，地中海沿岸一带的城市商业得到了迅速发展，在某些城市中出现了邀请公众入股的城市商业组织，股东有商人、王公、廷臣乃至一般市民。这种组织的股份不能转让，但投资者可以收回，国外有些学者视其为原始的股份制企业。这虽然还不是现代意义上的股份公司，但已开始把向公众筹集的资金用于商业经营，也已存在红利的分配和股本的回收等问题。因此，国外许多著名的财务学者认为，这实际上已有了财务管理的萌芽，只不过这时的财务管理还没有作为一项独立的职能从商业经营中分离出来。

19世纪50年代以后，欧美产业革命进入完成时期，制造业迅速崛起，新机器、新技术不断涌现，企业规模不断扩大，企业需要更大量的资金，股份公司得到了迅速的发展。

19世纪末20世纪初，股份公司发展更快，企业规模越发庞大，促使公司出现了一种新的管理职能。这时，怎样筹集资金？股票怎样发行？外界有什么资金来源？筹集到的资金怎样使用？企业盈利怎样分配等问题的处理越来越重要，也越来越专业。于是，各大公司纷纷成立一个新的管理部门——财务管理部门来承担以上职能。财务管理作为一项独立的职能，开始从企业管理中分离出来，专业化的财务管理也就产生了。

财务管理实务的形成和发展，又促进了财务管理理论的兴起。由于公司的迅速发展，需要大量专业化的财务管理人才，同时财务管理工作也迫切需要理论指导，这时在美国及一些发达国家的大学里，逐步开设了财务管理课程。财务管理方面的著作及教材不断出现。1897年，美国著名财务学者格林(Thomas L. Green)出版了《公司财务》一书，该书是世界上最早的财务管理理论著作之一，它标志着财务管理学科的产生。

(二)西方财务管理的发展

自财务管理产生以后，西方财务以股份公司为研究对象，着眼于不断发达的资本市场，在学科发展、理论成果上可谓异彩纷呈，至今已经成为西方经济学中最耀眼的分支。西方财务管理的发展大致经历了以下几个主要阶段。

1. *以筹资为重心的管理阶段(20世纪初至20年代)*

20世纪初，西方国家股份公司迅速发展，企业规模不断扩大，普遍存在如何筹措到足够资金的问题。这一阶段财务管理的主要特点是：①财务管理以筹集资本为重心，以资本成本最小化为目标；②注重筹资方式的比较选择，而对资本结构的安排缺乏应有的关注；③财务管理中也出现了公司合并、清算等特殊的财务问题。但由于资本市场不成熟、不规范，加之会计报表充满了捏造的数据，缺乏可靠的财务信息，在很大程度上影响了投资者的积极性。财务管理的重点在于如何筹集资本，对内部控制和资本运用问题涉及较少。

这一时期财务管理理论研究的重点也是筹资问题，主要财务研究成果有：如前述标志西方财务理论独立的《公司财务》就对公司资本的筹集问题作了详细的阐述；1910 年，米德(Meade)出版了《公司财务》，主要研究企业如何最有效地筹集资本，该书为现代财务理论奠定了基础。

2. 以内部控制为重心的管理阶段(20 世纪 30 年代至 50 年代初)

20 世纪 30 年代初，由于爆发世界性经济危机，众多企业破产，投资者损失严重。为保护投资者利益，各国政府加强法制管理，对证券融资作出严格的法律规定，如美国在 1933 年、1934 年通过了《联邦证券法》和《证券交易法》，要求公司编制反映企业财务状况和其他情况的说明书，并按规定的要求向证券交易委员会定期报告。政府监管的加强客观上要求企业把财务管理的重心转向内部控制制度。同时，这次经济危机也使许多公司意识到，财务管理不仅是融资问题，还应包括对资金的科学管理与使用效益，保持资本结构的合理性，严格控制财务收支。

这一阶段，财务管理的理念和内容发生了较大的变化：①财务管理不仅要筹措资本，而且要进行有效的内部控制，管好用好资本；②人们普遍认为，企业财务活动是与供应、生产和销售相并列的一种必要的管理活动，它能够调节和促进企业的供、产、销活动；③对资本的控制需要借助于各种定量方法，因此各种计量模型逐渐应用于存货、应收账款、固定资产管理上，财务计划、财务控制和财务分析的基本理论和方法逐渐形成，并在实践中得到了普遍应用；④如何根据政府的法律法规来制定公司的财务政策，成为公司财务管理的重要方面。

这一时期的财务理论研究也体现了这一变化，如美国的洛弗(W. H. Lough)在《企业财务》一书中，首先提出了企业财务除筹措资本之外，还要对资本周转进行有效的管理。英国的罗斯(T. G. Rose)在他的《企业内部财务论》中，特别强调企业内部控制的重要性，认为资本的有效运用是财务研究的中心。

3. 以投资为中心的管理阶段(20 世纪 50 年代至 70 年代末)

第二次世界大战后，企业规模越来越大，生产经营日趋复杂，市场竞争更加激烈。企业管理当局为了在竞争中维持生存和发展，越来越关注投资决策问题。投资决策在企业财务管理中逐渐取得主导地位，而与资本筹集有关的问题则逐渐退居到第二位。到了 50 年代后期，由于企业经营倾向于大规模形态，公司大量投资于新式机器和新技术的开发和应用，于是资金的运用开始偏重于长期的计划；资产负债表中的资产项目，如现金、应收账款、存货和固定资产等引起了财务人员的重视;财务管理强调决策程序的科学化;投资分析评价的指标从传统的投资回收期、投资报酬率等向考虑货币时间价值的贴现现金流量指标体系转变,净现值法、现值指数法、内含报酬率法得到了广泛采用;建立了系统的风险投资理论和方法,为正确进行风险投资决策提供了科学依据。

这一时期的财务理论研究也取得了较大的发展。1951 年,美国著名财务管理学家乔尔·迪安(Joel Dean)出版了最早研究投资财务理论的著作《资本预算》,该书在这一领域起了极其重要的先导和奠基作用,并成为此后在这一领域众多论著共同的思想、理论源泉。1952 年 H·马科维茨(H. M. Markowitz)提出了投资组合理论,1964 年美国著名财务管理学家 W·夏普(William Sharpe)、J·林特纳(John Lintner)和 J·莫森(Jan Mossin)在马科维茨的投资组合理论的基础上,提出了著名的资本资产定价模型(CAPM),夏普因此而获得第 22 届诺贝尔经济学奖。1958 年,莫迪格莱尼(Franco Modigliani)和米勒(Merton H. Miller)在《美国经济评论》上发表的《资本成本、公司财务和投资理论》论文中提出了著名的 MM 理论,两人由于在研究资本结构理论上所取得的突出成就,分别于 1985 年和 1990 年获得了诺贝尔经济学奖。

4. 国际化、集团化、网络化财务管理阶段(20 世纪 80 年代以后)

80 年代后,财务管理进入新的发展期,一是西方国家普遍遭遇了大规模的持续通货膨胀,导致资金占用迅速上升,筹资成本随利率上升而提高,有价证券贬值,融资困难,利润虚增,资金流失,从而严重影响到公司会计信息的质量和财务管理的有效性,迫使企业奉行日趋稳健的财务政策,开展通货膨胀条件下有效财务管理的研究工作。二是伴随经济的日益全球化,国际贸易和跨国经营空前活跃,进出口贸易融资、外汇风险管理、国际转移价格、国际投资分析、跨国公司财务业绩评估等内容,成为财务管理研究的新热点,产生了新兴的财务学分支——国际财务管理。三是随着前苏联和东欧国家的政局动荡、经济濒临崩溃、1998 年的亚洲金融危机、2008 年美国次贷危机引发的全球金融危机等一系列事件,国际金融市场动荡不安,投融资环境高度不稳定,使企业财务决策中日益重视财务风险的评估和规避,效用理论、线性规划、对策论、概率分布、模拟技术等数量方法的应用与日俱增。四是随着数学方法、应用统计、优化理论与电子计算机等先进方法与手段在财务管理中的应用,使公司财务分析向精确化方向发展。

二、中国财务管理的发展

中国古代长期处于封建社会,商品经济非常不发达,古代理财思想主要集中在国家理财即财政思想上。中国古代理财思想可以归纳为两大流派[①]:①以孔孟为代表的主张德本财末、讳言财力思想。主张以义制利,勤劳致富,生财有道,富民富国,崇俭节用。孔子所构建的思想体系以道德教化为主,对经济问题不怎么重视,即"重义轻利,德本财末"。孟子反对为政先谈财力问题,用"仁义而已矣,何必曰利"来回答梁惠王提出的"何以利吾国"的问题。司马光认为理财就是言利,善理财的人都是"头会箕敛以尽民财"的人,反对王安石理财,推行新法。受儒家传统思想的影响,历代理财者均被斥为聚敛。②以法家为代表的主张积极理财、富国裕民的思想。主张财权统一、运用财政货币政策稳定经济和对某些重要的自然资源实行专卖。

20 世纪初至新中国成立前,我国财务学科和理论的发展由于"门户开放"受到西方的影响,更是深深打下我国传统理财思想的烙印并且有所创新。据载,20 世纪二三十年代上海、江浙一带的不少大中型企业不仅设立了专门的财务主任,有的还设立财务总管,在企业管理结构中居于高层地位。一些大学开设了专门的财务管理课程,上海交通大学还设立了财务管理学系。1914 年北洋政府颁布《证券交易所法》,促使证券交易日益活跃和旧中国有组织的证券市场的形成。1918—1920 年,北京证券交易所、上海证券物品交易所、上海华商证券交易所三家规模最大的交易所相继开业,随后上海、天津、汉口、哈尔滨等地规模较小的证券交易所也纷纷成立。1939—1940 年众业公所上市股票达 160 种之多。这些股票和上市公司虽然具有较浓厚的半封建半殖民地色彩,但是旧中国的公司财务同样具有"资本市场"意义。

财务管理的发展是以市场经济为依托的。从新中国成立以来,我国长时期实行计划经济,财务管理的作用和地位没有充分显示出来,财务管理的发展也比较缓慢。在近 50 年的时间里,虽然我们创立了一些卓有成效的财务管理模式,但与西方财务理论和方法的发展以及企业对财务管理的重视程度相比,我们还有一段距离。新中国的财务管理发展大致可以分为三个阶段。[②]

1. 新中国成立至十一届三中全会(1978 年 12 月):财务管理以计划管理为主

在这一时期,国家实行高度集中的计划经济体制,与此相适应的财务管理体制实行的是国家统收统支、统负盈亏的体制。在这种体制下,企业资金由国家供应,企业无筹资权;资金使用由国家计划安排,企业无投资权;收益分配由国家按计划执行,企业无收益分配权。企业财务管理的职责就是按照国家生产计划,编制有关

①田玉娟. 中国古代理财思想及借鉴意义. 财会月刊,2004,5.

②宋献中. 财务理论与机制. 大连:东北财经大学出版社,1999,128-129.

资金需要量计划、成本开支计划等，并对计划执行情况进行考核，实行的是计划管理。

财务理论研究也就围绕国有企业实行经济核算制，建立企业财务管理体系及其管理内容与方法而展开。涉及的财务理论问题主要有：①关于社会主义经济核算理论；②关于社会主义资金理论；③关于社会主义企业利润的依据及其与资本主义利润的根本区别；④关于财务本质上是货币关系体系的总和还是资金运动及其所体现的经济关系，或是价值分配活动；⑤关于经济效果的概念、范围与经济核算的关系；⑥对企业车间班组核算制度、月度财务收支计划和资金平衡会议制度、决算审查会议制度、定额发料制度、流动资金归口分级管理、成本费用归口分级管理的研究等。

2. 1978 年 12 月至 1992 年 10 月：财务管理以利润和分配管理为主

从 1978 年 12 月党的十一届三中全会到 1992 年 10 月党的十四大为止，这 14 年是我国对经济改革目标进行长期探索的时期，先后提出过“计划经济为主，市场调节为辅”，“有计划的商品经济”体制模式，直到十四大才正式确立我国经济体制的目标模式是市场经济。这一时期的改革始终是围绕着放权让利、“分吃蛋糕”的思路来进行的。在分配领域先后实行过企业基金制、利润留成制、第一步利改税、第二步利改税、承包制、利税分流等制度和政策。由于放权让利，企业的主体地位得到了确立，财务管理也由单纯的计划管理转移到以追求利润最大化为目标以及如何对收益分配进行管理上。财务管理的地位有所提高，人们虽已认识到财务管理是企业管理的重要组成部分，但并未把其看做是企业管理的中心。

这一阶段的财务理论研究围绕国有企业的财务改革和改进国有企业财务管理展开：①以改革企业分配关系、放权让利为主线，围绕企业基金制度、利润留成制度、两步利改税、承包制、租赁制和税利分流等改革举措的财务研究；②财务与会计的关系问题研究；③财务职能研究；④宏观财务与国家财务问题的提出拓宽了财务研究的视野；⑤关于资金周转指标、利润率指标的研究；⑥关于经济效益与经济效果、宏观经济效益与微观经济效益、经济效益与财务管理的探讨使人们加深了对财务管理的认识；⑦关于成本的经济内容、作用、成本开支范围、国家成本杠杆与政策、成本考核指标的研究；⑧实务界创造性地提出了关于内部银行、目标（利润）管理、划小核算单位与内部承包、商品保本保利期管理等财务管理方法。

3. 1992 年 10 月至今：财务管理以筹资、投资管理为主，不断规范企业财务管理行为

党的十四大以来，我国将改革目标确定为建设社会主义市场经济，并以改革企业组织形式为突破口，提出企业改革的方向是建立现代企业制度。法人财产权的

确立使企业拥有筹资权和投资权。由于历史的惯性，企业在该阶段碰到了资金紧张的难题，财务管理必须履行筹资职能。当企业改革向纵深方向发展时，企业的兼并、合并、重组形式层出不穷，财务管理如何优化资产结构、盘活资产存量又成为亟待考虑的问题。所以，在这一时期财务管理的作用越来越大，财务管理的中心地位逐渐凸现出来。

《企业财务通则》是规范我国企业财务管理行为的重要制度。1992 年，《企业财务通则》正式颁布并于 1993 年 7 月 1 日起施行，《企业财务通则》对资金筹集、流动资产、固定资产资产、无形资产、对外投资、成本费用、营业收入、利润等业务的概念及其在会计核算上应进行会计核算的内容作出了明确的规定。《企业财务通则》实施后对规范企业财务行为、促进现代企业制度建立、创造企业公平竞争环境、推进企业改革发展，发挥了重要的作用。然而随着我国市场经济体制的不断完善，现代企业法律制度的逐步健全，执行了十多年的《企业财务通则》日益滞后。2006 年 12 月 4 日颁发了修订后的《企业财务通则》，新《企业财务通则》自 2007 年 1 月 1 日起施行。新《企业财务通则》密切结合企业改革发展的要求，从政府宏观财务、投资者财务、经营者财务三个层次，围绕资金筹集、资产营运、成本控制、收益分配、信息管理、财务监督等六大财务管理要素，创造性地解决了企业财务制度中的一系列问题，初步建立了以《企业财务通则》为主体的新型企业财务制度体系。

本章小结

财务管理是组织企业财务活动，处理财务关系的一项经济管理工作。企业财务活动主要包括筹资活动、投资活动和分配活动，财务关系主要包括企业与投资者、债权人、政府、内部各单位、职工之间的财务关系。财务管理在众多企业管理活动中处于中心地位。财务管理学属于微观经济学范畴，与会计学有着密切联系但又有着明显的区别。

财务管理目标具有稳定性、整体性、多元性、层次性、阶段性和定量性等特点。财务管理的总体目标主要有产值最大化、利润最大化、股东财富最大化和企业价值最大化等具有代表性的观点。由于目标不同，所有者与经营者之间、所有者与债权人之间存在代理冲突，如何有效解决委托人与代理人之间的冲突是财务理论与实务界需要长期研究的问题。财务管理假设是财务管理理论体系的研究基础与前提，财务管理假设体系应包括理财主体假设、持续经营假设、有效市场假设、资金增值假设和理性理财假设。财务管理原则是从企业理财实践中抽象出来的并在实践中证明是正确的行为规范，在财务管理过程中应遵循系统原则、成本效益原则、风险与收益均衡原则以及资源合理配置原则。财务管理过程一般要经历财务预测、财务决策、财务预算、财务控制和财务分析五个基本环节。

美国财务学者格林于1897年出版的《公司财务》标志着财务管理学科的产生，西方财务管理的发展经历了以筹资为重心、以内部控制为重心、以投资为中心以及国际化、集团化、网络化财务管理等四个阶段。

参考文献

1.谢剑平.财务管理原理.北京:北京大学出版社,2004,3-17.

2.刘胜强,卢凯,程惠峰.雷曼兄弟破产对企业财务管理目标选择的启示.财务与会计(综合版),2009(12).

3.钟文庆.财务是个真实的谎言.北京:机械工业出版社,2009.

思考题

1.什么是财务活动？企业财务活动的主要内容有哪些？

2.什么是财务关系？企业的财务关系主要包括哪些方面？

3.什么是财务管理？其主要特点是什么？

4.什么是财务目标？企业财务的总体目标和具体目标是什么？

5.企业的有关利益主体在财务目标上的冲突主要表现在哪些方面？如何加以协调？

6.财务管理的假设有哪些？

7.请简述中外财务管理发展概况。

案例分析

青鸟天桥财务管理目标案例

一、基本案情

1999年11月18日下午，北京天桥商场里面闹哄哄的，商场大门也挂上了“停止营业”的牌子。11月19日，很多顾客惊讶地发现，天桥商场在大周末居然没开门。据一位售货员模样的人说：“商场管理层年底要和我们终止合同，我们就不给他们干活儿了。”员工们不仅不让商场开门营业，还把货场变成了群情激愤的论坛。

1999年11月18日至12月2日，对北京天桥北大青鸟科技股份有限公司管理层和广大员工来说，是黑色的15天！在这15天里，天桥商场经历了46年来第一次大规模裁员；在这15天里，283名天桥员工采取了静坐等非常手段；在这15天里，天桥商场破天荒被迫停业8天之久；在这15天里，公司管理层经受了职业道德与人道主义的考验，做出了在改革的道路上是前进还是后退的抉择……

这场风波引起了市场各方面的高度关注，折射了中国经济社会在20世纪末新旧体制交替过程中不可避免的大冲撞。

（一）起因

1. 天桥商场的历史

天桥商场是一家老字号商业企业，成立于1953年。20世纪50年代，天桥商场是全国第一面“商业红旗”。80年代初，天桥商场第一个打破中国30年工资制，将商业11级改为新8级。1984年7月25日，北京天桥百货股份有限公司正式成立，发行股票300万元。1988年，天桥商场兴建起了营业面积为8 000平方米的新楼，发行了第二期700万元股票。1993年5月，天桥商场股票在上海证券交易所上市。经济学家万典武概括“天桥”的三个“独占鳌头”之举：全国第一家正式注册的股份制企业，第一批规范化股份制企业，第一批异地上市的股份制企业……

2. 北大青鸟借壳

1998年12月25日，北京天桥百货股份有限公司董事会发布公告，宣布进入高科技领域，收购北大青鸟商用信息系统有限公司98%的股权，同时收购北大青鸟软件系统公司的两项知识产权。1998年12月30日，北大青鸟有限责任公司和北京天桥百货股份有限公司发布公告，宣布北大青鸟通过协议受让方式受让北京天桥部分法人股股权。北大青鸟出资6 000多万元，受让天桥商场法人股，拥有了天桥商场16.76%的股份，股权转让后，该公司共持有北京天桥股份1 534.987万股，前者借壳上市，成为北京天桥第一大股东。此举表明北大青鸟正式入主北京天桥，后者也顺利进军IT产业。同时，北京天桥百货商场更名为“北京天桥北大青鸟科技股份有限公司（股票代码600657，简称青鸟天桥）”。

天桥员工闻知，欢欣鼓舞，寄厚望于新入主的大股东，盼望高科技给他们带来新转机。然而，天桥商场的经营并不令人放心，几个月后，滑落到了盈亏临界点，并从此疲态不改。面对严峻的经营形势，1999年11月2日，公司董事会下决心实行减员增效，谋求商场的长远发展。

3. 裁员风波

青鸟天桥有员工1 122人，其中有664人就业合同于1999年12月26日到期。考虑到减员行动的合法性和稳妥性，也考虑到员工的承受能力，董事会做出了从这664人入手，先部分减员的选择。具体有四个条件：①对年老的和年轻，留用老的，女40岁、男45岁以上的员工可续签合同；②夫妻两个都在商场工作的留一个；③军嫂留用；④专业技术和经营管理骨干留用。根据上述原则，有226人可续签合同，438人则将成为减员的对象。

为确保这一行动的顺利实施，公司做了两方面的工作：一方面，舆论先行，在天桥商场通过板报、咨询等形式，加紧宣传《劳动法》等有关政策法规。另一方面，与有关部门和企业联系，把需要招工的企业直接引进商场，方便员工再就业。

经过两周的紧张准备后，1999 年 11 月 18 日，商场广播正式播送了董事会的决定：1999 年 12 月 26 日，有 664 名员工合同到期，其中的 438 人商场决定不再续签合同，请全体员工到各部门经理处查阅自己的合同；到期的员工到会计室领取 12 月份工资、奖金；档案关系商场近期给予转出；目前有 8 家企业正在楼上招工，有 200 个就业机会。

决定刚一播完，商场员工哗然，数百名合同到期的员工不约而同涌向商场领导办公室。商场工作顿时陷于瘫痪，挂出了停业招牌。备受关注的天桥商场裁员风波由此开始。

(二)交锋

当晚，未能续签合同的 438 名员工在一层营业大厅静坐，要求与企业法人对话，其理由是：我们没有一点思想准备，不理解企业为什么要这样做。

11 月 20 日，公司董事会秘书、来自北大青鸟的侯琦博士和北大青鸟的另一位代表一起来到现场，阐明了裁员决定的合法性，他们以北大方正新近就裁掉了 500 人等实例，强调在市场经济条件下，企业控制成本、减员增效、追求利润最大化，是符合市场规则的，当然也符合国家有关的政策制度。

“我们不懂什么市场规则，我们只知道要生存，明天没有饭吃，”员工们针锋相对，“我们怎么也想不通，商场经理常说，‘谁砸天桥的饭碗，我就砸谁的饭碗。可现在，没有人砸天桥的饭碗，我们的饭碗却被砸了。”他们有一种被出卖、被抛弃的感觉。

一边是焦头烂额的上市公司代表，一边是伤心、激愤的静坐员工，双方激烈辩论，最初的现场气氛让人深感不安。但好在双方都把对方的意图、处境弄清楚之后，思想开始拉近。前者更深刻地体会到了员工们生活的困难情况，后者对管理层的决策也多了些理解。

到 11 月 25 日，也就是静坐的第 8 天晚上，公司管理层答应考虑员工们提出的给予经济补助的要求，但反复说明青鸟天桥是上市公司，公司每支付一笔钱都必须经董事会和股东大会投票通过，必须按照法律程序办事。对峙气氛明显有了缓和。

11 月 26 日，静坐的员工们在管理层代表们的劝说下，从一楼货场营业大厅撤离到七层会议室。当天，北京天桥北大青鸟科技股份有限公司在指定报刊上发表公告，宣布持续 8 天的被迫停业的僵局已有所缓解，商场已恢复部分营业，但劳资纠纷的解决还没有实质性进展。

当晚 6 时,北大青鸟代表和天桥商场领导来到充满焦躁气氛的七层会议室,整整等了一天的员工们立即兴奋起来。青鸟代表以学者的口吻谦和而审慎地对让大家等了一天表示歉意,然后通报了他们在这一天里的工作日程:

(1)应中国证监会的要求,上市公司商场不正常停业一周,必须做出交代,为此今天上午举行了新闻发布会。

(2)中午赶回公司,起草申请召开紧急董事会及拟订相关经济补助方案,报给董事长。

(3)下午向北大学校党委汇报天桥商场裁员工作情况,4 点左右往这边赶。

说完这些,他们正式报告大家,董事会将于 11 月 29 日讨论,29 日晚给大家一个答复。

员工们的情绪再次激动了。这么多天为什么不开董事会?9 天了,总是说研究再研究,讨论再讨论,到底在研究什么?讨论什么?到现在问题还是没有解决,到底要等到什么时候?一个个问题连珠炮似的向青鸟的代表发出。

"我们是上市公司,不仅接受证监会和新闻媒体的监督,还要对全体股东负责,形成的任何一项决议都要有法律依据,不能引起法律纠纷,这不是谁拍脑袋就能定的。董事会召开的规则是要在 10 天前通知董事,即使召开紧急董事会也要找到依据。我们也想给大家经济补助,但是形成的决议是要进入法律程序的,我们必须依法办事……"青鸟的代表耐着性子对大家解释,以求得对方的理解。

28 日,员工们递交了一封给董事会的信,信中写到:在目前的改革形势下,国有企业面临新的体制改革,青鸟天桥董事会做出了减员增效的决策,对此我们表示理解和支持。但是我们这些人必然将面临一个更严峻的问题,就是重新被社会选择。而我们这些人基本不具备高学历、高技能,让我们走向市场,谁要我们?旧的体制不要我们,新的体制我们又进不去,因此,我们要求,作为工龄补助、养老保险、再就业劳动技能培训、精神伤害等项补助,公司补助每人总计 47 500 元。

29 日上午,董事会如期召开。下午,北大青鸟代表、天桥商场领导与崇文区政府领导研究处理方案。晚 8 时,董事会在 7 楼会议室宣布,原则同意员工提出的关于工龄补助的要求,但关于养老保险补助的要求,董事会有不同意见,其他补助不予考虑。另外,劳动技能培训今后由北大青鸟免费解决,不再另给经济补助。并说,如不同意这个方案,可派两名职工代表参加 12 月 2 日的董事会,详细说明要求。

董事会的这一补助方案被员工认为与自己提出的要求相差甚远,再加上听说还要再等,紧张气氛立即升温。从 11 月 30 日上午到 12 月 1 日凌晨 6 时,静坐了 14 天的员工情绪急剧恶化。有 18 人晕倒送往医院抢救,有 12 人一天一夜滴水未进，还有一名女工欲从会议室跳楼自杀，幸亏被及时抱住。

面对这种状况，公司管理层代表沉重地说，我们实在不愿意看到情况继续恶化下去。我们只有两个选择，要么退步，与这些员工续签合同或采取其他退让措施，这将意味着改革的失败；要么坚持往前走，实行减员增效的改革，但这可能会付出血的代价。

（三）结局

天桥裁员风波惊动了中央和北京市领导，市委、市政府高度重视，12 月 1 日召开紧急会议进行研究，决定由市委常委、崇文区区委书记和北京市劳动局局长组成领导小组，妥善做好部分终止劳动合同员工的思想工作和生活困难补助事宜。12 月 2 日，公司董事会经过投票，通过了对终止劳动合同职工给予一次性生活困难补助的方案。与此同时，商场发挥各部门负责人的作用，有部门经理出面，对原部门职工进行思想说服教育工作，晓之以理，动之以情。劳动部门也亲临现场设立咨询台，讲解《劳动法》等相关政策法规。公安部门现场维持秩序。崇文区副区长、北大青鸟代表和天桥商场领导，还亲自拜访了部分生活困难员工，讲明政策，为他们指明出路。大量深入细致的工作，使得员工们的思想发生转变，他们开始面对现实，依法办理了终止合同手续，裁员风波得以平息。

对面临失业职工的安抚终于有了最为实际的举措。公司董事会开会决定，同意给予终止合同职工适当的经济补助，并同意参照解除劳动合同的相关规定，对 438 名终止合同的职工给予人均 1 万元，共计 440 万元的一次性经济补助。这次董事会同时决定，在未经股东大会批准之前，鉴于实际情况，决定由公司先行预支，并责成天桥百货商场执行。据悉，这次经济补助方案将在下次召开的股东大会上再行表决。

由于不满于下岗解聘的部分员工占据商场路面而引发的这场劳资纠纷，看来总算找到了一个较为可行的解决方案。事发以后，青鸟天桥有关负责人就曾向媒体表示，公司将给面临失业的职工的再就业问题给予帮助，包括想方设法帮助寻找就业岗位、拨款资助职工参加再就业培训、对部分生活确实困难的职工给予资助等。此次通过的经济补助方案，从文字上看似乎已经跳出了原先“对部分职工给予资助”的框框。

在这次董事会上，公司决策层也再次对天桥百货商场领导班子在终止（续签）劳动合同工作中制订的减员增效实施方案作了肯定，并称此举符合《劳动法》及相关法律法规的规定。公司董事会同时责成商场领导班子，要求做好职工的思想工作及劝导工作。

原先占据天桥百货商场的部分职工早已经全部撤离了现场，商场全面恢复营业，停业期间没有一件商品丢失，没有任何设施受到破坏。董事会当时即表示，这场争执不会对青鸟天桥业绩造成大的影响。

15个不同寻常的日夜，带给我们的反思是深刻的。人们透过这场风波看到新旧体制、新老观念的较量；现代企业运行与传统企业桎梏的交锋；改革、发展、稳定三者关系的内在联系。

15个不同寻常的日夜，传递给我们的信息是深沉的。改革之路并非坦途；企业改革需要政府依法支持；改革过程中涉及人们的利益调整，领导要高度重视，方案要周全，工作要细致；员工的政策法规教育应加强，专业技能培训应强化，思想观念应转变；社会保障体系应尽快建立和健全……

二、分析要点

1.讨论不同财务管理目标的优缺点。

2.青鸟天桥的财务管理目标为什么发生了变化？发生了怎样的变化？

3.青鸟天桥最初的决策是否合理？随后的让步是否合适？如果你是公司的高级管理人员，你会采取什么措施？

第二章 财务管理环境

本章导读

一位年轻有为的炮兵军官上任伊始，到下属部队视察训练情况。他在几个部队发现相同的情况：在一个单位训练中，总有一名士兵自始至终站在大炮的炮管下面，纹丝不动。军官不解，询问原因，得到的答案是：训练条例就是这样要求的。军官回去后反复查阅军事文献，终于发现，长期以来，炮兵的训练条例仍然遵循非机械化时代的规则。在过去，大炮是由马车运载到前线的，站在炮管下的士兵的任务是负责拉住马的缰绳，以便在大炮发射后调整由于后坐力产生的距离偏差，减少再次瞄准所需的时间。现在大炮的自动化和机械化程度很高，已经不再需要这样一个角色了，而马车拉炮也早就不存在了，但训练条例没有及时调整，因此才出现了"不拉马的士兵"。军官的发现使他获得了国防部的嘉奖。这个故事说明只有了解环境的人，才能抓住机遇。现代企业财务管理也不例外，企业必须及时掌握内外部环境，适应周围的环境，否则就无法生存，而环境的变化也会影响企业理财的行为。

人类社会的实践活动总是在一定的环境条件下进行的，企业财务管理自然也不例外。不同时期、不同国家、不同领域的财务管理有着不同的特征，归根结底都是因为影响财务管理的环境因素不尽相同。企业在许多方面如同生物体一样，如果不能适应周围的环境，就无法生存。因此，善于分析和研究环境，是做好企业财务管理工作的前提和基础。本章拟就企业财务管理人员应如何认识、分析和利用财务管理的宏观和微观环境等问题进行阐述。

第一节 财务管理环境概述

从系统论的观点来看，环境就是指存在于被研究系统之外的，对被研究系统有影响作用的一切系统的总和。显然环境具有相对性，即某一系统的环境，往往又是以其他系统为环境。如果把财务管理看做一个系统，那么财务管理以外的并对财务管理系统有影响的一切系统的总和，便构成了财务管理环境。

一、财务管理环境的概念

财务管理环境又称理财环境，是指对企业财务管理活动产生影响作用的各种条件和因素的总称。如国家的经济法律法规的完善程度、国家的经济状况、市场的发育程度、企业组织形式和生产条件等，都会对财务管理产生重大影响，均属于财务管理环境的组成内容。

企业开展财务管理活动，是在一定的财务管理环境下进行的。财务管理环境对企业理财活动的作用表现在两方面：一方面，财务管理环境为企业财务管理活动的顺利开展提供了便利和机会。如国家为发展西部经济实施了“西部大开发”政策，作为西部企业就应充分抓住这个良机，利用国家的优惠政策筹措充足的资金，改善企业经营管理，提高企业经济效益。另一方面，财务管理环境对企业财务管理活动具有制约作用。企业在财务管理活动中只有充分了解、适应和利用财务管理环境，才能搞好财务管理工作。如企业想通过发行股票或债券筹资，必须熟悉和掌握有关证券法规并具备相应条件才能成功。

二、财务管理环境的特征

要全面、正确地理解财务管理环境的概念，必须把握财务管理环境的主要特征。财务管理活动所依托的环境具有相对独立性和系统性、相对稳定性和动态性、规律性和不确定性、区域性和国际性等特征。

（一）相对独立性和系统性

企业的财务管理环境不是由一些杂乱无章的要素构成的，而是由众多不同种类的多层次、多方位的子系统组成，每一个子系统内部各要素相互作用、相互联系，形成一个相对独立的系统，但各子系统之间以一定的结构和方式相互联系、相互制约、相互作用，共同组成一个多维、多元、多变量的综合系统。对企业财务管理活动产生影响的众多环境因素中，有的起主要作用，有的起次要作用，相互之间有时甚至也存在着对立和冲突。这就要求企业进行财务管理活动时，必须用系统的观点和方法分析整体而不是片面的财务管理环境。在分析某一环境因素时，应同时考虑到其他因素的相互影响，做到统筹兼顾，寻求最佳组合，为搞好企业财务管理活动奠定良好的基础。

(二)相对稳定性和动态性

构成财务管理环境的各种各样的系统都处在不断运动变化过程中,同时在一定时期内又表现出相对稳定性。从某一静止的时点来看,环境是稳定的,但随着时间的推移,环境又有着变化的特征。在或快或慢的环境变动中,有时会给企业财务管理活动带来方便和机遇,有时也会给企业财务管理活动带来困难和挑战。这就要求企业财务部门在分析、利用财务管理环境时,应及时预测理财环境变化的趋势和特征,采取有效措施及时对企业的财务管理活动进行调整,以适应外部环境的变化。

(三)规律性和不确定性

企业所面临的外部环境大多数属于不可控制的财务管理环境,对于渐进变动的环境虽然通常存在可循的规律,但那些忽变的因素却往往是难以预期的,是企业自身难以控制和事先难以准确预料的,如一些突发事件会影响企业的销售、成本和利润,使企业成本和利润管理的不确定性增大。财务管理环境变动的渐进性与忽然性、规律性与不确定性矛盾的双重特征,使得企业理财机会(收益)与风险(损失)的并存成为必然。这就要求企业既要重视对环境变化的预测,更要注意对预期的误差范围、发生概率及影响程度的估计,把握并利用机会,同时合理规避风险损失。

(四)区域性和国际性

财务管理环境的区域性是指不同国家、地区、行业的企业,同一国家、地区、行业的不同企业以及同一国家、地区的不同时期所面临的财务管理环境是不尽相同的,同时同一财务管理环境对不同企业财务管理活动的影响也不尽相同。但随着经济全球化的趋势不断加强,各地区企业财务管理环境的共性也越来越多。财务管理环境的这一特性要求企业财务部门在分析、利用财务管理环境时,要从本企业实际情况出发,扬长避短,充分利用有利因素,有重点、有针对性地开展财务管理活动。随着当前经济全球化的趋势日益加强,跨国公司进行财务管理时更要特别注重财务管理环境的差异性。

三、财务管理环境的分类

企业所处的财务管理环境十分复杂,它是一个纵横交错、相互制约的多层次、多方位的系统,对企业的财务管理活动有着重大影响。为了进一步了解和认识理财环境,我们可以从不同的角度,按照一定的标准对其进行划分。

(1)按财务管理环境影响范围大小不同,财务管理环境可分为宏观财务管理环境和微观财务管理环境。宏观财务管理环境是特定时期内的社会大环境,即对所有企业的财务管理都有重要影响作用的宏观方面的各种条件和因素,如国家政治经济形势、经济发展水平、金融市场状况等。微观财务管理环境是特定时间、空间内,一般只对特定的相关企业的财务管理有重要影响作用的微观方面的各种条件和因素,如企业组织形式、经营规模、生产技术条件和经营管理水平以及不同的决策者素质等。

(2)按财务管理环境与企业的关系,财务管理环境分为企业内部财务管理环境和企业外部财务管理环境。企业内部财务管理环境是指企业内部的影响财务管理的各种条件和因素。企业内部财务管理环境一般都属于微观财务管理环境。相对而言,内部环境比较简单,往往有现成的资料,具有能比较、易把握和可利用等特点。企业外部财务管理环境是指独立存在于企业外部的影响财务管理的各种条件和因素。企业外部的财务管理环境一般属于宏观财务管理环境。外部环境构成比较复杂,需要认真调查收集资料,分析研究,具有不容易把握和利用等特点。

(3)按财务管理环境的性质不同,财务管理环境可划分为政治环境、经济环境、法律环境、技术环境和地理、自然、社会环境等。政治环境是指有关国家治理的条件、氛围,主要包括社会制度、政治形势、方针政策、政府机构的设置及其与企业的关系、政府机构的管理水平及其办事效率等内容。经济环境是指特定时空内经济运行的总体状况及其态势,主要包括经济体制、经济结构、市场供求状况、经济周期等。法律环境是指对企业财务管理活动产生影响的各种法律因素,主要包括立法与司法状况、法律意识等。技术环境是指现有科学技术的发展水平、科研开发能力、专利转让方式等。地理、自然、社会环境是指企业所处的地理位置、气候特征、人口状况、生活习惯等。

(4)按财务管理环境的稳定程度,财务管理环境可分为静态财务管理环境和动态财务管理环境。静态财务管理环境是指那些处于相对稳定状态的影响财务管理的各种条件和因素。它通常指那些相对容易预见、变化不大、对财务管理的影响程度也是相对稳定的环境,如法律制度、经济体制等。对于静态财务管理环境,通过调查了解之后,一般无须经常予以调整、研究,在财务管理中可以作为已知条件或不变因素来对待。动态财务管理环境是指那些处于不断变动状态的影响财务管理的各种条件和因素。它通常指那些变动性强、预见性差的环境,如在市场经济环境下,商品的销售数量及销售价格、资金市场的资金供求状况及利息率的高低等。动态的环境是影响财务管理变动的根本原因,所以在财务管理中应着重研究、分析动态财务管理环境,并及时采取相应对策,提高对财务管理环境的适应能力和应变能力。

(5)按财务管理环境作用对象不同，财务管理环境可划分为筹资环境、投资环境、成本环境和收入分配环境。筹资环境是指对企业筹资活动产生影响的各种内外因素的总和，如证券市场的完善程度、金融机构的数量等。投资环境是指对企业投资活动产生影响的各种内外因素的总和，如企业所处地区的基础设施建设情况、政府鼓励投资的政策措施等。成本环境是指对企业成本水平和成本管理工作产生影响的各种内外因素的总和。收入分配环境是指对企业收入的形成、分配的进行产生影响的各种内外因素的总和。

(6)按财务管理环境可否控制，财务管理环境可划分为可控制财务管理环境和不可控制财务管理环境。可控制财务管理环境是指企业通过自身的努力，便可以改变或部分改变的环境因素，如企业内部环境，自身是可以左右的。不可控制财务管理环境指企业自身无法控制，只能被动适应的环境因素，如政治环境、法律环境、自然地理环境、经济体制环境等。

四、研究财务管理环境的意义

财务管理环境是企业财务管理赖以生存的土壤，亦是企业开展财务管理活动的舞台，进行财务活动、制定财务策略都离不开对财务管理环境的关注。随着社会主义市场经济的建立和发展，尤其是我国加入 WTO 后，企业所面临的财务管理环境日趋复杂、变化迅速，这就对企业的财务管理工作提出了严峻的挑战，它要求企业财务管理部门必须十分重视对财务管理环境的调查和研究，趋利避害，随机应变，把握开展财务管理活动的有利与不利时机，为财务决策提供可靠的依据，提高财务管理工作对财务管理环境的适应能力、应变能力和利用能力，为顺利实现财务管理目标奠定良好基础。

研究和调查财务管理环境的意义主要表现在以下两个方面：

(1)通过对财务管理环境的研究，有利于增强企业适应环境的能力。“优胜劣汰”，这是市场经济竞争的规律。企业必须积极面对纷繁复杂的财务管理环境，认真分析财务管理环境的现状，预测财务管理环境的发展变化趋势，不断增强对环境的适应能力、应变能力和利用能力，才能确保财务决策的及时性、正确性和超前性，才能使企业立于不败之地。

(2)通过对财务管理环境的研究，有利于企业开展财务战略管理。企业要在激烈的竞争中取得长足发展，离不开财务战略管理，即企业为实现企业战略、增强竞争能力，在研究、分析企业内、外环境因素的基础之上，对企业资金运动进行全局性、长期性和创造性的筹划并确保其执行的管理。财务战略管理能否顺畅运作主要取决于对财务管理环境的研究分析程度。企业只有审时度势，明确财务战略管理思想，制定合理的战略目标，并适时根据环境变化对企业财务战略进行修订和完善，才可以确保财务战略得以实施。

第二节　财务管理的宏观环境

财务管理的宏观环境包括的内容非常广泛，如政治环境、法律环境、经济环境、市场环境和社会文化环境等。下面就几个对企业财务管理活动有重要影响的环境作一一介绍。

一、政治环境

政治环境是指国家在一定时期的各项路线、方针、政策和整个社会的政治观念、政治制度等因素的总和，其具体内容包括作为实体的国家、作为观念的政治思想、作为活动的政治实践。政治环境在整个社会环境中起一种基础性的决定作用，它决定着国家在特定时期的经济、法律和科教等方面的目标导向和发展水平。从企业财务管理的角度来看，政治环境起一种提供保障和目标导向的作用。通过提供安定的社会环境以保障企业财务管理活动正常进行，通过确立经济工作的中心地位引导企业挖掘潜力，加强财务管理，提高经济效益，而和平稳定的政治环境也有利于企业的中、长期财务规划和资金安排。

政治环境对于只在本国从事生产经营的非跨国公司而言是没有选择余地的。因此，企业应该努力去适应政治环境。而企业在“走出去”进行跨国投资时，则存在对政治环境的选择问题。企业对外投资最关心的是资金的安全性，而在跨国投资时对资金安全威胁最大的就是东道国的政治风险，它也是企业最难以衡量和处理的风险。因此，政治环境的核心是政治风险。

(一)政治风险的种类

政治风险是指由于东道国或投资所在国国内政治环境或东道国与其他国家之间政治关系改变而给外国企业或投资者带来经济损失的可能性。具体而言，包括以下五个方面：①政府变动的风险；②政策变动的风险，如东道国没收跨国子公司的资产，规定子公司的国外收益不能转入母公司——冻结资金的问题等；③战争因素的风险；④法律方面的风险，如通过立法对工资、职工补助、人员雇用、产品售价、向母公司的转移支付和当地借款等项目的控制等；⑤其他政治或上层建筑变动的风险。

(二)政治风险的衡量

对于政治风险的衡量，一般可以通过一些具体的风险模型或指数来予以量化进行衡量，常用的模型和指数通常有以下几种：第一，宏观社会政治模型（The Macro-sociopolitical Models）。MSP模型的核心是将政治不稳定解释成各种经济的、意识形态的及社会力量的综合作用。第二，丁氏渐逝需求模型（The Ting Obsolescing Demand Model）。此模型考虑了渐逝协议现象以及非工业化国家建立行业政策和投资管理体制的趋势。这个模型认为当越来越多的国家加速工业化并专注于经济发展时，没收和国有化等暴力风险将逐渐变得罕见。第三，政治制度稳定指数。该指数是由丹·哈恩德尔等人提出来的，旨在为政治风险提供一个定量分析框架。它由国家的社会经济特征指数、社会冲突指数和政府作用指数这三个分指数构成，其中社会冲突指数又包含社会不安定、国内暴乱和统治危机三个分量。这些指数分别根据各类共15项指标测定，从年鉴或政府文件等出版物中获得。第四，政治风险指数。美国BERI公司会定期在《经营环境风险资料》上公布世界各国的政治风险指数，动态考察不同国家经营环境的现状以及未来5年后和10年后的情况。它先选定一套能够灵活加权的关键因素，再由专长于政治科学而不是商务的常设专家组对评估国家多项因素以国际企业的角度评分，汇总各因素的评分即得该国政治风险指数。

虽然我国还没有专门的政治风险评估机构，但是2005年中国出口信用保险公司发布了我国首部《国家风险分析报告》，这标志着我国国家风险分析体系的正式建立。自2005年起，每年年底中国出口信用保险公司都要根据“国家基本情况”、“政治状况”、“经济形势”、“投资状况”、“双边关系”以及“总体风险评估”等几大部分对全球100多个主权国家存在的风险进行详细分析并进行相应的评级，这为我国企业在进行境外投资时风险的识别、评估提供了科学的参考依据。

(三)政治风险的处理

如果企业在对外投资时能对东道国或投资目标国的理财环境进行认真细致的分析和衡量，并及早采取相应的措施，政治风险是可以降低或规避的。

(1)回避。尽可能在政治稳定的国家投资，因为政治稳定、法制健全的国家，一般会注重其国家信誉，不会轻易采取没收或冻结外国公司资产、突然实行严厉的外汇管制等极端措施。如果企业已在高风险国家有投资，则应缩减在高风险国家的业务或与其之间的业务往来，并且采取较高的贴现率以尽早收回投资。

(2)尽量利用负债筹资。在一些风险较大的国家，尽量利用公司外部资金，减少公司的股权投资。当这些国家和地区当局要求跨国公司必须提供一定比例的内部资金时，这时应尽量以贷款形式向子公司提供资金，避免股权投资可能造成的损失。同时尽可能向国际性大金融机构谋求贷款，这样一旦东道国采取不利于跨国公司的过激行动，影响到这些大金融机构的利益，他们便会利用自己的地位向东道国施加压力，迫使其放弃某些做法。东道国一般不会得罪这些大金融机构。

(3)分散经营。在各国进行分散经营，这样某一个国家的困难不至于对整个企业产生大的风险，记住，“永远不要把所有鸡蛋放一个篮子里”。

(4)风险转移。为政治风险投保，将政治风险转嫁给保险公司。在西方，几乎所有的发达国家都向他们的进出口商提供政治风险保险，如美国的进出口银行、英国的出口信贷提供部(ECGB)、加拿大的出口发展委员会(EDC)和德国的一个名为 HERMES 的机构都向它们各自的出口商提供包括战争、货币不可兑换和内乱等政治风险的保险。而我国，中国出口信用保险公司是政策性出口信用保险与海外投资保证方面的承保机构。对于国内企业而言，购买保险是其在海外投资降低政治风险较为经济的一种选择。

(5)注重与当地的融合和本土化。政治风险一般主要发生在跨国投资中，对于我国企业在进行跨国投资的过程中，应该考虑当地的经济民生发展，可以适当雇用当地员工，使企业的经营和当地的发展保持一致，加强与东道国各界利益上的融合，将企业的政治风险尽可能降低到最低。

二、法律环境

财务管理的法律环境是指对企业财务管理活动产生影响的各种法律、法规和规章。企业在其经营活动中，要与企业内外各利益相关者发生各种经济关系，在这些经济关系中，当企业的目标与其他相关利益主体的目标不一致时，政府将通过法律手段来规范企业的经济行为。政府管理这些经济活动和经济关系的手段包括行政手段、经济手段和法律手段三种。在市场经济条件下，行政手段逐步减少，而经济手段，特别是法律手段日益增多，越来越多的经济关系和经济活动的准则用法律的形式固定下来。同时，众多的经济手段和必要的行政手段的使用，也必须逐步做到有法可依，从而转化为法律手段的具体形式，真正实现国民经济管理的法制化。

从企业财务管理角度来看，国民经济管理的法制化建设一方面给企业提出了从事各项业务活动所必须遵守的规范或前提条件，从而对企业行为进行约束；另一方面也为企业从事各项业务活动提供了法律保护。所以说法律对于企业来说是一把“双刃剑”，如果企业进行财务管理时遵守国家相关的法律法规，那么法律将保护企业的理财行为；而如果企业违反国家法律进行理财，则将受到法律的惩罚。因此，企业财务管理人员一定要认真学习对企业财务管理有影响的法律法规，依法理财。

企业在进行财务管理时应遵守的法律规范主要有企业组织法律规范、税收法律规范和财务法律规范三大类。

(一)企业组织法规规范

企业组织必须依法成立，不同组织形式的企业设立要依照不同的法律规范。它们包括《中华人民共和国公司法》(以下简称《公司法》)、《中华人民共和国全民所有制工业企业法》、《中华人民共和国中外合作经营企业法》、《中华人民共和国中外合资经营企业法》、《中华人民共和国外资企业法》、《中华人民共和国个人独资企业法》、《中华人民共和国合伙企业法》等。这些法律规范既是企业的组织法，又是企业的行为法。

例如，《公司法》对公司制企业的设立条件、设立程序、组织机构、组织变更和终止的条件和程序等都作了规定，包括股东人数、法定资本的最低限额、资本的筹集方式等。只有按其规定的条件和程序建立的企业，才能被称为“公司”。《公司法》还对公司生产经营的主要方面做出了规定，包括股票的发行和交易、债券的发行和转让、利润的分配等。公司一旦成立，其主要的活动，包括财务管理活动，都要按照《公司法》的规定来进行。因此，《公司法》是公司制企业财务管理最重要的强制性规范，公司的理财活动不能违反该法律，公司的自主权不能超过该法律的限制。其他企业也应该按照相应的企业法来进行理财活动。

非公司制企业的财务管理与公司企业的财务管理有着很大的不同。非公司企业的所有者，包括独资企业的业主和合伙企业的合伙人，要承担无限责任，他们占有企业的盈利(或承担损失)，一旦经营失败必须抵押其个人的财产，以满足债权人的要求。公司制企业的股东承担有限责任，经营失败时其经济责任以出资额为限，无论股份有限公司还是有限责任公司都是如此。

(二)税收法律规范

税法是税收法律制度的总称，是调整税收征纳关系的法规规范。“纳税和死亡是任何人都不可避免的两件大事”，任何企业都有法定的纳税义务。与企业相关的税收立法分为三类：所得税类、流转税类和其他税类。其中所得税类包括企业所得税（自 2008 年起内外资企业所得税合并，税率统一为 25%）、个人所得税；流转税类包括增值税、消费税、营业税、进出口关税；其他税类包括资源税类、特定目的税类、财产和行为税类等。

税负是企业的一种费用，会增加企业的现金流出，对企业财务管理有重要的影响，主要表现在以下几个方面：

(1)对企业筹资决策的影响。企业筹集资金有两类不同的渠道，一类是权益性资金筹集，如发行股票；一类是债务性资金筹集，如发行债券。采用权益性资金筹集，代价是向投资者分配利润，且是在税后利润中支付的，无抵税作用。而采用债务性资金筹资，代价是支付利息，利息费用可以在缴纳所得税之前支付，因而具有抵税作用。因此，企业需要在权益筹资和负债筹资之间作出权衡。

(2)对企业投资决策的影响。企业投资选择不同的投资地点、不同的企业类型、不同的经营业务等，都会面临不同的税收法律规范，如国家对一些特殊地区或特殊行业、企业等实行税收优惠政策。另外，企业通过购买有价证券投资，也会有不同的税收政策，购买国债获得的利息收益不计交所得税，购买股票分得的股息则在计算本企业应纳所得税额时可予以调整。因此，企业在进行投资决策尤其是长期投资决策时，要充分了解税收环境，尽可能作出减少税收费用的有利决策。

(3)对企业分配决策的影响。企业税收费用的变动与其净利润的多少呈反向关系，即在一定时期内企业所承担的税收费用增加，则净利润相应会减少，可分配利润也相应会减少；反之亦然。另外，一些国家的资本利得税与股利收入所得税率不一致，如目前我国对股利收入按 20%的税率计算个人所得税，而对股票交易的资本利得收益暂不征个人所得税。因此，是否分配利润、按什么比例以及什么形式向投资者分配利润，都需要考虑税收的影响。

可见税收法律规范对企业财务管理的影响最为直接、有效。企业无不希望在不违反税法的前提下减少税收负担。税负的减少，只能靠精心安排和筹划投资、筹资和利润分配等财务决策，即进行税收筹划，而不允许在纳税行为已经发生时去偷税漏税。

(三)财务法律规范

企业财务法律规范是规范企业财务活动，协调企业财务关系的法令文件。我国目前企业财务管理法律规范，有以下三个层次：《企业财务通则》、行业财务制度和企业内部财务制度。

《企业财务通则》是各类企业进行财务活动、实施财务管理必须遵守的基本原则和规范，是财务制度体系中最基本的法规，也是制定企业内部财务制度的纲领性文件。1992 年经国务院批准由财政部发布的《企业财务通则》，于 1993 年 7 月 1 日起施行。2006 年财政部又对《企业财务通则》进行了大幅度修订，于 2007 年 1 月 1 日起施行。鉴于金融企业的特殊性，2006 年财政部同时发布了《金融企业财务规则》，并于 2007 年 1 月 1 日起实施。2006 年的《企业财务通则》不再对会计要素的确认、计量作出规定，也不再为企业纳税扣除项目、标准作出规定，而是围绕企业财务活动，对企业财务行为和财务关系作出规范，从财务管理的职能与属性等方面对企业的财务活动进行指导，引导企业实行科学管理，还原了财务管理的本质，强化了企业财务管理中对资金筹集、资产营运、成本控制、收益分配、重组清算和信息管理的作用。

行业财务制度是根据《企业财务通则》的规定，为适应不同行业的特点和管理要求，由财政部制定的行业规范，比如《事业单位财务规则》、《工业企业财务制度》、《商品流通企业财务制度》、《运输企业财务制度》等。

内部财务制度是企业管理当局根据《企业财务通则》和行业财务制度的规定，考虑企业自身特点和管理要求而制定的用来规范企业内部财务行为、处理企业内部财务关系的具体规则，通常包括财务管理体制制度、资本金管理制度、资产管理制度、成本费用管理制度、收入利润管理制度和财务报告与评价制度等。

除上述法律规范外，与企业财务管理有关的其他经济法律规范还有许多，包括各种证券法律规范、结算法律规范、合同法律规范等。财务人员要熟悉这些法律规范，在守法的前提下完成财务管理的职能，实现企业的财务管理目标。

三、经济环境

经济环境是指影响企业财务管理工作的宏观经济总体状况、态势，包括经济周期、经济发展水平、经济政策和通货膨胀等。

(一)经济周期

任何国家的经济发展都不可能呈长期的快速增长之势，而总是表现为“波浪式前进或螺旋式上升”的状态。经济运行沿着复苏、繁荣、衰退、萧条这四个阶段周而复始地循环，称为经济周期。经济周期的不同阶段呈现出不同的经济状况，从而使企业的财务管理面临着不同的问题。例如，在萧条阶段，整个宏观环境不景气，需求减少，投资锐减，生产萎缩，购销停滞，利润下降，企业筹资出现困难；在繁荣时期，市场需求旺盛，购销活跃，利润上升，企业为扩大生产规模，需要进行大量的筹资和投资活动。西方财务学者曾探讨了经济周期中各阶段企业的财务管理策略，其要点归纳如表 2-1 所示。

表 2-1　经济周期中的财务管理策略

复　苏	繁　荣	衰　退	萧　条
1. 增加厂房设备	1. 扩充厂房设备	1. 停止扩张	1. 建立投资标准
2. 实行长期租赁	2. 继续建立存货	2. 出售多余设备	2. 保持市场份额
3. 建立库存	3. 提高价格	3. 停产不利产品	3. 缩减管理费用
4. 引入新产品	4. 开展营销规划	4. 停止长期采购	4. 放弃次要利益
5. 增加劳动力	5. 增加劳动力	5. 削减存货	5. 削减存货
		6. 停止扩招雇员	6. 裁减雇员

这些策略一般而言是值得借鉴的。但是，我们尚须注意到，经济发展的周期波动不仅有短程周期、中程周期和长程周期之别，而且还有总量周期波动与产业及行业周期波动之差别。所以，表中各阶段应采取的财务策略的实施时间选择、力度以及持续时间安排，都应以具体经济周期特征分析为前提。

（二）经济发展水平

财务管理的发展水平是和经济发展水平密切相关的。经济发展水平越高，财务管理水平也越高；经济发展水平较低，其财务管理水平也低。不同国家按其经济发展水平不同可以分为发达国家、发展中国家和不发达国家。

发达国家经历了较长时间的资本主义经济发展历程，资本的集中和垄断已达到了相当的程度。经济、科技发展水平在世界上都处于领先地位，经济生活中出现许多新的内容、更复杂的经济关系以及更完善的生产方式。这就决定了这些国家的财务管理表现出内容丰富多彩、不断创新；方法越来越完善、科学，手段越来越先进；财务管理水平越来越高等基本特征。

发展中国家的现代商品经济起步较晚，或因历史进程中的挫折等缘故，目前基础较薄弱，经济发展水平都不是很高，但发展速度比较快；经济政策变更频繁、国际交往日益增多。这就决定了发展中国家的财务管理表现出总体水平中等但发展比较快，内容及方法、手段快速更新；受法规政策频繁变更影响显著；理财困难且不稳定等基本特征。

不发达国家的经济发展水平很低。工业很不发达，企业规模小，经济活动内容简单。这就决定了这些国家的财务管理表现出水平很低，无论内容、方法还是手段都比较落后，发展较慢等基本特征。

除了不同国家经济发展水平不同，在同一国家也会存在不同地区之间的经济发展不平衡，如目前我国东部沿海地区和中西部地区。东部沿海地区是全国经济发展水平最高的地区，财务管理水平相对较高，对该地区企业的财务管理应提出更高更严格的要求，应更多吸收西方经济发达国家的财务管理理念和方法；而中西部地区的经济发展水平较低，财务管理水平相对滞后，该地区企业在财务管理上，应学习其他地区先进经验，发挥后发优势，尽快缩小与东部沿海地区的差异。

知识链接：我国东西部企业成本管理方法比较①

南京大学会计系调查结果(表 2-2)表明：①东部、老工业基地最多采用的是目标成本法(比例分别为 58.3%和 50%)。②中西部地区最主要采用的方法是计划成本法(比例为 57.1%)。这可能原因就是因为东部地区经济发展水平较中西部高，所以采取更为先进科学的成本管理方法。

表 2-2 成本管理方法使用状况(地区比较)

地区	调查企业数	标准成本		计划成本		目标成本		其他	
		家数	百分比	家数	百分比	家数	百分比	家数	百分比
东部	48	7	14.6	16	33.3	28	58.3	3	6.3
中西部	14	3	21.4	8	57.1	4	28.6	0	0.0
老工业基地	10	3	30.0	4	40.0	5	50.0	0	0.0

(三)经济政策

经济政策是指政府为了增进社会经济福利而制定解决经济问题的指导原则和措施，主要包括国家产业结构政策、财政政策和货币政策等。

1. 产业结构政策

国家产业结构规定各种产业在国民经济中的规模和比重，明确产业发展的重点。国家会通过制定产业政策来扶植、鼓励或干预、限制某些产业的发展，以求合理、优势的产业结构。这些政策的调整与变动，必然对企业及其财务管理产生直接的影响，主要表现在：①通过投资政策引导企业的投资方向、投资规模，从而影响企业的投资效益；②通过产业兼并、产权重组来调整产业结构，促使企业走规模化、效益化的道路；③通过产业政策的其他形式，降低(提高)该产业中各有关企业的生产

①南京大学会计学系课题组.中国企业会计实况调查.大连：东北财经大学出版社，2002，117.

经营成本，使之获得较高（较低）的收益等。

中国共产党“十七大报告”中提出的产业结构政策是：加快转变经济发展方式，推动产业结构优化升级。由主要依靠第二产业带动向依靠第一、第二、第三产业协同带动转变，由主要依靠增加物质资源消耗向主要依靠科技进步、劳动者素质提高、管理创新转变。发展现代产业体系，大力推进信息化与工业化融合，促进工业由大变强，振兴装备制造业，淘汰落后生产能力；提升高新技术产业，发展信息、生物、新材料、航空航天、海洋等产业；发展现代服务业，提高服务业比重和水平；加强基础产业基础设施建设，加快发展现代能源产业和综合运输体系。确保产品质量和安全。鼓励发展具有国际竞争力的大企业集团。因此，作为企业财务部门要加紧研究新形势下企业财务管理的对策，为产业结构优化升级做好相应的准备。

企业财务部门必须了解产业结构政策及其变动，及时调整财务管理策略。2010 年 5 月 31 日，《国务院批转发展改革委关于 2010 年深化经济体制改革重点工作意见的通知》出台，通知中首先鼓励支持和引导非公有制经济发展，支持民间资本投向基础产业和基础设施、公用事业、社会事业、金融服务等领域；同时要求深化资源性产品价格和环保收费改革；深化财税体制和金融体制的改革。而在“十二五”期间（2011—2015），我国的产业结构政策将面临重大调整，产业梯度转移将由“产业链整体式转移”取代“产业链分拆式转移”，“高端技术合作”将取代“低端产业转移”，现代服务业与先进制造业相互融合发展。“十二五”期间，新能源、新材料、信息网络、生物医药、节能环保等领域将成为重点发展对象，第三产业的比例以及生产性服务业在服务业中所占比重将大幅度提高，高技术产业增加值占工业增加值的比例也将大幅度提高，同时单位 GDP 二氧化碳排放将大幅度下降。

2. 财政政策

财政政策是指以特定的财政理论为依据，运用各种财政工具，为达到一定的财政目标而采取的财政措施的总和，是国家经济政策的重要组成部分，包括公债政策、公共支出政策和财政或国家投资政策等。国家的财政状况及其与之相应的财政政策，对企业的财务管理有着重要的影响，尤其是对于权益资金主要来源于国家财政的国有企业。企业财务部门应针对国家不同的财政政策采取相应的财务管理对策。

（1）国家采取紧缩的财政政策。通常在经济繁荣时期，国民收入高于充分就业的均衡水平，存在过度需求。这时，政府通常采取紧缩性的财政政策，其内容是减少政府支出和国家投资、增加政府税收等。这将使企业从国家获得投资的机会减少，企业净利润减少，现金流出增加，现金流入减少，资金紧缺程度加剧，从而迫使企业控制投资规模，适当增加留存收益比例。

(2)国家采取扩张的财政政策。在经济衰退时期,国民收入小于充分就业的均衡水平,总需求不足。这时,政府通常要采取扩张性的财政政策。扩张性的财政政策又称积极的财政政策,其主要内容是增加政府支出,减少政府税收等。这将使企业从国家获得投资的机会增加,企业净利润增加,现金流出减少,现金流入增加,资金有富余,从而可以扩大投资规模,适当扩大分派利润比例。

3.货币政策

货币政策是指一个国家的中央银行为实现宏观经济目标而采取的控制和调节货币供应量的方针和措施的总称,是国家宏观调控经济政策的重要组成部分,在调节现代经济活动中有着较强的影响力和极其广泛的作用。国家采取不同的货币政策将直接影响货币流通量的大小,而企业财务管理是一种价值管理,所以货币政策对企业财务管理有着重要的影响。

(1)国家采取扩张型货币政策。扩张型货币政策通常在生产能力闲置、失业率较高、社会总需求严重不足时适用和采用,主要内容有:调低银行存贷款利率,降低存款准备金比例,下调贴现和再贴现利率,减少国债发行规模(或公开市场回购国债)等。扩张型货币政策对企业财务管理的影响是:企业筹资成本降低,债务资金筹集较易,资金充足,投资规模扩大等。

(2)国家采取紧缩型货币政策。紧缩型货币政策一般在社会总需求过大;总需求与总供给在总量、结构上失衡;尤其是通货膨胀严重时适用和采用,主要内容有:适当调高银行存贷款利率,提高存款准备金比例,调高贴现和再贴现利率,增加国债发行规模等。紧缩型货币政策对企业财务管理的影响是:筹资成本上升,筹资难度增大,企业资金紧张,投资规模萎缩。

(四)通货膨胀

经济发展中的通货膨胀也会给企业财务管理带来较大的不利影响,主要表现在:资金占用额迅速增加;利率上升,企业筹资成本加大;证券价格下跌,筹资难度增加;利润虚增、资金流失等。为避免通货膨胀给企业造成极大损失,财务人员必须对通货膨胀有所预测,并采取相应的措施调整收入与成本,通过套期保值等手段以减少损失。

现在越来越多的经济学家已经证实我国的经济发展与运行也呈现其特有的周期性特征,带有一定的经济波动性,多次出现通货膨胀。经济运行的周期性,要求企业财务部门对经济周期应有全面、正确的了解和认识,事前要做科学的预测,并预先根据各阶段的特点和本企业的实际情况采取相应的对策和措施,争取主动,避免被动,适时调整财务政策,使企业理财工作适应经济环境的变化。

四、市场环境

市场环境是指对企业财务管理活动产生影响的各种市场因素，它是在市场经济条件下对企业财务管理活动影响最直接、最重要的环境因素，包括市场主体、市场客体、市场机制、市场组织以及市场信息的传递与反馈等。

市场是企业获得各种生产要素和实现其商品价值的场所。在市场经济条件下，任何一个企业都离不开市场。在众多类别的市场中，对企业财务管理影响较大的主要有商品市场、金融市场等。

(一)商品市场环境

商品市场环境直接影响的是企业的经营活动而主要不是财务活动，但经营与财务管理在企业中有相互依存制约关系，特别是经营效率与经营风险对财务效率与财务风险有直接影响。所以，将商品市场纳入财务管理的市场环境研究，主要也是基于商品市场竞争对财务风险影响方面的考虑。

市场经济是一种竞争经济，伴随竞争而来的必然是风险的存在。不同竞争程度的市场环境对企业的财务管理有着不同的影响。按照市场竞争的程度不同，可将市场分为完全垄断市场、不完全竞争市场或寡头垄断市场、完全竞争市场。

1. 完全垄断市场环境

在这种环境下，属于独家经营，整个行业只有一个销售和生产者，产品销售顺畅，价格波动小，利润稳中有升，经营风险较小。因此，处于这种环境的企业在经营上掌握着主动权，使其财务活动也往往处于有利地位，可以融通和使用大量债务资金，也可以采用预收货款形式销售商品以减少资金占用等。

2. 不完全竞争或寡头垄断市场环境

在这种环境下，虽然有许多商品生产企业，但竞争往往是在少数几家优势或垄断企业之间进行。在一定时期供求和价格相对稳定，这些企业可以取得一定的垄断利润，但同时会面临一定的竞争风险，财务风险也有存在的可能性，需要在研究和开发、广告宣传、售后服务等方面投入大量资金，以期保持其垄断地位。总之，这些企业在生产经营上的优势地位必然会使其财务管理处于比较有利的地位，可以使用一定的债务筹资，也可以在一定时期采用预收款形式销售其紧俏商品以减少资金占用。考虑到竞争风险的存在，财务管理上必须注意财务风险存在的可能性，预先采取预防措施。

3. 完全竞争市场环境

在这种环境下，存在着众多的不可能左右市场的企业，竞争不受任何因素的阻碍和干扰，完全由买卖双方自由竞争，销售价格完全由市场来决定，利润的波动较大，经营风险也较大。因此，为扩大市场占有率，企业应认真研究其信用政策，以在尽可能降低坏账损失的前提下尽可能地扩大销售。此外，由于经营风险较大，使财务风险也时刻存在，财务管理必须仔细考虑现金流入与现金流出的数量匹配和时间匹配，不宜过多地采用负债方式去筹集资金。

（二）金融市场环境

在市场经济条件下，企业的财务管理活动与其所面对的金融市场环境犹如鱼和水的关系，金融市场的发育程度、利率高低等都会影响企业资金的筹集和投放。因此，熟悉和利用金融市场环境是搞好财务管理工作的重要条件。

1. 金融市场及其构成要素

金融市场就是资金融通的场所，是经营货币资金借贷、有价证券交易和买卖黄金、外汇等金融商品的场所，是与商品市场并列的一种市场。在金融市场上，资金是被作为一种“特殊商品”来交易的。金融市场可以是有形市场，如银行、证券交易所等；也可以是无形市场，即通过现代通信网络进行交易。

任何市场都要有其基本构成要素。金融市场由交易主体、交易对象、交易工具等构成。

(1)金融市场的交易主体。金融市场的交易主体是指在金融市场上进行金融交易的市场参与者，包括个人、企业、金融机构、政府等。金融市场主体可以分为筹资者、投资者、中介机构和监管机构。筹资者一般是企业，其主要目的是通过金融市场筹集生产经营所需资金，如利用向银行借款、发行公司债券、发行股票等方式筹集资金。投资者可以是企业及其他单位，也可以是个人，其主要目的是将闲置的资金使用权转让给资金需求者，以获得一定利息或红利收益。中介机构是为金融交易双方提供中介服务的机构，其主要目的是通过提供中介服务收取服务费，如银行、证券公司等。金融市场的监管机构通常是政府机构，如中央银行、证监会等，它保证金融市场正常运行，依法对金融市场的其他参与者进行监督，并通过有关法律手段、经济手段或者行政手段对金融市场进行宏观调节，稳定金融市场。

金融机构既是金融市场的筹资者、投资者，又是中介机构和监管机构，可见金融机构是金融市场的重要参与者，在金融市场上发挥着重要的作用。金融机构分为银行金融机构和非银行金融机构两大类。

我国的银行金融机构主要有中国人民银行、商业银行和政策性银行。其中中国人民银行是我国的中央银行，它代表政府管理全国的金融机构和金融活动，经理国库。商业银行是以经营存款、贷款，办理转账结算为主要业务，以营利为主要经营目标的金融企业，包括四大国有商业银行（中国工商银行、中国农业银行、中国银行、中国建设银行）和股份制商业银行（如交通银行、深圳发展银行、中信实业银行、中国光大银行、华夏银行、招商银行、福建兴业银行、上海浦东发展银行、中国民生银行等）。政策性银行是由政府设立，以贯彻国家产业政策、区域发展政策为目的，不以营利为目的的金融机构。目前我国政策性银行有国家开发银行、中国进出口银行和中国农业发展银行三家。

我国的非银行金融机构主要有保险公司、证券机构、信托投资公司、财务公司、金融租赁公司等。其中保险公司是将投保者的资金集中起来，当被保险者发生保险条款所列事项时进行赔偿的金融机构，主要经营保险业务，包括财产保险、责任保险、保证保险和人身保险等，保险公司从投保者那里集中了大量的资金，可以用于各种投资活动（目前我国保险公司的资金运用被严格限制在规定的范围内）。证券机构是指从事证券业务的机构，包括证券公司、证券交易所和登记结算公司。信托投资公司是以受托人的身份代人理财，其主要业务有经营资金和财产委托、代理资产保管、金融租赁、经济咨询以及投资等。财务公司是由企业集团内部各成员单位入股，向社会募集中长期资金的金融机构。金融租赁公司是办理融资租赁业务的公司组织，其主要业务有动产和不动产的租赁、转租赁和回租租赁等。

(2)金融市场的交易对象。金融市场的交易对象是指金融市场参与者进行交易的标的物，是市场的客体。在金融市场上作为交易对象的就是货币资金。无论是银行的存贷款，还是证券市场上的证券交易，实际上都是货币资金的转移。资金需求者希望通过金融市场筹集资金，而资金供给者则希望通过金融市场投资来获得投资收益。但是，与商品市场上交易商品不同的是，金融市场上交易的只是货币资金的使用权，而不是所有权。

(3)金融市场的交易工具。金融市场的交易工具，或称金融工具，是指在金融市场上资金供需双方进行交易时所使用的信用工具，是交易对象的载体。有了金融工具，资金交易双方的融通资金活动就更加方便和快捷。同时，金融工具作为合法的信用凭证，使交易双方的债权债务关系或者产权关系更加清晰，并能得到法律的保护。金融市场上的金融工具多种多样，按照发行和流通的场所，金融工具可以划分为货币市场证券和资本市场证券。货币市场证券到期日通常都在 1 年以内，提供的主要是短期资金的融通，如商业本票、汇票等；而资本市场证券的到期日都在 1 年以上，提供的也主要是 1 年期以上的中长期资金，如股票、公司债券、期货合约、期权合约等。在金融市场上，资金供需双方就是通过各种金融工具来实现资金融通的。筹资者可以利用金融工具筹集到所需资金，投资者也可以通过购买这些金融工具进行投资活动。

金融工具具有以下特征：①流动性。流动性是指金融工具能够在短期内迅速地、不受损失地转变为现金的能力。金融工具的流动性对于资金供需双方都是非常重要的，对于金融工具的持有人来说，流动性强的金融工具相当于现金，当持有者需要现金时，能够很容易地将其转变为现金。通常，流动性强的金融工具应具备变现迅速、易为投资者接受、交易费用低和市场价值较稳定等特点。②风险性。风险性是指购买金融工具的本金遭受损失的可能性。金融工具的风险主要有违约风险和市场风险两种，前者是指证券的发行人由于经营状况恶化、破产等原因而导致购买金融工具的本金不能得到偿还的风险，后者是指由于金融工具的市场价格波动可能给投资者造成经济损失的风险。③收益性。收益性是指投资者购买金融工具获得收益的大小。金融工具的这三个特性之间存在着这样的关系：流动性与风险性和收益性呈反比关系，风险性与收益性呈正比关系。即金融工具的流动性越强，其风险越小，收益也越低，而收益越高的金融工具，其风险也越大。

2.金融市场的分类

金融市场通常可以按以下标准进行分类。

(1)按交易对象分为资金市场、外汇市场和黄金市场。资金市场是指进行资金借贷的市场，包括交易期限在一年以内的货币市场和交易期限在一年以上的资本市场。外汇市场是金融市场中交易量最大的市场，它是设置在各国主要金融中心，由外汇供需双方及外汇交易的中介机构组成的，进行外汇买卖的交易场所。目前，世界上主要的外汇市场有伦敦、纽约、东京、苏黎世、新加坡、中国香港、法兰克福等著名的国际金融中心。黄金市场是专门经营黄金买卖的金融市场。黄金作为世界货币，成为人们投资和资金融通的重要媒介之一，也是各国国际储备的一个重要组成部分。黄金市场交易有现货交易和期货交易两种。其市场参与者主要有各国的官方机构、金融机构、经纪商、企业和私人等。目前，世界上著名的黄金市场有伦敦、苏黎世、纽约、芝加哥和中国香港。

(2)按融资期限的长短分为货币市场和资本市场。货币市场是指交易期限在1年以内的短期金融市场，其主要功能是保持金融资产的流动性。货币市场主要包括短期存贷款市场、银行同业拆借市场、商业票据市场、可转让定期存单市场、贴现市场、短期债券市场等。在货币市场上进行交易的主要是短期金融工具，最短的可能只有1天，长的可能是几个月，但最长不超过1年。货币市场满足了资金需求者的短期资金需求，也为暂时性闲置资金找到了出路，在我国货币市场中最活跃的是同业拆借市场。资本市场是指交易期限在1年以上的长期金融市场。资本市场主要包括银行中长期存贷款市场和有价证券市场。与货币市场相比，资本市场所交易的金融资产期限较长，投资者的风险比较大，因此其要求的报酬率也较高。在资本市场上进行交易的主要是长期金融工具，主要有股票、公司债券、长期政府债券和银行长期贷款等。随着长期融资证券化的趋势，资本市场也被称为证券市场。在我国，长期存贷款市场的发展基本上起始于20世纪80年代初期，而证券市场起始于20世纪80年代中后期。

(3)按证券是首次发行还是已经发行分为一级市场和二级市场。一级市场，也称发行市场或初级市场，是指发行证券的市场，它是资金需求者将证券首次出售时所形成的市场，是新证券和票据等金融工具买卖交易的市场；二级市场，也称交易市场，是在证券发行后，各种证券在不同投资者之间买卖和转让所形成的交易市场，也称流通市场或次级市场。我国证券的发行市场和交易市场分别起始于20世纪80年代中后期和90年代初期。

一级市场和二级市场关系紧密，没有一级市场就不会有二级市场，因此一级市场是二级市场的基础。而二级市场的存在提高了证券的流动性，流动性越强的证券越受到投资者的追捧。二级市场上证券价格越高，相应的其在一级市场所售的证券价格也越高，发行方所筹集的资金也就越多，因此二级市场促进了一级市场的存在和发展，而与企业理财关系更为紧密的是二级市场而不是一级市场。

(4)按证券交易程序分为场内交易市场和场外交易市场。场内交易市场是指各种证券的交易所，证券交易所有固定的交易场所、固定的交易时间和规范的交易规则，交易所按拍卖市场的程序进行交易。通过网络，证券交易所形成了全国性的甚至全球性的证券市场。场外交易市场没有固定的交易场所，它由许多拥有证券的交易商分别进行，任何人都可以在交易商的柜台上买卖证券，价格由双方协商而成。所谓的场指的是证券交易所，凡在各种证券交易所内进行的交易叫做场内交易，在证券交易所外所进行的交易叫做场外交易。

(5)按地理区域分为国内金融市场和国际金融市场。国内金融市场是指金融交易活动的范围以一国为限，不涉及其他国家，只限于本国居民或企业参与的金融市场，如我国的上海、深圳等。国际金融市场是指金融交易活动范围超越国界的金融市场，其范围可以是整个世界，也可以是某一个地区。国际金融市场可分为传统的国际金融市场和离岸国际金融市场。传统的国际金融市场是国内金融市场的延伸，即从纯粹本国居民之间的金融业务发展到也能经营居民与非居民之间国际金融业务而又接受当地政府法令管辖的金融市场。离岸国际金融市场是一种新型的国际金融市场，它有两个基本特征：一是以非居民交易为业务主体，故亦称境外市场；二是基本不受市场所在国金融法规和税制的限制。欧洲货币市场就是离岸国际金融市场的典型代表。

(6)按金融工具的交割时间分为现货市场和期货市场。现货市场是指金融工具买卖成交后，按成交价格当天或3天内一方支付款项，一方交付金融工具的交易市场。而期货市场是指按一定价格订约成交，交易双方在某一约定时间以后进行清算和交割的交易市场。

3.金融市场利率

利率，又称利息率，是指资金的增值额与投入的本金之比。利率是衡量资金增值程度的定量指标，是金融市场上资金的交易价格。在金融市场上，资金可以看做是一种特殊的商品，资金供需双方以利率作为价格进行交易。因此，利率的高低直接关系到融资双方的利益，它影响到筹资方的筹资成本和投资方的投资收益。

(1)利率的分类。利率有多种表现形式，如银行储蓄存款利息率、银行贷款利率、市场利率、法定利率等。通常利率可以按照以下标准进行分类。

①按照利率之间的变动关系，利率可分为基准利率和套算利率。

基准利率又称基本利率，是指在多种利率并存的条件下起决定作用的利率。如西方国家的中央银行再贴现率、我国中国人民银行对商业银行贷款的利率都属于基准利率。基准利率在利率变动中起决定作用，其他利率要随基准利率的变动而变动。所以，了解利率的变动趋势，应当主要了解基准利率的变动情况。

套算利率是指在基准利率的基础上，各个金融机构根据借贷款的具体特点换算出的利率。一般来说，风险较大的贷款项目套算利率确定的要高一些；反之，风险较小的贷款项目，套算利率确定的低一些。

②按照债权人取得的报酬情况，利率可分为实际利率和名义利率。

实际利率是指物价不变从而货币购买力不变条件下的利息率，或者是在物价变化时，扣除通货膨胀补偿后的利息率。例如，假定某年物价没有变化，企业从某金融机构借款100万元，年利息额为5万元，则实际利率就是年利率5%。而如果当年通货膨胀率为2%，则实际利率就是3%。

名义利率是指包括对通货膨胀风险补偿后的利息率。我们在市场上所见到的利率，几乎全是名义利率。名义利率与实际利率之间的关系是：名义利率＝实际利率＋通货膨胀补偿率。根据这两者之间的关系，如果物价上涨，则名义利率必然大于实际利率；反之，如果物价下跌，则名义利率必然小于实际利率。由于现实经济生活中，物价不断上涨似乎是一种普遍的趋势，所以通常情况下的名义利率要高于实际利率。

实际利率、名义利率以及通货膨胀率三者之间的关系如下：

$$1+\text{名义利率}=(1+\text{实际利率})\times(1+\text{通货膨胀率})$$

例如，假定某年物价没有变化，企业从某金融机构借款100万元，年利息额为5万元，则实际利率就是年利率5%。而如果当年通货膨胀率为2%，则实际利率就是2.94%。

③按照在借贷期内是否调整，利率可分为固定利率和浮动利率。

固定利率是指在借贷期内不做调整的利率。这种利率在整个借贷期内都是固定不变的。所以，对借贷双方准确地计算成本与收益都十分方便。但是，在通货膨胀比较严重的情况下，实行固定利率对债权人，尤其是对于贷放长期款项的债权人，会带来较大的损失。因此，目前越来越多的借贷都开始采用浮动利率。

浮动利率是指在借贷期限内可以调整的利率。根据借贷双方的协定，通常由一方在规定的时间依据某种市场利率进行调整。浮动利率可以为债权人减少通货膨胀所带来的损失，但是，手续比较繁杂，工作量较大。因此，多用于3年以上的借贷及国际金融市场。如美国的房地产贷款期限多为3年以上，长者可几十年，为了减少通货膨胀带来的损失，一般都采用浮动利率。我国的房地产信贷期限一般都较长，最长可以达30年，这种贷款一般都采用浮动利率。

④按照利率是否根据市场规律自由变动的标准来划分，利率可分为市场利率和官方利率。

市场利率是指随着市场规律而自由变动的利率。在市场经济发达的西方国家，利率一般以市场利率为主，根据金融市场上资金的供需变化，利率随之变动。

官方利率又称法定利率，是指由政府金融管理部门或者中央银行确定的利率。官方利率是国家进行宏观调控的一种手段。我国的利率属于官方利率，利率由国务院统一制定，由中国人民银行统一管理。

(2)影响利率的因素。在金融市场上，利率是资金这种特殊商品的交易价格，利率是不断变动的。那么是哪些因素造成利率变动呢？影响利率变动的因素很多，但归纳起来大致有平均资金利润率、借贷市场资金供求状况、经济周期和国家宏观经济政策等。

①平均资金利润率。利息来自利润的一部分，一般情况下，利率要随平均利润率的提高而提高，随平均利润率的降低而降低。当工商企业从金融机构借入资金从事生产经营活动后，所得利润一部分以利息形式支付给银行或其他金融机构，作为使用借贷资金的代价；另一部分作为企业的利润。显然，利率不能高于利润率，否则，企业就会因运用借入资金所生产的利润等于零或小于零而不再从金融机构借入资金了。此外，利息是提供贷款的债权人的收益，所以利率的最低界限是大于零，不能等于零或小于零，否则债权人不会拿出资金。至于利率究竟占利润率的多大比重，则取决于金融机构与工商企业之间的竞争结果。

②借贷市场资金供求状况。借贷资金作为一种特殊商品出现,在市场经济条件下,同样要受到市场供求法则的制约,即作为借贷资金价格的利率要由资金的市场供求状况来决定。通常情况下,借贷资金供过于求时,利率则要下降;反之,利率则会上升。

③经济周期。社会经济形势的变化也会对金融市场的利率水平产生影响。在经济过热时,尤其是出现通货膨胀时,资金需求增加,会使利率水平上升;反之,在经济衰退时,尤其是出现通货紧缩时,利率水平会随之下降。

④国家经济政策。国家的经济政策,尤其是货币政策和财政政策对金融市场上的利率有较大的影响。政府为防止经济过热,通过中央银行减少货币供应量,则资金供应减少,利率上升;政府为刺激经济发展,增加货币发行,则情况相反。

(3)利率的构成。在金融市场上,利率是资金使用权的价格。一般说来,金融市场上资金的购买价格,可以用以下公式表示:

利率=纯粹利率+通货膨胀附加率+风险附加率

①纯粹利率。纯粹利率是指无通货膨胀、无风险情况下的平均利率。例如,在没有通货膨胀时,国库券利率可以视为纯粹利率。纯粹利率的高低,受平均利润率、资金供求关系和国家经济政策的影响。

②通货膨胀附加率。由于通货膨胀使货币贬值,投资者的实际报酬下降。他们在把资金交给借款人时,会在纯粹利息率的水平上再加上通货膨胀附加率,以弥补通货膨胀造成的购买力损失。因此,每次发行国库券的利息率随预期的通货膨胀率变化而变化,它等于纯粹利息率加预期通货膨胀率。

③风险附加率。投资者实际报酬除了受通货膨胀影响以外,还受投资风险的影响。投资风险越大,所要求的收益率也越高。一般而言,投资风险包括违约风险、流动性风险和期限风险。所以风险附加率也就等于违约风险附加率、流动性风险附加率与期限风险附加率之和。

违约风险附加率是指为了弥补因债务人无法按时还本付息而带来的风险,由投资者因承担这种风险而要求提高的利率。违约风险越大,投资者要求的利率报酬越高。债券评级,实际上就是评定违约风险的大小。信用等级越低,违约风险越大,要求的利率越高。国库券因几乎不存在违约风险,所以国库券利率要远远低于其他债券。

流动性风险附加率是指为了弥补因债务人资产流动性不好而带来的风险,由投资者要求提高的利率。资产的流动性是指该资产的变现能力。各种有价证券的变现能力是不同的。政府债券和大公司的股票容易被人接受,投资者可以随时出售以收回投资，变现能力很强，流动性好，因此这些有价证券的流动性风险小，其流动性风险附加率也低。与此相反，一些小公司的债券鲜为人知，不易变现，流动性差，投资者要求较高的流动性风险附加率作为补偿。

期限风险附加率是指因到期时间长短不同而形成的利率差别。例如，五年期国库券利率比三年期国库券高。两者的流动性风险和违约风险相同，差别在于到期时间不同。到期时间越长，在此期间由于市场利率上升，而长期债券按固定利率计息，使投资者遭受损失的风险越大。期限风险附加率，是对投资者承担利率变动风险的一种补偿。

综上所述，利率＝纯粹利率＋通货膨胀附加率＋违约风险附加率＋流动性风险附加率＋期限风险附加率。

知识链接：我国 2007 年以来金融机构贷款利率①

表 2-3　我国 2007 年以来金融机构基准贷款利率变动一览表

调整时间	六个月以内（%）	六个月至一年（%）	一至三年（%）	三至五年（%）	五年以上（%）
2007.03.18	5.67	6.39	6.57	6.75	7.11
2007.05.19	5.85	6.57	6.75	6.93	7.2
2007.07.21	6.03	6.84	7.02	7.2	7.38
2007.08.22	6.21	7.02	7.2	7.38	7.56
2007.09.15	6.48	7.29	7.47	7.65	7.83
2007.12.21	6.57	7.47	7.56	7.74	7.83
2008.09.16	6.21	7.2	7.29	7.56	7.74
2008.10.09	6.12	6.93	7.02	7.29	7.47
2008.10.30	6.03	6.66	6.75	7.02	7.2
2008.11.27	5.04	5.58	5.67	5.94	6.12
2008.12.23	4.86	5.31	5.4	5.76	5.94
2010.10.20	5.10	5.56	5.6	5.96	6.14

①根据中国人民银行官方网站 http://www.pbc.gov.cn 有关资料编制而成.

4.金融市场与企业财务管理

金融市场环境对企业财务管理活动的影响和决定性作用，主要表现在以下几方面：

(1)对企业筹资决策的影响。金融市场是企业筹资的场所，企业可以根据自己的需要，按规定在金融市场提供的多种筹资渠道中，选择恰当的筹资方式和筹资途径。另外，在筹资活动中，利率、证券价格和证券指数等金融市场参数变动，会影响企业的筹资成本和风险，因此，企业财务部门应做好分析预测，采取措施规避成本上升和风险增长的可能。

(2)对企业投资决策的影响。金融市场是企业投资的场所，它提供了多种投资工具和方式，使企业有可能通过不同的投资组合达到承担风险适中和获利高的目的。另外，在企业投资活动中，利率、证券价格和证券指数等金融市场参数的变动，会对企业的投资方向有一定的导向作用。

(3)对企业分配决策的影响。金融市场筹资的难易程度，金融市场投资的机会多少，将会影响企业的分配政策。当市场利率上升、证券市场价格和证券指数低迷时，会使得企业筹资困难，如果在未来又有良好的投资计划，就要采取较低的股利支付比率，保留大量的留存收益以满足资金的需要；反之亦然。

五、社会文化环境

人类除了创造物质财富以外，还创造了精神财富。人类生活的精神方面，就构成了社会文化。社会文化的内容十分广泛，包括教育、科学、文学、艺术、舆论、新闻出版、广播电视、卫生体育、世界观、理想、信念、道德、习俗、传统思维方式，以及同社会制度相适应的权利义务观念、组织纪律观念、价值观念等。社会文化的各个方面对企业财务管理的影响程度不尽相同。相对而言，教育、科技及观念等因素对财务管理的影响更为直接。

(一)教育

教育，从一定意义上说主要是人类文化的传授，可分为基础教育和专业教育。企业财务管理人员既要接受基础教育，又要接受专业教育。教育对企业财务管理的影响具体体现在以下三个方面：

(1)社会总体的教育水平。社会总体教育水平决定社会成员总体的受教育程度，显然社会成员总体的受教育程度对企业财务管理具有显著的影响。这是因为，企业财务管理是一项涉及面广、综合性强的管理工作，这不仅要求财务人员具有宽广的知识面和综合的思维及判断能力，也要求与财务管理相关岗位的人员具备良好的素质，以使其与财务人员的工作配合默契。一个国家总体财务管理水平的高低，与其公民总体受教育程度具有很强的正相关关系。

(2)教育制度的基本导向对企业财务管理也有重大影响。所谓教育制度的基本导向，是指一个国家的教育结构及其倾向。教育制度的基本导向，决定了一国对财务管理教育的重视程度，以及财务管理教育的总体水平，这会直接影响财务管理专业人才的业务素质。改革开放以前，我国对财务管理的教育重视不够是当时我国企业财务管理水平低下的一个原因。改革开放以后，我国对财务管理的教育越来越重视。随着社会经济的发展，财务管理工作的内容越来越丰富，财务管理的总体教育水平就显得非常重要。因此，我们可以很乐观地展望，我国企业未来的财务管理水平将得到大大的提高。

(3)教育适应性对企业财务管理也有显著影响。所谓教育适应性，是指当经济和社会系统产生更为复杂的财务管理业务，从而需要采用更为复杂的财务管理思想和方法时，财务管理人员能否适应这种需要。因此，财务管理教育能否适应不断变化的新形势，与时俱进地调整财务管理的教学内容和教学方法，对企业财务管理工作具有显著的影响。

(二)科学

科学，包括自然科学和社会科学，对财务管理也有重大的影响。科学的发展对财务的影响，主要表现在两大方面：①科学发展为财务管理提供了理论指导和管理手段。现代企业财务管理以财务理论为指导，而财务理论的发展，又必须以其他科学的发展为条件。经济学、管理学乃至数学、物理及计算机等自然科学的发展，都在一定程度上促进了现代财务理论的发展。②科学发展丰富了财务管理的内容。这是因为，科学的发展为人类改造自然不断地开辟新的领域。而在人类活动的几乎所有领域，都必须讲求经济效益的提高。

(三)观念

观念，是指人们对事物的传统看法。传统观念在人们的头脑中是根深蒂固的，因而对人们的思想及行为具有深远的影响。社会对财务管理工作的态度，将影响财务管理工作的社会地位及从事财务管理工作的人的类型。财务管理人员是否具有全局整体观念、长远观念，将影响财务管理活动的基本导向。企业领导人、其他有关职能部门负责人，乃至企业全体员工是否具备现代财务观念，将影响财务决策实施的效果。传统观念对财务管理工作的影响还表现在，它往往会束缚财务管理人员的头脑。所以,欲使新的理论、新的方法应用于实际工作,必先通过舆论宣传等手段使人们的观念得以更新。

第三节 财务管理的微观环境

财务管理的微观环境主要是指影响企业财务管理的内部因素,包括企业组织形式、经营规模等。具有不同的企业组织形式、不同的经营规模、不同的生产技术条件和经营管理水平以及不同的决策者素质的企业分别有着不同的微观财务管理环境。研究不同企业的微观财务管理环境的意义在于指导企业根据自身特点,分别采取不同的理财措施,以实现企业理财效果最优化。

一、企业组织形式

企业组织形式是指企业存在的形态和类型。不同组织形式的企业,面临不同的法律、税收等外部环境,对财务管理就有不同的要求。因此,了解各种类型的企业组织形式及其对企业财务管理的影响,是实施有针对性财务管理的必要前提。

按组织形式划分,企业可分为独资企业、合伙企业和公司制企业。

(一)独资企业

独资企业也称个体企业,是由单个自然人出资兴办的企业。独资企业不具有法人资格,其业主拥有对企业生产经营绝对决策和控制权,独享企业盈利并承担企业的全部风险和责任。

独资企业的主要优点是:①组建手续简便,无须较多的开办费;②业主独揽企业的经营决策权,所有权与经营权合一,管理效率较高;③业主独享企业利润,只需缴纳个人所得税,而无缴纳企业所得税之忧;④无须向社会公布其财务报表,可在一定程度上保守商业秘密。

但是,独资企业也有其无法克服的缺点,主要表现在:①因独资企业的资本有赖于业主一人,资本实力不可能非常雄厚,从而使这种企业对外筹资非常困难,企业规模较小,在激烈竞争的市场中面临较大的风险;②业主需对企业债务承担无限责任,当企业的资产不足以抵偿债务时,业主家庭财产也将被追索,甚至有牢狱之灾;③企业的寿命与业主的寿命相连,一旦业主亡故,企业也将“寿终正寝”。

因此，独资企业在财务管理上具有以下特点：筹资较困难，抵御财务风险的能力较差，但管理方式比较灵活，财务决策迅速。

(二)合伙企业

合伙企业是由两个或两个以上的业主共同出资兴办的企业。合伙企业的业主称为合伙人，他们之间按照共同商定的合约决定各自的出资额以及每人应分享的利润和承担的责任。按合伙人所承担责任的差别，合伙企业可分为一般(或普通)合伙和有限合伙两种。前者的每个合伙人都负有无限连带责任，都可以成为企业的执业合伙人；后者只有普通合伙人才负有无限连带责任，其他人负有限责任，只有普通合伙人才能成为企业的执业合伙人，其他人不得经营企业。不管是一般合伙还是有限合伙企业，只有执业合伙人才能对外代表企业，以企业的名义签订合同。合伙企业在法律上不具有法人资格。

合伙企业的主要优点是：①相对于独资企业，由于合伙企业的业主人数增加，资本实力相对雄厚，信用较佳；②可以实现不同个人的资本、技术、能力的有机结合，从而形成比独资企业更强、更有创造力的经营实体；③合伙企业无须向社会公布其财务报表，其业主只需缴纳个人所得税即可。

合伙企业的缺点主要表现在：①合伙企业的权力相对分散，可能导致决策缓慢，贻误商机；②合伙企业会因某个合伙人的退出或死亡而告终止；③合伙企业的资本不能以股票形式出现，不能转让或变现，与公司相比，所有权的转移较困难，难以筹集大量的资金；④一般合伙企业的合伙人及有限合伙企业的一般合伙人需对企业的债务承担无限连带责任。

与独资企业相比，合伙企业的筹资能力提高，抵御财务风险的能力增强，决策水平和管理水平提高，但财务决策速度较慢，难以适应多变的社会，财务不稳定性比较大。

(三)公司制企业

公司是依法设立的，以其全部法人财产实行自主经营、自负盈亏、照章纳税的具有法人资格的经济组织。根据股东对公司所负责任的不同，公司可分为以下五类：一是无限责任公司，即所有股东无论其出资额多少，对公司的债务均承担连带无限责任；二是有限责任公司，即所有股东均以其出资额为限对公司债务承担责任；三是两合公司，即由无限责任股东和有限责任股东共同组成的公司，其兼有无限公司和有限公司的特点；四是股份有限公司，即公司全部资本分为金额相等的股份，所有股东均以其所持股份为限对公司的债务承担责任；五是股份两合公司，即由无限责任股东和有限责任股东共同组成的公司，是介于无限责任公司和股份有限公司之间的一种股份公司，是两合公司的特殊形式。根据《中华人民共和国公司法》的规定，我国目前的公司主要是股份有限公司和有限责任公司两类。

股份有限公司，是指依照公司法的有关规定设立的，其全部资本划分为等额股份，股东以其所持股份为限对公司承担责任，公司以其全部资产对公司的债务承担责任的企业法人。股份有限公司的主要特征是：①全部资本分为等额股份，股份采用股票的形式；②所有股东均以其认缴的股份为限对公司承担责任；③股东有人数限制[①]；④股东的股份可以依法自由转让；⑤设立、歇业、解散程序较为复杂；⑥公司必须定期向社会公众公布其财务报告。在财务管理上，股份有限公司的筹资渠道广阔、筹资能力强，抵御财务风险的能力也比较强且便于分散风险，财务管理置于公众之下，利于管理水平提高。但是，股权流动性较大不易于控制，代理成本会比较高。

有限责任公司也称有限公司，是指依照公司法的有关规定设立的，股东以其出资额为限对公司承担责任，公司以其全部资产对公司的债务承担责任的企业法人。有限责任公司的主要特征是：①所有股东均负有限责任；②资本不分为等额股份，证明股东出资份额的权力证书为出资证明书，而不是股票；③股东必须符合法定人数（我国《公司法》规定的股东人数为50个以下）；④股权转让必须经股东会讨论通过；⑤设立、歇业、解散程序相对简单；⑥无须向社会公众公布其财务报告。在财务管理上，筹资渠道、筹资能力、抵御财务风险的能力都要比股份有限公司稍弱。

在2006年施行的《公司法》中对于有限责任公司增加了一人有限责任公司，一人有限责任公司，是指只有一个自然人股东或者一个法人股东的有限责任公司。一个自然人只能投资设立一个一人有限责任公司，其注册资本最低限额为人民币十万元，并且股东应当一次足额缴纳公司章程规定的出资额。一人有限责任公司的股东不能证明公司财产独立于股东自己的财产的，应当对公司债务承担连带责任。一人有限责任公司相对其他有限责任公司，其无论是从筹资能力还是财务风险等方面，都是最弱的。

公司这种企业组织形式具有独资、合伙企业不可比拟的优点，主要表现在：①公司的债务责任与股东的个人财产无关，公司及股东对债务的责任均为有限责任；②公司筹集资金相对较容易，从而使公司具有较多的增长机会；③所有权

①《中华人民共和国公司法》第七十九条规定："设立股份有限公司，应当有二人以上二百人以下为发起人，其中须有半数以上的发起人在中国境内有住所。"

与经营权的分离使企业能聘用管理素质高的职业管理人员，从而有利于经营管理效率的提高；④公司无限寿命，即使所有权转移仍能保持其法人地位，具有经营上的连续性。

公司这一组织形式的主要缺点是：①双重征税，公司在经营活动获得的利润要缴纳公司所得税，股东分红所得要缴纳个人所得税；②所有权与经营权的高度分离，使得所有者与经营者的委托一代理关系复杂化，从而使代理成本加大（这里的代理成本是指股东为促使经营者按照财务目标进行管理和决策而必须付出的代价，包括监督经营管理活动的费用、激励经营提高经营效率的费用、因经理决策权力有限而失去好的投资机会所造成的机会损失等）；③政府对公司的法律管制相对较严；④股份有限公司的股份自由转让可能导致公司被少数大股东控制；⑤上市公司定期公布财务报告不仅要负担较高的信息报告成本，而且可能泄露公司的商业秘密。

二、生产经营规模

在企业微观财务管理环境中，生产经营规模是一变量系数，即在企业管理体制和经营组织形式既定的条件下，生产经营规模大小的不同会对财务管理工作提出不同的要求。按照生产经营规模和组织规模大小的不同，企业可分为集团企业和中小型企业。

1. 集团企业

集团企业是指由多个生产同类商品的企业或相关产品的企业共同组成的庞大的经济实体。集团企业的财务管理与单个企业相比具有以下特征：①在财务管理的主体上，企业集团呈现为一元中心下的多层级复合结构特征；②企业集团的财务目标在遵循企业价值最大化共性原则的同时，又有着区别于其他企业或营利性组织形式的特征性，即企业集团的财务目标呈现为成员企业个体财务目标对集团整体财务目标在战略上的统合性；③企业集团的整合风险通常小于不加入企业集团情况下个体成员企业独立风险的简单相加；④企业集团有着雄厚的财务资源支持，从而能够进入更加广泛的财务活动领域，并可利用多种多样的融资、投资以及利润分配的形式或手段。

2. 中小型企业

中小型企业的特点是规模小，组织机构、经营活动都较为简单，因此中小型企业的财务管理呈现以下特点：资金的筹集渠道少，承担风险的能力也相对比较弱。但具有灵活的经营手段和管理方法。

三、技术条件

从一定意义上讲，财务管理服从和服务于其所处的生产技术环境。不同的生产技术条件要求有不同的财务行为与之相适应。在高技术生产企业中，技术密集、机器设备等固定资产所占比重大，企业的投资偏重于研究与开发和固定资产的购建，企业所筹集的资金大多属于长期资金；而在劳动密集型企业，流动资产所占比重较小，企业的投资偏重于现金、存货、应收账款等项流动资产，所筹资金大多属于短期资金，财务管理的难点在于保持良好的资金流动性。

四、管理水平

财务管理是整个企业经营管理的一部分，尽管它具有综合性、广泛性、灵敏性等特点，在企业经营管理中处于核心地位，但财务管理职能的充分发挥与企业管理的基础工作、其他专业管理的水平及相互之间的协调、配合等方面密切相关。如果企业的管理基础工作较差，其他专业管理水平不高、各职能部门之间缺乏沟通与理解，则再好的财务决策也难以顺利实施，这样的企业其管理工作不可能做得很好。因此，企业在进行财务决策时，必须准确估计自身的经营管理水平，做到相互促进、相互提高，共同为企业的财务目标和整体目标而努力。

五、决策者的素质

企业的重大财务决策往往是由企业的主要领导人拍板定案的。决策者的素质，如经历、经验、文化水平、知识结构、胆略等直接影响决策的正确与否。如果决策者素质较高，不仅可以充分理解财务人员所提供的决策资料，而且善于抓住机遇，敢于拍板，其财务决策的正确率必然较高，也必然会给企业带来丰厚的收益。反之，决策者的素质低下，则财务工作难以顺利开展。提高决策者素质的途径和方式很多，但有一点很重要，那就是决策者应具备一定的财务管理知识。

本章小结

财务管理环境是指对企业财务管理活动产生影响作用的各种条件和因素的总称，具有相对独立性和系统性、相对稳定性和动态性、规律性和不确定性以及区域性和国际性等特点。

企业在进行财务管理时应遵守的法律规范主要有企业组织法律规范、税收法律规范和财务法规规范。计划经济体制和市场经济体制下的企业财务管理在财务管理的主体、立足点、目标和手段等方面存在着明显的差异。财务管理人员在理财时应该了解国家的产业结构政策、财政政策和货币政策类型，以采取相应的理财策略。通货膨胀给财务管理带来的不利影响有资金占用额迅速增加、筹资成本加大、筹资难度增加和利润虚增、资金流失等。利率是资金使用权的价格，有名义利率和实际利率之分，平均资金利润率、资金供求状况、经济周期和国家经济政策都会影响利率的变动，利率＝纯粹利率＋通货膨胀附加率＋风险附加率。社会总体教育水平、教育制度的基本导向和教育适应性对一国的财务管理水平有显著的影响。中国几千年的传统文化给中国企业的财务管理打下深深的烙印，形成中国式的企业财务管理。

独资企业、合伙企业和公司制企业，其组织形式不同，财务管理特点也不相同。高新技术企业和劳动密集型企业的财务管理重点也是大相径庭。

参考文献

1.［美］威廉·L·麦金森.公司财务理论.刘明辉译.大连：东北财经大学出版社，2002，1-71.

2.［美］斯蒂芬·A·罗斯，等.公司理财.6版.吴世农，沈艺峰，王志强译.北京：机械工业出版社，2003，13-14.

3.顾惠忠.后金融危机时代的财务管理.会计之友(下旬刊)，2010(9).

4.王化成，高升好.后金融危机时代的财务管理.会计之友(上旬刊)，2010(8).

5.张继德.金融危机下的企业财务管理对策.财务与会计，2009(12).

思考题

1.与其他环境相比，财务管理环境具有哪些特点？

2.影响企业财务管理活动的法律法规有哪些？它们是如何影响的？

3.简述市场经济体制下的财务管理与计划经济体制下的财务管理的区别。

4.国家财政货币政策发生变化后，企业应怎样调整其财务管理策略？

5.通货膨胀对企业财务管理有何影响？

6.金融市场对企业财务管理的影响表现在哪些方面？

7.利率是由哪几部分构成的？影响利率的因素有哪些？

案例分析

适应理财环境，寻求投资良机
——“燕京”的自信[①]

一、基本案情

今年是燕京啤酒集团公司成立20周年。20岁的燕京啤酒已长成高举民族啤酒工业帅旗的巨人。每年100多万吨的产销量、8亿多元的利税总额，足可以让燕啤大摆庆功宴、大庆一番。可是燕啤没有去接受人们的频频祝酒，反而向广大消费者献上一杯美酒——代表当今世界最先进啤酒生产技术的燕京纯生啤酒生产线于8月下旬正式投入生产，年产纯生啤酒10万吨。这无疑是燕啤对自己生日的最好纪念。新世纪来临之际，燕啤又迈上一个新的台阶。

市场竞争不是战争。进入90年代后期，中国啤酒业发生了戏剧性的变化。当以燕啤为代表的民族啤酒工业在90年代中期成功地顶住了洋啤酒的攻势并牢牢地占据了国内市场后，随之而来的是，国内几大啤酒生产企业之间的竞争也就拉开了序幕。面对在家门口形成的竞争态势，以及业界沸沸扬扬的说法，燕啤似乎一点反应都没有。“巨头”没有动静，场面自然没有出现人们期望的热闹。在宣布了纯生啤酒生产线顺利投产的消息后，一向不喜欢张扬的燕啤总经理李福成这才坐下来，一板一眼地说：“市场竞争不是战争。民族啤酒工业不是非得你消灭我、我消灭你。燕啤欢迎竞争，没有竞争，就没有企业发展的内在动力，同时燕啤不怕竞争。”当年面对国内啤酒业的合资浪潮，眼看着民族品牌被洋啤酒一个个吞掉，燕啤没有惧怕，更没有退缩，坚持不合资，与洋啤酒展开了较量。“在北京市场，我们与几十种品牌的外国啤酒竞争，苦苦奋战了五六年时间。”李福成回忆说。现如今，已占总产量近三分之一的燕啤中高档啤酒，在北京的销售量比所有的外国品牌销量加起来还要多，占据绝对优势。我们开拓国际市场有一条原则，即决不与其他国内啤酒品牌抢市场，而是开发新的市场。在国际市场，我们要维护中国啤酒的声誉。在和洋啤酒展开竞争的这几年，也正是燕啤的大发展时期。1994年至今，燕啤平均每年扩产16万吨，相当于一年新增一个大型啤酒厂，继1996年在全国同行业600多家企业中产销量率先突破50万吨，跃居全国第一之后，去年燕啤已成为我国第一家年产啤酒突破百万吨的企业。其中，燕京牌啤酒86万吨，是国内唯一的啤酒产量突破80万吨的单一品牌。

与洋啤酒的竞争，燕啤决不搞自我封闭，相反却十分注意学习人家的长处，吸

---

①经济日报，2000年11月3日1版.

取有益的经验。燕啤的技术人员先后到美国、日本、德国、荷兰等国家有名的啤酒生产企业学习考察，从国际上引进一系列先进技术和工艺设备。

百万吨是起点不是终点。“我们在国内第一个突破年产销量 50 万吨，还要第一个突破年产销量 100 万吨！什么时候突破？我相信，这个目标在本世纪内一定会实现。”这是李福成 1997 年初在集团公司总结表彰大会上慷慨激昂的一番话。1999 年 11 月 30 日，燕京啤酒集团公司生产啤酒 100.41 万吨。李福成的预言变为现实。面对即将到来的 21 世纪，李福成又说：“百万吨是起点，不是终点。”这个起点很高。100 万吨，可在当今世界啤酒生产企业中排第 25 名左右。这是个新起点。燕啤冲击新的目标的条件和时机已经成熟。全集团公司职工队伍已发展到 8 000 多人，其中大中专毕业生 1 000 多人，而且以每年新招收 100 多名的数量在递增。全集团公司固定资产达到 40 亿元，而资产负债率不超过 10%。通过股票成功上市，3 年共募集资金 23.6 亿元，今后几年还可以募集大量资金。去年实现纯利润 3.8 亿元，是全国同行业和北京市地方工业经济效益最好的企业。

新起点就有不同凡响的大动作。去年以来，燕啤加快了面向全国市场的步伐。一方面，扩大南京、武汉、广州等中心城市的市场销售；另一方面，在低成本扩张上实现突破性进展。燕啤通过增资控股的方式，分别组建了江西燕京啤酒有限责任公司、湖南燕京啤酒有限责任公司、燕京啤酒（衡阳）有限责任公司和燕京啤酒（襄阳）有限责任公司。据测算，目前新建一条年产 10 万吨的啤酒生产线需投资 5 亿元左右，燕啤只投资 2.7 亿元，此外又追加了 1 亿多元的技术改造资金，就使这 4 家企业具备生产 42 万吨啤酒的能力。希望加入燕啤麾下的啤酒企业很多，但燕啤的低成本扩张有几条原则，即合作伙伴必须是整体情况比较好的企业、有一个好的领导班子、当地水资源好、设备可以改造、产品有市场需求等。原江西吉安啤酒有限责任公司经理说，我们厂并不是生存不下去了，为什么要请燕啤入主？我们看重的是燕京啤酒这个全国知名的品牌，搭上燕啤科技进步这辆快车。江西燕京啤酒公司去年实现净利润 507.33 万元，燕京啤酒有限责任公司今年初即分得红利 365 万元。李福成指出，搞收购兼并，一定要贯彻优胜劣汰的原则，该淘汰的必须淘汰。我们要搞的是大吨位的航空母舰，而不是长江中绑在一起运沙的拖船。

市场占有率就是质量。燕京啤酒在北京市场的占有率已高达 90%以上，在天津和河北的占有率达到 20%，在全国的市场占有率达到 5%。市场占有率的不断提高根本上取决于产品质量。细心的人发现，在燕京啤酒的商标上印有几个不起眼的小字：矿泉水酿造。李福成自豪地说，一“矿”值千金。经权威部门检测，燕啤所用地下水为优质矿泉水，尤其是锶的含量比一般矿泉水还要高。燕京啤酒集团公司地处北京有名的潮白河畔，这里的水质甚好，上游是被誉为“一盆净水”的密云水库。北京市在潮白河边建了水厂，专为城内输送优质水。取自200米以下的优质矿泉水，使啤酒喝起来清爽甘甜。这种独一无二的水资源决定了燕京啤酒特有的品质。

燕啤还有另外一个得天独厚的条件，那就是权威的中国食品发酵研究所设在北京。燕啤与研究所管敦仪等著名专家建立了良好的合作关系，集团公司为专家们提供一切科研条件，要求只有一条：燕啤享受科研成果优先使用权。国家“七五”、“八五”科技攻关项目“酶法糖化工艺”、“高发酵度酵母实验”等都是在燕京啤酒集团公司完成的，并在这里第一个转化为生产力。原轻工部推广的12项重大科技成果有8项是在燕啤率先推广应用的。他们每年都把研究所的专家和大专院校的教授请到公司搞培训，举办各种技术讲座，传授啤酒生产方面的最新知识。这一切，无疑使燕啤总能站在技术制高点，高人一筹，领先一步。在专家们的指导下，燕啤的技术改造步伐从未停顿过。据统计，他们在90年代的技改总投资达到20亿元左右。今年投资1.36亿元建成的纯生啤酒生产线，工艺装备和生产技术达到国际领先水平。其中，糖化设备引进了德国霍夫曼公司的设备和工艺、西门子公司的电子计算机自动控制设备，使糖化生产全部自动化。发酵设备引进了德国凯塞曼公司工艺和自动化控制设备，麦汁和发酵液输送全部自动完成，输送设备清洗、杀菌系统自动化。酵母添加和计数系统自动完成，避免了人工添加的数量误差和容易造成感染杂菌。纯生啤酒过滤的过程是纯生啤酒生产的关键和核心。燕京纯生啤酒引进了德国申克公司的烛式过滤机、德国沙多利斯公司的精滤机和美国波尔公司的微孔膜过滤机，膜孔径只有0.4微米，可以全部去除发酵液中的酵母菌。纯生啤酒包装线，引进的是德国KHS纯生啤酒灌装线，除保持了两次抽真空、二氧化碳备压外，灌酒的全过程实现无菌化作业。

“像爱护眼睛一样爱护产品质量，像珍惜生命一样珍惜企业品牌。”这成为燕啤广大干部、工人的共同信念。

二、分析要点

1.燕京壮大规模的途径有哪些？

2.燕京的外部环境如何？利用得怎么样？

第三章 时间价值与风险报酬

本章导读

在1626年，荷兰西印度公司在北美洲的殖民地——新荷兰的总督Peter Minuit用价值60荷兰盾的小饰物从美国土著人那里购买了曼哈顿。专家指出，如果美国土著人将这些小饰物出售，根据当时的汇率，可换得24美元，将这24美元以5%的收益率进行投资(无税)。那么，在375年后的现在，这笔资金就会超过20亿美元。显然曼哈顿的价值超过这个数目，土著人吃亏了。但是，如果以10%的收益率进行投资，现在，这笔钱就会变为72千万亿美元，这可是一个惊人的数目！事实上，当今世上所有不动产的价值总和还不到72千万亿美元。[①]

上述惊人的数字都是怎么计算出来的呢？在学习和掌握了本章所介绍的货币时间价值内容后，你也可以很快地得到答案。

时间价值和风险报酬是客观存在的经济范畴，贯穿于企业财务管理过程的始终，是企业财务管理的一项基本技术。只有真正地理解时间价值与风险报酬，才能真正地理解财务管理学。

第一节 时间价值

一、时间价值的概念

时间价值，又称为货币时间价值或资金时间价值，是指资金在周转使用中由于时间因素而形成的价值差额。今天的1元钱与将来的1元钱不等值，比如，若银行存款年利率为10%，将今天的1元钱存入银行，一年以后的价值(本利和)就会是

---

①斯蒂芬·A·罗斯，伦道夫·W·威斯特菲尔德，杰弗利·F·杰富.公司理财.6版.吴世农，沈艺峰，王志强译.北京：机械工业出版社，2003，55-56.

1.10元,经过这一年的时间发生了0.1元的增值。

关于时间价值产生的原因,西方经济学中有不同的解释:"节欲论"认为时间价值是因资本所有者节欲(不将资本用于生活消费)而产生的;"时间利息论"认为时间价值产生于人们对现有货币价值的高估和对未来货币价值的低估,是价值时差的"贴水"(即利息);"流动偏好论"则认为时间价值是由于资本所有者放弃流动偏好而产生的。显然,西方经济学中对时间价值的产生原因的解释,都仅限于表象,没有道出时间价值产生的根本原因。众所周知,如果将货币埋在地下,若干年后再挖出来,则这些货币不但不会增值,还可能因霉烂、变质和通货膨胀等原因而贬值。马克思的劳动价值论认为,一切价值都是劳动创造的,"作为资本的货币的流通本身就是有目的的,因为只有在这个不断更新的运动中才有价值增值。"①"如果把它从流通中取出来,那它就凝固为贮藏货币,即使藏到世界末日,也不会增加分毫。"②因此,只有将货币投入到再生产过程中去,即转化为生产资金,并且再生产活动要能够正常运作,时间价值才会产生。资金周转使用形成价值差额是时间价值的实质,随着时间的推移,资金不断周转使用,时间价值不断增大。

由于有关时间价值的计算方法与有关利息的计算方法相同,因而时间价值与利率容易混为一谈。实际上,二者的差别是明显的,利率与时间价值之间是包含与被包含的关系,一般利率除包含时间价值外,还包含有风险因素和通货膨胀因素。

二、时间价值的计算

(一)计算时间价值时涉及的几组概念

(1)单利与复利。单利是指不论时间长短,只按本金计算利息,其所生利息不加入本金重复计算利息,即本能生利,利不能生利;而复利则是指不仅本金计算利息,而且需将本金所生的利息在下期转为本金,再计算利息,即本能生利,利也能生利,俗称"利滚利",本杰明·富兰克林曾十分形象生动地描述复利过程:"钱可以生钱,钱生的钱又可以使生出的钱更多。"有人把复利称为人类最伟大的发现之一。

(2)终值与现值。终值又称将来值,是现在一定量现金在未来某一时点上的价值,俗称本利和;而现值又称本金,是指未来某一时点的一定量现金折合到现在(第0期期末或第1期期初)的价值。

(3)一次性收付款与系列收付款。一次性收付款是指在某一特定时点上一次

①《马克思恩格斯全集》第23卷,第173页。
②《马克思恩格斯全集》第23卷,第174页。

性支付(或收取),经过一段时间后再相应地一次性收取(或支付)的款项,这种性质的款项在日常生活中十分常见,比如普通存款,现在一次性地存入(相当于存款所有者将款项支付给银行)一笔款项,经过一段时间后,再一次性地取出(相当于存款所有者从银行那里收到)该存款,这就是一次性收付款;系列收付款是指在某一定时期内多次收付的款项,通常是多次收一次付或多次付一次收款项,生活中也较常见,如银行存款中的零存整取和存本取息等都属于系列收付款。

(二)时间价值分析的工具

时间价值分析最重要的工具之一是时间序列图,它用来使某一特定问题的描述更加形象化并有助于找到解决问题的方法。初次学习时间价值概念时,有必要理解时间序列问题,某些专家甚至利用它来分析复杂的问题。为了说明时间序列的概念,先看图 3-1:

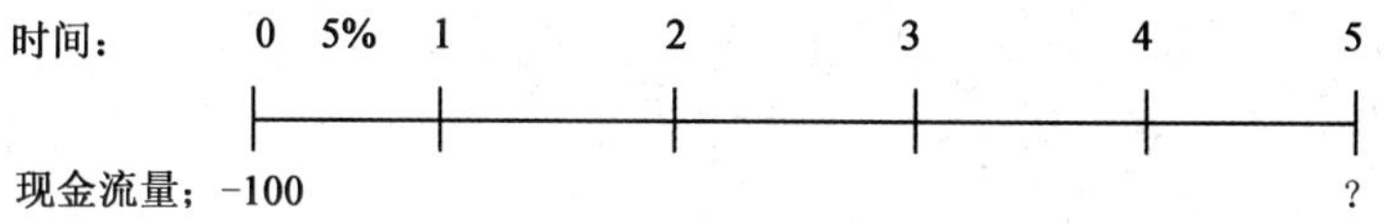

图 3-1　时间系列图

图 3-1 中,时间 0 表示现在(第 0 期期末或第 1 期期初),时间 1 是从现在开始的一个期间或期间 1 的期末;时间 2 是从现在开始的两个期间或期间 2 的期末;依此类推。所以,标记符号上面的数字代表一个期间的期末(下一期间的期初)。每个期间通常是 1 年,但也可以是半年、1 个季度、1 个月甚至是 1 天。如果时间系列上的每个期间代表 1 年,则从标记 0 到标记 1 的时间间隔是第 1 年,从 1 到 2 的间隔为第 2 年,依此类推。请注意每一标记符号既代表一个期间的期末又代表下一期间的期初,也就是说,期间 1 的标记代表第 1 年年末,同时又代表第 2 年年初。

现金流量直接放置在标记符号的下面,一般用负数表示现金流出量,用正数表示现金流入量;利息率标在时间系列上面,如果利率在所有期间都不变,则只需在第 1 期标出,但如果改变的话,则应在相应期间上标出;要计算的未知现金流量可在相应位置用“?”标出。

(三)单利终值与现值的计算

1. 单利终值的计算

单利终值是指现在的一笔本金按单利计算的将来价值。其计算公式是:

$$
\begin{aligned}
F &= P + I \\
&= P + P \cdot i \cdot n \\
&= P \cdot (1 + i \cdot n)
\end{aligned}
$$

式中：F 为终值(Future value)，即本利和；P 为现值(Present value)，即本金；i 为利率(interest rate)；n 为计息期；I 为利息(Interest)。

【例 3-1】某人于 2005 年 5 月 1 日存入银行 1 000 元，年利率为 12%，则 2010 年 5 月 1 日到期时的本利和(终值)是多少元？

$$F = 1\,000 \times (1 + 12\% \times 5) = 1\,600(\text{元})$$

2. 单利现值的计算

单利现值是指若干年后收入或支出一笔资金按单利计算的现在价值。其计算公式是：

$$P = \frac{F}{1 + i \times n}$$

【例 3-2】某人打算在 10 年后用 200 000 元购置一套商品房，银行年利率为 10%，则他现在应存入银行多少元？

$$P = \frac{200\,000}{1 + 10\% \times 10} = 100\,000(\text{元})$$

(四)复利终值与现值的计算

1. 复利终值的计算

复利终值是指现在的一笔本金按复利计算的本利和。

【例 3-3】假如现在将 1 000 元存入银行，年复利率为 10%，经过一年时间后的终值为：

$$F = P \cdot (1 + i \cdot n) = 1\,000 \times (1 + 10\%) = 1\,100(\text{元})$$

如果我们不提走现金，而是将 1 100 元继续存在银行，则在计算第二年利息时的本金就是 1 100 元，而不是 1 000 元，即第二年的终值为：

$$
\begin{aligned}
F &= [P \cdot (1 + i)] \cdot (1 + i) \\
&= P \cdot (1 + i)^2 \\
&= 1\,000 \times (1 + 10\%)^2 \\
&= 1\,210(\text{元})
\end{aligned}
$$

依此类推，第 n 年的终值为：

$$F=1\,000\times(1+10\%)^{n}$$

所以，复利终值的计算公式是：

$$F=P\cdot(1+i)^{n}$$

式中：$(1+i)^{n}$ 通常被称为一次性收付款终值系数，简称为“1 元复利终值系数”，记为 $(F/P,i,n)$，表示本金 1 元，利率为 i，n 期的复利终值，可通过查“1 元复利终值系数表”(附表 1)直接获得。表中 i 和 n 的范围及详细程度可视情况而定。教学用表中的系数，一般只取 3～4 位小数，实际工作中，位数要多一些。

如上例，如果期限为 3 年，通过查附表一可知，$(F/P,10\%,3)$ 为 1.331，故其复利终值为：

$$F=1\,000\times(1+10\%)^{3}=1\,331(\text{元})$$

2. 复利现值的计算

复利现值是复利终值的逆运算，是指未来一定时间的资金按复利计算的现在价值，或者说是为取得将来一定本利和而现在所需要的本金。

复利现值的计算公式可通过复利终值的计算公式变形得来：

$$P=\frac{F}{(1+i)^{n}}$$

$$P=F\times(1+i)^{-n}$$

式中：$(1+i)^{-n}$ 被称为一次性收付款现值系数，简称为“1 元复利现值系数”，用符号 $(P/F,i,n)$ 表示，可通过查“1 元复利现值系数表”(附表 2)可直接获得。

【例 3-4】资料同例 3-2，但按复利计算，则

$$\begin{aligned}P&=F\times(1+i)^{-n}\\&=F\times(P/F,i,n)\\&=200\,000\times(P/F,10\%,10)\\&=200\,000\times0.386\\&=77\,200(\text{元})\end{aligned}$$

(五)普通年金终值与现值的计算

年金(Annuity)是系列收付款的特殊形式，是指相隔相同期限、收入或支出相等金额的系列款项，通常记为 A。在实际工作中，分期收付款、分期偿还贷款、零存整取、存本取息等都属于年金收付形式。年金按其每次收付款发生的时点不同，可

分为普通年金、预付年金、递延年金和永续年金。

1.普通年金终值的计算

普通年金是指一定时期内每期期末等额收付的系列款项,又称后付年金。

普通年金终值是一定时期内每期期末收付款项的复利终值之和,其计算方法如图 3-2 所示。

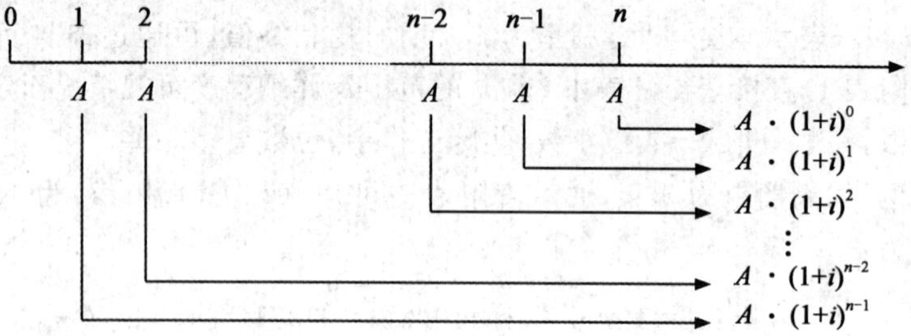

图 3-2 普通年金终值计算示意图

由图 3-2 可知,年金终值的计算公式为:

$$F=A(1+i)^0+A(1+i)^1+A(1+i)^2+\cdots+A(1+i)^{n-2}+A(1+i)^{n-1} \quad (1)$$

将(1)式两边同时乘上$(1+i)$得:

$$F(1+i)=A(1+i)^1+A(1+i)^2+A(1+i)^3+\cdots+A(1+i)^{n-1}+A(1+i)^n \quad (2)$$

(2)式减去(1)得:

$$F\cdot i=A\cdot(1+i)^n-A$$

$$F\cdot i=A\cdot[(1+i)^n-1]$$

$$F=A\cdot\frac{(1+i)^n-1}{i}$$

式中方括号中的数值,通常称做“1 元年金终值系数”,用符号$(F/A,i,n)$表示,可通过查“1 元年金终值系数表”(附表 3)直接获得。

【例 3-5】美国俄亥俄州的蒂伦威尔(Dillionvale)储存便士达 65 年之久。当他最后决定用这些钱时,发现竟有约 800 万个便士之多(价值 8 万美元),这些便士装了 40 个废罐子。他平均每年储存价值 1 230 美元的便士。如果他每年年末将当年储存的便士存入银行,存款年利率为 5%,那么 65 年后他的存款账户将有多少钱?如果他不是把便士放入废罐子,而是把它们存入银行,那么他将多收入多少美元?

$$F=1\,230\times(F/A,5\%,65)$$
$$=1\,230\times\frac{(1+5\%)^{65}-1}{5\%}$$
$$=1\,230\times\frac{(1+5\%)^{40}(1+5\%)^{25}-1}{5\%}$$
$$=1\,230\times456.805\,12=561\,870.30(\text{美元})$$

他将多收入 481 870.30 美元(561 870.30－80 000)。

2. 普通年金现值的计算

年金现值是指一定时期内每期期末收付款项的复利现值之和。其计算办法如图 3-3 所示。

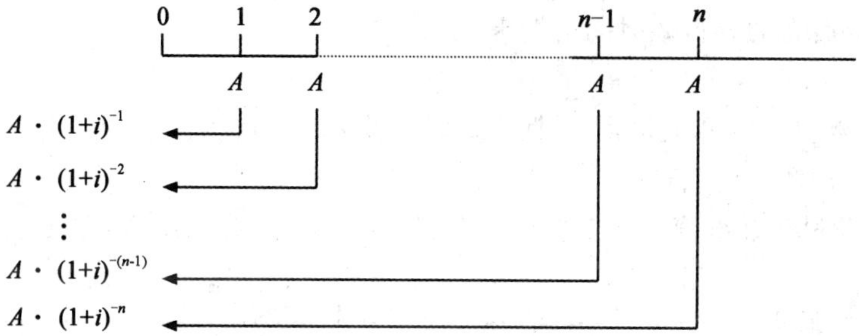

图 3-3　普通年金现值计算示意图

由图 3-3 可知，年金现值的计算公式为：

$$P=A(1+i)^{-1}+A(1+i)^{-2}+\cdots+A(1+i)^{-(n-1)}+A(1+i)^{-n} \tag{1}$$

将(1)式两边同时乘以$(1+i)$得：

$$P(1+i)=A+A(1+i)^{-1}+\cdots+A(1+i)^{-(n-2)}+A(1+i)^{-(n-1)} \tag{2}$$

(2)式减去(1)式得：

$$P\cdot i=A-A(1+i)^{-n}$$
$$P\cdot i=A[1-(1+i)^{-n}]$$
$$P=A\cdot\frac{1-(1+i)^{-n}}{i}$$

式中方括号内的数值称为“1 元年金现值系数”，记为$(P/A,i,n)$，可查阅“1 元年金现值系数表”(附表 4)求得。

【例 3-6】某公司租入一台生产设备，每年年末需付租金 3 000 元，租期 5 年。

假设银行存款利率为10%，则该公司为保证租金的按时支付，现在应存入银行多少元？

$$P=3\ 000\times\frac{1-(1+10\%)^{-5}}{10\%}$$
$$=3\ 000\times(P/A,10\%,5)$$
$$=3\ 000\times3.791=11\ 373(元)$$

（六）预付年金终值与现值的计算

预付年金是指一定时期内每期期初等额收付的系列款项，又称即付年金、先付年金。预付年金与普通年金的区别仅在于收付款时间的不同，前者收付款的时间为期初，而后者的收付款时间为期末。

1.预付年金终值的计算

预付年金终值是其最后一期期末时的本利和，是各期收付款项的复利终值之和。

n 期预付年金终值与 n 期普通年金终值之间的关系如图3-4所示。

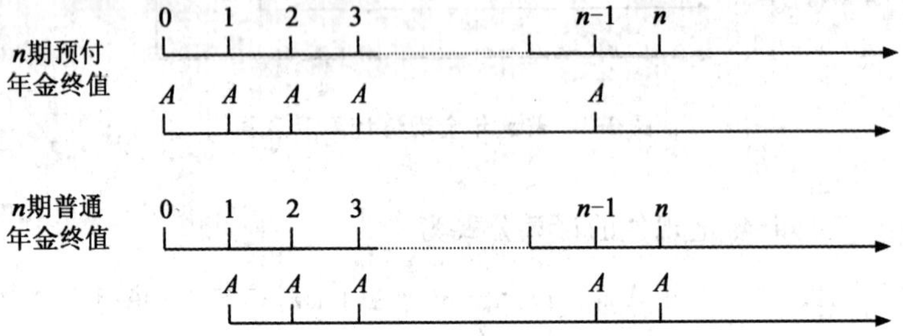

图3-4 预付年金终值与普通年金终值关系图

从图3-4可知，n 期预付年金与 n 期普通年金的付款次数相同，但由于付款时间不同，n 期预付年金终值比 n 期普通年金终值多计算一期利息。因此，在 n 期普通年金终值的基础上乘上 $(1+i)$ 就是 n 期预付年金的终值。即：

$$F=A\cdot\left(\frac{(1+i)^n-1}{i}\right)(1+i)$$
$$=A\cdot\frac{(1+i)^{n+1}-(1+i)}{i}$$
$$=A\cdot\left[\frac{(1+i)^{n+1}-1}{i}-1\right]$$

式中方括号内的数值称为“预付年金终值系数”，它是在普通年金终值系数的基础上，期数加 1、系数减 1 所得的结果。通常记为$[(F/A,i,n+1)-1]$。这样，通过查阅“1 元年金终值系数表”（附表 3）得$(n+1)$期的值，然后减去 1 便可得到对应的预付年金终值系数的值。

【例 3-7】某公司决定连续 10 年每年年初存入 100 万元作为住房基金，银行存款利率为 10%，则该公司在第 10 年末能一次取出的本利和是多少元？

$$F = A\cdot[(F/A,i,n+1)-1]$$
$$=100\times[(F/A,10\%,11)-1]$$
$$=100\times(18.531-1)=1\ 753.1(\text{万元})$$

2. 预付年金现值的计算

n 期预付年金现值与 n 期普通年金现值之间的关系，如图 3-5 所示。

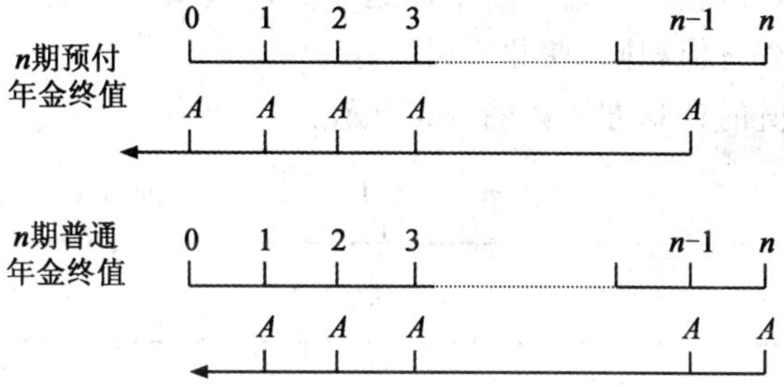

图 3-5　预付年金现值与普通年金现值关系图

从图 3-5 可知，n 期预付年金现值与 n 期普通年金现值的期限相同，但由于付款时间不同，n 期预付年金现值比 n 期普通年金现值少折现一期。因此，在 n 期普通年金现值的基础上乘以$(1+i)$即可求得 n 期预付年金的现值。即：

$$P = A\cdot\left[\frac{1-(1+i)^{-n}}{i}\right]\cdot(1+i)$$
$$=A\cdot\frac{(1+i)-(1+i)^{-(n-1)}}{i}$$
$$=A\cdot\left[\frac{1-(1+i)^{-(n-1)}}{i}+1\right]$$

式中方括号内的数值称为“预付年金现值系数”，它是在普通年金现值系数的基础上，期数减 1、系数加 1 所得的结果。通常记作$[(P/A,i,n-1)+1]$。这样，通过查阅“1 元年金现值系数表”（附表 4）得$(n-1)$期的值，然后加上 1，即可求得对应的预付年金现值系数的值。

【例 3-8】某公司租入一台生产设备，每年年初需付租金 3 000 元，租期 5 年。假设银行存款利率为 10%，问这些租金的现值是多少？

$$
\begin{aligned}
P&=A\cdot[(P/A,i,n-1)+1]\\
&=3\ 000\times[(P/A,10\%,4)+1]\\
&=3\ 000\times(3.169\ 9+1)=12\ 509.7(\text{元})
\end{aligned}
$$

(七)递延年金和永续年金现值的计算

1.递延年金现值的计算

递延年金是指第一次收付款发生时间不在第一期期末，而是隔若干期后才开始发生的系列等额收付款项。递延年金是普通年金的特殊形式，凡不是从第一期开始的普通年金都是递延年金。由于递延年金的终值与递延期数无关，所以其计算方法与普通年金终值相同，在此不再赘述。

递延年金现值的计算方法如图 3-6 所示。

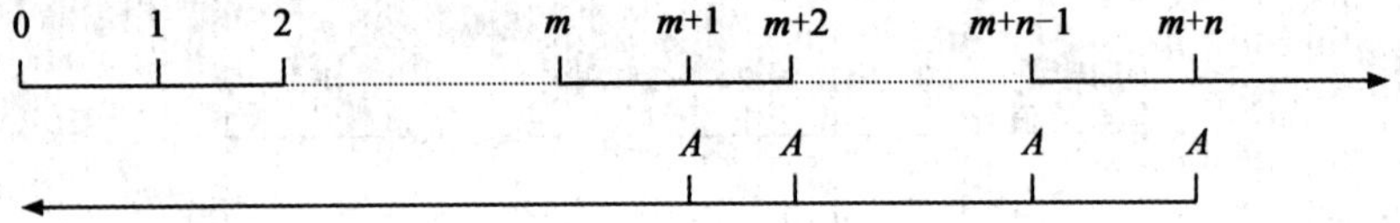

图 3-6 递延年金现值计算示意图

在图 3-6 中，第一次收付款发生在第 $m+1$ 期期末，连续支付了 n 期，m 表示递延期数。

递延年金现值的计算方法有两种：

(1)扣除法。假设递延期也有年金收支，先求出$(m+n)$期的年金现值，再减去假设的递延期(m)的年金现值，计算公式为：

$$
\begin{aligned}
P&=A\cdot\left[\frac{1-(1+i)^{-(m+n)}}{i}-\frac{1-(1+i)^{-m}}{i}\right]\\
&=A\cdot[(P/A,i,m+n)-(P/A,i,m)]
\end{aligned}
$$

(2)调整法。先把递延年金视为普通年金，求出其至递延期末的现值，再将此现值换算成第一期期初的现值。前者按普通年金现值(n 期)计算，后者按复利现值(m 期)计算。计算公式为：

$$P = A \cdot \left[\frac{1-(1+i)^{-n}}{i}\right] \cdot (1+i)^{-m}$$
$$= A \cdot (P/A,i,n) \cdot (P/F,i,m)$$

递延年金现值的计算中，最为关键的是递延期数的确定。由于递延年金是普通年金的一种特殊形式，普通年金的第一次收付款应该发生在第一期期末，则将递延年金第一次收付款的时间减去1即为递延期数。如下例中，第一次收付款时间发生在第6年年末，正常的普通年金第一次收付款时间发生在第1年年末，所以递延期数为6－1＝5年。

【例3-9】某人拟在年初存入一笔资金，以便能在第6年年末每年取出1 000元，至第10年末取完。在银行存款利率为10％的情况下，此人应在最初一次存入银行多少钱？

$$P = A \cdot [(P/A,10\%,10)-(P/A,10\%,5)]$$
$$= 1\,000 \times (6.146\,6-3.790\,8) \approx 2\,354(\text{元})$$

或

$$P = A \cdot (P/A,10\%,5)(P/F,10\%,5)$$
$$= 1\,000 \times 3.790\,8 \times 0.620\,9 \approx 2\,354(\text{元})$$

2.永续年金现值的计算

永续年金是指无限期支付的年金。在实际经济生活中，无限期债券、优先股股利、存本取息的奖励基金都属于永续年金。

永续年金没有终止时间，所以没有终值。永续年金的现值可从普通年金现值的计算公式中推导出来：

$$P = \lim_{n\to\infty} A \cdot \frac{1-(1+i)^{-n}}{i}$$
$$= A/i$$

【例3-10】某公司拟设立一个科技奖励基金，估计每年年末科技奖金为20 000元，银行利率为10％，则该公司需一次性拨出多少款项来建立该项基金？

$$P = 20\,000/10\% = 20(\text{万元})$$

知识链接：运用Excel解决货币时间价值问题

Excel是一个非常优秀的电子数据表格软件，在中国会计电算化进程中，特别是在财务管理中起着极其重要的作用，越来越多的财会人员在学习使用Excel，以帮助他们进行财务预测、决策、分析和控制企业的经营情况。FV函数

(Future Value)、PV 函数(Present Value)、PMT 函数(Payment)是其内部财务函数中的3个。在财务管理中,货币时间价值的计算均可以用 PV、FV 和 PMT 函数来进行。

FV、PV、PMT 函数的具体形式为:

FV 函数,FV(rate,nper,pmt,pv,type),可用来计算复利终值和各种年金的终值;

PV 函数,PV(rate,nper,pmt,fv,type),可用来计算复利现值和各种年金的现值;

PMT 函数,PMT(rate,nper,pv,fv,type),可用来计算分期等额付款额或偿债基金、投资回收额。

各参数的含义如下:rate 为利率(折现率);nper 为总收付款期数;pmt 为各期支付的年金额,如果忽略,则 pmt=0;pv 为现值,如果忽略,则 pv=0;fv 为终值,如果忽略,则 fv=0;type 为用以指定付款时间是在期初还是期末,期初则为1,期末则为0,如果忽略,则默认为0。

上述几个函数的形式几乎差不多,都含有5个参数,其中 type 表明年金类型(普通年金还是先付年金),它与 pmt 相联系,也就是说,只有计算年金终值或现值时才用得上 type 参数。在 FV 和 PV 这两个函数中,通常情况下,rate 和 nper 参数是已知的,pmt 和 pv 或 pmt 和 fv 至少知道一个就可以计算终值(FV)、现值(PV)或偿债基金和回收的年金。

如上例3-3至例3-8均可以根据题意将相关的参数代入 FV 和 PV 两个函数内快速得到答案。

例3-3:FV(10%,1,0,1 000)=1 100(元)

例3-4:PV(10%,10,0,200 000)=77 108.65(元)

例3-5:FV(5%,65,1 230,0,0)=561 861.55(美元)

例3-6:PV(10%,5,3 000,0,0)=11 372.36(元)

例3-7:FV(10%,10,100,0,1)=1 753.12(万元)

例3-8:PV(10%,5,3 000,0,1)=12 509.59(元)

这些计算结果与前述相关例中的结果略有差异,原因是手工计算时所依据的系数已经略去了若干位小数。

(八)时间价值计算中的几个特殊问题

以上所述时间价值的基本原理,是就一般情况而言的(如利息率和期限是事先给定的,计算期按年计算等)。现在就某些特殊问题说明如下:

1. 折现率的推算

在前面的计算中，一般都是已知 i、n，求现值或终值，但在理论研究和实际工作中有时需要求解 i 或 n。对于一次性收付款项，根据其复利终值(或现值)的计算公式可得折现率(利息率)，计算公式为：

$$i=\sqrt[n]{\frac{F}{p}}-1$$

因此，若已知 F、P、n，便可直接计算出一次性收付款项的折现率(利息率)i。

(1)永续年金折现率的推算。永续年金折现率(利息率)i 的计算，根据公式 $P=A/i$ 变形即得 i 的计算公式：

$$i=A/P$$

显然，若 P、A 已知，可直接求出折现率(利息率)i。

(2)普通年金折现率的推算。普通年金折现率(利息率)的推算比较复杂，一般需要利用有关的系数表，有时还需要使用内插法才能求得。

现以普通年金现值公式为例介绍推算 i 的过程。

假设在普通年金现值的计算公式：$P=A\cdot(P/A,i,n)$ 中 P、A、n 均已知，需要求 i 的值，其步骤如下：

①将普通年金现值的计算公式变形为：$(P/A,i,n)=P/A$，由于 P 和 Λ 均为已知数，所以，$P/A=\alpha$ 也为已知数。

②查普通年金现值系数表。沿着已知 n 所在的行横向查找，若恰好能找到某一系数值等于 α，则该系数值所在的列相对应的利率便为所求的 i 值。

③若无法找到恰好等于 α 的系数值，就应在表中 n 行上找两个与 α 最接近的上下临界系数值，设为 β_1、β_2($\beta_1>\alpha>\beta_2$，或 $\beta_1<\alpha<\beta_2$)，读出 β_1、β_2 所对应的临界利率 i_1、i_2，即可用内插法求出 i，见图 3-7。

图 3-7　内插法示意图

即

$$\frac{i_1-i}{i_1-i_2}=\frac{\beta_1-\alpha}{\beta_1-\beta_2}$$

在这个等式中，只有 i 是未知数，因此 i 的计算公式为：

$$i=i_1+\frac{\beta_1-\alpha}{\beta_1-\beta_2}\times(i_2-i_1)$$

2. 期间的推算

期间 n 的推算，其原理和步骤与折现率（利息率）i 推算相同，在此不再赘述。

3. 短于一年的计息期

计息期就是每次计算利息的期限。在单利计算中，通常按年计算利息，不足一年的存款的利息率可根据年利率乘以存款日数除以 365 天来计算，所以不需要单独规定计息期。在复利计算中，如按年复利计息，一年就是一个计息期，如按季复利计息，一季就是一个计息期，则一年就有四个计息期，计息期越短，一年中按复利计息的次数就越多，利息额就越会越大。因此要事先规定计息期的长短。

在以上叙述中，计息期是以年为单位的，n 是指计息年数，i 是指年利率。在实际经济生活中，计息期有时短于一年，如半年、季、月等，则期利率也应与之相匹配。如计息期为一季，就要求采用计息季数，季利率；如计息期为一月，就要求采用计息月数，月利率。

按国际惯例，如果未作特别说明，i 就是指年利率。大多数国家规定的利率是年利率。因此，当计息期短于一年，而运用的利率又是年利率时，则期利率和计息期数应加以换算。换算的公式如下：

$$r=i/m$$

$$t=m\times n$$

式中：r 为期利率；i 为年利率；m 为每年的计息期数；n 为年数；t 为换算后的计息期数。

计息期数换算后，复利终值和现值的计息可分别按下列公式进行：

$$F=P\left(1+\frac{i}{m}\right)^{mn}$$

$$P=\frac{F}{\left(1+\frac{i}{m}\right)^{mn}}$$

如果利息是永续计息的，即 m 趋向于无穷时，则被称为永续复利。由于$m\to\infty$时，$(1+i/m)^{mn}$ 趋向于 e^{in}，其中 e 近似等于 2.718 28。因此，永续复利的终值和现值计算公式分别为：

$$F=Pe^{in}$$

$$P=\frac{F}{e^{in}}$$

4. 实际利率

(1)实际利率的含义。如果不是按年计息,则实际利率并不等于名义利率。所谓实际利率是指不论复利期间的长短,在一年中实际的利率,又称为实际年收益率,即实际收到或支付的利息额与本金的比值。

(2)实际利率与名义利率的区别。名义利率与实际利率之间的区别对一些同学来说也许是个有些困惑的问题。名义利率只有在给出计息间隔期的情况下才是有意义的,认识这一点有助于澄清此处的混淆。例如:若名义利率为10%,1元每半年按复利计息下,一年后的终值为$[1+(0.1/2)]^2=1.1025$元;在按季复利计息下,一年后的终值为$[1+(0.1/4)]^4=1.1038$元。如果仅给出名义利率为10%,但是计息间隔期没有给出,就不能计算终值。也就是说,人们不知道该按年、季、月或是其他间隔期进行计息。

(3)实际利率的计算。事实上,实际利率本身就有明确的意义,它不需要给出复利计息的间隔期。例如,若实际利率为10.25%,就意味着1元的投资在一年后就可变成1.1025元。你可以认为这是名义利率为10%、半年复利计息下所得到的,或是名义利率为10.25%、年复利计算,抑或是其他的复利计息方式所得来的。

已知名义利率计算实际利率的公式如下:

$$1+\text{实际利率}=\left(1+\frac{i}{m}\right)^m$$

因此,在给定名义利率i和每年计息期数m时,实际利率计算公式如下:

$$\text{实际利率}=\left(1+\frac{i}{m}\right)^m-1$$

例如,一项存款的名义利率为8%,每季计息一次,那么实际利率为:

$$\left(1+\frac{8\%}{4}\right)^4-1=(1+0.02)^4-1=8.243\%$$

只有在每年计息一次时,实际利率才等于名义利率8%。

三、时间价值的意义

时间价值在企业财务管理中的重要作用主要表现在:

(1)时间价值是评价投资方案是否可行的基本依据。因为时间价值是扣除风险报酬和通货膨胀等因素后的社会平均资金利润率。作为投资方案至少应取得社会平均资金利润率水平,否则该项目就是不可行的。由此,以时间价值作为尺度对投资项目的资金利润率进行衡量，就成为评价投资方案的基本依据。如果投资方案的资金利润率高于时间价值，则该方案的经济效益良好，方案可行；反之，则该方案经济效益状况不佳。

(2)时间价值是企业进行生产经营决策的重要依据。时间价值不仅对于投资决策具有重要意义，而且对于企业的生产经营决策也同样具有重要影响，如分期付款销售的定价决策、商品发运结算时间的决策、积压物资的降价处理决策以及流动资产周转速度的决策等，都必须考虑时间价值。

(3)时间价值是评价企业财务管理目标是否合理的重要依据。现代企业进行财务管理不可没有财务管理目标，而在确定企业财务目标时也不可不考虑时间价值这一因素。

第二节　风险报酬

在上一节，我们学习了时间价值，时间价值揭示了货币资金的所有者对所持有的资金的增值需求，是在确定环境下获取一定资金所要求的必要报酬率。而现实生活中，资金所有者会面临着多种选择，每种选择会随着客观环境的改变而使结果不一样，具有一定的不确定性。为了弥补不确定带来的损失，资金所有者会要求一定的风险溢价，提高自身的必要报酬率，这就是资金的风险价值。

风险价值与资金时间价值的区别在于：时间价值是企业能够十拿九稳获得的收益，它只能是正值，而不可能是负值；风险价值则不同，它是企业因冒风险而获得的收益，这种收益的获得是不稳定的，它有可能是正值，也有可能是负值。对于进行风险投资的投资者(或企业)而言，共同点是：风险价值和时间价值都是投资者(或企业)的一种收益，共同构成收益的整体，即：

收益总额＝时间价值(收益)＋风险价值

必要报酬率＝无风险报酬率＋风险报酬率

一、风险及其分类

(一)风险的概念

企业的经济活动根据其结果的变动性不同可分为确定性和不确定性两种。确定性活动是指企业经济活动的未来结果是确定的，不会偏离预期的判断；不确定性活动是指企业经济活动的未来结果是不确定的，可能会偏离预期的判断，决策者无法事先确知最终会出现哪一种结果。不确定性活动又可以进一步分为两种类型：一种是风险型的，一种是完全不确定型的。所谓风险型活动，是指虽然这些活动最终将出现哪些结果是不确定的，但这些结果和每一种结果出现的可能性是已知的或是可以估计的。例如，掷硬币的游戏，我们事先知道硬币落地时有正面朝上和反面朝上两种结果，而且知道每一种结果出现的可能性（概率）各一半。完全不确定型经济活动是指人们在事先已知经济活动所有可能出现的结果，但不知道这些结果出现的可能性（概率）是多少或两者都不知道。例如，在不熟悉的地区寻找煤矿，事先只能知道能找到煤矿和找不到煤矿两种结果，但不知道这两种结果出现的可能性各是多少。又如购买股票，投资者事实上不可能知道所有可能达到的报酬率及其出现的可能性。

根据以上分析，我们可以给风险下这样一个定义：风险是指某种行动结果所具有的变动性，它属于经济活动的不确定性的一种。它与完全不确定性的差别在于哪些结果会出现及各种结果出现的可能性（概率）是已知的或是可以估计的。

（二）风险的特征

（1）客观性。风险是客观存在的，是不以人的意志为转移的。风险的客观性基于两个原因：一是缺乏信息。管理者在决策时，或者由于取得信息的成本过高，或者因为有些信息根本无法取得，致使管理者对许多情况不甚了解，从而导致了决策的风险；另一个原因是决策者不能控制事物的未来状况。例如，国家宏观经济政策的变化、市场供求关系的变化以及供应单位和购买单位的违约等，都是决策者无法控制的因素，这些因素的存在客观上使风险不可避免。

（2）时间性。风险是一定时期的风险，其大小随时间的推移而变化。随着时间的延续，事件的不确定性在缩小，到事件完成，其结果也就完全肯定了，风险也就没有了。

（3）相对性。风险产生的主要原因是决策时缺乏可靠的信息，所以，同样的经济活动，对于某一个人，由于他掌握充分的信息，可能风险就比较小；但对于另一个人，由于他掌握的信息不够，可能会面临比较大的风险。

（4）收益性。风险可能会带来超出预期的收益，也可能会带来超出预期的损失。因此，敢于冒风险，一般都会得到风险的收益，否则，就不会有人冒风险了。

（三）风险的分类

风险从不同的角度可以作不同的分类。

（1）从影响范围的角度分，风险可分为市场风险和公司特有风险。

市场风险是指由那些影响所有公司的因素而引起的风险，如战争、通货膨胀、经济衰退等。市场风险涉及所有的投资对象，不能通过多角化投资来分散，因此也称为不可分散风险或系统风险。例如，一家企业欲通过购买股票投资于另一家企业，不论其购买哪一家企业的股票，都要承担市场风险：在经济衰退时，各种股票的价格都会不同程度地下跌。

公司特有风险是指由发生在个别公司的特有事件而引起的风险，如罢工、新产品开发失败、没有争取到重要合同、诉讼失败等。这类事件是随机发生的，因而可以通过多角化投资来分散，即发生于一家公司的不利事件可以被其他公司的有利事件所抵消，因此公司特有风险也称为可分散风险或非系统性风险。例如，一家企业在投资时购买的是几家公司的股票，这样一些公司可能会遇到特有的不利事件使股价下跌，而另一些公司可能会遇到特有的有利事件使股价上升，互相抵消可以分散风险。通俗地讲就是将鸡蛋放在不同的篮子里要比放在一个篮子里被打碎的风险要小得多。

(2)从公司本身的角度分，风险可分为经营风险和财务风险。

经营风险是指生产经营的不确定性而引起企业息税前利润波动的风险，它是任何商业活动都有的，也叫商业风险。影响经营风险的因素主要有：①市场销售情况。市场需求、市场价格、企业可能生产的数量等的不确定，尤其是竞争导致的供产销的不稳定，加大了风险。②生产成本。原料的供应数量和价格、工人和机器的生产率、工人的工资，都有一定的不确定性，因而产生了风险。③生产技术。设备事故，产品发生质量问题，新技术的出现等，很难准确预见，从而产生风险。④其他。外部环境变化，如有协作关系的企业没有履行合同等，企业自己很难控制，从而产生风险。

财务风险是指因借款而增加的风险，是筹资决策带来的风险，也叫筹资风险。由于企业向银行等金融机构举债，从而产生了定期的还本付息的压力，如果到期不能还本付息，就面临着诉讼、破产等威胁，遭受严重损失。显然，任何一个企业都有经营风险，但不一定每个企业都有财务风险，因为财务风险产生的原因是举债，如果一个企业无负债，则该企业不存在财务风险。

风险广泛存在于企业财务管理的全部活动中，因此财务管理人员应认真研究企业理财过程中各种风险的表现形式，认真做好各种风险的预警防范措施。

二、单项投资的风险与报酬

(一)单项投资风险的衡量

如前所述，风险是与各种可能的结果和结果的概率分布相联系的，因此单项投资风险的大小就可以借助于概率统计中的标准离差、标准离差率等离散指标进行定量的描述和评估。

1. 概率与概率分布

在概率论中，试验的结果被称为事件，每次试验中，可能发生也可能不发生的，而在大量试验中具有某种规律性的事件称为随机事件，概率是指随机事件发生的可能性。经济活动可能产生的种种收益可以看做是一个个随机事件，其出现或发生的可能性，可以用相应的概率来描述。概率分布则是指一项活动可能出现的所有结果的概率的集合。例如，掷硬币这一活动会有两种可能的结果出现，一是硬币的铸有国徽或花图案的一面朝上，一是铸有面值的一面朝上，这两者出现的可能性各占 50%，它们分别代表了国徽或花朝上和面值朝上这两个随机事件出现的概率，而这两个概率作为一个整体，则反映了掷硬币这一活动可能出现的结果的概率分布。假定用 X 表示随机事件，X_i 表示随机事件的第 i 结果，P_i 为出现该种结果的相应概率。若 X_i 出现，则 $P_i=1$；若不出现，则 $P_i=0$，同时所有可能结果出现的概率之和必定为 1。因此，概率分布符合下列两个要求：

(1)$0\leqslant P_i\leqslant 1$

(2)$\sum_{i=1}^{n} P_i = 1$

概率分布有两种类型，一种是离散型分布，即随机变量只取有限个值，并且对应这个值都有确定的概率，其图形为不连续的若干个点，如前述的掷硬币事件；另一种是连续型分布，即随机变量的取值为无数多个，也对应着无数个相应的概率，其图形为一条连续不断的曲线，如正态分布的钟形。

【例 3-11】某企业研制出甲、乙两种新产品，这两种产品投产后预计收益情况均与市场销量有关，可用表 3-1 描述各种可能的收益概率分布。

表 3-1 市场预测和预期收益概率分布

市场情况	概率 P_i	甲产品年收益 X_i	乙产品年收益 X_i
销售很好	0.1	80	100
销售较好	0.2	60	60
销售一般	0.4	40	20
销售较差	0.2	20	0
销售很差	0.1	10	−10

2. 期望值

期望值是一个概率分布中的所有可能结果，以各自相应的概率为权数计算的加权平均值。通常用符号 $\overline{E}$ 表示，其计算公式如下：

$$\overline{E}=\sum_{i=1}^{n}X_iP_i$$

以表 3-1 中有关数据为依据计算该产品投产后预计收益的期望值，即期望收益为：

$$\begin{aligned}\overline{E}_{甲}&=80\times0.1+60\times0.2+40\times0.4+20\times0.2+10\times0.1\\&=8+12+16+4+1\\&=41\end{aligned}$$

$$\begin{aligned}\overline{E}_{乙}&=100\times0.1+60\times0.2+20\times0.4+0\times0.2+(-10)\times0.1\\&=10+12+8+0-1\\&=29\end{aligned}$$

期望收益值体现的是预计收益的平均化，代表着预计收益的集中程度，在各种不确定性因素的影响下，它代表着投资者的合理预期。

3. 标准离差

为了完整地描述收益率分布的两个方面，需对期望收益率的分散度或离散度进行衡量，偏离度的一般衡量指标是标准离差。标准离差是反映概率分布中各种可能结果对期望值的偏离程度，通常以符号 σ 表示，其计算公式如下：

$$\sigma=\sqrt{\sum_{i=1}^{n}(X_i-\overline{E})^2\cdot P_i}$$

标准离差以绝对数衡量决策方案的风险大小，在期望值相同的情况下，标准离差越大，风险则越大；反之，标准离差越小，则风险越小。应该注意的是，标准离差仅适用于比较期望值相同的两个或两个以上的决策方案的风险，而不适用于期望值不同的决策方案之间的风险比较。

以例 3-11 中的数据为例计算该新产品预计年收益与期望年收益的标准离差为：

$$\begin{aligned}\sigma_{甲}&=\sqrt{(80-41)^2\times0.1+(60-41)^2\times0.2+(40-41)^2\times0.4+(20-41)^2\times0.2+(10-41)^2\times0.1}\\&=\sqrt{152.1+72.2+0.4+88.2+96.1}=20.22\end{aligned}$$

$$\begin{aligned}\sigma_{乙}&=\sqrt{(100-29)^2\times0.1+(60-29)^2\times0.2+(20-29)^2\times0.4+(0-29)^2\times0.2+(-10-29)^2\times0.1}\\&=\sqrt{504.1+192.2+32.4+168.2+152.1}=32.39\end{aligned}$$

尽管 $\sigma_{甲}<\sigma_{乙}$，但并不能据此下结论：甲产品的风险小于乙产品的风险，因为甲乙两产品的期望收益不相同，所以仅以标准离差尚无法做出判断，需要借助下面介绍的标准离差率来判断。

4. 标准离差率

标准离差率是标准差与期望值之比，通常用符号 q 来表示，其计算公式为：

$$q=\frac{\sigma}{E}$$

标准离差率是一个相对指标，它以相对数反映决策方案的风险程度。与标准离差相比，标准离差率的适用范围更广，它不仅适用于期望值不同也适用于期望值相同的两方案或多方案风险比较。标准离差率越大，风险越大；反之，标准离差率越小，风险越小。

上例中，甲、乙两产品预计年收益的标准离差率分别为：

$$q_{甲}=\frac{20.22}{41}=0.49$$

$$q_{乙}=\frac{32.39}{29}=1.12$$

至此，我们就可以做出结论：甲产品的风险小于乙产品的风险。

知识链接：置信概率和置信区间

根据统计学原理，在概率为正态分布的情况下（图 3-8），随机变量出现在期望值±1 个标准差范围内的概率有 68.26%；出现在期望值±2 个标准差范围内的概率有 95.44%；出现在期望值±3 个标准差范围内的概率有 99.72%。我们把“期望值±X 个标准差”称为置信区间，把相应的概率称为置信概率。

置信概率和置信区间方法既可以为我们提供某项目的实际报酬率在[“期望值－X 标准差”，“期望值＋X 标准差”]范围内的可能性（概率）有多大；还可以为我们提供在某一概率时，某项目的实际报酬率对应的区间。在置信区间一定的情况下，置信概率越大，风险越小；在置信概率一定的情况下，置信区间越小，风险越小。反之亦然。

（二）单项投资风险报酬的计算

风险的魅力在于风险报酬的存在，人们愿意冒风险，并不是愿意承担风险产生的损失，而是期望成功之后的风险报酬。

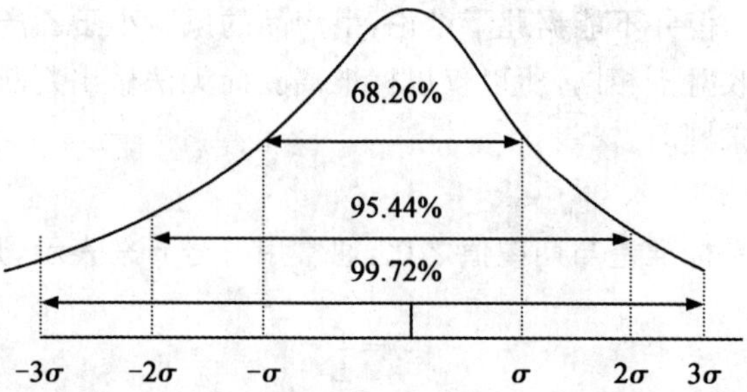

图 3-8　正态分布曲线

投资风险报酬，又称为投资风险收益或投资风险价值，是指投资者因冒险进行投资而得到超过时间价值的那部分额外报酬。投资风险报酬通常可采用风险报酬率(相对数)和风险报酬额(绝对数)两种形式表示。在财务管理中，投资风险价值更多地使用风险报酬率来加以计量。

1．风险报酬率

风险报酬率也称风险补偿，是为弥补风险而要求增加的在无风险报酬率之上的报酬率。风险越大，人们对风险报酬率的要求就越高，即风险报酬率与反映风险大小的标准离差率应成正比，但两者并不相等，需要用一个指标将对风险的评价转化为报酬率指标，这就是风险报酬系数。因此，风险报酬率可以表示为：

$$R_r = b \cdot q$$

式中：R_r 为风险报酬率；b 为风险报酬系数；q 为标准离差率。

前已述及，对于进行风险投资的投资者来说，必要报酬率可以表示为：

必要报酬率＝无风险报酬率＋风险报酬率

假设 R 为必要报酬率；R_F 为无风险报酬率，必要报酬率可以表示为：

$$R = R_F + R_r = R_F + b \cdot q$$

风险报酬系数 b 的确定方法通常有以下几种：

(1)根据以往同类或类似项目加以确定。根据以往同类项目的投资收益率、标准离差率和无风险报酬率等历史资料加以确定。计算公式为：

$$b = (R - R_F)/q$$

(2)由公司领导或公司组织专家确定。在缺乏历史资料的情况下，一般可组织专家根据主观经验加以确定。

(3)由国家有关部门组织有关专家确定。国家财政、银行、证券等管理部门可组织有关方面的专家，根据行业的条件和有关因素，确定各行业的风险报酬系数。这种风险报酬系数可由有关部门定期发布，供投资者参考。

在例 3-11 中，假定该企业所在行业的风险报酬系数 b 为 9%，则 A 产品的风险报酬率为：

$$R_r = 9\% \times \frac{20.22}{41} = 4.41\%$$

B 产品的风险报酬率为：

$$R_r = 9\% \times \frac{32.39}{29} = 10.08\%$$

如果此时无风险报酬率为 5%，则 A 产品的必要报酬率就是 9.41%，B 产品的必要报酬率就是 15.08%。由此我们可以做出结论：由于 B 产品面临的风险大于 A 产品的风险，B 产品所要求的风险报酬率和必要报酬率就高。

2. 风险报酬额的计算

$$风险报酬额 = 收益期望值 \times \frac{风险报酬率}{无风险报酬率 + 风险报酬率}$$

在例 3-11 中，假定无风险报酬率为 5%，则 A 产品风险报酬额为：$41 \times \frac{4.41\%}{5\% + 4.41\%} = 19.2$(元)。

B 产品的风险报酬额为：$29 \times \frac{10.08\%}{5\% + 10.08\%} = 19.38$(元)。

由上述计算可知，B 产品要求的风险报酬率高，B 产品要求的风险报酬额就高。

二、投资组合的风险与报酬

为了降低风险，在现实生活中，一般投资者不会把所有的资金投资于一种资产，而是会把资金投资在多种资产上，形成资产组合。资产组合也称投资组合。如果投资组合中的资产均为有价证券，而该投资组合就称为证券组合。

(一) 投资组合的风险

投资组合的整体风险可划分为系统风险和非系统风险，如图 3-9 所示。由图

3-9看出，组合投资能够降低风险，因此组合中资产种类越多，整体风险越低。如何解释这种现象呢？这是因为，每种资产都存在系统风险和非系统风险，而每种资产的非系统风险因素各不相同，非系统风险因素的发生也是相互独立的，从这一角度来讲，在当投资组合中的资产多样化到一定程度后，非系统风险可以达到分散化，当投资组合中包括市场上所有资产时，非系统风险因素被降到最低。然而，即使投资组合包括所有资产，也不可能使整体风险降低为零，因为所有的资产都受系统风险的影响，因此投资组合中依然存在系统风险。

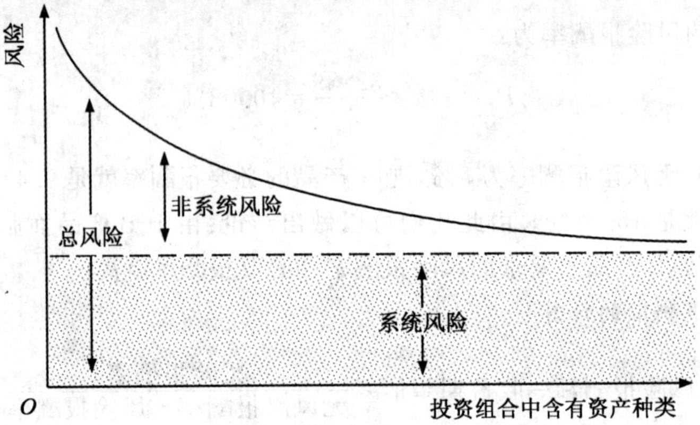

图 3-9 投资组合和风险关系示意图

既然系统风险源于公司之外，不能用多角化投资来回避，那只能依靠更高的报酬率(额)来弥补。此时投资组合的系统风险程度通常用β系数来衡量。一般是以投资组合中各项资产所占的比重为权数计算的单项资产β系数的加权平均数。这样投资组合中的β系数的经济意义在于，测量相对于市场组合而言的特定资产的系统风险是多少。

$\beta=1$，说明特定投资组合的系统风险与整个市场的平均风险相同，市场风险收益率上升1%，该资产风险收益率也上升1%；

$\beta=2$，说明特定投资组合的系统风险是整个市场的平均风险2倍，市场风险收益率上升1%，该资产风险收益率上升2%；

$\beta=0.5$，说明特定投资组合的系统风险是整个市场的平均风险的一半，市场风险收益率上升1%，该资产风险收益率上升0.5%。

(二)投资组合的风险报酬

投资者进行投资组合与进行单项资产投资一样，都要求对承担的风险进行补偿,风险越大,要求的收益率越高。但是,与单项资产投资不同的是,投资组合要求补偿的风险只是非系统(市场)风险,而不要求对系统(市场)风险进行补偿。以证券组合为例加以说明,证券组合的风险报酬率计算公式如下:

$$R_P = \beta_P(R_m - R_F)$$

式中:R_P 为证券组合风险报酬率;β_P 为证券组合的 β 系数;R_m 为所有股票的平均收益率;R_F 为市场无风险收益率。

$(R_m - R_F)$被称为市场风险溢价,它是由于承担系统风险而要求得到的超过无风险收益率的收益。它体现的是市场全体投资者对系统风险的态度。$(R_m - R_F)$越高,说明市场投资者越厌恶风险,相反则说明市场投资者越敢于冒险。

【例 3-12】某公司持有 A、B、C 三种股票组成的投资组合,权重分别为 20%、30%和 50%,三种股票的 β 系数分别为 2.5、1.2、0.5。市场平均报酬率为 10%,无风险报酬率为 10%。试计算该投资组合的风险报酬率。

(1)确定投资组合的 β 系数。

$$\beta_P = \sum_{i=1}^{n} x_i\beta_i = 20\% \times 2.5 + 30\% \times 1.2 + 50\% \times 0.5 = 1.11$$

(2)计算投资组合的风险报酬率。

$$R_P = \beta_P(R_m - R_F) = 1.11 \times (10\% - 5\%) = 5.55\%$$

前已述及,风险投资者要求的必要报酬率是无风险报酬率和风险报酬率总和,则证券组合投资者要求的必要报酬率(R)可表示为:

$$R = R_F + \beta_P(R_m - R_F)$$

上式即为著名的资本资产定价模型(CAPM)。为了利用 CAPM 来描述投资组合报酬率与系统风险程度 β 系数之间的关系,人们一般用证券市场线来进行形象的描绘。在一个直角坐标系中,如果把 CAPM 中的 β 看成横坐标,把投资组合的必要报酬率看成纵坐标,则 CAPM 就是直角坐标中的一个一次函数关系,其图像是一条直线,称为证券市场线(security market line,SML)。这个一次函数中,$(R_m - R_F)$是它的斜率,R_F 是它的截距,如图 3-10 所示。

知识链接:资本资产定价模型(CAPM)

资本资产定价模型是近代金融学的奠基石。1952 年,马柯维茨(Herry M. Markowitz)在其博士论文《投资组合的选择》一文中首先提出建立现代资产组合

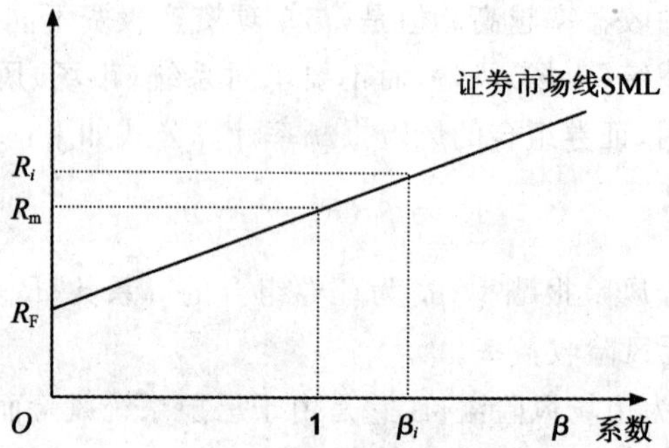

图 3-10 CAPM 的图形化:证券市场线

管理的理论,12 年后,威廉·夏普(William Sharpe)、约翰·林特纳(John Lintner)与简·莫辛(Jan Mossin)将其发展成资本资产定价模型。他们也因为这一重要贡献而获得 1990 年度诺贝尔经济学奖。

资本资产定价模型有许多的前提假设条件,主要包括对市场完善性和环境的无摩擦性等。这些假设条件主要有:

(1)许多投资者。与整个市场相比,每位投资者的财富份额都很小,所以投资者都是价格的接者,不具备"做市"的力量,市场处于完善的竞争状态。

(2)所有的投资者都只计划持有资产一个相同的周期。所有的投资者都是"近视"的,都只关心投资计划期内的情况,不考虑计划期以后的事情。

(3)投资者只能交易公开交易的金融工具如股票、债券等,即不把人力资本(教育)、私人企业(指负债和权益不公开交易的企业)、政府融资项目等考虑在内。并假设投资者可以不受限制地以固定的无风险利率借贷。

(4)无税和无交易成本,即市场环境是无摩擦的。

(5)所有的投资者的都是理性的,并且其获得的信息是完全的。

(6)所有的投资者都以相同的观点和分析方法来对待各种投资工具,他们对所交易的金融工具未来的收益现金流的概率分布、预期值和方差等都有相同的估计。

资本资产定价模型只有在这些假设条件成立的前提下才成立。虽然在现实投资实务中这些假设条件大部分都是无法成立的,投资交易一般都要缴纳税金,要支付交易费用,并且证券市场的信息也是不完全的。但资本资产定价模型给出了分析风险资产定价的一种间接明了的框架,对于如何对投资组合的风险报酬率进行评估提供了一个很好的工具。

第三节　证券估价

在财务管理实际工作中，经常会利用闲置资金短期投资证券或进行长期投资活动，在进行这些财务决策时，财务管理人员需要对将要投资的证券进行正确估价，从而发现获利机会。本节将介绍两种最常见的证券估价：债券估价和股票估价。

一、证券估价中的价值观念

在证券估价中，经常会用到多种价值的概念，由于这些概念比较近似，需要进行明确界定才能在证券估价中得到正确应用。

1. 账面价值

账面价值也称为面值，是指某证券首次发行时，发行人承诺到期支付的价值。比如，某公司发行债券，面值100元，则该债券到期时，发行公司要支付债券持有人100元。

2. 市场价值

市场价值也称为市价或市值，是指某证券在交易市场上交易的价格。证券的市场价值受市场供求关系、投机炒作以及发行公司的经济状况影响，大多数情况下与账面价值不同。

3. 内在价值

内在价值是指某证券理论上应该具有的价值。从理论上说，某证券应该具备的价值，应该是该证券给持有人提供的未来现金流量的价值。例如，某人购买一张债券，该债券2年到期，每年末支付利息10元，第2年支付本金100元，某人需要的投资报酬率为5%，则该债券的内在价值应为[10×(1+5%)] +[10×(1+5%)^2]+ [100×(1+5%)^2]=109.29元。根据上述定义，设某证券第i年给持有人带来的现金流入量为CF_t，持有人需要的投资报酬率为r，则该证券的内在价值P的计算如下：

$$P = \sum_{t=1}^{n} \frac{CF_t}{(1+i)^t}$$

式中：P为证券的内在价值；CF_t为各年的现金流入；i为折现率，一般采用当时的市场利率或投资的必要报酬率；t 为期数。

需要说明的是，在实际经济条件中，由于投机行为、信息不对称、投资者风险厌恶程度不同等情况存在，证券的市场价值往往不等于内在价值。

二、债券估价

债券是一种有价证券，是社会各类经济主体（包括政府、金融机构、各类工商企业）为筹措资金而向债券投资者出具的承诺以一定利率定期支付利息和到期偿还本金的债券债务凭证。

债券的价值是发行者按照合同规定从现在至债券到期日所支付的款项的现值，计算现值时使用的折现率取决于当前的市场利率和现金流量的风险水平。在市场利率、利息支付方式及到期日因素确定的情况下，我们可以根据不同的债券种类进行具体的估价。

1. 每年定期支付一次利息，到期还本的债券

这类债券是最常见的债券，它既符合大部分投资人的需求，也便于公司进行理财活动。这类债券对于持有人来说有两部分未来现金流入，第一部分是每年收到的利息，是一个普通年金；第二部分是到期的本金，是一次性收到的终值。因此，根据内在价值的计算公式，对于这类债券的估价公式如下：

$$\begin{aligned} P_b &= \frac{I_1}{(1+i)^1}+\frac{I_2}{(1+i)^2}+\cdots+\frac{I_n}{(1+i)^n}+\frac{M}{(1+i)^n} \\ &= I\times(P/A,i,n)+M\times(P/F,i,n) \end{aligned}$$

式中：P_b 为债券价值；I 为每年的利息；M 为到期的本金；i 为折现率，一般采用当时的市场利率或投资的必要报酬率；n 为债券到期前的年数。

【例 3-13】刘先生和李女士各自拥有一笔闲置资金，2009 年年初得知 A 公司公开发行债券，面值 100 元，每年年末定期支付利息，年利率 5%。3 年后归还本金。刘先生要求的必要报酬率为 5%，李女士要求的必要报酬率为 7%，如果两人都想投资该债券，问该债券对刘先生和李女士的价值各是多少？

刘先生估计的债券价值为：

$$\begin{aligned} 100\times5\%\times(P/A,5\%,3)+100\times(P/F,5\%,3) &= 5\times2.7232+100\times0.8638 \\ &= 99.996(\text{元}) \end{aligned}$$

李女士估计的债券价值为：

$$100\times5\%\times(P/A,7\%,3)+100\times(P/F,7\%,3)=5\times2.6243+100\times0.8163=94.7515(\text{元})$$

虽然他们准备购买的债券相同，但他们估价却不一致，造成这种现象的原因在于他们各自的必要报酬率不同。

2.到期一次还本付息的债券

一些债券发行人为了充分使用资金，将债券设置成到期一次还本付息。这种情况下，债券持有人的未来现金流入只有到期一次，因此其债券估价的公式如下：

$$P_b=\frac{I\times i\times n+M}{(1+i)^n}=(I\times i\times n+M)\times(P/F,i,n)$$

以例 3-13 为例，假定 A 公司规定利息到期一次支付，则该债券对刘先生的价值为：

$$(100\times5\%\times3+100)\times(P/F,5\%,3)=115\times0.8638=99.337(\text{元})$$

由于利息支付方式发生变化，即使刘先生的必要报酬率不变，债券的价值也发生了变化，对债券投资人的吸引力下降。

3.零息债券

所谓零息债券，是指债券不支付利息，而是要在到期后支付债券票面价值。这类债券一般会折价发行，购买人通过折价和面值之间的差异获取投资收益。由于零息债券不支付利息，债券持有人未来的现金流入只有到期的票面金额，因此其债券估价的公式如下：

$$P_b=M\times(P/F,i,n)$$

仍以例 3-13 为例，假定 A 公司发行的是零息债券，则该债券对刘先生的价值为：

$$100\times(P/F,5\%,3)=100\times0.8638=86.38(\text{元})$$

三、股票估价

股票作为一种有价证券，它是股份公司发行的，用以证明投资者的股东身份和权益，并据以获取股息和红利的凭证。

股票可以按不同的方法和标准分类：①按股东所享有的权利，可分为普通股和优先股；②按票面是否表明持有者姓名，分为记名股票和不记名股票；③按股票票面是否标明入股金额，分为有面值股票和无面值股票；④按是否可向股份公司赎回自己的财产，分为可赎回股票和不可赎回股票。我国目前各公司发行的都是不可赎回的、记名的、有面值的普通股票，只有少量公司过去按当时的规定发行过优先股票。

与债券相比，普通股的估价难度要大得多，这主要是因为普通股投资者未来能够获得的现金流入不确定：普通股没有固定股利，也没有到期日，此外普通股的股票价格也经常发生变化。因此，对普通股的估价要根据不同的情况进行具体处理。在财务管理中，普通股的估价主要采用股利折现模式和市盈率估价模式。

(一)股利折现模式

这一模式主要适用于定期支付股利的股份公司股票，股东持有这类股票，未来股利收入可进行近似估计。股利折现模式的估价思想是将普通股各年股利按投资者要求的必要报酬率进行折现，这些现值之和就是股票的内在价值。

$$P_0=\frac{D_1}{(1+i)^1}+\frac{D_2}{(1+i)^2}+\cdots+\frac{D_n}{(1+i)^n}=\sum_{t=1}^{\infty}\frac{D_t}{(1+i)^t}$$

式中：P_0 为普通股价值；D_t 为普通股第 t 年的股利；i 为投资人依据自己的风险偏好所决定的折现率(或必要报酬率)。

由于各股份公司股利支付的具体情况不同，投资者投资的股票期限不同，股利折现模式一般分为零成长和固定成长两种模式，以下分别说明其应用方式。

1.股利零成长的股利折现模式

所谓零成长，通常暗示着普通股发行公司的获利能力平平，或是说公司在每期都发放固定的股利给股东。这样公司未来的股利额都将固定不变，因而股利折现模式中的各期股利都会相等，即有如下的推导：

$$P_0=\frac{D_1}{(1+i)^1}+\frac{D_2}{(1+i)^2}+\cdots+\frac{D_n}{(1+i)^n}=\frac{D}{(1+i)^1}+\frac{D}{(1+i)^2}+\cdots+\frac{D}{(1+i)^n}$$

$$=\frac{\frac{D}{1+i}}{1-\frac{1}{1+i}}=\frac{D}{1+i}\times\frac{1+i}{1+i-1}$$

$$=\frac{D}{i}$$

由于各期股利水准相同，上式有一个以$\frac{1}{1+i}$为公比的无穷等比级数。利用无穷等比级数的公式，我们可以将公式最终转变为只剩“固定股利”与“必要报酬率”两个变数的公式，此公式为永续年金公式的应用之一。

【例 3-14】宏盛公司每年均固定发放 2 元的现金股利，若投资人的必要报酬率为 8%，则该股票价值应为多少？

$$P_0=2/8\%=25(\text{元})$$

零成长股利的折现模式尚可以应用于优先股的评价。由于一般的优先股承诺每年固定支付股利给优先股股东，因此每期支付的股利金额固定(此时不考虑有暂时未发放的状况)且没有到期日，可视之为永续年金的一种，其评价方式与上式相同。

2. 股利固定成长的股利折现模式

事实上，随着公司业绩的增长，股利的发放金额亦可能跟着增长而非一成不变，因此假设股利以一定的速度成长，应是一个在简化预测和现实之间的折中模式(毕竟各期股利成长率未必一直相同)。假设股利的固定成长率为 $g(i>g)$，若本期的每期股利为 D，则下一期的每股股利可知为 $D\times(1+g)$。公式如下：

$$P_0=\frac{D_1}{(1+i)^1}+\frac{D_2}{(1+i)^2}+\cdots+\frac{D_n}{(1+i)^n}=\frac{D(1+g)}{(1+i)^1}+\frac{D(1+g)^2}{(1+i)^2}+\cdots+\frac{D(1+g)^n}{(1+i)^n}$$

$$=\frac{\frac{D(1+g)}{1+i}}{1-\frac{1+g}{1+i}}=\frac{D(1+g)}{1+i}\times\frac{1+i}{1+i-1-g}$$

$$=\frac{D(1+g)}{i-g}$$

将未来各期股利转换为本期股利 D 的成长终值后，我们又可以得到另一个以 $\frac{1+g}{i-g}$ 为公比的无穷等比级数，经过推导，我们只需在零成长模式的基础上考虑“股利的固定成长率 g”这个变数，即可计算普通股的价值。

仍以例 3-14 为例，宏盛公司根据市场变化，预测该公司以后每年股利会以 6% 的速度稳定增长，则宏盛公司的每股普通股价值应为 $\frac{2\times(1+6\%)}{8\%-6\%}=106$(元)。

以上我们看到了股利零成长及固定成长的情形，但实务中企业的营运状况会随着经济景气波动而变化的现象存在，即使经营能力没有改变，获利水准(或股利)也不见得会不断成长，最终呈现出非固定成长的情形。如一些以技术为导向的电子、信息产业或是生物科技行业，初期的成长性都十分惊人，但随着时间的推移，产品进入成熟期之后，盈利能力超成长的现象将可能不复存在，并回归正常或稳定增长的情形。此时，投资人只要运用货币时间价值的观念，将企业未来各期的股利以适当的必要报酬率折现，即可计算"股利非固定成长"形态的股票价值。

(二)市盈率估价模式

用股利折现模式估计股票价值，必须以公司定期支付现金股利的前提为假设。当所评估的公司出于替股东避税或为保留现金继续发展等原因，从不发放股利或者只发放股票股利时，股利折现模式就失去了应用的意义，此时用市盈率对股票价值评价显得更为合适。

市盈率是最常用来评估股价水平是否合理的指标之一，由股价(P)除以年度每股盈余(EPS)得出，股价(P)通常取最新收盘价，而 EPS 方面，若按已公布的上年度 EPS 计算，称为历史市盈率，若是按市场对今年及明年 EPS 的预估值计算，则称为未来市盈率或预估市盈率。

知识链接：市盈率(EPS)

市盈率的高低表明了投资人对每一块钱的税后盈余愿意出多少钱来购买。就公司的观点而言，此一比率表示公司对股东权益市价的权利能力。在投资分析时，市盈率和每股盈余都相当重要，由于市盈率乘以每股盈余可以得到股票价格，于是常利用这一个关系求得股票应有的价格，股票价格经常反映出投资人对公司未来预期的盈余。通常市盈率数值愈低愈具有投资价值，至于数值应该多少适合买进，并没有一定的理论，一般较有经验的投资人在10～15之间买卖。但是在实际进行投资时，仍须考虑其他影响股价和盈余的客观因素。

市盈率估价模式的基本原理在于以获利能力为主要评价因素，结合"公司的获利能力"与"市场对此公司获利能力的评价"来估计股票价格，公式如下：

$$每股普通股价值=预期每股盈余(EPS)\times 合适的市盈率(P/E)$$

在上式中所涉及的变量包括"预期每股盈余"与"合适的市盈率"，两者均不是确定数值而需要进一步估计。虽然这些变量与股利的存在与否并无直接关系，可替代股利折现模式进行评价工作，但是在估计上的困难程度，并不会亚于股利折现模式。公司的未来盈余可从公司的财务数据下手，在困难度上与预测股利水准相似。然而如何确定一个合适的市盈率更是不易，凡是景气状况、产业结构、同业竞争强度、公司特性、股票供需数量等非货币面因素，在评估时常须加入主观性的判断，使估计结果的客观性受到影响。

当然在决策时间不够充分时，我们也可以略去较复杂的估计方法，使用较容易取得的相关数据来评估股票价值。例如，可以取得用过去数年间的“平均盈余水平”来替代预期盈余水平，取用同业中规模、财务状况相仿的上市公司的市盈率，也可以取得股票价值的估计值。

本章小结

时间价值是指资金在周转使用中由于时间因素而形成的价值差额，时间价值产生的根本原因是资金参与了生产经营周转。年金是指相隔相同期限、收入或支出相等金额的系列款项，分为普通年金、预付年金、递延年金和永续年金。

风险具有客观性、时间性、相对性和收益性等特点，分为市场风险和公司特有风险、经营风险和财务风险，可通过计算和比较不同项目的标准离差、标准离差率和置信概率等来衡量风险的大小。风险越大，预期报酬率越高。

对证券进行正确的估价具有重要的实际意义，债券和股票估价的主要原理是利用折现现金流原理，即未来收益的现值来估价。债券的正确估价应为所有未来可领得的利息与本金的折现值总和；股票的合理估价应为预估未来的股利发放水平，并以适当的折现率加以折现，即可估算出其内在价值。

参考文献

1.［美］詹姆斯·C·范霍恩，小约翰·瓦霍维奇. 现代企业财务管理. 郭浩，徐琳译. 北京：经济科学出版社，2002，43-76.

2. 张昌生. 货币时间价值新探. 会计之友(下旬刊)，2010(9).

3. 杨蕙璇. 运用 Excel 财务函数计算货币时间价值. 财会月刊，2009(23).

4. 黄金曦. 巧学货币时间价值. 财会月刊，2009(22).

思考题

1. 时间价值产生的根本原因是什么？在企业财务管理中树立时间价值观念有什么重要作用？

2. 影响终值大小的因素有哪些？

3. 风险与不确定性如何区分？

4. 分析股票估价中股利折现模式和市盈率模式的特点。

练 习 题

1. 某公司拟购置一项设备，目前有A、B两种可供选择。A设备的价格比B设备高50 000元，但每年可节约维修保养费等费用10 000元。假设A、B设备的经济寿命均为6年，利率为8%，该公司在A、B两种设备中必须择一的情况下，应选择哪一种设备？

2. 某人现在存入银行一笔现金，计划8年后每年年末从银行提取现金6 000元，连续提取10年，在利率为7%的情况下，现在应存入银行多少元？

3. 某人5年后需用现金40 000元，如果每年年末存款一次，在年利率为6%的情况下，此人每年年末应存入现金多少元？

4. 某企业集团准备对外投资，现有三家公司可供选择，分别为甲公司、乙公司、丙公司，这三家公司的年预期收益及其概率的资料如表3-2所示：

表3-2 某企业集团预期收益及其概率资料

市场状况	概率	年预期收益(万元)		
		甲公司	乙公司	丙公司
良好	0.3	40	50	80
一般	0.5	20	20	−20
较差	0.2	5	−5	−30

要求：假定你是该企业集团的稳健型决策者，请依据风险与收益原理作出选择。

5. 某公司2009年初发行债券，票面利率5%，期限3年，票面价值1 000元，张先生期望投资收益率为7%，试回答以下问题：

(1)该债券的利息支付方式为每年末支付利息一次，到期还本付息，张先生此时用990元购买该债券是否合适？

(2)该债券的利息支付方式为到期一次还本付息，张先生此时用多少钱购买该债券合适？

(3)如果该债券是零息债券，则该债券对张先生的价值是多少？

6. 某公司股票最近一次支付股利每股0.2元，未来预计该公司股票每股股利将按5%比例增长。投资者要求的投资收益率为11%，并按每股4元的价格购买该公司股票。问该公司股票按每年11%的预期收益率估计价值是多少？

案例分析

西格资产理财公司的理财运作

一、基本案情

1987 年，罗莎琳德·塞茨费尔德赢得了一项总价值超过 130 万美元的博彩大奖。这样，在以后的 20 年中每年她都会收到 65 276.79 美元的分期付款。1995 年，塞茨费尔德女士接到了位于佛罗里达州西部棕榈市的西格资产理财公司的一位销售人员打来的电话，声称该公司愿意立即支付给她 140 000 美元以获得今后 9 年其博彩奖金支票的一半款项（也就是，现在的 140 000 美元换算以后，9 年中每年获得 32 638.39 美元的分期付款额）。

西格公司是一家奖金经纪公司，其职员的主要工作任务就是跟踪类似塞茨费尔德女士这样的博彩大奖的获得者。公司知道有许多人会急于将他们获得奖项的部分甚至全部奖金马上变现。西格公司是年营业收入高达 7 亿美元的奖金经纪行业中的一员，它和另一家公司伍德步里奇·斯特林公司目前占据了行业中 80% 的业务。类似西格公司这样的经纪公司将他们收购的这种获得未来现金流的权利再转让给一些机构投资者，诸如美国太阳公司或是约翰·汉考克共同生命保险公司。

本案例中，购买这项权利的是金融升级服务集团（EFSG），它是一家从事纽约州的市政债券的再保险公司。西格公司已经谈好将它领取塞茨费尔德一半奖金的权利以 196 000 美元的价格卖给了 EFSG 公司，如果塞茨费尔德答应公司的报价，公司马上就能够赚取 56 000 美元。最终塞茨费尔德接受了公司的报价，交易达成。

二、分析要点

1. 请运用货币时间价值和风险价值的基本观念，分析为何西格公司能够安排这笔交易成功并立即获得 56 000 美元的利润。

2. 塞茨费尔德和 EFSG 公司各自在这笔交易中获得了什么利益？

3. 请简要分析货币时间价值和风险价值基本观念如何影响人们的决策。

第四章 财务预测

本章导读

扁鹊几乎成了名医圣手的代名词，但他本人却另有一番看法。魏文王曾经问扁鹊说："你们兄弟三人，都精于医术，到底哪一位最好呢？"扁鹊答："长兄最好，二兄次之，我最差。"文王再问："那为什么你最出名呢？"扁鹊答："长兄治病，是治于病情发作之前。由于一般人不知道他事先能铲除病因，所以他的名气无法传出去。二兄治病，是治于病情初起时。一般人以为他只能治轻微的小病，所以他的名气只及本乡里。而我是治于病情严重之时。一般人都看到我在经脉上穿针放血、在皮肤上敷药等大手术，所以觉得我医术高明，名气因此响遍全国。"此例说明，能在事前进行准确的财务预测，并采取措施防患于未然的财务管理人员才是最高明的。

财务管理的关键在于财务决策，而财务决策的关键在于财务预测。因此，财务预测是财务管理的首要环节，涉及财务管理的各个方面。本章主要阐述财务预测的定义、内容、程序和方法。

第一节 财务预测概述

预测就是以过去的历史资料和现在所能取得的信息为基础，运用人们所掌握的科学知识和多年的实践经验，推测事物未来发展的可能趋势或结果。财务活动包括许多状态不确定或不受管理人员所控制的种种因素，因此需要进行预测。

一、财务预测的意义与原则

（一）财务预测的含义

财务预测，就是以企业过去一段时期的会计、财务、经营等有关资料为依据，结合企业现在和即将面临的各种微观和宏观变化因素，运用科学的方法，对企业财务方面的未来发展趋势及变化结果进行测算和估计。

尽管企业财务活动受到众多微观、宏观的因素影响，使其变化多端，但是它仍然和其他事物的发展一样，都具有一定的规律性。人们在分析其过去、把握现状的基础上，完全能够从其变化规律中找出一些内在的必然联系，对未来财务活动的发展趋势进行较为准确的预测。另外，财务人员在长期的实践中，已摸索总结出一系列如何根据本企业的经营特点和所处的环境，进行财务预测的原理和方法。

财务预测属于经济预测的一个分支，但又有与其他经济预测不同的特点。如财务预测的目的主要是为财务决策和财务预算提供科学的依据；财务预测的对象侧重于资金运动，是一种价值预测。

(二)财务预测的作用

财务预测是财务管理的一个重要环节，它具有以下三个主要作用：

(1)为财务决策提供依据。财务管理的关键在于财务决策，而财务决策的关键在于财务预测。财务的短期或长期决策，常常是在随机因素较多、不确定性较大的情况下进行，只有通过财务预测，方可为财务决策的各种备选方案提供依据，降低不确定性，使决策者更好地权衡利弊得失，选择最优的方案。实践证明，财务预测不准，财务决策便容易失误、企业的财务活动就可能因此而误入歧途，迷失方向。

(2)为财务预算提供依据。要保证企业财务决策正确实施，就需要制定切实可行的财务预算(计划)。企业在编制预算之前，必须根据财务活动的历史和现状，预测未来发展趋势以及可能达到的水平，为编制预算提供有用的数据，使财务预算符合财务发展规律，具有科学性和指导性。建立在正确预测基础上的预算，不仅切实可行，而且可协调各个部门的工作，保证预算的顺利执行。

(3)为搞好企业日常管理工作提供依据。企业所处的经营环境是不断变化的。因此，企业财务人员要想做好日常财务管理工作，尤其是日常资金的供应和调度工作，不仅要熟悉企业过去的财务收支规律和情况，还要善于预测企业未来的资金运动情况和财务收支平衡情况。只有这样，才能做到统筹兼顾，适当安排，使日常财务管理活动处于主动地位。

财务预测的作用大小受其准确性的影响。准确性高，作用就大；准确性低，作用就小。因此，财务人员应该在实践中不断积累经验，不断提高业务水平，努力研究和不断改进财务预测工作，减少财务预测的误差，提高预测的准确性。

(三)财务预测的原则

财务管理牵涉到财务活动本身以及财务管理环境的方方面面，是一个复杂的动态过程，其中包括着许多状态不肯定和不受管理人员所控制的种种因素影响。

因此，在财务预测中，一般应遵循下列的基本原则：

(1)连续性原则。所谓连续性，就是把财务未来的发展同财务状况的过去和现在联系起来。在经济发展过程中，经济变量往往遵循着连续性的发展规律，即在周围环境不发生重大改革的情况下，原来的活动将会持续下去，从而把未来视作历史的延伸。财务活动也不例外。因为从时间上看，财务活动是在连续不断地进行着的，将来的财务状况是过去和现在财务状况的延续。因此，财务预测首先必须从搜集过去和现在的资料开始，如财务报表、财务分析报告等，对这些资料进行整理分析，然后推测出未来的变化情况。

(2)相关性原则。所谓相关性，就是指在财务活动中，影响企业资金运动的各种因素之间存在着一定的相互依存、相互制约的因果关系。事物总是相互联系、相互制约的，财务活动也不例外。因此，企业的财务预测不能孤立地进行，必须与企业的其他各种预测结合起来进行。另外，各种财务预测如销售预测、成本费用预测、利润预测、资金预测也不宜单独进行，也应结合起来进行。

(3)类推性原则。所谓类推性，就是根据某一项财务活动或某一类财务指标的发展变化规律，进而推出其他财务活动或财务指标的发展规律。在经济发展过程中，许多经济变量所遵循的发展规律，有时具有惊人的相似性。这就使得在财务预测中，可以用“如此类推”的法则进行。

二、财务预测的分类

财务预测的种类繁多，可以从不同角度、按不同标准进行分类。

(1)按财务预测的内容分，财务预测可分为销售预测、成本费用预测、利润预测、资金预测等。销售预测主要是对未来一定市场环境和营销规划下的销售量或销售额及其变化发展趋势的预测。成本费用预测主要是对未来产品生产或劳务提供的成本费用水平及其降低程度的预测。利润预测主要是对未来利润水平及其升降趋势的预测。资金预测主要是对未来资金需要量及其变化情况、资金来源和使用效果的预测。

上述预测从内容上来看各有侧重、相对独立，但从因果关系来看是密不可分、相互联系的。

(2)按财务预测所跨时间长度分，财务预测可分为短期预测、中期预测和长期预测。短期财务预测是指一年以下的预测，其目的是为企业近期财务管理提供较为详细而可靠的数据资料。中期财务预测是指对一年以上五年以下的财务预测，其目的是为五年计划和长期规划提供较为可行的细化资料。长期财务预测是指五年以上较长时间的财务变化及其趋势的预测，其目的是为企业今后长期发展的重大战略决策提供财务依据。

必须指出，以上的划分只是一般的划分。不同的企业由于其生产特点、管理要求不同，因而其预测期的长短也是不同的。如市场变化快、生产周期短的行业，短期预测可能是季度以内，一年以上就可能是长期预测。

(3)按财务预测的方法分，财务预测可分为定性财务预测和定量财务预测。定性财务预测是指预测者直接根据所掌握的信息资料和经验，对企业未来财务状况和变化趋势做出预测。定量财务预测是指根据所掌握的信息资料，借助一定的数学方法及企业的发展趋势做出分析预测。

三、财务预测的程序

要提高财务预测工作的效率，提高财务预测工作的准确性和质量，财务预测工作就要按照一定的程序进行。财务预测一般按下列程序进行：

(1)确定预测目标。进行财务预测，首先要确定预测什么，然后才可根据预测的目标、内容和要求确定预测范围和预测期等。例如，只有确定了预测资金需要量，才能组织好与资金需要量预测有关的各项工作，才能确定要收集哪些资料，分析影响资金需要量的有关因素。可见，只有目标明确，才可能顺利地开展财务预测工作。而且，预测的目标应清晰具体，切忌空泛。

(2)制订预测计划。预测计划包括预测工作的组织领导、人员组成、信息资料的来源渠道和获取方法、工作期限和经费预算等。预测计划应详细明确，分工合理，进程适当。而且应根据预测工作中遇到的实际问题，进行不断的调整，使之更加切实可行。

(3)收集整理、分析相关信息。根据已确定的预测目标和计划，尽可能全面地收集与既定目标有关的信息资料。这些信息资料可取自于企业内部的会计、统计等资料，也可取自于报刊公开发表的统计报告，还可以通过抽样调查取得。对收集的信息资料必须进行鉴别和归纳整理，去伪存真，以保证预测的质量。

(4)选择预测方法。财务预测必须通过一定科学方法才能完成，而且选用的预测方法不同，预测的结果也不一样。应该考虑财务活动的实际情况选择预测方法，有时还可以几种方法结合起来使用，互为补充，互为验证，以期得到与实际更为接近的结果。

(5)进行实际预测。运用所选定的预测分析方法，根据所整理的数据资料进行预测，并作出初步的预测结论。预测结论可用列表、制图或文字等形式表达。

(6)对初步的预测结论进行分析评价。经过一定期间,对过去所作出的初步预测结论进行检验,将实际结果与预测数进行比较,鉴定预测的结果是否正确,并分析发生误差的原因。在实际工作中,财务预测毕竟是一种推测和估计,预测结果与实际结果难免会有一定的误差,但重要的是误差的大小,以及误差是否在允许的合理范围内。误差小说明收集到的资料和数据是相关的和正确的,所选择的方法是恰当的;误差大则说明收集到的资料或所选择的预测方法有问题,需进行改进。

(7)修正初步的预测结论,得出最终预测结果。对于过去用定量方法进行的预测分析,往往会由于数据不足或某种因素而影响预测精度,这就需要用定性方法来考虑这些因素,并及时修正初步预测结论。对过去用定性方法预测的结果应尽可能用定量预测方法加以修正、补充,以使其结果更加接近实际。预测工作的实践证明,把定量方法与定性方法有机结合起来,是提高预测准确性的重要途径。经过上述的修正,就可得出最终的预测结果。

对财务预测的以上几个程序可用图归纳,如图 4-1 所示。

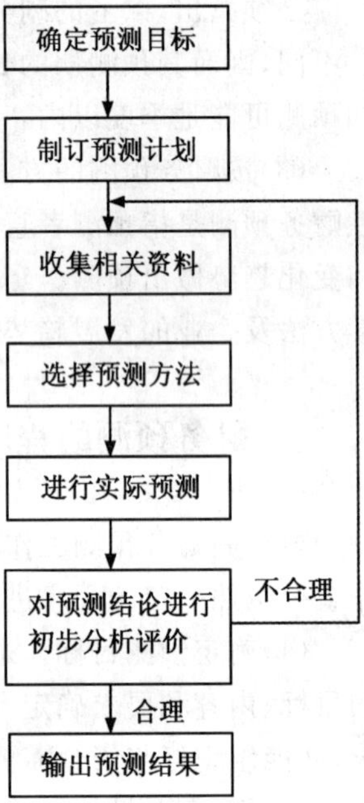

图 4-1 财务预测程序

四、财务预测的基本方法

财务预测的方法多种多样,如何根据具体情况选择正确的预测方法,是财务预测成功与否的关键之一。财务预测的基本方法归纳起来有两大类:一是定性预测法;二是定量预测法。

(一)定性预测法

定性预测法,又称判断预测法。它是由熟悉业务、并有一定专业知识和综合判断能力的专家和专业人员,根据丰富的实践经验和所掌握的情况,对预测目标将来的发展趋势和发展结果所进行的预测。定性预测法的特点是:不要求建立严格的数学模型,简单可行,而且可考虑到无法定量的因素。这类方法适用于缺乏历史资料、统计数据,或影响因素复杂,需要对许多相关因素作出判断,或客观上不具备定量预测条件的情况。

定性预测法主要包括意见汇集法、专家小组法和特尔菲法。

1.意见汇集法

也称主观判断法，它是由预测人员根据事先拟好的提纲，向比较熟悉预测目标的，并对其未来发展趋势比较敏感的领导人、主管人和业务人员开展调查，广泛征求意见，然后把各方面的意见整理汇集、分析和判断，最后作出预测结论。

这一方法的优点是集思广益，费时不多，耗费较小，运用灵活，并能根据影响预测对象因素的情况变化，及时对预测数据进行修正。它的缺点是预测结果易受人的主观判断的影响，对一些专门问题不易深入，而且常会出现意见很不一致的情况，给预测带来困难。

2.专家小组法

专家小组法是一种客观判断法，它是由企业组织各有关方面的专家组成预测小组，通过召开各种形式座谈会的方式，进行充分、广泛的调查研究和讨论，然后根据专家小组的集体研究成果作出最后的预测判断。

这一方法的特点是由专家组成小组面对面地进行集体讨论和研究，可以相互印证和补充。能更为全面和深入地分析、研究影响预测目标的因素，避免各专家因信息资料不共享而使预测带有片面性。它的缺点是参加者有可能碍于情面而不能充分发表自己的意见，或特别容易为权威人士所左右。另外，由于参加会议的人数有限，代表性会比较差。

3.特尔菲法

又称专家调查法，也属于一种客观判断法。它是由美国兰德公司在20世纪40年代首先倡导使用的，主要是采用通信的方法，通过向有关专家发出预测问题调查表的方式来搜集和征询专家们的意见，并经过多次反复、综合、整理、归纳各专家的意见以后，作出预测判断。特尔菲法具有保密性、反馈性和集中判断等特点。

这一方法的优点是各个专家可以各抒己见，互不干扰；把各种意见整理归纳后分别告知各个专家，使他们取长补短，意见趋向成熟；对专家意见进行综合分析，有助于克服决策中的片面性。它的缺点是时间可能拉得比较长，耗费比较大。

(二)定量预测法

定量预测法是根据收集的财务等数据资料，采用统计方法和数学模型，对预测目标将来的发展趋势和发展结果所进行的预测。定量预测法的特点是：建立相应的数学模型，逻辑严密可靠，预测结果比较客观。这类方法适用于资料齐备、环境比较稳定的情况。

定量预测法又可分为趋势外推预测法和因果预测法两类。

1. 趋势外推预测法

又称时间序列预测法或称历史资料引申法。是把历史资料按年或按月排列成一个时间数列，从中找出预测对象发展趋势的变动规律，再将发展趋势加以引申，从而推断未来的一种方法。趋势外推预测法包括简单平均法、移动平均法、指数平滑法等。

(1)简单平均法。此法就是通过计算以往若干期预测对象的算术平均值，来确定预测结果的方法。

$$X_{(n+1)}=\frac{\sum_{i=1}^{n}K_i}{n}$$

【例 4-1】某企业 2004—2008 年销售额分别为 100 万元、95 万元、90 万元、98 万元、105 万元，用简单平均法预测的 2009 年销售额为：

$$\frac{100+95+90+98+105}{5}=97.6(\text{万元})$$

(2)加权平均法。此法把每个历史数据的重要程度用权数的大小来表示，然后对每个资料与对应的权数之积求和，再以此和除以各权数之和，即为下期(预测期)的预测值。设 $X_1, X_2, \cdots, X_n$ 为一组历史数据，其相应的权数规定为 $K_1, K_2, \cdots, K_n$，则第$(n+1)$期加权平均预测值为：

$$X_{(n+1)}=\frac{\sum_{i=1}^{n}K_iX_i}{\sum_{i=1}^{n}K_i}$$

这种方法的关键是权数 K_i 的确定。实践证明，企业每一期实际业务量变动的结果，其数值偏靠于近期，所以确定权数的一般原则为：近期权数大，即 $K_n > K_{n-1} > \cdots > K_2 > K_1$。

【例 4-2】某企业 A 产品 2003—2008 年实际销售收入分别为 200 万元，190 万元，180 万元，185 万元，190 万元和 195 万元，相应的权数分别规定为 1,2,3,4,5 和 6，则 2009 年 A 产品的销售收入预测值可确定为：

$$\frac{200\times1+190\times2+180\times3+185\times4+190\times5+195\times6}{1+2+3+4+5+6}=189.52(\text{万元})$$

这种将权数分别规定为 1,2,3,…,n 等自然数的方法,称为自然权数法。

权数确定的方法除自然权数法之外,还可以采用饱和权数法,即舍去时间序列前几期的数值,并将离预测期较近的几期的总权数定为 1,即 $K_1+K_2+K_3+\cdots+K_n=1$,则加权平均法下预测值的公式可以改为:

$$X_{(n+1)}=\sum_{i=1}^{n}K_i x_i$$

如将例 4-2 中 2006—2008 年 3 年的实际销售收入的权数分别确定为 0.2,0.3 和 0.5,则 2009 年 A 产品的销售收入预测值可计算如下:

$$185\times0.2+190\times0.3+195\times0.5=191.5(\text{万元})$$

(3)移动平均法。又称简单移动平均法或一次移动平均法。它是从时间序列中取最近数期的实际值计算其平均数,并以此作为下期的预测值,逐期推进。其计算公式为:

$$\text{第}(n+1)\text{期预测值}=\frac{\sum \text{前}\ n\ \text{期实际值}}{\text{确定的期数}\ n}$$

这种方法实际上就是用一定时期内历史数据的算术平均数作为下期的预测值。在预测对象短期内数据变化不大的情况下,采用此法较为适宜。

【例 4-3】某商业企业 2008 年 1～12 月份的实际销售额如表 4-1 所示,要求预测 2009 年 1 月销售额。

表 4-1 某企业 1～12 月份实际销售额 万元

月份	1	2	3	4	5	6	7	8	9	10	11	12
实际销售额	100	120	110	160	190	200	210	250	260	280	300	320

如按 3 个月移动平均,2009 年 1 月份的销售额预测值为:

$$\frac{280+300+320}{3}=300(\text{万元})$$

如按 5 个月移动平均,2009 年 1 月份的销售额预测值为:

$$\frac{250+260+280+300+320}{5}=282(\text{万元})$$

如按 8 个月移动平均,2009 年 1 月份的销售额预测值为:

$$\frac{190+200+210+250+260+280+300+320}{8}=251.25(\text{万元})$$

上述计算表明，预测值明显地受到跨越期即月份数的影响。一般来讲，跨越期短，期数少，反映较灵敏，但难以消除偶然因素，预测结果较粗糙；跨越期长，期数多，反映波动较平滑，能较好地消除不规则变动，预测值较准确。但在实际工作中，期数的选择常常受制于历史数据的多寡：数据较多，期数较多；反之，跨越期只好取短点，即期数较少。

(4)指数平滑法。这是一种复杂的加权平均法。其特点是权数符合指数规律，对不同时期的数据赋予不同的权数，时间越久的数据，其权数越小。若以 A_{t-1} 代表上期实际值，C_{t-1} 代表上期预测值，C_t 代表本期预测值，α 代表平滑系数（$0<\alpha<1$），则

$$C_t=\alpha A_{t-1}+(1-\alpha)C_{t-1}$$

【例 4-4】假定某企业 2009 年某产品 6 月份的实际销售额为 170 万元，本年 6 月份的销售额预测值为 150 万元，平滑系数确定为 0.3，则本年 7 月份的销售额可采用指数平滑法预测如下：

$$C_7=0.3\times170+(1-0.3)\times150=156(\text{万元})$$

"平滑系数"α 实质上是一个新旧数据的分配比值。其取值大小具体体现了时期不同的因素在预测中所起的不同作用：当 $\alpha=1$ 时，下期预测值等于本期实际值；当 $\alpha=0$ 时，下期预测值等于本期预测值。由此可见，采用较小的"平滑系数"，可使这种方法求得的平均数接近上期预测值。反之，则接近上期的实际值。平滑系数根据预测的可靠程度而定。

2. 因果预测法

又称相关预测法。是根据预测对象与其他相关因素之间存在的因果关系，通过建立相应的因果预测模型，对预测对象未来的发展趋势和变化结果进行预测的方法。因果预测法主要包括本量利分析法、比例预测法（含销售百分比法）、直线回归法等。这些分析方法将在本章第二节和第三节介绍。

第二节 目标利润预测

目标利润是企业在未来一定时期必须经过努力才能够达到的利润水平，它是企业经营目标的重要组成部分。利润预测也是财务预测的重要内容。

一、目标利润预测的意义

目标利润预测是以过去的历史资料和市场信息为依据，充分考虑企业生存发展对利润的需求以及主客观条件的变化，测算未来一定期间企业可能实现的利润目标。

企业的经营活动在某种意义上讲都是围绕实现最大利润展开的，利润的预测是企业财务预测的关键，而利润预测的关键又在于确定利润目标。因此，搞好目标利润预测具有十分重要的意义。首先，利润预测明确了企业决策的目标，给企业决策指明了方向。其次，利润预测是会计决策的基础。开展利润预测，通常要对有关收入、成本和利润进行深入细致的分析，这些都是会计决策不可缺少的资料。最后，利润预测有利于发现并纠正生产经营中存在的问题，改善企业管理工作，提高企业经济效益。

在实际工作中，为了能够确定一个既积极又可靠的利润，除全面考虑其经济上的合理性、技术上的可行性和生产经营上的可能性外，还应综合考虑企业生产经营的分项目标，作出正确的利润规划。

二、目标利润预测方法

目标利润预测方法有很多，下面主要介绍几种常用的定量预测方法。

(一)量本利分析法

量本利分析法是根据有关产品的产销数量、销售价格、变动成本和固定成本等因素同利润之间的相互关系，通过分析计量而确定企业目标利润的一种方法。

用量本利分析法确定目标利润的计算公式是：

目标利润＝预计产品产销数量×(单位产品销售价格－单位产品变动成本)－固定成本

【例 4-5】某企业本年度产品销售 20 000 件，预计下一年会增长 10%，产品单位售价 50 元，单位变动成本 30 元，固定成本总额 200 000 元。该企业的目标利润计算如下：

目标利润＝20 000×(1＋10%)×(50－30)－200 000＝240 000(元)

(二)比例预测法

比例预测法是利用利润指标与其他经济指标之间存在的内在比例关系,来预测目标利润的一种方法。由于利润与营业收入的多少、营业成本的水平、企业资金总量等有着密切的关系,因此可以利用这些因素与营业收入的比例关系来预测目标利润。

1.营业收入利润率预测法

营业收入利润率预测法是利用利润与营业收入的比例关系进行利润预测的方法。在其他条件不变的情况下,利润多少取决于营业收入的多少,因此可以在上期实际营业收入利润率(或前几期平均营业收入利润率)的基础上,进行目标利润的预测。

用营业收入利润率预测法确定目标利润的计算公式是:

$$目标利润=预计营业收入\times预定营业收入利润率$$

【例 4-6】某企业本年度营业收入 2 000 万元,利润 200 万元。预计下一年度营业收入增长 10%。营业收入利润率水平与本年度相当。该企业的目标利润计算如下:

$$目标利润=\frac{200}{2\ 000}\times[2\ 000\times(1+10\%)]=220(万元)$$

2.成本利润率预测法

成本利润率预测法是利用利润与营业成本的比例关系进行利润预测的方法。在其他条件不变的情况下,成本降低,利润就可以增加,即成本利润率提高,因此可以在上期实际营业成本利润率(或同行业先进水平的营业成本利润率)的基础上,进行目标利润的预测。

用成本利润率预测法确定目标利润的计算公式是:

$$目标利润=预计营业成本\times核定的成本利润率$$

【例 4-7】某企业本年度营业成本 1 000 万元,利润 100 万元。预计下一年度营业成本 1 200 万元,由于采取各种有效措施降低成本,增加利润,预计成本利润率将提高 5%。该企业的目标利润计算如下:

$$目标利润=\frac{100}{1\ 000}\times(1+5\%)\times1\ 200=126(万元)$$

3.资金利润率预测法

资金利润率预测法是利用利润与资金总量的比例关系进行利润预测的方法。

按资金利润率预测目标利润的实质，是按要求的投资利润率取得利润，从而使企业获得预期的利润水平。因此，可以按企业要求的资金利润率（或上期实际或上几期平均资金利润率），进行目标利润的预测。

用资金利润率预测法确定目标利润的计算公式是：

目标利润＝预计资金占用总额×核定的资金利润率

【例 4-8】某企业本年实际占用资金总额 5 000 万元，下一年度为扩大商品销售，预计需要追加 500 万元资金，企业预期资金利润率为 10%。该企业的目标利润计算如下：

(5 000＋500)×10%＝550（万元）

第三节 资金需要量预测

资金是企业进行生产经营活动的基本条件，企业为达到生产经营的预期目标所需要的资金数额，即企业的资金需要量。正确预测资金需要量，是企业财务预测的一项重要内容。

资金需要量预测的常用方法有直线回归法、销售百分比法等。

一、直线回归法

直线回归法是应用数理统计中最小平方的原理，通过确定一条能正确反映一个自变量 x 与因变量（预测值）y 之间误差平方和最小的直线，即回归直线来进行预测的方法。使用该方法前，首先要确定自变量 x 和因变量 y 之间是否存在着线性关系，可通过计算“相关系数”(r)进行验证。“相关系数”的计算公式为：

$$r = \frac{\sum xy - n\overline{xy}}{\sqrt{\left[\sum x^2 - n(\overline{x})^2\right]\left[\sum y^2 - n(\overline{y})^2\right]}}$$

其中：$\overline{x} = \frac{\sum x}{n}$；$\overline{y} = \frac{\sum y}{n}$。

r 的数值越接近于 1，说明 x 与 y 之间的相关性越强，基本上存在着直线线性关系，可以用一条直线来描述。

回归直线方程式：

$$y=a+bx$$

方程式中的常数项 a 与系数 b 的值，可按下列公式计算：

$$a=\frac{\sum x^2\sum y-\sum x\sum xy}{n\sum x^2-\left(\sum y\right)^2}$$

或
$$a=\frac{\sum y-b\sum x}{n}$$

$$b=\frac{n\sum xy-\sum x\sum y}{n\sum x^2-\left(\sum x\right)^2}$$

在资金需要量预测中使用直线回归，y 表示预测对象（资金）；x 表示影响预测对象 y 变化的某种经济现象（如营业收入）；a 代表固定的资金，它不随营业收入的变化而变化；b 代表随营业收入增加需要量而增加的资金。直线回归法属于因果预测法。

【例 4-9】某企业要预测 2009 年 1 月的资金需要量，预计 2009 年 1 月的营业收入为 420 万元。2008 年 7～12 月有关营业收入和资金需要量的资料如表 4-2 所示。

表 4-2　某企业 2008 年 7～12 月有关营业收入和资金需要量资料　　万元

月份	营业收入	资金需要量
7	380	121
8	410	128
9	400	123
10	350	110
11	350	109
12	380	121
合计	2 250	712

设 x 代表营业收入，y 代表资金需要量，根据表 4-2 的资料，进行加工计算，可如表 4-3 所示。

表 4-3　某企业资金需要量预测　　万元

月份	营业收入(x)	资金需要量(y)	xy	x^2	y^2
7	380	121	45 980	144 400	14 641
8	410	128	52 480	168 100	16 384
9	400	123	49 200	160 000	15 129
10	350	110	38 500	122 500	12 100
11	330	109	35 970	108 900	11 881
12	380	121	45 980	144 400	14 641
合计	2 250	712	268 110	848 300	84 776

$$\bar{x}=\frac{2\ 250}{6}=375$$

$$\bar{y}=\frac{712}{6}=118.67$$

$$r=\frac{268\ 110-6\times375\times118.67}{\sqrt{(848\ 300-6\times375^2)\times(84\ 776-6\times118.67^2)}}\approx0.975\ 75$$

r 的数值接近于 1,说明营业收入 x 与资金需要量 y 之间具有密切的相关性,可用直线 $y=a+bx$ 描述。

把表 4-3 的有关数据代入 a、b 的计算公式,得

$$a=\frac{848\ 300\times712-2\ 250\times268\ 110}{6\times848\ 300-2\ 250^2}\approx27.183$$

$$b=\frac{6\times268\ 100-2\ 250\times268\ 110}{6\times848\ 300-2\ 250^2}\approx0.244$$

在一定相关范围里,上述 a 的经济含义为企业生产经营过程中有一笔固定的资金 27.183 万元;b 的经济含义为营业收入每增长 1 万元,资金需要量增加 0.244 万元。

由此可得:

$$y=27.183+0.244x$$

根据以上资料计算该企业 2009 年 1 月份的资金需要量为:

$$y=27.183+0.244\times420\approx129.66(\text{万元})$$

用回归直线法预测资金需要量,除了如上述例 4-9 以营业收入为自变量 x 外,

也可以 x 表示时间,这时直线回归法属于趋势外推预测法的一种。如果企业生产经营及相应的资金处于不断增长的状态下,与时间推移有关系,将回归直线法结合趋势外推预测资金需要量是适宜的,否则就必须将回归直线法结合因果预测法预测。

二、销售百分比法

销售百分比法是根据销售与资产负债表和损益表有关项目间的比例关系,预测各项目短期资金需要量的方法。该种方法有两项非常重要的假设:①资产负债表上大部分科目均与销售额有直接且密切的关系;②在目前销售额水准下,所有资产规模均为最适规模。唯有在上述假设成立的情况下,销售百分比方能准确的预测资金的需求。

在具体运用中,它一般借助于预计损益表和预计资产负债表来确定其资金需要量,即通过预计损益表预测企业留存收益(内部资金来源的增加额);通过预计资产负债表来测定企业筹资总规模与外部筹资规模的需要量。

(一)预计损益表

预计损益表是利用销售百分比法的原理预测留存收益的一种报表,其基本格式与实际的损益表相同。用预计损益表预计留存收益,其基本步骤为:第一,取得基年实际损益表资料,并计算确定损益表各项目与销售额间的百分比;第二,取得预测年度销售收入的预计数,并以此乘以基年损益表各项目实际销售额间的比率,计算预计年度损益表各项目的预计数,编制预计损益表;第三,利用预计年度税后利润预计数与预定的留用比率,计算留存收益额。

【例 4-10】宏盛公司 2008 年度实际损益表及有关项目与销售的百分比,列于表 4-4 中,试确定 2009 年损益表并预测留存收益。

表 4-4　2008 年实际损益表　　万元

项目	金额 ①	占销售收入的百分比(%) ②=①/4 000
销售收入	4 000	100
减:销售成本	2 800	70
销售费用	400	10
销售利润	800	20
减:管理费用	400	10

续表 4-4

项目	金额 ①	占销售收入的百分比(%) ②=①/4 000
财务费用	80	2
税前利润	320	8
减:所得税(37.5%)	120	
税后利润	200	

如果宏盛公司2009年预计销售收入为4 800万元,则2009年的预计损益表可测定(表4-5)。

表4-5　2009年预计损益表　　万元

项目	销售百分比(%) ①	2009年预计 ②=4 800×①
销售收入	100	4 800
减:销售成本	70	3 360
管理财务费用	10	480
销售利润	20	960
减:销售费用	10	480
财务费用	2	96
税前利润	8	384
减:所得税(37.5%)		144
税后利润		240

如果企业税后利润的留用比例为50%,则2009年的预计留用利润额为120万元。

(二)预计资产负债表

预计资产负债表是运用销售百分比法原理预计外部筹资需要量的一种报表,其基本格式与实际资产负债表相同。通过预计资产负债表,可计算有关资产项目与销售额的百分比,进而确定销售额增长情况下需增加的资本总额,减去测定的留存收益数额后,即可预测出企业需要外部筹资的数额。

在计算有关项目与销售额的百分比时,首先要将资产负债表的各项目按短期内与销售额的关系划分为敏感项目与非敏感项目。①凡是随销售变动而变动并呈现一定比例关系的项目，称为敏感项目。敏感资产项目一般包括现金、应收账款、存货等项目；敏感负债项目一般包括应付账款、应付费用等项目。②凡不随销售变动而变动的项目，称为非敏感项目，如对外投资、递延资产、长期负债和实收资本等，它们在短期内都不会随销售规模的变化而相应改变。

敏感项目在短时期内随销售的变动而发生成比例变动，其隐含的前提是：现有的资产负债水平对现在的销售是最优的，即所有的生产能力已经全部使用。这个条件直接影响敏感项目的确定。例如，只有当固定资产利用率已经达到最优状态，产销量的增加将导致机器设备、厂房等固定资产的增加，此时固定资产净值才应列为敏感资产；如果目前固定资产的利用率并不完全，则在一定范围内的产量增加就不需要增加固定资产的投入，此时固定资产净值不应列为敏感项目。

【例 4-11】承例 4-10，宏盛公司 2008 年的实际资产负债表及其敏感项目与销售额间的比率关系列于表 4-6。

表 4-6　2008 年实际资产负债表　　万元

项目	金额 ①	占销售额的百分比(%) ②=①/实际销售额(4 000)
资产		
现金	200	5
应付账款	480	12
存货	640	16
预付费用	80	2
固定资产净值	600	15
资产总额	2 000	50
负债及所有者权益		
应付票据	400	10
应付账款	240	6
应付费用	160	4
长期负债	30	—
负债合计	1 100	20
实收资本	896	—
留存收益	4	—
所有者权益合计	900	
负债及所有者权益总额	2 000	

上述百分比表明，销售每增加100元，相应的敏感资产将增加50元，而敏感负债将增加20元，因此实际需要追加的资金量为30(50－20)元。

在本例中，已知销售额由2008年的4 000万元增加到2009年的4 800万元，增加了800万元。因此所需要筹资的数量应为800×30％＝240万元。

在本例中，由于宏盛公司的税后利润的留用比例为50％，则2009年底预计留存收益为124万元，计算如下：

2009年预计留存收益＝2008年年底留存收益＋2009年净利×留用比例

＝4＋240×50％＝124(万元)

而宏盛公司在2009年度为适应销售增长而需要追加的对外筹资规模应确定为240－120＝120万元。表4-7为2009年预计资产负债表。

表4-7　2009年预计资产负债表　　万元

项目	2008/12/31 ①	占销售额的百分比(％) ②	2009/12/31 ③＝4 800×②
资产			
现金	200	5	240
应付账款	480	12	576
存货	640	16	768
预付费用	80	2	96
固定资产净值	600	15	720
资产总额	2 000	50	2 400
负债及所有者权益			
应付票据	400	10	480
应付账款	240	6	288
应付费用	160	4	192
长期负债	300	—	300
负债合计	1 100	20	1 260
实收资本	896	—	896
留存收益	4	—	124
所有者权益合计	900		1 020
负债及所有者权益总额(筹资前)	2 000		2 280
额外融资需求			120
负债及所有者权益总额(筹资后)			2 400

在编制预计资产负债表，了解对外筹资规模的具体金额后，接下来便是如何去筹措这笔额外资金。资金的筹措不但平时要和银行保持良好的关系，以求融资渠道的畅通之外，资金成本的考虑亦相当重要；过高的资金成本不但会侵蚀获利，还会丧失产品在市场的竞争力。

三、企业成长与外部融资的关系

前面的销售百分比法是以固定销售额成长率对额外资金需求量作出预测，在这小节将探讨额外资金需求与企业成长的关系，以了解在不同的销售额成长率下，资金需求将会呈现出何种变化。

企业成长可以是无形的或质的成长（投资规模增长），或为有形的或量的成长（销售收入、净利的增加）。在此仅以销售收入的增加为研究样本，以了解究竟随着销售额的成长，额外资金需求在数量上会有什么变化产生。以下仍以宏盛公司的资产负债表及损益表为例，但为了强调额外资金需求的变化，将其相关数据做如下的简化：①将流动负债与长期负债合并而以一负债科目列示；所有者权益也仅列示所有者权益科目；②流动负债不随销售额的变动而产生自发性的变动；③额外资金需求将通过对外借款来满足。

经过以上简化，原宏盛公司资产负债表及预计的财务报表如表 4-8、表 4-9 所示。

根据表 4-6、表 4-7 的数据预计所有者权益、预计负债的测算过程如下：

预计所有者权益＝本年年末所有者权益＋下一年的留存利润预计数

＝本年年末所有者权益＋下一年预计销售总额×销售净利率×利润留用比例

＝900＋4 000×(1＋20％)×5％×50％

＝1 020(万元)

预计负债总额＝预计总资产－预计所有者权益＝2 400－1 020＝1 380(万元)

以上数据表明，当宏盛公司销售收入增长 20％时，该公司必须对外举债 280(1 380－1 100)万元，举债后公司的资产负债率将由原来的 55％(1 100/2 000)增加到 57.5％(1 380/2 400)。

根据上述计算过程测算出宏盛公司在不同的销售增长率下的外部资本需求量及资产负债率。测算结果如表 4-10 所示。

表 4-8　简化后的宏盛公司资产负债表

2008 年 12 月 31 日　　　　万元

		销售百分比			销售百分比
资产：			负债与所有者权益：		
流动资产	1 400	35%	负债	1 100	—
固定资产	600	—	所有者权益	900	—
资产总额	2 000	35%	负债与所有者权益总额	2 000	—

表 4-9　简化后的宏盛公司预计资产负债表

2009 年 12 月 31 日　　　　万元

		销售百分比			销售百分比
资产：			负债与所有者权益：		
流动资产	1 680	50%	负债	1 380	—
固定资产	720	—	所有者权益	1 020	—
			负债与所有者权益总额(筹资前)	2 280	—
			额外资金需求	120	
资产总额	2 400	50%	负债与所有者权益总额(筹资后)	2 400	

表 4-10　宏盛公司在不同销售额成长率下的财务状况

销售额增长率(%)	预测销售额(万元)	预测资产(万元)	预测股东权益(万元)	外部融资需求量(万元)	预测负债(万元)	资产负债率(%)
0	4 000	2 000	1 000	−100	1 000	50
5	4 200	2 100	1 005	−5	1 095	52.1
10	4 400	2 200	1 010	90	1 190	54.1
15	4 600	2 300	1 015	185	1 285	55.9
20	4 800	2 400	1 020	280	1 380	57.5
25	5 000	2 500	1 025	375	1 475	59
30	5 200	2 600	1 030	470	1 570	60.4
35	5 400	2 700	1 035	565	1 665	61.7

由表 4-10 可知，当销售增长率逐步提高时，公司的资产、负债和股东权益的预计值都呈现递增趋势，同时外部融资需求量和公司资产负债率也逐渐上升。但哪个增加的速度较快呢？由表 4-11 可以找出答案。

表 4-11 宏盛公司销售增长率与外部融资需求的数量关系

销售额增长率（%）	预测资产增量（万元）	预测留存收益增量（万元）	外部融资需求量（万元）
0	0	100	−100
5	100	105	−5
10	200	110	90
15	300	115	185
20	400	120	280
25	500	125	375
30	600	130	470
35	700	135	565

由表 4-11 可以看出，随着销售额的增长，预估资产增加的速度将远快于预估保留盈余，这意味着当销售额增长更快时，公司必须要投入更多的资产才能满足企业成长的需要。另外，传递给我们的信息是单靠销售额增长所得到留存收益并不足以支付资产的必要增加量(图 4-2)。尤其在成长率超过 5%以上时，公司就不得不对外融资以满足额外资金需求，如果不能或不打算从外部融资，这将限制销售的增长。此时的销售增长率称为“内含增长率”。

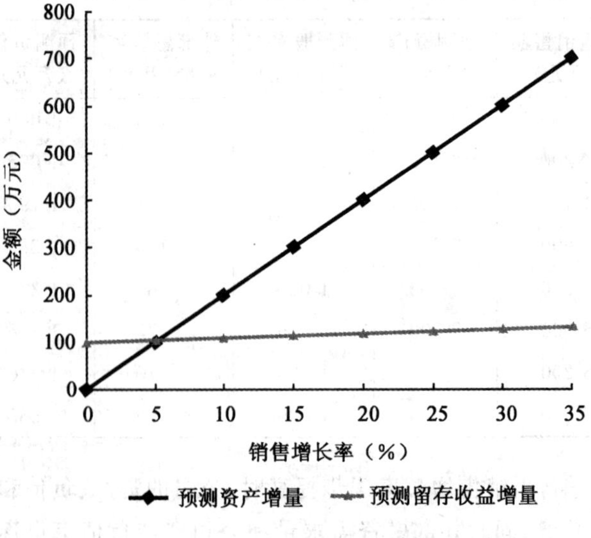

图 4-2 销售增长率与外部融资需求关系

本章小结

财务预测属于经济预测的一个分支，是指以企业过去一段时期的会计、财务、经营等有关资料为依据，结合企业现在和即将面临的各种微观和宏观变化因素，运用科学的方法，对企业财务方面的未来发展趋势及变化结果进行测算和估计。本章对财务预测的作用、原则、分类、程序及方法进行了介绍。

另外，本章还对目标利润预测和资金需要量预测的具体方法进行了介绍。目标利润的预测方法主要有量本利分析法和比例分析法；资金需要量预测常用的方法主要有直线回归法和销售百分比法。

参考文献

1. 冯建. 财务学原理. 北京：高等教育出版社，2000，65-69.

2. 财政部注册会计师考试委员会办公室. 财务成本管理. 北京：经济科学出版社，2010，137-185.

3. 全国会计专业技术资格考试领导小组办公室. 财务管理. 北京：中国财政经济出版社，2010，50-57.

思考题

1. 如何理解财务预测的作用？
2. 财务预测应遵循哪些原则？
3. 财务预测有哪些分类？
4. 财务预测有哪些定性预测法？各有何优缺点？
5. 财务预测一般要经过哪些步骤？
6. 目标利润预测有哪些方法？
7. 如何理解直线回归法既可属于因果预测法，也可属于趋势类推预测法？
8. 销售百分比法的基本步骤是什么？
9. 解释企业成长与外部融资的关系。

练习题

1. 某企业预计下年度销售 A 产品 10 万件，A 产品的目标售价 100 元，目标单位变动成本 70 元，该企业固定成本总额 150 万元，其中 A 产品应负担的固定成本为 100 万元，请预测该企业 A 产品下年度的目标利润。

2. 某企业 2008 年 1～5 月份有关营业收入和营运资金的资料如表 4-12 所示。

表 4-12 某企业 1～5 月份有关营业收入和营运资金资料 万元

月份	营业收入	营运资金
1	60	50
2	55	48
3	50	45
4	65	52
5	70	55

若预计 2008 年 6 月份的营业收入为 75 万元。

要求：用直线回归法预测 2008 年 6 月的营运资金需要量。

3. 某企业 2007 年简化资产负债表如表 4-13 所示。

表 4-13 某企业资产负债表(简化)

2007 年 12 月 31 日 万元

资产		负债及所有者权益	
货币资金	20 000	应收账款	55 000
应收账款	60 000	其他流动负债	25 000
存货	140 000	长期负债	100 000
固定资产净值	280 000	实收资本	300 000
		留存收益	20 000
资产合计	5000 000	负债及所有者权益合计	500 000

该企业 2007 年营业收入 100 万元，销售收入净利率为 5%，股利支付率为 60%，留存收益可全部用于筹资需要，预计 2008 年盈利和股利支付仍维持 2007 年水平。

要求：

(1)预计 2008 年营业收入为 120 万元，预测 2008 年的外部筹资规模。

(2)预计 2008 年营业收入为 150 万元，预测 2008 年的外部筹资规模。

案例分析

华光公司融资需求的预测

一、基本案情

华光公司是一家生产机器设备的国有企业，2008 年完成销售收入 746 万元，实现净利 74.6 万元，向投资者分配利润 22.38 万元。2008 年 12 月 31 日资产负债表如表 4-14。

表 4-14 资产负债表

编制单位：华光公司　　2008 年 12 月 31 日　　万元

项目	年末数	项目	年末数
货币资金	75	短期借款	105
短期投资	18	应付票据	9
应收票据	19	应付账款	209
应收账款	600	预收账款	14
减：坏账准备	3	应付工资	9
应收账款净额	597	应付福利费	28
其他应收款	50	应付利润（股利）	38
预付账款	10	应付利息	
期货保证金		应交税金	9
应收补贴款		其他应交款	8
应收出口退税		其他应付款	19
存货	445	预提费用	14
待摊费用	39	预计负债	
待处理流动资产净损失	12	一年内到期的长期负债	50
一年内到期的长期债权投资	45	其他流动负债	8
流动资产合计	1 310	流动负债合计	520
长期投资	75	长期借款	695
其中：长期股权投资	75	应付债券	500
长期债权投资		长期应付款	110
长期投资合计	75	专项应付款	
		其他长期负债	35
固定资产原价	3 617	长期负债合计	1 340
减：累计折旧	1 424		
固定资产净值	2 193	负债合计	1 860
减：固定资产减值准备			
固定资产净额		实收资本（股本）	200

续表 4-14

项　目	年末数	项　目	年末数
固定资产清理	12	国家资本	
在建工程	35	集体资本	
待处理固定资产净损失	18	法人资本	
固定资产合计	2 258	个人资本	
		外商资本	
无形资产	14	资本公积	26
其中:土地使用权		盈余公积	114
递延资产(长期待摊费用)	20	其中:法定公益金	
其他长期资产	3	未分配利润	1 480
无形及其他资产合计	37	所有者权益合计	1 820
资产总计	3 680	负债和所有者权益总计	3 680

2009 年年初公司拟进行财务预测,于是公司领导组织各生产部门主管、供销部门主管、财务主管等召开了 2009 年生产、销售、资金计划会。会上,大家根据所掌握的情况,并结合本公司实际分别作了发言。

销售部主管认为,企业产品市场需求较好,本年度可适当增加产品生产量,如果企业生产能力允许的话,可比上年增长 20%,销售价格不会有什么变化。

生产部主管讲,车间现在还有剩余生产能力,如果产品能够占领市场,销售有保证,企业现有的生产能力完成比上年增长 20%的生产任务没有问题,即增加产销量不需要进行固定资产方面的投资。

财务部主管分析了上年资金使用情况,认为 2008 年末其他应收款占用较多,今年其他应收款占营业收入的比例应在 2008 年末的基础上下降 2%。其他方面资金使用没什么问题。

会议结束时,经理责成财务部主管根据各部门提出的有关数据资料或建议,预测一下 2009 年需要从外界融通多少资金,以便公司作进一步筹资安排。

会后,财务部立即着手进行资金需要量的预测。根据历史资料考察,公司流动资产、应付款项和预提费用都随销售收入变动并成正比例关系;而长期资产项目、短期借款、应付票据、长期负债以及股东权益项目则与销售无关;今年如较好地压缩费用支出,预计销售净利率比上年将增长 10%,股利支付率与上年相同,留存收益增加,可以满足企业部分融资需求。于是,财务部根据销售百分比法编制出公司 2009 年的融资需求,如表 4-15 所示。

表 4-15　华光公司 2009 年的融资需求

项目	上年期末实际(万元) ①	上年占销售额百分比(%) ②=746×①	本年计划数(万元) ③=895.2×②
资产：			
货币资金	75	10.05	89.97
应收账款	597	80.03	716.43
其他应收款	50	6.70	42.07
存货	445	59.65	533.97
其他流动资产	143	19.17	171.61
长期资产	2 370	—	2 370
资产总计	3 680	—	3 924.05
负债和所有者权益：			
短期借款	105	—	105
应付票据	9	—	9
应付款项	342	45.84	410.36
预提费用	14	1.88	16.82
长期负债	1 390	—	1 390
负债合计	1 860	—	1 931.18
实收资本(股本)	200	—	200
资本公积	26	—	26
留存收益	1 594	N	1 662.92
所有者权益合计	1 820	—	1 888.92
融资需求			103.95
总计	3 680		3 924.05

注：①895.5=746×(1+20%)
②—表示不随销售规模变化而变化的非敏感项目。

二、分析要点

1. 融资需求的预测方法有哪些？
2. 如何预测华光公司 2009 年融资需求？

第五章 财务决策

本章导读

为了发展中国的航空事业,"文革"后期,21个省260多家科研机构经过通力合作,历经艰难险阻,于1978年完成运十飞机的设计。然而,到了20世纪80年代中后期,有关部门将这个项目下马。作出这一决策的依据是:运十飞机研制费用已花去5亿多元(按照欧美国家标准,运十这样的飞机要上天所花费用接近200亿人民币),要使之完善并达到定型生产的程度,还要追加资金。这笔资金又要几十亿元。成本太高,还不如直接买国外的飞机。由于不舍得再投入后期的20亿～30亿元资金,不仅使前期的5亿元资金打了水漂,而且失去了一个关乎中国几千亿甚至几万亿元的干线飞机市场。这是由于决策失误而给我国的航空业造成了的严重损失和浪费。

财务决策是财务管理的核心环节,财务决策失误将可能给企业带来灭顶之灾。如沈阳飞龙、珠海巨人、济南三株等这些当时全国知名的"明星企业"皆因决策(当然也包括财务决策)失误而如今黯然失色。新希望集团的董事长刘永好在谈及中国企业家失败的原因时说:"70％～80％是在于投资失败,而投资失败源于决策失败。"因此,尽可能地避免财务决策失误是财务人员的基本职责。要提高财务决策的科学性,必须了解和掌握财务决策的基本原理。财务决策的内容是以企业资金收支为中心,主要包括筹资决策、投资决策和分配决策。本章阐述筹资决策、投资决策和利润分配决策的基本概念、内容、原则和基本方法。掌握财务决策的基本原理是学好本科财务管理专业各门专业主干课程的基础。

第一节 财务决策概述

财务决策是指财务人员在财务预测的基础上,根据财务目标的要求,运用专门的方法,从各种备选方案中选择最佳方案的过程。当然,在财务活动的预期方案只有一个时,决定是否采用这个方案也属于决策问题。财务决策有以下四个基本特征：①目标性。决策是在特定条件下确定目标的活动，任何决策都是为了达到一个既定的目标，目标是决策的出发点，没有目标就没有决策。②预测性。决策是事情发生之前或人们采取行动之前的一种预先分析和抉择。③方案性。任何决策都要有准备采取达到目标的行动方案，没有实施方案的决策是没有意义的。④选优性。根据理性理财的假设，决策就是在一定条件下寻找并确定优化目标和优化方案，不追求优化的决策毫无意义，因此决策总是在若干个有价值的方案中进行选择。

在市场经济条件下，财务管理的核心是财务决策，财务预测是为财务决策服务的，同时财务决策又是财务预算的前提。在进行财务决策的过程中一定要重视预测的作用。预测是将现实与未来联系起来的探索性思维，预测提供的未来信息越多，预测结果精确度越高，决策者对未来变化不确定性，模糊性的认识越少，决策过程中决策者对决策的时机、代价、效用三者关系的判断就越合理，从而管理决策的科学性就越高。可见，预测在决策过程中是决策的信息输入，它并不凌驾于决策者的判断之上，它能就未来事件提出有价值的事先警告，是决策的基础。

一、财务决策应遵循的原则

为保证财务决策尽可能的科学、正确，财务人员在进行财务决策时应遵循一定的原则。

(1)信息准确全面原则。信息，尤其是会计信息是财务决策的基础，而信息准确、全面、及时是科学决策的必要条件。有人认为现在取得优良决策的秘诀是“百分之九十的情报加百分之十的直觉”，可见信息在决策中的重要作用。尤其是社会复杂多变，信息量和信息速度猛增的今天，要科学地决策，不仅需要掌握大量的信息，而且这些信息必须全面、准确、及时。

(2)求真务实原则。科学的决策是为了指导行动，因此首要条件是实事求是，也就是要从财务决策对象的实际、决策环境的实际和决策活动本身的特点出发。其次，要求财务决策切实可行并通过努力可以实现。决策要从全局出发，注意全面性；要反复论证，注意优选性；要符合国家法律，注意合法性、合理性。

(3)系统分析原则。世界是一个整体系统。因此，无论做什么决策都要把决策对象看成是一个完整的系统，研究它在整个大系统中的地位和作用，弄清系统中的各部分、各层次的主次关系、先后关系，达到系统完整、平衡。任何一项决策都不是孤立的，都会牵涉到其他的因素和方面。在制定财务决策时必须要有系统观念，要考虑到与其他经营决策的整合性。

(4)对比选优原则。这条原则要求财务决策时必须经过系统的分析和综合，提出种种不同的方案、途径和方法，然后进行比较、选择。决策的实质就是在分析比较诸多方案的基础上择优选用。所谓对比选择，是指把若干个方案分别进行评估，然后以一定的标准作为衡量的标志，把它们分别进行比较，择其优者而取之。在对比时，有时很难找到一个统一的标准。有的这方面优于对方，另一方面又劣于对方，反之亦然。这就需要决策者多动脑筋，寻找优势，以实现综合评估，在综合评估的基础上再选择最佳方案。

(5)注重时效原则。财务决策的效力必须有一定的时间期限。一项决策，只有在一定的时间范围内作出，并得到执行，才是有效的，过期就会丧失其效力。无论是制定无效力的决策，还定执行无效力的决策，都会造成人力、物力、财力的浪费。因此，制定和执行决策，都必须掌握时效原则，树立“分秒必争”的时间观念。“机不可失，时不再来”。任何决策都应抓住有利时机，当断即断，当行即行。如果当断不断，当行不行，就会造成“机会损失”，这种损失和决策失误同样严重。因此，决策者要学会利用时间，在最佳时候作出决策，在最佳时候执行决策，在争取时间中取胜。

(6)集体决策原则。这一原则要求，财务决策的形成一方面必须实行民主集中制，另一方面必须发挥参谋咨询机构的作用。现代企业是复杂的系统，整个企业的各个方面纵横交织，相互联系，彼此制约，形成了牵一发而动全身的局面。决策中哪怕有微小的失误，也会引起连锁反应。任何一个决策者个人的知识和经验都是有限的，个人决策成功的可能性大为缩小。

二、财务决策系统的要素

一个财务决策系统由下面五个要素构成：

(1)决策者。决策者是决策的主体。它可以是一个人，也可以是一个集体——决策机构。关系团体利益的决策，应从个人决策转为集体决策，从高度集中的决策转变为多层次的分散决策。

(2)决策对象。决策对象是决策的客体，即决策想要解决的问题。构成决策对象的只能是决策者的行为可以施加影响的系统，决策者的意志不能改变的东西不能成为决策对象。

(3)信息。信息包括企业内部的信息、企业外部环境的状态和发展变化的信息。在决策时，保持信息的真实性和正确性是十分重要的。大部分决策的错误都与信息失真有关。财务决策依据的信息主要是会计信息，当前我国会计信息严重失真的现状对于确保财务决策的准确性是非常不利的。因此，下大力气治理会计信息失真是当前我国社会各界迫在眉睫的任务。

(4)决策的理论和方法。决策的理论方法包括决策的一般模式、预测方法、定量分析和定性分析技术、决策方法论、数学和计算机应用等。有了正确的信息,只是具备科学决策的前提,并不等于就有了科学的结论。决策者还需要科学的理论指导,并运用恰当的方法来分析、推理和判断,才能找出好的方案。

(5)决策结果。决策结果是指通过决策过程形成的,指导执行者行动的方案。企业决策的结果通常采用语言、文字、图表等明显的形式来表达。

决策的五个要素相互联系、相互作用,组成了一个决策系统。

三、财务决策的分类

企业财务决策有多种分类方法,每一种分类方法用来研究和解决不同的问题。

(1)按照财务决策的内容不同,可将其分为筹资决策、投资决策和利润分配决策。

企业要从事经营,首先必须筹集一定数量的资金,这些资金可以通过发行股票、债券、吸收直接投资等多种方式筹集。无论企业财务目标是利润最大化还是股东财富最大化或企业价值最大化,都要求企业以最低的成本、最小的风险及时足额地筹集到所需资金,因此筹资决策的主要内容是关于筹资方式的选择。

企业筹资的最终目的还是要把资金用于生产经营活动以取得盈利。企业可以将资金投资于企业内部用于购置固定资产、无形资产、流动资产等,也可以用于购买其他企业的股票、债券或与其他企业联营等。无论企业投资于何种对象,其共同的目的都是实现企业财务目标,因此投资决策的主要内容是关于投资对象的选择。

如果企业投资(包括对内投资和对外投资)产生了利润,则需要对利润按国家规定的程序进行分配。首先要依法纳税;其次要用来弥补亏损,提取公积金;最后要向投资者分配利润。其中将多少利润留存在企业,将多少利润分配给投资者就是利润分配决策的主要内容。

(2)按决策能否程序化,可将其分为程序化决策和非程序化决策。

企业里有些经济活动是不断重复出现的例行公事,如订货、材料收发等,称为例行活动。这类活动经常重复发生,有一定规律,可以根据经验和习惯建立一定的程序,在问题出现时按既定程序执行,就可以解决问题。这种关于例行活动的决策,称为程序化决策。程序化决策通常可以通过形成企业内部财务制度的形式确立下来。

企业里有些活动具有独特性，不会重复出现，它们具有创新的性质，每个问题都与以前的问题不同，称为非例行活动。例如，新产品的开发、多种经营的决策、工厂的扩建等，每次都与以前不同，不能程序化。只能针对具体问题，按照收集情报、设计方案、抉择和审查的过程来个别解决。这种关于非例行活动的决策，称为非程序化决策。

(3)按决策影响涉及时间的长短，可以将其分为长期决策和短期决策。

影响涉及时间超过一年的决策，称为长期决策。大多数改变生产能力的投资决策、长期资金的筹集等属于长期决策。

影响涉及时间不超过一年的决策，称为短期决策。如何利用生产能力的决策、短期资金的筹集等属于短期决策。

(4)按财务决策的重要性来划分，可将其分为财务战略决策和财务战术决策。

战略决策是对长期性、全局性、方向性的重大问题的决策，通常处理全新的、内部结构无序的重大问题，如资本结构决策、长期投资决策等都属于财务战略决策。

战术决策是对局部性、并为实现战略决策服务的问题的决策，带有实战技术性，所处理的问题信息量较多、风险可以估计、表现为一定的稳定有序结构，如最佳现金持有量决策、经济订货量决策等都属于战术决策。

(5)按决策结果的确定程度来划分，可将其分为确定型财务决策、风险型财务决策和不确定性财务决策。

确定型财务决策是指在未来的财务活动和财务关系状态已完全确定的情况下的决策，这种决策的任务是计算分析各种方案得到的明确结果，从中选择一个最佳方案。确定型决策所处理的未来事件有一个最基本的特性，就是事件的各种自然状态是完全稳定而明确的。由于不同方案的财务活动和财务关系及其结果可以确定地进行计算，因此可以使用价值分析、费用分析、量本利分析和线性规划等技术方法进行决策。

风险型财务决策所处理的未来财务活动和财务关系具有两个最基本特性：一是未来财务活动和财务关系的各种自然状态的发生完全具有随机性质——可能发生也可能不发生，从而需要制定针对各种自然状况可能发生的多种方案；二是未来财务活动和财务关系各种自然状态发生的概率可以从以往的统计资料中获得，即已知其概率的经验分布。风险性财务决策主要是通过对风险报酬的计算和分析来制定和选择最优方案。

不确定性财务决策的特点是，不仅不知道所处理的未来财务活动和财务关系在多种特定条件下的明确结果,甚至可能的结果及各种结果发生的概率都不知道。如某个项目是否应该投资,某种设备和技术是否应当购买等,我们尚未获得必要的统计资料,因而无法确定这些事件未来各种自然状态发生的概率。在这种情况下,由于信息不全,往往给财务决策带来很大的主观随意性,但也有一些公认的决策准则可供选择方案时参考。

四、财务决策的程序

财务决策是一个复杂的管理过程,它有着自身的工作规律性,需要遵循一定的科学程序。在现实中,导致决策失败的原因之一,就是没有严格按照决策的程序进行决策,因此明确和掌握决策的科学程序,是管理者提高决策成功率的一个重要方面。一般而言,财务决策的基本程序是:

(1)确定决策目标。研究目标是决策的前提,是决策过程的第一个基本步骤。由于各种不同的决策目标所需的决策分析资料不同,所采取的决策依据也不相同。因此,只有明确决策目标,才能有针对性的做好各个阶段的决策分析工作。目标必须具体明确,不能停留在一般化的模糊感觉上,应当进行调查研究,具体分析。对于复杂的多目标决策,还要从其可能性、可靠性、重要性等方面出发,按照主次、先后进行排队,有取有舍,形成一个有机整体。

(2)收集信息资料。决策的科学性首先建立在各种信息资料的完备、准确和可靠的基础上。为此在决策分析时首先必须根据已经确定的决策对象和决策目标建立所需的各种信息资料明细表。在收集信息资料时不仅要考虑信息的必需数量,特别要注意各种信息的准确性、可靠性。

(3)进行预测。由于收集的信息都是过去和现在的数据,缺乏未来的远景;又由于决策所需要的条件和环境往往存在不少随机因素,因此要根据已收集的信息对未来进行预测。

(4)拟订各种可行方案。根据确定的目标,拟订多种可行方案,这是科学决策的关键。只有提出的方案都是可行的,才能从中选出最佳方案来。方案是否可行,要进行分析和研究。方案评定需要有一个统一的原则和标准,这就是从整体出发,要求技术上合理、财务上可行。

为保证决策的质量,在拟订决策方案时要注意方案的整体详尽性,即所拟订的方案应当把所有通向目标的各种可能方案概括进来。如果做不到这一点,那么最后选择的方案就有可能不是最优的方案,而是次优方案。

(5)评选各种可行方案。评价各种已拟订好的备选方案,是科学决策程序的又一个重要步骤,也是一个关键性步骤。在这个步骤中,应抓好以下几个环节的工作:①确定评价方案的价值标准。要对各种方案的可行性和优劣性进行评价,首先必须有一个统一的评价标准。价值标准的确定,应以能否最大限度实现决策目标为根据。这是因为决策就是要从若干备选方案中选出最好的方案,以期优化地达到既定目标。②组织有关人员评选方案。③优选方案的进一步优化。经过比较、评价和选择得出的最好方案,往往也难免有一些不足之处,而被淘汰的方案也总有可取之处,这就需要对优选方案作进一步修订,取被淘汰方案之长,补入选方案之短,使之更加完善,形成一个新的综合性方案。

(6)决策方案的实施与追踪。决策付诸实施之后,可能会出现许多未曾预料的问题。因此,需要随时掌握决策执行中的情况,采取各种应急措施,对可能发生的问题,不断作出符合实际的修正决策或跟踪决策。

五、财务决策的方法

财务决策的方法有很多,现介绍其中几种常用的方法。

(一)优选对比法

优选对比法是把各种不同方案排列在一起,按其经济效益的好坏进行优选对比,进而作出决策的方法,它是财务决策的基本方法。优选对比法按其对比方式的不同,又可分为总量对比法、差量对比法、指标对比法等。

(1)总量对比法。总量对比法是将不同方案的总收入、总成本或总利润进行对比,以确定最佳方案的一种方法。如企业现有 100 万元资金可投资于甲、乙两方案,预计投资甲方案后将获得 500 万元的收入,而投资乙方案将获得 450 万元收入。显然,不考虑其他因素的情况下,该企业应该投资于甲方案,因为其总收入高于乙方案。

(2)差量对比法。差量对比法是将不同方案的预期收入之间的差额与预期成本之间的差额进行比较,求出差量利润,进而作出决策的方法。如上例,假设投资甲方案将发生总成本 300 万元,而投资乙方案将发生总成本 200 万元,则甲方案比乙方案的收入多 50 万元,但成本较乙方案多支出 100 万元,则其差量利润为 −50 万元,因此不应该投资甲方案,而应投资乙方案。

(3)指标对比法。指标对比法是把反映不同方案经济效益的指标进行对比,以确定最优方案的方法。例如，在进行长期投资决策时，可把不同投资方案的净现值、内含报酬率等指标进行对比，从而选择最优方案。

(二)数学微分法

数学微分法是根据边际分析原理，运用数学上的微分方法，对具有曲线联系的极值问题进行求解，进而确定最优方案的一种决策方法。在用数学微分法进行决策时，凡以成本为判别标准时，一般是求极小值；凡以收入或利润为判别标准时，一般求极大值。在财务决策中，最优资本结构决策、最佳现金持有量决策和存货的经济订货量决策都要用到数学微分法。

(三)线性规划法

线性规划法是根据运筹学原理，用来对具有线性联系的极值问题进行求解，进而确定最优方案的一种方法。在有若干个约束条件(如资金供应、人工工时数量、产品销售数量)的情况下，这种方法能帮助管理人员对如何合理组织人力、物力、财力等作出最优决策。例如，在企业可用于投资的资金有限的情况下，如何进行组合投资以获得最大的收益，这种决策就要用到线性规划法进行求解。

(四)概率决策法

概率决策法是根据各方案可能出现的结果及其出现的概率，运用概率法来计算各方案的期望值和标准差或标准差系数，通过对计算结果进行分析，进而作出决策的一种方法。这是进行风险性财务决策的一种主要方法，具体又可分为决策表分析法和决策树分析法。

1. 决策表分析法

决策表分析法是运用统计分析，通过有关表格计算出各种方案的损益期望值，最后进行比较，按照最优期望值标准来选择最佳决策方案的方法。其具体运用，又分为最大期望收益值标准和最小期望损失值标准。

(1)最大期望收益值标准。它是选择决策分析表中期望收益值最大者为最佳决策方案。

【例 5-1】某企业要确定下一计划期内产品的生产批量，根据以往经验并通过市场调查和预测，已知产品销售好、一般、差三种情况的可能性(即概率)分别为 0.3、0.5 和 0.2，产品采用大、中、小批量生产，可能获得的收益值也可以相应地计算出来，详见表 5-1。

表 5-1 产品销售情况预测表 元

项目	产品销路		
销售情况	好	一般	差
概率	0.3	0.5	0.2
大批量生产	2 000	1 200	800
中批量生产	1 600	1 600	1 000
小批量生产	1 200	1 200	1 200

根据表 5-1 的有关数据，可计算得到大、中、小批量生产的收益期望值分别是 1 360 元、1 480 元和 1 200 元，显然根据最大期望收益值标准，中批量生产的收益期望值最大，所以应该采取中批量生产的方案。

(2)最小期望损失值标准。它与最大期望收益值标准相反，是选择决策分析表中期望损失值最小的方案为最佳决策方案。

【例 5-2】仍按例 5-1 的有关资料，损失值既包括超过可能销售量的经营损失，也包括由于生产不足而发生的机会损失，所以我们可以用表 5-1 中每列的最大收益值减去该列中其他各种收益值得到损失值。计算结果如表 5-2 所示，各个方案的期望损失值分别是 280 元、160 元和 440 元，显然，期望损失值最小的是中批量生产，所以最佳方案应该是中批量生产，这一结论与最大期望收益值标准的结论也完全相同。

表 5-2 最小期望损失值计算表 元

项目	产品销路			损失值的期望值
销售情况	好	一般	差	
概率	0.3	0.5	0.2	
大批量生产	0	400	400	280
中批量生产	400	0	200	160
小批量生产	800	400	0	440

2. *决策树分析法*

决策树分析法，因运用树状图形来分析和选择决策方案而得名。决策树分析法的基本步骤是：

(1)画出决策树图形。决策树图形是对某个决策问题的分析和计量过程在图纸上的反映。决策树图形的内容包括：①决策点。它是以方框表示的。决策点是对几种可能方案选择的结果。②方案枝。它是由决策点起自左而右画出的若干条直线，每条直线代表一种备选方案。③方案节点。它是画在方案枝末端的一个圆圈，代表备选方案的经济效果，通过对各方案节点经济效果的比较，就可以选出最佳决策方案。④概率枝。它是由方案节点向右画出的若干条直线，代表各备选方案不同自然状态的概率。它的作用是根据不同自然状态的收益值和概率，计算出各备选方案在不同自然状态下的期望值。⑤结果节点（或称"末梢"）。通常用三角形表示，它的数字就是每一方案在相应状态下的收益值。

（2）预计各自然状态可能发生的概率。对各种可能出现的自然状态的可能性（即概率）大小进行估计，概率确定后，便可以连同自然状态一起标在决策树图形的概率枝的一侧。

（3）计算期望值。期望值是各种自然状态下的收益值分别乘以概率之和，并分别标在方案节点的上侧。

（4）选择最佳方案。对各方案节点的备选方案进行比较，选择收益最大（或费用、损失最小）的方案为最佳方案，并在位于最优方案之外的方案枝上打一"++"号，表示应删去的方案。

上述运用决策树图形进行决策分析的过程，就叫做决策树分析法。

【例 5-3】仍按例 5-1 的有关资料。

第一步：画出决策树（图 5-1）。

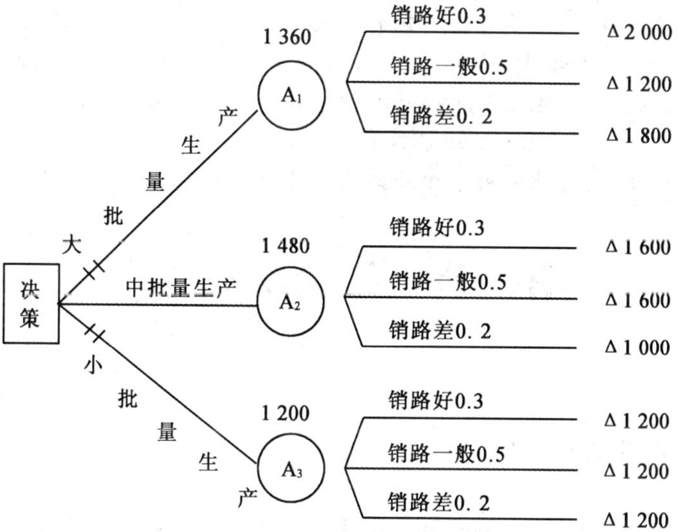

图 5-1　决策树分析示意图

第二步：计算各点的收益期望值。

点 A_1：2 000×0.3+1 200×0.5+800×0.2=1 360

点 A_2：1 600×0.3+1 600×0.5+1 000×0.2=1 480

点 A_3：1 200×0.3+1 200×0.5+1 200×0.2=1 200

第三步：确定方案，通过比较可知，中批量生产方案的期望收益最大，所以应该采取中批量生产。

(五)损益决策法

这是在不确定情况下进行决策的一种方法。在不确定的情况下决策是十分困难的，财务管理中常采用最大最小收益值法或最小最大后悔值法来进行决策，统称为损益决策法。最大最小收益值法又称小中取大法，是把各个方案的最小收益值都计算出来，然后取其最大者。最小最大后悔值法又称大中取小法，是把各方案的最大损失值都计算出来，然后取其最小者。

知识链接：不确定型决策方法的运用情况调查①

据南京大学会计系课题组调查结果，对于“贵公司在进行不确定型决策时采用的方法是：①大中取大法(乐观法)，②小中取大法(悲观法)，③大中取小法(后悔值法)，④折中法(乐观系数法)，⑤其他”这一问题，只有 38 家企业作了回答，另 39 家企业未作回答，可能的原因是这些企业要么根本不理解不确定型决策问题，要么根本未开展此项决策，或者是作过类似的决策，但效果非常糟糕。已作答的企业中，最主要的选择是一种折中的方法——乐观系数法(比例为 39.5%)，而大中取大法和小中取大法也各有 21.1%和 28.9%的企业采取。中西部地区采取最多的方法是小中取大法——悲观法(比例为 44.4%)，老工业基地采用最多的方法是大中取大法——乐观法，这可能是由于中西部地区的企业更为传统和保守。

第二节 筹资决策原理

一、企业筹资的动机

资金是企业从事生产经营、资本运作的基本条件。企业筹资是指企业作为筹

①南京大学会计系课题组. 中国企业会计实况调查. 大连：东北财经大学出版社，2002，230-231.

资主体根据其生产经营、对外投资和调整资本结构等需要，通过金融市场，运用筹资方式，经济有效地筹措和集中资本的活动。

企业筹资的基本目的是为了自身的生存与发展。企业在持续的生存与发展中，其具体的筹资活动通常受特定的筹资动机所驱使。企业筹资的具体动机是多种多样的。例如，为购置设备，引进技术，开发新产品而筹资；为了对外投资，并购其他企业而筹资；为现金周转而筹资；为偿付债务和调整资本结构而筹资；等等。在企业筹资的实际中，这些具体的筹资动机有时是单一的，有时是结合的，归纳起来有四种基本类型，即创业性筹资动机、维持经营筹资动机、扩张性筹资动机和调整性筹资动机。

(1)创业性筹资动机。创业性筹资动机是指企业在设立时为满足法定资本金条件而产生的筹资动机。任何一个国家均要求企业设立时必须有法定的资本金，并不得低于规定的限额。企业资本金除法律另有规定者外，在企业存续期间，不得以任何方式抽走。这就是说，新建企业只有筹集到足够的注册资本，才能申请工商登记注册，企业才能成立。筹建过程中，种类繁多的开办费，也需要资金解决。

(2)维持经营筹资动机。维持经营筹资动机是指企业在日常的生产经营活动中为维持简单再生产而产生的筹资动机。在企业持续的生产经营活动中，设备购置与更新、材料采购、成本费用的开支，会不断产生资金的需求，需要筹措和集中资金。

(3)扩张性筹资动机。扩张性筹资动机是指企业因扩大生产经营规模或增加对外投资而产生的追加筹资的动机。处于成长时期、具有良好发展前景的企业通常会产生这种筹资动机。例如，企业产品供不应求，需要增加市场供应；开发生产适销对路的新产品；追加有利的对外投资规模；开拓有发展前途的对外投资领域等，往往都需要追加筹资。扩张性筹资动机所产生的直接结果，是企业资产总额和资本总额的增加。

(4)调整性筹资动机。调整性筹资动机是指企业因调整现有资本结构的需要而产生的筹资动机。资本结构是指企业各种筹资方式的组合及其比例关系。一个企业在不同时期由于筹资方式的不同组合会形成不尽相同的资本结构。随着相关情况的变化，现有的资本结构可能不再合理，需要相应地予以调整，使之趋近于合理甚至是最佳。

企业产生调整性筹资动机的原因有很多。例如，一个企业有些债务到期必须偿付，企业虽然具有足够的偿债能力偿付这些债务，但如果偿债会破坏现有的最佳资本结构，则企业可能仍然举债，以保持现有的最佳资本结构不被破坏。再如，一个企业负债在资本结构中所占比例过低，要想改变这种不合理的资本结构，企业可能会发行债券筹资，然后再以筹措到的资金来回购股票，这样就能使负债所占比重快速地达到理想比例。

二、企业筹资的基本原则

筹资是企业的基本财务活动，是企业扩大生产经营规模和调整资本结构必须采取的行动。为了经济有效地筹集资本，企业筹资必须遵循下列基本原则：

(1)规模适度原则。由于企业的资金需求量往往是不断波动的，所以，企业在筹资过程中，无论通过何种渠道、采用何种方式筹资，都应分析企业的生产经营状况，采用一定的方法预先确定资金的需要量，使筹资量与需要量相互平衡，防止筹资不足而影响生产经营活动的正常开展，同时也要避免筹资过剩而降低筹资效益。

(2)成本效益原则。无论通过哪个渠道、采用何种方式筹集的资金，都是有代价的。筹集到的资金都是要用来投资的，而投资的目的都是要获得收益的。因此企业的筹资成本应与投资收益相互权衡。投资收益与筹资成本相比较，决定着是否要追加筹资。因此，企业在筹资活动中，一方面需要认真分析投资机会，讲究投资收益，避免不顾投资收益的盲目筹资；另一方面，由于不同筹资方式的筹资成本的高低又不尽相同，也需要综合研究各种筹资方式，寻求最优的筹资组合，以便降低筹资成本，经济有效地筹集资本。

(3)结构合理原则。企业筹集的资金主要有股权资本和负债资金两大类，而这两大类资金各有优缺点，因此企业在筹资时应合理搭配这两大类资本的比重，以达到最佳资本结构。合理确定企业的资本结构，主要有两方面的内容：一方面是合理确定股权资本与负债资金的结构，也就是合理确定企业负债资金的规模或比例问题，负债资金的规模应当与股权资本的规模和企业偿债能力的要求相适应。在这方面，既要避免负债资金过多，导致财务风险过高，偿债负担过重，又要有效地利用负债经营，提高股权资本的收益水平。另一方面是合理确定长期资本与短期资本的结构，也就是合理确定企业全部资本的期限结构问题，使之与企业资产的期限结构相匹配。

(4)时机得当原则。企业在筹资过程中，必须根据投资机会来把握筹资时机，根据投资计划或时间安排确定合理的筹资计划与筹资时机，以避免因取得资金过早而造成资金的闲置，或者取得资金的相对滞后而影响投资时机。

(5)依法筹资原则。企业的筹资活动，影响着社会资本及资源的流向和流量，涉及相关主体的经济权益。为此，必须遵守国家有关法律法规，依法履行约定的责任，维护有关各方的合法权益，避免非法筹资行为给企业本身及相关主体造成损失。

三、企业筹资渠道与筹资方式

企业筹资需要通过一定的筹资渠道，运用的一定的筹资方式来进行。不同的筹资渠道和筹资方式各有特点和适用性，为此需要加以分析研究。

(一)企业筹资渠道

筹资渠道是指企业筹集资金来源的方向与通道，体现着资金的来源和流量。筹资渠道主要是由社会资金的提供者及数量分布所决定的。目前，我国社会资金的提供者众多，数量分布广泛，为企业筹资提供了广泛的资金来源。认识企业筹资渠道的种类及其特点和适应性，有利于企业充分开拓和利用筹资渠道，实现各种筹资渠道的合理组合，有效地筹集资金。

我国企业目前的筹资渠道主要包括以下七种：

(1)国家财政资金。国家对企业的直接投资是国有企业最主要的资金来源渠道，特别是国有独资企业，其权益资本全部由国家投资形成。现有的国有企业，包括国有独资公司，其资金来源的大部分，是在过去由政府通过中央和地方财政部门以拨款方式投资而形成的，除此以外，还有些是国家对企业“税前还贷”或减免各种税款而形成的。不管是何种形式形成的，从产权关系上看，它们都属于国家投入的资金，产权归国家所有。国家财政资金具有广阔的来源和稳固的基础，并在国有企业资本金预算中安排，今后仍然是国有企业权益资本筹资的重要渠道。国有企业应充分利用国家财政资金这一重要的筹资渠道，保证国有资产的保值增值。

(2)银行信贷资金。银行信贷资金是我国目前各类企业筹资的重要来源。银行一般分为商业性银行和政策性银行。商业性银行可以为各类企业提供各种商业性贷款；政策性银行主要为特定企业提供一定的政策性贷款。银行拥有居民储蓄、单位存款等经常性的资金来源，贷款方式灵活多样，可以适应各类企业负债资金筹集的需要。

(3)非银行金融机构资金。非银行金融机构也可以为一些企业提供一定的资金。非银行金融机构是指除了银行以外的各种金融机构及金融中介机构。在我国，非银行金融机构主要有租赁公司、保险公司、证券公司、信托投资公司和企业集团所属的财务公司等。它们有的集聚社会资金，融资融物；有的承销证券，提供信托服务，为一些企业直接筹集资金或为一些公司发行证券筹资提供承销信托服务。这种筹资渠道的财力虽然比银行要小，但形式更加灵活多样。

(4)其他法人资金。其他法人的资金有时亦可为筹资企业提供一定的筹资来源。在我国,法人可分为企业法人、事业法人和团体法人等。它们在经营过程中,往往形成部分暂时闲置的资金,并为一定的目的而进行相互投资;另外,企业间的购销业务可以通过赊销赊购的形式来完成,从而形成企业间的债权债务关系,形成债务人对债权人的短期信用资金占用。法人之间的相互投资和企业法人间的商业信用的存在,使其他法人资金成为企业资金的重要来源。

(5)居民个人资金。居民个人可以为企业直接提供筹资来源。企业职工和居民个人的结余货币,作为“游离”于银行及非银行金融机构等之外的个人资金,可用于对企业进行投资,形成民间资金来源渠道,为企业筹资提供资金来源。

(6)企业内部资金。企业内部资金主要是指企业通过提留盈余公积和保留未分配利润而形成的资金。这是企业内部形成的筹资渠道,这些资金的重要特征之一是,它们无须企业通过一定的方式去筹集,而直接由企业内部自动生成或转移,比较便捷,有盈利的企业通常都可以加以利用。

(7)国外和我国港澳台资金。在改革开放的条件下,国外以及我国香港、澳门和台湾地区的投资者持有的资金,亦可加以吸收,从而形成所谓外商投资企业的筹资渠道。

各种筹资渠道的资金供应量存在着较大的差别。有些渠道的资金供应量多,如银行信贷资金和非银行金融机构资金,而有些相对较少,如企业内部资金等。这种资金供应量的多少,在一定程度上取决于财务管理环境的变化,特别是宏观经济体制、银行体制和金融市场发达程度等因素。

(二)企业筹资方式

企业要从资金来源渠道取得资金,必须通过一定筹资方式才能取得。筹资方式是指企业筹集资金所采取的具体形式和工具,体现着资金的属性和期限。筹资方式取决于企业资金的组织形式和金融工具的开发利用程度。目前,我国企业资金的组织形式多种多样,金融工具得到比较广泛的开发和利用,为企业筹资提供了良好的条件。认识企业筹资方式的种类及其特点和适用性,有利于企业准确地开发和利用各种筹资方式,实现各种筹资方式的合理组合,有效地筹集资金。

一般而言,企业筹资方式有以下六种:

(1)吸收直接投资。吸收直接投资是企业以协议形式筹集政府、法人、自然人等投入的资本,形成企业资本金的一种筹资方式。吸收直接投资可以是吸收现金投资,也可以吸收非现金(存货、固定资产、无形资产等)投资。吸收直接投资的筹资方式不以股票为媒介,适用于非股份制企业,是非股份制企业取得股权资本的基本方式。

(2)发行股票筹资。发行股票筹资是股份公司按照公司章程依法发售股票直接筹资，形成公司股本的一种筹资方式。股票是股份公司为筹措自有资本而发行的有价证券，是持股人拥有公司股份的凭证，代表持股人在公司中拥有的所有权。持股人有权参与被投资企业的经营管理，有权参与企业的股利分配。通过发行股票筹集的资金，企业可以永久性占用，属于企业自有资金。发行股票筹资要以股票为媒介，仅适用于股份公司，是股份公司取得权益资本的基本方式。

(3)银行借款筹资。银行借款筹资是各类企业按照借款合同从银行金融机构借入各种款项的筹资方式。银行借款按期限分为短期借款和长期借款。企业取得银行借款后，需按期支付利息和到期偿还本金。这种筹资方式广泛适用于各类企业，是企业取得长期和短期负债资金的主要筹资方式。

(4)发行债券筹资。发行债券筹资是企业按照债券发行协议通过发售债券直接筹资，形成企业债务资金的一种筹资方式。债券是债务人为筹措借入资金而发行的，约定在一定期限内向债权人还本付息的有价证券。在我国，凡符合《公司法》规定条件的公司可以采用发行债券筹资方式，依法发行公司债券，获得大额的长期债权资金。

(5)商业信用筹资。商业信用筹资是指企业通过赊购商品、预收货款等商品交易行为筹集短期债权资金的一种筹资方式。商业信用是企业间的直接信用行为，必须以商品交易为基础。这种筹资方式比较灵活，筹资成本比较低，为各类企业所采用。

(6)租赁筹资。租赁筹资是企业按照租赁合同租入资产从而筹集资金的特殊筹资方式。租赁期间，承租人有权使用租赁资产，但需按约定支付租金。租赁按其性质分为经营租赁和融资租赁，其中融资租赁是企业筹集长期资金的一种有效方式。各类企业都可以采用租赁筹资方式，租入所需资产。

以上各种筹资方式将在《中级财务管理》中分章展开详细阐述。

四、企业筹资的类型与结构

企业通过各种筹资渠道和采用各种筹资方式所筹集的资金，由于具体的属性、期限、范围和机制的不同而形成不同的类型，这些不同类型的资金构成了企业不同的筹资结构。企业全部资金或筹资，按不同角度通常可分为股权资本和负债资金、长期资金和短期资金、直接筹资和间接筹资等类型。

(一)股权资本与负债资金

按筹集资金的性质可以将企业全部资金划分为股权资本与负债资金。这是由企业资金的所有权所决定。正确认识这两类资金的内容和特征,对于合理选择筹资渠道和筹资方式有着重要作用。

1.股权资本

股权资本亦称权益资本、自有资本,是企业依法取得并长期拥有、自主支配的资本。我国企业股权资本由实收资本(或股本)、资本公积、盈余公积和未分配利润组成。

股权资本具有以下特征:

(1)股权资本的所有权归属于企业的所有者。企业所有者依法凭其所有权参与企业的经营管理和利润分配,并对企业的债务承担有限责任。

(2)企业对股权资本依法享有经营权。在企业存续期间,企业有权调配使用股权资本,企业所有者除了依法转让其所有权外,不得以任何方式抽回其投入的资本,因而股权资本被视为企业的"永久性资本"。

(3)企业无需还本付息,财务风险较小。

企业可以通过除银行信贷资金以外的任何渠道采用吸收直接投资、发行股票等筹资方式取得股权资本。

2.负债资金

负债资金又称借入资金或债务资金,是企业依法取得并依约运用、按期偿还的资金,它表明债权人对企业拥有的债权,是企业的债务。负债资金可以分为短期负债资金和长期负债资金。短期负债资金主要有各种短期借款、应付账款、应交税金等,长期负债资金主要有各种长期借款、应付债券等。与股权资本相比,负债资金具有以下特征:

(1)负债资金体现了企业与债权人的债务与债权关系。它是企业的债务,是债权人的债权,正常情况下不会影响公司控制权。

(2)企业的债权人有权按期索取本金和利息,但无权参与企业的经营管理和利润分配,对企业的其他债务不承担责任。

(3)企业对持有的负债资金在约定的期限内享有经营权,并承担按期付息还本的义务。负债资金是企业财务风险的根源。

企业的负债资金一般是通过银行信贷资金、非银行金融机构资金、其他法人资金、居民个人资金、国外和我国港澳台资金等筹资渠道,采用银行借款、发行债券、商业信用和租赁筹资等方式取得或形成的。

企业筹资总额中股权资本与负债资金具有一定的比例关系，合理安排股权资本与负债资金的比例关系是企业财务管理中一个十分重要而又十分复杂的问题。这个问题的基本原理将在本章的第四节介绍，更高深的理论将在《中级财务管理》中阐述。

此外，应该看到，在特定的条件下，有些负债资金可转换为股权资本，如可转换债券，但是股权资本一般不能转换为负债资金。

（二）长期资金和短期资金

一个企业的全部资金，按期限的不同可以分为长期资金和短期资金两种类型。这是由企业的发展需要所确定的。

1. 长期资金

长期资金是指供企业长期（一般为一年以上）使用的资金，通常包括各种股权资本和长期借款、应付债券等负债资金。长期资金主要用于新产品、新项目的开发和推广，设备的更新与改造，扩大生产经营规模，以合并、控股等形式向外扩张等。长期资金的基本特征是：①筹集的资金使用期限较长，使用灵活；②成本较高，是由于期限较长带来的风险引起的；③对企业当前的经营影响不大。长期资金一般通过发行股票、发行债券、向银行申请长期借款、融资租赁等方式筹集。

2. 短期资金

短期资金是指供企业在短期（一般为一年以内）使用的资金，通常包括短期借款、应付账款和应付票据等项目。短期资金主要用于日常现金开支、商品采购、发放工资、偿还短期债务等。与长期资金相比具有筹措的资金使用期限短、成本低和偿债压力大等特点。短期资金一般通过短期借款、商业信用等方式筹集。

一个企业的长期资金和短期资金的比例关系构成企业全部资金的期限结构。资金的期限结构对企业的风险与收益会产生一定的影响，企业应当根据资金的需用期限进行合理搭配。此外，还应该认识到，长期资金与短期资金有时亦可相互通融。例如，在长期资金富余的情况下，可临时用于弥补短期资金的短缺；在短期资金充足的情况下，亦可暂时用来补充长期资金的不足。

（三）直接筹资和间接筹资

企业筹资按是否通过金融机构的信贷可分为直接筹资和间接筹资两种类型（图 5-2）。

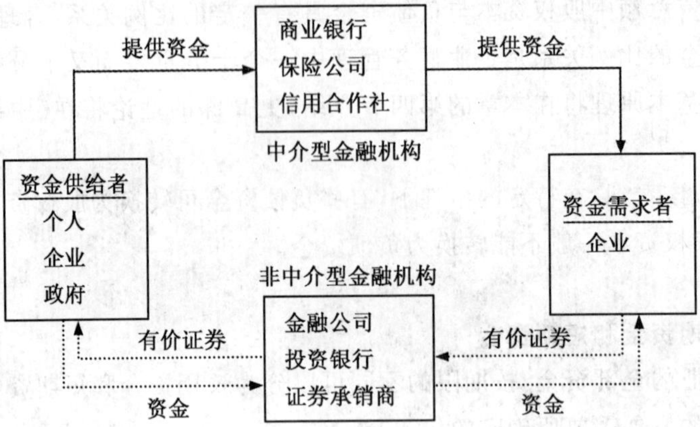

图 5-2 直接筹资与间接筹资的关系

1. 直接筹资

直接筹资是指企业不通过银行等金融机构中介，直接与资金供应者协商借款或直接在金融市场上发行股票、债券等方式筹集资金。在图 5-2 中，虚线部分所表示的为直接筹资的过程，在直接筹资过程中，筹资者和投资者通过双方都接受的合法手段，资金的需求者（筹资方）通过向资金的提供者（投资方）交付有价证券的形式，直接获取资金，直接实现资金从所有者转移到资金使用者手中，该有价证券为双方交换资金的法律凭据。直接筹资具有以下的特点：①受金融市场及企业法规的限制较大；②通常须依附于一定的载体，如股票、债券等；③筹资范围广，可利用的筹资方式较多，随着金融创新的不断增多，企业的选择更大，是企业筹资较有发展前途的方式。

2. 间接筹资

间接筹资是企业借助于银行等金融机构进行的筹资。在间接筹资活动过程中，资金的提供者将资金贷给银行等中介型的金融机构，这些金融机构将从个人、企业、政府等处所获得的资金，以金融机构的名义提供给资金的需求方。因此，在间接筹资中，银行等金融机构发挥着重要的中介作用。间接筹资的主要形式为银行借款、非银行金融机构借款、租赁筹资等。间接筹资是我国企业目前最重要的手段。它具有筹资效率高的优点，但是范围较窄、方式单一，不能完全满足企业筹资的需要。

3. 直接筹资与间接筹资的区别

直接筹资与间接筹资相比，两者有明显的区别，主要表现为以下几个方面：

(1)筹资机制不同。直接筹资有赖于资本市场机制,以各种证券如股票和债券为媒介;而间接筹资则既可运用市场机制,也可运用计划或行政手段。

(2)筹资范围不同。直接筹资具有广阔的领域,可利用的筹资渠道和筹资方式比较多;而间接筹资的范围相对较窄,筹资渠道和筹资方式比较少。

(3)筹资效率和筹资费用高低不同。直接筹资因程序较为繁杂,准备时间较长,故筹资效率较低,筹资费用较高;而间接筹资过程简单,手续简便,故筹资效率高,筹资费用低。

(4)筹资效应不同。直接筹资可使企业最大限度地筹集社会资本,并有利于提高企业的知名度和资信度,改善企业的资本结构;而间接筹资有时主要是为了适应企业资金周转的需要。

第三节　资本成本

资本成本作为财务管理中一个最重要的概念之一,直接影响着企业的筹资和投资决策。从筹资的角度而言,企业要实现价值最大化,必须使其所有投入成本最小化,这里的投入包括企业的资金投入,即尽量降低企业所筹集资本的成本,使其资本成本达到最小。从投资角度而言,企业从事任何一项投资项目,其投资收益率都必须高于其资本成本,企业的投资决策必须建立在资本成本的基础上,正确估计项目的资本成本是企业制定投资决策的重要依据。本节将详细阐述资本成本的计算。

由于资本结构有广义与狭义之分,对应的资本成本也有广义和狭义之分。从广义的角度讲,企业筹集和使用任何资金,不论是短期的还是长期的,都要付出代价。因此,广义的资本成本是指筹集和使用全部资金的成本,包括所有长期资金与短期资金的成本;而狭义的资本成本仅指筹集和使用长期资金(包括股权资本和长期负债资金)的成本。本书所称资本成本是指狭义的资本成本。

一、资本成本的概念、种类与作用

(一)资本成本的概念与属性

1. 资本成本的概念

任何交易都至少有两方,对于资本来讲也是一样的,有筹资者和投资者,要正确理解资本成本的概念,我们必须分别从两个不同角度来理解。

(1)从投资者的角度而言,资本成本是一种典型的面向未来的机会成本,它是投资者进行投资所要求的必要报酬率或最低报酬率。所谓的机会成本,是指投资者在投资时,面临至少两个或两个以上投资方案,在这些投资方案中,只能选择其中一个。投资者在进行投资决策时,选择其中一个是以放弃其他投资机会或投资方案为代价的,他所放弃的其他投资机会的收益就是投资于该公司的成本。投资者所放弃的其他投资机会中收益最高的,就是其选择投资该公司所要求的最低报酬率,也就是投资者所要求获得的一个必要报酬率。

(2)从筹资者的角度而言,资本成本是企业为筹集和使用资金所支付的代价,即企业为了获取资本使用权所支付的代价。从理论上讲,筹资者所支付的资本成本与投资者所获得的报酬率应该是相等的,因为资本成本与投资者所要求的必要报酬率或最低报酬率其实是一个问题的两个方面。但现实生活中,筹资者的所筹资金的资本成本与投资者所要求获得的报酬率并不完全相等,这主要是因为:一是所得税的影响,二是交易费用的存在。如果没有税收,没有交易费用,两者应该是相等的。因此,企业在计算所筹资金的资本成本时,所得税与交易费用是影响资本成本的两个重要因素。

(3)不同资本来源的资本成本不同。企业的资本来源渠道有多种,有股东投入的资本,形成了企业有普通股股本和优先股股本,有债权人投入的资本,形成了企业的债务,这些不同的资本来源于不同的投资者,每一种投资者所要求获得的必要报酬率是不尽相同的。

对于债权人而言,由于其让渡资金的使用权有确定的期限,因此其所要求获得的报酬率确定性比较强,比较容易观察到,企业无论是贷款还是发行债券,都要事先规定利率,这些规定的利率可以代表债权人的投资要求,也就是企业的债务资本。

而对于股东而言,由于其资金使用权的让渡是永久性的,因此其所要求的报酬率不容易确定,这主要体现在股东所要求的报酬率来源于股利和股价上升两大部分,而无论是股利的发放还是股价的变动水平都取决于公司经营状况与财务状况的质量,而这具有很大的不确定性。而公司为了从股东手中获取权益资本,必须使股东相信,股东所投资本的投资报酬率至少应该大于或等于其所放弃的其他投资机会(同等风险水平)的报酬率。因此,对于权益投资者所要求的报酬率,应该是一种事前的期望报酬率,而不是已经获得的实际报酬率。实际报酬率有可能高于或低于期望报酬率,期望报酬率能否实现取决于公司将来的运营状况和财务水平,公司对于期望报酬率是否能够实现并不作任何保证,因此权益投资者的投资具有较大的投资风险。权益投资者可以根据公司的现有状况以及将来的运营前景等相关的信息，对公司将来的经营状况与收益水平进行评估，估计其将来可能获得的报酬，再决定是否进行投资。

2. 资本成本的内容

资本成本包括筹资费用和用资费用两部分。筹资费用是指企业在筹集资本活动中为获得资本的所有权或使用权而支付的费用，如发行股票、债券支付的印刷费、发行手续费、律师费、资信评估费、公证费、担保费、路演推介费等。用资费用是指企业在生产经营和对外投资活动中因使用资本而向资本的所有者所支付的费用。例如，向债权人支付的利息，向股东分配的股利等。用资费用是资本成本的主要内容。

3. 资本成本的属性

资本成本作为企业的一种成本，具有一般商品成本的基本属性，又有不同于一般商品成本的某些特性。在企业正常的生产经营活动中，一般商品的生产成本是其生产所耗费的直接材料、直接人工和制造费用之和，对于这种商品的成本，企业需从其收入中予以补偿。资本成本也是企业的一种耗费，也需由企业的收益补偿，但它是为获得和使用资本而付出的代价，通常并不直接表现为生产成本。产品成本一般用绝对金额表示，而资本成本一般用相对数表示。此外，产品成本需要计算实际数，而资本成本则只要求计算预测数或估计数。

资本成本与货币的时间价值既有联系，又有区别。货币的时间价值是资本成本的基础，而资本成本既包括货币时间价值，又包括投资的风险价值。因此，在有风险的条件下，资本成本也是投资者要求的必要报酬率。

(二)公司资本成本与项目资本成本

公司资本成本是指投资者对于企业全部资产所要求的最低报酬率，它是投资者针对整个公司所要求的投资报酬率，而项目资本成本则是投资者投资于特定的资本性支出项目所要求的最低报酬率。由于不同投资项目的风险不同，投资者所要求的最低报酬率也不同，其高低取决于资金运用于什么样的项目，而不取决于资金的来源渠道。

如果公司新的投资项目风险与公司现有资产平均风险相同，则项目的资本成本与公司资本成本相同，如果公司新的投资项目风险高于公司现有资产的平均风险，则项目的资本成本高于公司资本成本，反之亦然。也就是说，每个投资项目都有其对应的资本成本，它是项目风险的函数。有关项目资本成本我们将在《中级财务管理》进行讨论，本节主要讨论的是公司的资本成本。

(三)资本成本的种类

(1)个别资本成本。个别资本成本是指企业各种长期资本的成本。例如,股权资本成本、债券资本成本、长期借款资本成本。也是每一类资本的提供者(投资者)所要求得到的投资回报率。企业在比较各种筹资方式时,需要使用个别资本成本。

(2)加权平均资本成本。加权平均资本成本是指企业全部长期资本的成本,即公司各类资本成本与该类资本在企业全部资本中所占比重的乘积之和。企业在与其他企业的资本成本进行比较或长期资本结构决策时,可以采用加权平均资本成本。

(3)边际资本成本。边际资本成本是指企业追加长期资本的成本,即企业每增加一个单位量的资本而形成的追加资本的成本。当公司筹资规模扩大和筹资条件发生变化时,公司应计算边际资本成本以便进行追加筹资决策。

(四)资本成本的作用

资本成本是企业筹资、投资决策的主要依据。只有当投资项目的投资报酬率高于资本成本时,资金的筹集和使用才有利于提高企业价值。资本成本在许多方面都可加以应用,主要用于筹资决策、投资决策和效绩评价。

1.资本成本在企业筹资决策中的作用

资本成本是企业选择资金来源、拟订筹资方案的依据。不同的资金来源,具有不同的成本。为了以较少的支出取得企业所需资金,就必须分析各种资本成本的高低,并加以合理配置。资本成本对企业筹资决策的影响主要有以下几个方面:

(1)资本成本是影响企业筹资总额的重要因素。随着筹资数额的增加,资本成本不断变化。当企业筹资数额很大,资本的边际成本超过企业承受能力时,企业便不能再增加筹资数额。因此,资本成本是限制企业筹资数额的一个重要因素。

(2)资本成本是企业选择资金来源和筹资方式的基本依据。企业的资金可以从多种渠道筹集,就负债资金来说,可以向商业银行借款,也可以发行债券,还可以租赁筹资。企业究竟选用哪种来源和哪种方式,首先要考虑的因素就是资本成本的高低。在资本成本中,个别资本成本主要用于比较各种筹资方式资本成本的高低,是确定筹资方式的重要依据。加权平均资本成本是公司进行资本结构决策的基本依据。边际资本成本是公司追加筹资决策的依据。

(3)资本成本是确定最佳资本结构的主要参数。不同的资本结构,会给企业带来不同的风险和成本,从而引起企业价值的变动,在确定最佳资本结构时,考虑的因素主要有资本成本和财务风险。

2. 资本成本在投资决策中的作用

资本成本在企业分析投资项目的可行性、选择投资方案时也有重要作用。一般而言，一个投资项目，只有当其投资收益率高于其资本成本，在经济上才是合理的；否则，该项目将无利可图，甚至会发生亏损。因此，国际上通常将资本成本视为一个投资项目必须赚得的“最低报酬率”或“必要报酬率”，视为是否采纳一个投资项目的“取舍率”，作为比较选择投资方案的一个经济标准。

在企业投资评价分析中，可以将资本成本作为折现率，用于测算各个投资方案的净现值和现值指数，以比较选择投资方案，进行投资决策。

3. 资本成本在效绩评价中的作用

企业的整个经营效绩可以用企业全部投资的利润率来衡量，并可与企业全部资本的成本相比较，如果利润率高于成本，可以认为企业经营有利；反之，如果利润率低于成本，则可认为企业经营不利，业绩不佳，需要改善经营管理，提高企业全部资本的利润率和降低成本。

4. 资本成本在企业价值评估中的作用

随着公司控制权市场的发展，企业之间经常出现并购与重组事件，在进行并购时，最重要的一点是如何对目标公司进行正确的估价，即对目标企业价值进行评估。在进行企业价值评估时，经常采用的是贴现现金流量法，而资本成本是运用贴现的现金流量方法进行价值评估(财务估价)的关键因素(变量)。

二、资本成本的计算

(一)个别资本成本的计算

企业资金来源从性质上看可分为负债资金和股权资本两大类，它们的资本成本在计算上也存在一定区别。因此，个别资本成本的计算也可分为债务资本成本和股权资本成本两类。

1. 债务资本成本

债务资本成本包括长期借款资本成本和债券资本成本两种。根据企业所得税法的规定，企业债务的利息允许从税前利润中扣除，从而可以抵免企业所得税。因此，企业实际负担的债务资本成本应该是扣除利息抵税后的，即

$$K_d = R_d(1-T)$$

式中：K_d 为债务资本成本，亦可称税后债务资本成本；R_d 为企业债务利息率，亦可称税前债务资本成本；T 为企业所得税率。

对于债务资本成本的计算有两种方法，一种是不考虑时间价值的较为简单的简化公式计算法，另一种是考虑时间价值的到期收益率法。

(1)简化公式计算法。企业在筹集债务资本时，因使用债务资本所支付的代价主要包含利息与筹集的手续费用两大部分内容，即用资费用与筹资费用，企业债务资本成本主要受这两大因素影响。此外，还要受到公司的融资规模、筹资期限、市场利率、企业的信用等级、抵押担保、筹资工作效率、通货膨胀率、政策因素、资本结构以及资本市场条件等其他因素的影响。对于一次还本、分期付息债务资金，其资本成本的简化计算公式如下：

$$K_b=\frac{用资费用}{实际用资额}=\frac{I_b(1-T)}{B(1-f_b)}$$

式中：K_b 为债务资本成本；I_b 为债务资金的年利息额；B 为实际筹集的债务资金数额；f_b 为债务资金的筹资费用率。

由于债务资金的利息是在所得税前列支，债务资金的利息可以抵税，因此公式中分子其实际的用资费用应该是考虑利息抵税后的。也正是因为负债的利息可以抵税，所以公司的债务资本成本小于债权人要求的收益率，这是由于政府承担了部分债务成本。

对于债券资本成本在计算时，需要注意以下两点：①由于债券发行价格有等价、溢价和折价等情况，与债券面值可能存在差异，在计算分母实际用资额时，需要按照预计的发行价格确定其将来实际能够筹集到的筹资总额。②债券筹资时筹资费用一般较高，债券的筹资费用即发行费用，主要包括申请费、注册费、印刷费和上市费以及路演推介费等，在计算企业实际用资额时需要将筹资费用从其实际筹资额中扣除。

【例 5-4】某公司等价发行总面额为 500 万元的 10 年期债券，票面利率为 12%，发行费用率为 5%，公司所得税率为 25%。该债券的资本成本为：

$$K_b=\frac{500\times 12\%\times(1-25\%)}{500\times(1-5\%)}=9.47\%$$

或

$$K_b=\frac{12\%\times(1-25\%)}{1-5\%}=9.47\%$$

【例 5-5】假定例 5-4 中的债券按面值的 110%溢价发行，其他均相同。则该债券的资本成本为：

$$K_b=\frac{500\times 12\%\times(1-25\%)}{500\times 110\%\times(1-5\%)}=8.61\%$$

【例 5-6】假定例 5-4 中的债券按面值的 90%折价发行，其他均相同。则该债券的资本成本为：

$$K_b=\frac{500\times 12\%\times(1-25\%)}{500\times 90\%\times(1-5\%)}=10.53\%$$

【例 5-7】某企业欲从银行取得一笔长期借款 500 万元，手续费率为 0.1%，年利率 5%，期限 3 年，每年结息一次，到期一次还本。企业所得税税率 25%。该项长期借款的资本成本为：

$$K_l=\frac{500\times 5\%\times(1-25\%)}{500\times(1-0.1\%)}=3.75\%$$

如果该项长期借款的手续费忽略不计，则其资本成本的计算为：

$$K_l=5\%\times(1-25\%)=3.75\%$$

(2)到期收益率法。上述计算债务资金资本成本的方法比较简单，但缺点在于没有考虑货币的时间价值，因而这种方法的计算结果不是十分精确。如果对资本成本计算结果的精确度要求较高，可以利用前面第三章第三节证券估价中债券的估价模型，先计算债权人的到期收益率，然后在此基础上进行调整。在不考虑交易费用与所得税的情况下，债权人的所获得的收益就是债务人的成本。所谓到期收益率，即使现金流入与流出相等的那个贴现率，对于投资者债权人而言，其现金流出就是其投资额，其现金流入就是投资期内每期所获得的利息，以及债务到期时所收回的本金。使下式成立的 K 即为投资者的到期收益率。

$$P_0=\sum_{t=1}^{n}\frac{I_t}{(1+K)^t}+\frac{B_0}{(1+K)^n}$$

式中：P_0 为债权人所借贷给企业的资金额，I_t 为每期的利息，B_0 为债务的到期数额。

对于筹资者债务人而言，使其现金流入与流出相等的贴现率就是其筹资成本。由于存在所得税与筹资费用，因此我们要对上述估价模型进行调整，以计算出其所筹资金的资本成本。由于存在筹资费用，筹资者所获得的现金流入应该是扣除筹资费用后的筹资净额，其现金流出包含两方面，一是筹资期内每期支付的利息 I_t，二是到期时偿还的本金数额 B_0。由于筹资者的利息费用可以在税前列支，具有抵税效应，筹资者每期所产生的实际现金流出应该是扣除所得税后的利息支出额，即 $I_t(1-T)$，使下式相等的 K 即为筹资者的债务资本成本。

$$P_0(1-f)=\sum_{t=1}^{n}\frac{I_t(1-T)}{(1+K)^t}+\frac{B_0}{(1+K)^n}$$

式中：f 为筹资费率，$P_0(1-f)$为企业的实际用资数额，I_t 为企业每年的利息支付额，B_0 为到期还本的数额，T 为所得税税率。

对于一次还本、分期付息的方式发行的债券，使下式成立的 K 即为债券的资本成本：

$$B(1-f_b)=I_b(1-T)(P/A,K,n)+B_0(P/F,K,n)$$

式中：$B(1-f_b)$为企业通过发行债券所筹集到的实际可支配使用的资金数额，I_t 为企业每年的利息支付额，B_0 为到期还本的数额，T 为所得税税率。

【例 5-8】某公司等价发行总面额为 100 万元的 3 年期债券，票面利率为 11%，发行费用率为 2%，公司所得税率为 25%。该债券的资本成本为：

$$100(1-2\%)=100\times11\%\times(1-25\%)(P/A,K,3)+100(P/F,K,3)$$

运用“逐步测试法”与“内插法”，计算出 $K=9.04\%$

【例 5-9】续前例，假设债券溢价发行，总价为 105 万元，则该债券的资本成本计算如下：

$$105(1-2\%)=100\times11\%\times(1-25\%)(P/A,K,3)+100(P/F,K,3)$$

$$K=7.14\%$$

【例 5-10】续例 5-8，假设债券折价发行，总价为 95 万元，则该债券的资本成本计算如下：

$$95(1-2\%)=100\times11\%\times(1-25\%)(P/A,K,3)+100(P/F,K,3)$$

$$K=11.08\%$$

对于长期借款而言，其资本成本的计算方法与债券资本成本的计算方法基本相同。

从理论上看，债务资本成本的计算并不困难，但由于债务的形式多样，有浮动利率债务、利随本清债务、还有利息和本金偿还时间不固定的债务等，这些都会加大债务资本成本的计算复杂程度。

在估计债务资本成本时，要注意区分以下几个问题：

一要注意区分债务的历史成本与未来成本。由于现有的历史成本属于与过去相关的沉没成本，对于未来的决策没有影响，而作为企业投资决策和企业价值评估依据的资本成本，只能是未来借入新债务的成本核。

二要注意区分债务人的承诺收益与债权人的期望收益。通常情况下，债权人的期望收益就是债务人的筹资成本，但在债务人违约情形下，债务人的实际债务成本就要低于债权人的期望收益。实务中，通常把债务人的承诺收益率当作其债务成本，这主要是因为一是计算容易；二是在多数情况下，债务人违约情况很少发生，此时债务人的承诺收益与债权人的期望收益差别不大。一旦债务人筹资时处于财务困境或财务状况不佳情形，为了筹集资金，可能会出现债务人的承诺收益率高于债权人的期望收益率，但此时债务人的违约风险也较高。

三要注意区分企业的长期债务与短期债务。按照债务期限的长短划分，债务可以划分为长期债务与短期债务。由于短期债务作为企业营运资金的一部分，其数额和筹资成本经常发生变动，导致企业在进行筹资决策时无法进行估算，加上企业在理财活动中所使用资金大多是长期资金，因此企业在做融资决策时，通常只考虑长期债务，而忽略各种短期债务。但在企业无法取得长期债务资金来源时，只能通过举借短期债务获取资金，并且通过不断借新债还旧债的方式将短期债务演变成一种长期债务，此时，这种短期债务实质上已经成为企业的长期债务。企业在计算债务的资本成本时，不能忽视这种特殊的短期债务的资本成本。

2.股权资本成本

股权资本成本包括普通股资本成本、优先股资本成本和留存收益资本成本，它是最难以测量的成本。根据所得税法的规定，企业需以税后利润向股东分派股利，故没有抵税利益，所以其成本计算有别于债务资本成本。

(1)普通股资本成本。按照筹资者的资本成本实质上就是投资者的必要报酬率的思路，普通股的资本成本就是普通股投资者的必要报酬率。其计算方法一般有三种：股利折现模型法、资本资产定价模型法和风险溢价法。

①股利折现模型法。股利折现模型的基本形式是：

$$P_0 = \sum_{t=1}^{\infty} \frac{D_t}{(1+K_c)^t}$$

式中：P_0 为普通股融资净额，即发行价格扣除发行费用；D_t 为普通股第 t 年的股利；K_c 为普通股投资必要报酬率，即普通股资本成本。

由于企业是否分配股利通常是不确定的，因此要运用上列模型计算普通股资本成本必须对各年股利分配额作出相应的假定。

如果企业各年股利分配额固定不变，即每年分派现金股利 D 元，由于普通股没有到期期限，所以普通股股价为一永续年金的现值，即

$$P_0 = \frac{D}{K_c}$$

则普通股的资本成本可按下式计算：

$$K_c=\frac{D}{P_0}$$

【例 5-11】某公司拟发行一批普通股，发行价格为 10 元，发行费用率 20%，预计每年分派现金股利每股 1.1 元。其资本成本计算为：

$$K_c=\frac{1.1}{10\times(1-20\%)}=13.75\%$$

如果企业各年股利按照固定比例增长，即第 0 年股利为 D_0，第一年股利为 D_1，股利年增长率为 g，即 $D_1=D_0(1+g)$，则

$$P_0=\frac{D_0(1+g)}{(1+K_c)}+\frac{D_0(1+g)^2}{(1+K_c)^2}+\frac{D_0(1+g)^3}{(1+K_c)^3}+\cdots$$

上式可简化为：

$$P_0=\frac{D_0(1+g)}{K_c-g}=\frac{D_1}{K_c-g}$$

则普通股资本成本可按下式计算：

$$K_c=\frac{D_1}{P_0}+g$$

【例 5-12】某公司最近一年向股东分配了每股 0.50 元的现金股利，预计公司股利将以每年 6%的增长率持续增长，当前公司普通股每股市价为 10 元，则该公司普通股资本成本计算为：

$$K_c=\frac{D_0(1+g)}{P_0}+g=\frac{0.5\times(1+6\%)}{10}+6\%=11.3\%$$

②资本资产定价模型法。普通股资本成本也可以不通过估计企业的未来股利进行计算，而直接通过估计公司普通股的预期报酬率来计算，即利用资本资产定价模型(CAPM)(有关 CAPM 的详细内容将在《中级财务管理》阐述)来估计。资本资产定价模型的含义可以简单地描述为，普通股投资的必要报酬率等于无风险报酬率加上风险报酬率，用公式表示如下：

$$K_c=R_f+\beta(R_m-R_f)$$

式中：R_f 为无风险报酬率，通常以短期国库券的利息率为无风险报酬率；β 为某种股票的系数，是用来衡量股票的风险程度大小的指标(新兰德公司定期公布我国沪

深两市各种股票的 β 系数，以供投资者决策使用)；R_m 为市场报酬率。

在已知无风险报酬率、市场报酬率和某种股票的 β 值后，就可计算出该股票的必要报酬率，即其资本成本。

【例 5-13】某期间市场无风险报酬率为 10%，市场报酬率为 14%，某公司普通股 β 值为 1.2。则该普通股资本成本为：

$$K_c = 10\% + 1.2 \times (14\% - 10\%) = 14.8\%$$

③风险溢价法。股利折现模型法和资本资产定价模型法在理论上具有较可靠的依据，但在实际应用中显得比较复杂，面临一些困难。尤其是对于一些长年不发放股利的企业，或者是未上市的企业，要利用前面两种方法来计算投资者的必要报酬率很难。因此，为了操作的方便，可以考虑采用在理论上比较“粗糙”但在应用上比较简单明了、便于操作的风险溢价法。这种方法的基本思路是：从投资者的角度看，股票投资的风险高于债券，根据风险与收益相匹配的原理，股票投资的必要报酬率可以在债券利率的基础上再加上股票投资高于债券投资的风险报酬率。即普通股资本成本的计算公式为：

$$K_c = K_d + RP$$

式中：K_d 为税后的债务资本成本；RP 为股东对预期承担的比债券持有人更大风险而要求追加的报酬率。

这里，由于 K_d 比较容易估算，因此计算普通股资本成本的关键是估计风险溢价 RP。但 RP 并无直接的计算方法，只能从经验中获得信息。资本市场经验表明，公司普通股的风险溢价对公司自己的债券来讲，绝大部分在 3%～5% 之间。

【例 5-14】某公司已发行的债券的投资报酬率为 11%，采用风险溢价法，我们发现该公司的股权资本成本大致将是：

$$K_c = 11\% + 3\% = 14\%$$

这一方法的优点是不必使用 β 值和进行股利折现所包括的运算，但是不能随时间改变风险溢价，计算结果比较粗糙。

(2)优先股资本成本。优先股的股利通常是固定的，企业发行优先股需支付发行费用，根据优先股的估价模型，我们可以反推出优先股的资本成本。计算公式是：

$$P = \frac{D}{K_p} \Rightarrow K_p = \frac{D}{P}$$

考虑优先股发行时的筹资费用，优先股资本成本的计算公式为：

$$K_p = \frac{D}{P_0}$$

式中：K_p 为优先股资本成本，D 为优先股每股年股利额，P_0 为扣除发行费用后的优先股的融资净额。

【例 5-15】某公司准备发行一批优先股，每股发行价格为 6 元，发行费用为 0.2 元，预计年股利为 0.5 元。其资本成本的计算如下：

$$K_p = \frac{0.5}{6-0.2} = 8.62\%$$

(3)留存收益资本成本。企业的留存收益是由企业税后利润形成的，属于股权资本。从表面上看，企业留存收益并不需要付出什么代价，只是把钱“从左边口袋转移到右边口袋”而已。实际上，股东愿意将其留用于企业而不作为股利取出投资于别处，总是要求获得与普通股等价的报酬。因此，留存收益也有资本成本，只不过是一种机会资本成本。留存收益资本成本的计算与普通股基本相同，只是无须考虑筹资费用。

(二)个别资本成本的定性比较

(1)债务资本和权益资本。由于债务的利息是在税前列支的，因此债务资本的利息具有抵税作用，而权益资本的股利(股息、分红)是在税后进行分配的，不具有抵税作用，所以一般权益资本的资本成本要比债务的资本成本高。

(2)债券资本和股票资本。从投资者角度看，投资人投资债券可以获得固定的利息收益，要比投资股票的风险小，所以要求的报酬率比较低，因此，筹资人弥补债券投资人风险的成本也相应地小，从筹资者的角度而言，债券的资本成本要比股票的资本成本低。

(3)长期借款和长期债券。长期借款和长期债券都属于债务资本，其利息都是在税前支付的，通常借款的利息率要低于债券的利息率，而且筹资费用，即借款的手续费也比债券的筹资费用(发行费)低，所以借款的资本成本一般要小于债券的资本成本。

(4)普通股、优先股与留存收益。这三者都属于权益资本，从投资者的角度来看，由于优先股股利固定不变，其投资风险小，所以优先股股东要求的回报低，相应的筹资者的筹资成本低；而留存收益没有筹资费用，所以留存收益的筹资成本要比普通股的资本成本低。因此，在权益资本内部，就资本成本而言，优先股的成本小于留存收益成本，留存收益成本小于普通股成本。

通过以上的定性比较分析，按照个别资本成本从低到高的排序，顺序应该是长期借款＜债券＜优先股＜留存收益＜普通股。但是这种排列并不表明企业在筹资时一定会按照这种排列顺序来安排筹资方式，实际上，当债务融资达到一定数量时，企业需要比最初支付更多的资本使用费，从而使债务资本成本大幅上升，直至超过权益资本成本，而这涉及资本结构所要探讨的问题。

（三）加权平均资本成本的计算

加权平均资本成本，又称为综合资本成本，是指一个企业全部长期资本的成本，通常以各种长期资本占全部资本的比例为权重，对个别资本成本进行加权平均计算而得。其计算公式如下：

$$K_{\mathrm{w}} = \sum_{j=1}^{n} K_j W_j$$

式中：K_{w} 为加权平均资本成本，K_j 为第 j 种资本成本，W_j 为第 j 种资本占全部长期资本的比重。

从公式可知，加权平均资本成本是由个别资本成本和各种长期资本比例这两个因素所决定的。各种长期资本比例是指一个企业各种长期资本分别占企业全部长期资本的比例，亦称狭义的资本结构。当资本结构不变时，个别资本成本越高，则加权平均资本成本越高；反之，个别资本成本越低，则加权平均资本成本越低。因此，在资本结构一定的条件下，加权平均资本成本的高低是由个别资本成本所决定的。当个别资本成本不变时，资本结构中成本较高的资本的比例上升，则加权平均资本成本提高；反之，成本较低的资本比例上升，则加权平均资本成本降低。因此，在个别资本成本一定的条件下，加权平均资本成本的高低是由各种筹资方式筹集的资本占全部资本的比重（权数）即资本结构所决定的。

确定权数的具体方法有三种：账面价值法、市场价值法、目标价值法。

账面价值法是依据公司的账面价值来确定权数，其数据来自于账簿和资产负债表，账面价值由于反映的是企业历史成本，一般用来分析过去的筹资成本。按照账面价值确定的资本权数比例，其数据资料容易取得。但当资本的账面价值与市场价值差别较大时，如股票、债券的市场价格发生较大变动，计算的资本成本与实际会有较大的差距，从而贻误财务决策。

市场价值法是指债券和股票等以现行资本市场价格为基础确定资本权数比例，其计算数据来自于证券市场中债券和股票的交易价格，这样计算的加权平均资本成本能反映企业目前的实际情况，有利于财务决策。当然，市场价值权数也有不足之处，即证券的市场价格处于经常的变动之中而不易选定。为弥补这个不足，在实务中可以采用一定时期证券的平均价格。

目标价值法是指债券、股票以未来预计的目标市场价值确定资本权数比例，其数据是由有关财务人员根据公司未来筹资的要求和公司债券、股票在证券市场上的变动趋势预测得出的。这种权数能体现期望的资本结构，而不是像账面价值权数或市场价值权数那样只反映过去或现在的资本结构，所以按目标价值权数计算的加权平均资本成本更适用于企业筹措新资金。然而，企业很难客观合理地确定证券的目标价值，又使这种计算方法不易推广。

在上述三种方法中，账面价值法最为简单，但是不以市价计算的资本成本意义不大；市场价值法计算的资本成本可以用以决策和评价，但计算复杂，而且影响各类资本市场价值的因素多而且复杂；目标价值法计算的资本成本可用以指导企业未来的财务决策。

【例 5-16】某企业账面反映的长期资本共 500 万元，其中长期借款 100 万元，应付长期债券 50 万元，普通股 250 万元，留存收益 100 万元；其资本成本分别为 6.7%、9.17%、11.26%和 11%。则该企业的加权平均资本成本计算如下：

$$K_w=6.7\%\times\frac{100}{500}+9.17\%\times\frac{50}{500}+11.26\%\times\frac{250}{500}+11\%\times\frac{100}{500}=10.09\%$$

上例中计算的个别资本占全部资本的比重，是按账面价值确定的，其资料容易取得。

(四)边际资本成本的计算

企业无法以某一固定的资本成本来筹措无限的资金，当其筹集的资金超过一定限度时，投资者的投资风险会加大，会要求提高其投资报酬率，相应的企业的资本成本会随之增加。此时，即使企业保持原有的资本结构，也仍有可能导致加权平均资本成本的上升。在企业追加筹资时，需要知道筹资额在什么数额上便会引起加权平均资本成本怎样的变化。这就要用到边际资本成本的概念。

边际资本成本是指资金每增加一个单位而增加的成本。边际资本成本也是按加权平均法计算的，是追加筹资时所使用的加权平均资本成本。它取决于两个因素：追加资本的结构和追加资本的个别成本水平。因此在计算边际资本成本时，可以按照以下步骤：

第一步，应确定追加筹资后的目标资本结构，即确定各资本所占的权数。为了反映企业的实际情况，此时其权数应该采用基于市场价值权数的目标价值法，而不应使用账面价值法。

第二步，确定各种筹资方式的个别资本成本的临界点，这主要是因为随着公司筹资规模的扩大，单个资本成本也会随之发生变化。

第三步，根据个别资本临界点确定筹资总额的分界点即突破点，并确定相应的筹资范围。因为一定的资本成本只能筹集到一定限度的资金，超过这一限度多筹集资金就要花费更高的成本，引起原有资本成本的变化，于是就把在保持某一资本成本的条件下可以筹集到的资金总限额称为现有资本结构下的筹资总额突破点。在筹资总额突破点范围内筹资，原来的资本成本不会改变；一旦筹资额超过筹资总额突破点，即使维持现有的资本结构，其资本成本也会增加。筹资总额突破点的计算公式为：

$$筹资总额突破点=\frac{可用某特定成本筹集到的某种资金额}{该种资金在资本结构中所占比重}$$

第四步，计算不同筹资范围的边际资本成本，根据上述计算过程确定的不同筹资总额的范围，与其对应的单个资本成本，分别计算加权平均资本成本，即可得到不同筹资总额范围的边际资本成本。

下面举例说明边际资本成本的计算和应用。

【例 5-17】某企业拥有长期资金 400 万元，其中长期借款 60 万元，资本成本 3%；长期债券 100 万元，资本成本 10%；普通股 240 万元，资本成本 13%。加权平均资本成本为 10.75%。由于扩大经营规模的需要，拟筹集新资金。经分析，认为筹集新资金后仍应保持目前的资本结构，即长期借款占 15%，长期债券占 25%，普通股占 60%，并测算出了随筹资的增加各种资本成本的变化，见表 5-3。

表 5-3 追加筹资测算资料

资金种类	目标资本结构	新筹资额	资本成本
长期借款	15%	45 000 元以内	3%
		45 000～90 000 元	5%
		90 000 元以上	7%
长期债券	25%	200 000 元以内	10%
		200 000～400 000 元	11%
		400 000 元以上	12%
普通股	60%	300 000 元以内	13%
		300 000～600 000 元	14%
		600 000 元以上	15%

(1)确定目标资本结构。由于此例中,公司追加筹资金后仍保持目前的资本结构,即长期借款占15%,长期债券占25%,普通股占60%。

(2)确定各种筹资方式的个别资本成本的临界点。这在表5-3中有列示,对应不同的筹资规模,单个筹资方式的资本成本是不同的。

(3)计算筹资总额突破点。根据筹资总额突破点的计算公式,我们可以计算出长期借款的筹资总额突破点,分别为30 000元、60 000元。

在花费3%的资本成本时,取得的长期借款筹资限额为45 000元(此限额又可称为个别资本新筹资额临界点),由于长期借款占全部资本的15%,所以其筹资总额突破点便为:$\frac{45\ 000}{15\%}=300\ 000$元,反过来说,只要筹资总额不超过300 000元,长期借款新筹资额不会超过45 000元,则其资本成本就能保持在3%的水平上。

而在花费5%的资本成本时,取得的长期借款筹资限额为90 000元,其筹资总额突破点则为:$\frac{90\ 000}{15\%}=600\ 000$元。

显然,一个临界点即可计算获得一个筹资总额突破点。按此方法,资料中各种情况下的筹资总额突破点的计算结果见表5-4。

表5-4 筹资总额突破点测算表

资金种类	资本结构	资本成本	新筹资额	筹资总额突破点
长期借款	15%	3%	45 000元以内	300 000元
		5%	45 000~90 000元	600 000元
		7%	90 000元以上	
长期债券	25%	10%	200 000元以内	800 000元
		11%	200 000~400 000元	1 600 000元
		12%	400 000元以上	
普通股	60%	13%	300 000元以内	500 000元
		14%	300 000~600 000元	1 000 000元
		15%	600 000元以上	

表5-4显示了特定种类资本成本变动的突破点。例如,长期借款在45 000元以内时,其资本成本为3%,而在该企业的资本结构中,长期借款的比例为15%。这表明当长期借款资本成本由3%上升到为5%之前,企业可总共筹资300 000元;当筹资总额多于300 000元时,长期借款资本成本就要上升到5%。

(4)计算不同筹资范围的边际资本成本。根据上面计算得出的筹资总额突破点,可以得到7组筹资总额范围:①30万元以内;②30万~50万元;③50万~

60万元;④60万～80万元;⑤80万～100万元;⑥100万～160万元;⑦160万元以上。对以上7组筹资总额范围分别计算加权平均资本成本,即可得到各种筹资总额范围的边际资本成本,计算结果见表5-5。

表5-5 各筹资范围的加权平均资本成本计算

筹资总额范围	资金种类	资本结构	资本成本	加权平均资本成本
300 000元以内	长期借款 长期债券 普通股	15% 25% 60%	3% 10% 13%	3%×15%=0.45% 10%×25%=2.5% 13%×60%=7.8% 10.75%
300 000～500 000元	长期借款 长期债券 普通股	15% 25% 60%	5% 10% 13%	5%×15%=0.75% 10%×25%=2.5% 13%×60%=7.8% 11.05%
500 000～600 000元	长期借款 长期债券 普通股	15% 25% 60%	5% 10% 14%	5%×15%=0.75% 10%×25%=2.5% 14%×60%=8.4% 11.65%
600 000～800 000元	长期借款 长期债券 普通股	15% 25% 60%	7% 10% 14%	7%×15%=1.05% 10%×25%=2.5% 14%×60%=8.4% 11.95%
800 000～1 000 000元	长期借款 长期债券 普通股	15% 25% 60%	7% 11% 14%	7%×15%=1.05% 11%×25%=2.75% 14%×60%=8.4% 12.2%
1 000 000～1 600 000元	长期借款 长期债券 普通股	15% 25% 60%	7% 11% 15%	7%×15%=1.05% 11%×25%=2.75% 15%×60%=9% 12.8%
1 600 000元以上	长期借款 长期债券 普通股	15% 25% 60%	7% 12% 15%	7%×15%=1.05% 12%×25%=3% 15%×60%=9% 13.05%

表 5-5 右侧计算得出的各加权平均资本成本，就是随着筹资额增加而增加的边际资本成本。

以上计算结果用图形表达，可以更形象地看出各筹资总额加权平均资本成本的变化(图 5-3)，企业可依此作为追加筹资的规划。

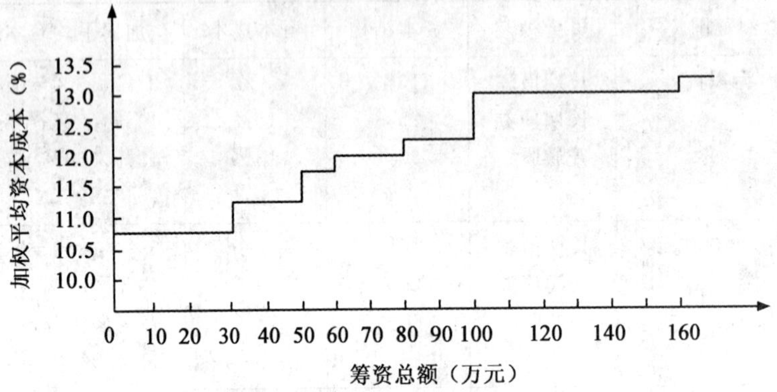

图 5-3　边际资本成本变化

从图 5-3 中我们可以看出，在不同的筹资范围内，边际资本成本是不同的，并且边际资本成本有随着筹资总额的增长而增加的特点。因此，公司应根据自身的需要，考虑边际资本成本，做出追加筹资的决策。

第四节　资本结构

从某种意义上讲，企业筹资决策的核心是资本结构决策。合理的资本结构可以使企业充分发挥财务杠杆作用，获取更大的每股收益；而不合理的资本结构将使企业背负沉重的债务负担，面临巨大的财务风险。

一、资本结构的概念

在企业生产经营活动过程中，需要通过多种筹资渠道，采取多种筹资方式，从各方筹集资金，企业在一定时期内通过不同筹资方式筹集资金的结果就形成了企业一定时期的资本结构。因此，资本结构是指企业所筹的全部资本中，各种不同资本的价值构成及其相应的比例关系。

资本结构有广义和狭义之分，广义的资本结构是指企业全部资本的构成及其相应的比例关系。企业所筹集的全部资本按照其筹资方式不同，可以分为债务资本和权益资本；按照所筹资金的期限不同，可以分为长期资本与短期资本。因此，广义的资本结构既包括债务资本与权益资本的结构，也包括长期资本与短期资本的结构，还包括债务资本与权益资本的内部结构、长期资本与短期资本的内部结构等，其实质是企业资产负债表中右方所有项目之间的构成及其比例关系。因此，广义的资本结构也称为财务结构。

狭义的资本结构仅指企业所筹资本中各种长期资本的结构及其相应的比例关系，主要是长期债务资本与权益资本的结构与比例关系，在这种情况下，企业的短期资金作为营运资金的一部分进行管理。这主要是因为在公司理财活动中所使用资金更多的是长期资金（使用期限在一年以上），本书所称的资本结构是指狭义的资本结构，可见资本结构是财务结构的重要组成部分。

知识链接：我国上市公司的短期贷款长期化现象①

表 5-6　四川长虹 2003—2007 年资本构成　　百万元

项目	2003 年	2004 年	2005 年	2006 年	2007 年
短期借款	2 706	2 670.3	1 304.9	2 412.7	2 296.3
长期负债	70	70	70	0	170
权益资本	13 167.3	9 490.8	9 824.9	9 117.2	9 208.6
短期负债比重	16.97%	21.83%	11.65%	20.93%	19.67%
长期负债比重	0.44%	0.57%	0.63%	0.00%	1.46%
权益资本比重	82.59%	77.59%	87.72%	79.07%	78.88%
取得借款所收到的现金	5 020.2	5 291.6	3 041.4	3 082.8	5 234.3
偿还债务所支付的现金	3 923.0	5 322.5	4 411.8	2 018.9	4 238.1

目前，我国有很多企业持有数量较多的短期借款，而且通过不断借新债还旧债的方式，把短期借款当作企业的长期性资本的重要来源，此时的短期借款已经通过“借新还旧”的方式转化成了一种企业的长期债务资金来源。

从表 5-6 中可以看出：四川长虹的短期借款占总资本的比重较大，有的年度甚至为 20%左右，而且公司不断通过借款和偿还债务维持短期借款的存量。可见短

①马忠．公司财务管理理论与案例．北京：机械工业出版社，2008.9，431.

期借款已成为四川长虹的一种长期性资本来源。

企业的资本结构是由于企业采用不同的筹资方式而形成的。各种筹资方式及其不同组合类型决定着企业的资本结构及其变化。尽管企业的筹资方式很多,但从性质上只有股权资本和债务资金两大类。资本结构的实质是研究债务资金和股权资本之间的比例构成,或债务资金在全部资本中的比例构成问题。

一个企业的债务资金是企业外部债权人对企业的投资,企业使用债权人的投资进行经营就是举债经营。通过举债经营,为企业和股东创造更大的经济利益,被认为是最精明的举动。因为在经济处于上升阶段和通货膨胀比较严重的情况下,举债经营无论对企业还是对股东都是有益处的。因为:

(1)举债可以降低资本成本。债务资金的利息率一般低于企业股权资本的股息率或分红率;并且债务的利息在税前支付,企业可以减少所得税的交纳,因而债务资本成本低于权益资本成本。

(2)举债可以获得杠杆利益。由于债务利息一般是相对固定的,随着息税前利润的增加,特别是总资产报酬率大于债务资本成本时,单位利润所负担的固定利息就会减少,企业所有者所分得的税后利润就会随之增加。

(3)举债可以减少货币贬值的损失。在通货膨胀日益加重的情况下,利用举债扩大再生产,比利用权益资本更为有利,可以减少通货膨胀造成的贬值损失。

但是,举债经营并非完美无缺,也存在一些缺陷。主要是:

(1)资本来源不稳定。如果股权资本比重过低,负债比例过大,企业再举债会因风险过大而被贷款方拒绝。

(2)资本成本可能升高。虽然债务资本成本一般都低于股权资本成本,似乎举债始终是有利的,但是,随着企业负债比例的逐步提高,企业财务风险也在不断加大,债权人在提供贷款时会逐步提高利息率或提出额外要求,这势必增加资本成本,给企业经营带来压力。

(3)债务资金会增大企业的财务风险。财务杠杆的作用增加了企业破产的机会或每股收益大幅度变动的机会。企业为取得财务杠杆利益而增加债务资金,必然增加利息等固定费用的负担。另外,由于财务杠杆的作用,在息税前利润下降时,每股收益下降得会更快。这些风险都是利用债务资金带来的。

二、资本结构的种类

资本结构可以从不同的角度来认识,于是形成各种资本结构种类,主要有资本的属性结构和资本的期限结构两种。

1.资本的属性结构

资本的属性结构是指企业不同属性资金的价值构成及其比例关系。企业全部资金就属性而言,通常分为两大类:一类是股权资本,另一类是债务资金。这两类资本构成的资本结构就是该企业资本的属性结构。例如,某公司的资本总额为1 000万元,其中银行借款和应付债券属于债务资金,两者合计500万元,比例为50%;普通股和留存收益属于股权资本,两者合计500万元,比例为50%。债务资金和股权资本各为500万元或各占50%,或者债务资金与股权资本之比为1∶1。这就是该公司资本的属性结构的不同表达。企业同时有债务资金和股权资本构成的资本属性结构,有时又称"搭配资本结构"或"杠杆资本结构",其搭配比例或杠杆比例通常用债务资金的比例来表示。

2.资本的期限结构

资本的期限结构是指不同期限资金的价值构成及其比例关系。一个企业的全部资金就期限而言,一般可以分为两类:一类是长期资本,另一类是短期资金。这两类资金构成的资本结构就是资本的期限结构。在上例中,该公司的银行借款200万元中有100万元是短期借款,100万元是长期借款,应付债券、普通股和留存收益都是长期资本,因此该公司短期资金为100万元,长期资本为900万元,或长期资本占90%,短期资金占10%,或者长期资本与短期资金之比为9∶1。这就是该公司资本期限结构的不同表达。

3.资本结构的价值基础

对于上述资本结构,尚未具体指明资本的价值计量基础。在本章第三节介绍加权平均资本成本时曾说明资本价值的计量基础有账面价值、市场价值和目标价值。一个企业的资本分别按这三种价值计量基础来计量和表达资本结构,就形成三种不同价值计量基础反映的资本结构,即资本的账面价值结构、资本的市场价值结构和资本的目标价值结构。

(1)资本的账面价值结构是指企业资本按历史账面价值基础计量反映的资本结构。一个企业资产负债表右方"负债及所有者权益"或"负债及股东权益"所反映的资本结构就是按账面价值计量反映的,由此形成的资本结构是资本的账面价值结构。

(2)资本的市场价值结构是指企业资本按现时市场价值基础计量反映的资本结构。当一个企业的资本具有现时市场价格时,可以按其市场价格计量反映资本结构。通常上市公司发行的股票和债券具有现时的市场价格,因此,上市公司可以市场价格计量反映其资本的现时市场价值结构。它比较适合于上市公司资本结构决策的要求。

(3)资本的目标价值结构是指企业按未来目标价值计量反映的资本结构。当一家公司能够比较准确地预计其资本的未来目标价值时,可以按其目标价值计量反映资本结构。从理想的角度讲,它更适合企业资本结构决策的要求,但资本的未来目标价值不易客观准确地估计。

三、衡量资本结构是否合理的标准

每个企业都在追求最佳的资本结构,那么最佳资本结构有哪些标准呢?一般认为,企业最佳资本结构的确定标准主要是:①加权平均资本成本最低;②股票市价上升,股东财富最大,企业总体市场价值最大;③获取资金数量最充足,以确保企业生产经营和发展的需要;④企业财务风险最小。

在一定时期和一定经营条件下,企业所形成的资本结构要完全满足上述标准是非常困难的。由于各种不同资金的筹集和使用成本高低不同,对企业加权平均资本成本的影响也不同,个别资本成本的高低变化,并不意味着加权平均资本成本一定发生同样的高低变化。所以,企业要以加权平均资本成本的降低和企业价值上升为基本标准。在实务中,要全面考虑和权衡各种因素,采用科学的资本结构决策方法确定企业的最佳资本结构。

四、资本结构的影响因素

从理论上讲,每个企业均应有其最佳资本结构,但是实际上企业却难以准确地确定这个最佳资本结构。其原因在于:一是理论上的最佳资本结构取决于各种假定条件的正确性和可靠性;二是企业生产经营过程中的情况比较复杂,很难完全符合理论上的假定条件。尽管如此,作为一个现代企业,为逐步提高筹资效益,降低筹资成本,优化筹资结构,仍然有必要确定一个适合于企业发展的相对最佳的资本结构。企业在确定其最佳资本结构时应考虑以下一些重要因素:

(1)企业经营者与所有者的态度。股权比较集中的企业的所有者往往不愿分散其控制权,故不愿增发新股而要求经营者去举债。从经营者的角度看,一旦发生财务危机,其职务和利益将受到重大影响,故经营者可能较少地使用财务杠杆尽量降低债务资金的比例。因此,经营者与所有者在资本结构这个重大问题上是有矛盾的,企业财务人员对此往往无能为力,被大股东控制的企业的资本结构最终决定权在所有者或其代表(如董事会)手中。股权比较分散的企业,由于其投资者众多,很难就企业资本结构达成一致意见，因此这类企业的资本结构的决定权就在经营者手中。经营者的风险态度就决定着其资本结构中债务资金所占比重的大小。工作方式稳健和风险意识不强的经营者，一般比较注重企业的资本结构，尽量保持现有的资本结构，不会为追求较高的财务杠杆作用而使企业的负债比例过高，他们不会去冒很大风险来追求理想中的资本结构，但可能过于谨慎而不能充分利用财务杠杆为企业增加净利润。那些承受风险能力强，比较乐于显示经营业绩和才能的经营者则会敢冒风险过分追求财务杠杆作用，从而选择负债占比重比较大的资本结构，使企业的潜在风险增加。

(2)企业信用等级与债权人的态度。企业能否以借债的方式筹资和能筹集到多少资金，不仅取决于企业经营者和所有者的态度，而且取决于企业的信用等级和债权人的态度。如果企业的信用等级不高，而且负债率已经较高，即使企业的管理当局对本企业的前途充满信心，试图在超出企业偿债能力的条件下运用财务杠杆，债权人将不愿意向企业提供信用，从而使企业无法达到它所希望的负债水平。

(3)政府税收。因为利息费用可以在应税所得额中合法抵扣，所得税税率越高，利息的抵税效果就越明显，因而企业举债的愿望就越强。所以，如果企业所在国的所得税税率较高，其资本结构中债务资金的比重就会大一些。当然，企业还要分析其折旧抵税效果的好坏，如果折旧抵税效果明显，企业就没有必要过多负债，以避免承受较大的财务风险。企业必须详细了解、分析国家税收政策及有关规定，以保证真正从中受益。

(4)企业的盈利能力。盈利能力强的企业可以产生大量的税后利润，其内部积累可以在很大程度上满足企业扩大再生产的资本需求，对债务资金的依赖程度较低。

(5)企业的资产结构。资产结构是指企业全部资产的构成及其比例关系，即资产负债表中各类资产项目占总资产的比重及其之间的比例关系。资产结构状况在一定程度上反映了企业的经营性质、经营方向和经营规模。不同的资产结构必然要有相应的资本结构与之相适应，只有这样，才能保证企业正常生产经营活动的开展。一般说来，固定资产等长期资产占较大比重的企业，其资本结构中应有较大份额的股权资本，而流动资产占较大比重的企业，则应有较多的债务资金来支撑。具体地说，技术密集型企业的资产中固定资产所占比重较高，总资产周转速度较慢，这些企业中必须有相当数量的股权资本作后盾。劳动密集型企业的流动资产所占比重很大，资本周转速度快，这些企业对负债特别是短期负债很青睐。可以说，资产结构是由企业的经营性质决定的，是一种客观存在。资本结构是企业理财的结果，是由主观因素决定的。根据客观决定主观之基本原理，企业已经存在或预计将要达到的资产结构是决定其资本结构的重要因素之一。

(6)企业的成长性。企业成长性一般可用销售增长率来度量。成长性好的企业,在固定成本既定的情况下,息税前利润会随销售的增长而更为快速地增长。因此,一般来说,企业成长性越强,预期利润增长越快,就越可以更多地负债。不过,企业成长过程的稳定性或波动性,也是影响企业资本结构形成的一个重要方面。企业成长过程的波动性越大,说明企业经营风险越大,预期利润就越不稳定。这样的企业就应对负债持更为慎重的态度。

(7)理财水平。一个善于理财的企业,可使投入生产经营的资本顺利实现正常的循环和周转,使资产配置合理,并保持良好的"流动性",从而促进资本利用效果不断提高,这样的企业,对负债的按期还本付息将不会发生财务上的困难,即不会出现"财务上无力清偿"。因而,可以较多地通过负债筹资,提高资本结构中债务资金的份额;反之,如果企业的理财水平较低,在生产经营的一些环节形成了积压、浪费,就会降低其支付能力。这样的企业资本结构中债务资金比重越大,其财务上困难就越多,因而不宜过多的负债筹资。

(8)法律限制。法律对于企业的筹资行为是有限制的。如我国《公司法》第161条规定:累计债券总额不超过公司净资产的40%。这就使得企业资本结构中债券的比重受到限制。

(9)利率水平的变动趋势。利率水平的变动趋势也会影响到企业的资本结构。如果公司的财务管理人员认为目前利率暂时较低,但不久的将来有可能上升,便会增加发行长期债券,从而在若干年内把利率固定在较低水平时。在这种情况下,企业资本结构中债务资金所占比重会上升。

(10)行业因素和企业规模。不同行业的资本结构差别很大。一般而言,从事公用事业的企业有责任提供持续不断的服务,因而其在运用财务杠杆时就谨慎得多,举债较少。以日本和美国的制造业和非制造业的情况来看,制造业的负债率较低,非制造业的负债率较高。此外,企业规模不同,其资本结构也有区别:企业规模越大,筹资的方式越多,因而负债比率一般较低;而一些中小企业筹资方式比较单一,主要靠银行借款来解决资金需求,所以负债比率一般较高。

(11)国别差异。由于历史文化因素的影响,各国的筹资传统存在差异,有些国家的企业偏好债务筹资,另一些国家在筹资上比较谨慎,倾向于维持较低的负债率。根据欧洲经济合作组织的统计数据表明:平均来讲,日本公司的资产负债率是85%,德国公司是63%,美国公司仅仅为37%。我国2009年规模以上工业企业平均负债率为7.88%。一般认为,导致资本结构国际差异的主要原因,在于各国金融市场的相对分离,以及各国金融市场的运行规则及状态的差异。正是这种差异,造成了各国企业面临的筹资环境的不同,从而导致处于不同国度的企业之间资本结构的显著差异。日本企业负债率如此显著地高于其他各国,其原因也主要在于日本社会特殊的“银企联合”。

知识链接:影响我国上市公司资本结构的因素

资本结构影响因素是西方财务学者进行实证研究的热门主题,近几年我国也有越来越多的学者对上市公司资本结构的影响因素进行实证研究。洪锡熙、沈艺峰(2000)认为企业的规模和盈利能力对资本结构的选择具有显著影响,而公司权益、成长性与行业因素对资本结构的影响不显著。刘星(2001)的研究认为盈利能力、债权周转、资本化程度、营运资本是影响我国上市公司负债决策的主要因素,股本扩张、债权周转是影响我国上市公司权益筹资的主要因素。吕长江、王克敏(2002)通过研究得出,管理股权比例是影响公司资本结构决策的重要因素;处于成长阶段、资产规模逐渐扩大的绩优公司善于发挥财务杠杆效应,降低代理成本;资产负债率与公司绩效成正相关。刘星、曾红、朱艳(2003)认为资本结构的选择与公司所处行业的竞争程度有关:垄断竞争行业的公司资本结构决策表现出不顾及自身盈利能力的倾向;完全竞争行业的公司由于面临强大的竞争压力,比较注重自身的盈利能力,量力举债。

五、资本结构的决策方法

企业资本结构决策就是要确定最佳资本结构。所谓最佳资本结构是指企业在适度财务风险的条件下,使其预期的加权平均资本成本最低,同时使企业价值最大的资本结构。企业财务人员在确定其最佳资本结构时不仅要考虑上述各方面的影响因素,还应采取定量的方法。通常进行资本结构决策的方法有比较资本成本法、EBIT-EPS分析法等。

(一)比较资本成本法

由于企业加权平均资本成本最低时的资本结构与企业价值最大化时的资本结构一致,所以企业可采用加权平均资本成本这一指标为标准确定最佳资本结构。比较资本成本法是指在适度财务风险的条件下,测算可供选择的不同资本结构或筹资组合方案的加权平均资本成本,以加权平均资本成本最低的方案为最佳,进行资本结构决策的方法。

企业筹资可分为创立初期的初始筹资和发展过程中的追加筹资两种情况。与此相应地,企业的资本结构决策可分为初始筹资的资本结构决策和追加筹资的资本结构决策。下面分别说明比较资本成本法在这两种情况下的运用。

1.初始筹资的资本结构决策

在企业筹资实际工作中,企业对生产经营所需资金可以采取多种筹资方式来筹集,每种筹资方式的筹资数额也可以有不同的安排,这就形成若干个资本结构和筹资组合方案可供选择。在比较资本成本法下,可以通过加权平均资本成本的测算及比较来作出选择。

【例 5-18】ABC 公司初创时需要资金 100 万元,有如下 3 个筹资方案备选,经测算,各方案及其具体筹资方式的数量、比重、资本成本情况见表 5-7。

表 5-7 ABC 公司初始筹资组合方案资料测算 万元

筹资方式	筹资方案 A			筹资方案 B			筹资方案 C		
	数额	比重	资本成本	数额	比重	资本成本	数额	比重	资本成本
长期借款	8	8%	7%	10	10%	7.5%	16	16%	8%
债券	20	20%	8%	30	30%	9%	24	24%	8.5%
优先股	12	12%	13%	20	20%	13%	10	10%	13%
普通股	60	60%	16%	40	40%	16%	50	50%	16%
合计	100	100%		100	100%		100	100%	

下面分别计算 3 个筹资方案的加权平均资本成本。

方案 A:

$$K_w=8\%\times7\%+20\%\times8\%+12\%\times13\%+60\%\times16\%=13.32\%$$

方案 B:

$$K_w=10\%\times7.5\%+30\%\times9\%+20\%\times13\%+40\%\times16\%=12.45\%$$

方案 C:

$$K_w=16\%\times8\%+24\%\times8.5\%+10\%\times13\%+50\%\times16\%=12.62\%$$

综合计算可以看出,方案 B 的加权平均资本成本最低,在其他有关因素大致相同的条件下,方案 B 是最佳的筹资方案,其形成的资本结构可确定为该企业的最佳资本结构。

2.追加筹资的资本结构决策

企业在持续的生产经营过程中,为了扩大规模或对外投资的需要,必须筹集更多的资金,即所谓追加筹资。因资金总额和筹资环境的改变,企业原有的资本结构就可能发生变化,企业应在资本结构的变化中寻求最佳资本结构,以保持资本结构的最优化，这就是追加资本结构决策要解决的问题。

按照最佳资本结构的要求，追加筹资方案的选择一般有两种方法：一种方法是直接计算比较各备选方案的边际资本成本，从中选出边际资本成本最低的方案作为最优方案；另一种方法是将各备选方案与原有最佳资本结构汇总，计算各追加筹资条件下汇总资本结构的加权平均资本成本，比较确定最佳追加筹资方案。

【例 5-19】例 5-18 中的 ABC 公司需要追加筹资 50 万元，有两种方案可供选择，有关资料如表 5-8 所示。

表 5-8 ABC 公司追加筹资方案资料测算 万元

筹资方式	追加筹资方案 A			追加筹资方案 B		
	数额	比重	资本成本	数额	比重	资本成本
债券	25	50%	9%	30	60%	9.5%
优先股	10	20%	14%	10	20%	14%
普通股	15	30%	17%	10	20%	17%
合计	50	100%		50	100%	

下面分别按上述两种方法测算比较追加筹资方案。

(1)追加筹资方案的边际资本成本比较法。两个追加筹资方案的边际资本成本(K_m)：

方案 A：

$$K_m = 50\% \times 9\% + 20\% \times 14\% + 30\% \times 17\% = 12.4\%$$

方案 B：

$$K_m = 60\% \times 9.5\% + 20\% \times 14\% + 20\% \times 17\% = 11.9\%$$

比较这两个追加筹资方案可知，方案 B 的边际资本成本为 11.9%，低于方案 A 的边际资本成本。因此，在适度财务风险的情况下，方案 B 优于方案 A，应选择追加筹资方案 B。从而，追加筹资方案 B 为最佳筹资方案，由此形成的新的资本结构为 ABC 公司最佳的资本结构。根据例 5-19 的计算结果可知，ABC 公司原有资本总额为 100 万元，资本结构是：长期借款 10 万元、债券 30 万元、优先股 20 万元、普通股 40 万元。则追加筹资后的资本总额为 150 万元，资本结构是：长期借款 10 万元、债券 60 万、优先股 30 万元、普通股 50 万元。这一资本结构为 ABC 公司追加筹资 50 万元后形成的最佳资本结构。

(2)备选追加筹资方案与原有资本结构加权平均资本成本比较法。ABC 公司原有资本结构是：长期借款 10 万元、债券 30 万元、优先股 20 万元、普通股 40 万元。现将其与追加筹资方案 A、B 汇总，列于表 5-9。

表 5-9　追加筹资方案和原资本结构资料汇总　　万元

筹资方式	原资本结构		追加筹资方案 A		追加筹资方案 B		追加筹资后资本数额	
	数额	资本成本	数额	资本成本	数额	资本成本	方案 A	方案 B
长期借款	10	7.5%					10	10
债券	30	9%	25	9%	30	9.5%	55	60
优先股	20	13%	10	14%	10	14%	30	30
普通股	40	16%	15	17%	10	17%	55	50
合计	100		50		50		150	150

计算追加筹资后企业的加权平均资本成本时应注意：根据同股同利原则，原有普通股应按新普通股的资本成本计算加权平均数，这里假定股票的成本与报酬率等价。

根据上述资料，若采用方案 A 追加筹资，则追加筹资后企业的加权平均资本成本应为：

$$\frac{10}{150}\times 7.5\%+\frac{55}{150}\times 9\%+\frac{20}{150}\times 13\%+\frac{10}{150}\times 14\%+\frac{55}{150}\times 17\%=12.7\%$$

若采用方案 B 追加筹资，则追加筹资后企业的加权平均资本成本应为：

$$\frac{10}{150}\times 7.5\%+\frac{30}{150}\times 9\%+\frac{30}{150}\times 9.5\%+\frac{20}{150}\times 13\%+\frac{10}{150}\times 14\%+\frac{50}{150}\times 17\%=12.53\%$$

根据计算结果，方案 B 追加筹资后的加权平均资本成本低于方案 A 追加筹资后的加权平均资本成本。所以，应采用方案 B 进行追加筹资。这一结果与边际资本成本比较法完全相同。

由此可见，ABC 公司追加筹资后，虽然改变了资本结构，但经过分析测算，作出正确的筹资决策，公司仍可保持资本结构的最优化。

比较资本成本法的测算原理容易理解，测算过程简单，但仅以资本成本最低为决策标准，没有具体测算财务风险因素。一般适用于资本规模较小，资本结构较为简单的非股份制企业。

(二)EBIT-EPS 分析法

根据前面的分析可知,最佳资本结构的标准之二是企业价值最大化。对于股份公司而言,企业价值最大化就是股东财富最大化,而股东财富最大化实质上就是每股市价最大化,决定股票市价的根本因素就是公司每股收益的大小。因此,资本结构的合理与否,可以通过分析每股收益的变化来衡量,即能提高每股收益的资本结构是合理的;反之,其资本结构是不合理的。每股收益的高低不仅受资本结构的影响,还受息税前利润水平的影响。如何处理这三者的关系,可以运用筹资的每股收益无差别分析的方法(EBIT-EPS 分析法)。

每股收益的无差别分析是利用每股收益的无差别点进行的。所谓每股收益的无差别点,是指两种或两种以上筹资方案下普通股每股收益(EPS)相等时的息税前利润点($EBIT$),亦称息税前利润平衡点,有时亦称筹资无差别点。根据每股收益无差别点,可以分析判断当 $EBIT$ 在什么取值范围内应选择债务比例高的筹资方案,在什么取值范围内则应选择债务比例低的筹资方案,以此安排和调整资本结构。

采用 EBIT-EPS 分析法确定最佳资本结构的基本步骤是:①列出每个方案 EPS 的计算公式,将每个方案中的利息、所得税率、普通股股数等数据代入 EPS 的计算公式;②令两方案的 EPS 相等,求解出每股收益无差别点的 $EBIT$;③以企业预计 $EBIT$ 与无差别点 $EBIT$ 进行比较,判断选择最优方案。

每股收益的计算公式如下:

$$EPS=\frac{(EBIT-I)(1-T)-D_{\mathrm{p}}}{N}$$

式中:I 为利息,T 为所得税税率,N 为流通在外的普通股股数,D_{p} 为优先股股利。

假设有两个方案,分别为方案 1 和方案 2,则其每股收益的计算公式分别为:

$$EPS_1=\frac{(\overline{EBIT}-I_1)(1-T)-D_{\mathrm{p1}}}{N_1}$$

$$EPS_2=\frac{(\overline{EBIT}-I_2)(1-T)-D_{\mathrm{p2}}}{N_2}$$

根据概念,每股收益无差别点应为满足下列条件的息税前利润:

$$\frac{(\overline{EBIT}-I_1)(1-T)-D_{\mathrm{p1}}}{N_1}=\frac{(\overline{EBIT}-I_2)(1-T)-D_{\mathrm{p2}}}{N_2}$$

在已知每个方案的利息额、所得税率、优先股股利和普通股股数的情况下,即可计算得到令两个方案每股收益相等的息税前利润。

如果企业预计息税前利润大于无差别点息税前利润，那么企业应该选择债务比例较高的筹资方案；反之，则应选择债务比例较低的筹资方案。

【例 5-20】某企业现有资本总额 1 000 万元，其结构为：10％的长期债券 400 万元，普通股 600 万元(60 万股)。现拟追加筹资 500 万元，有以下 3 种方案可供选择。

甲方案：发行长期债券 500 万元，年利率为 12％；

乙方案：发行长期债券 300 万元，年利率 12％，发行普通股 200 万元(20 万股)。

丙方案：发行长期债券 100 万元，年利率 10％，发行优先股 100 万元，年股息率 5％，发行普通股 300 万元(30 万股)。

假定该企业预计的息税前利润为 180 万元，所得税率为 30％，试问何种资本结构最佳？

首先，将甲方案与乙方案比较求出第一个无差别点：

$$\frac{(\overline{EBIT_1}-100)(1-30\%)}{60}=\frac{(\overline{EBIT_1}-76)(1-30\%)}{80}$$

$$\overline{EBIT_1}=172(\text{万元})$$

如果该企业只有甲、乙两个资本结构方案，则当预计息税前利润为 180 万元时(大于无差别点)，负债比例较大的方案即甲方案最佳。

其次，将甲方案与丙方案比较求出第二个无差别点：

$$\frac{(\overline{EBIT_2}-100)(1-30\%)}{60}=\frac{(\overline{EBIT_2}-50)(1-30\%)-5}{90}$$

$$\overline{EBIT_2}=185.71(\text{万元})$$

如果该企业只有甲、丙两个资本结构方案，则当预计息税前利润为 180 万元时(小于无差别点)，负债比例比较小的方案即丙方案最佳。

再次，将乙方案与丙方案比较求出第三个无差别点：

$$\frac{(\overline{EBIT_3}-76)(1-30\%)}{80}=\frac{(\overline{EBIT_3}-50)(1-30\%)-5}{90}$$

$$\overline{EBIT_3}=226.86(\text{万元})$$

如果该企业只有乙、丙两个资本结构方案，则当预计息税前利润为 180 万元时(小于无差别点)，负债比例较小的方案即丙方案最佳。

综合以上计算，分析结果，当预计息税前利润为 180 万元时，在三种资本结构方案中，丙方案最佳，甲方案次之，乙方案最差。这一点可以从图 5-4 中明显看出。

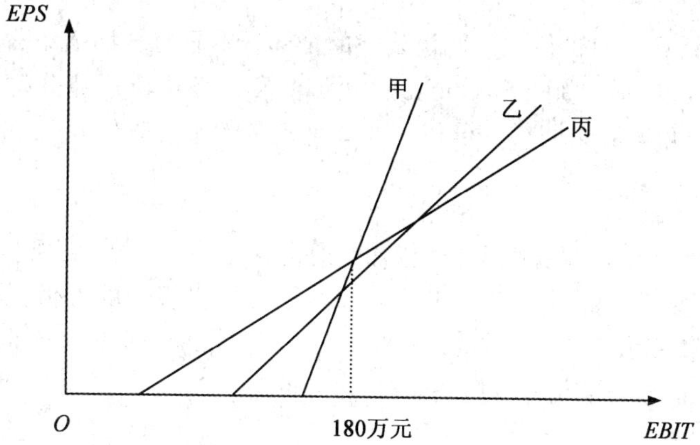

图 5-4　EBIT-EPS 分析

EBIT-EPS 分析法的测算原理比较容易理解，测算过程较为简单。它以普通股每股收益最高为决策标准，假定每股收益最大，股票价格就最高，只考虑了资本结构对每股收益的影响，没有考虑资本结构对风险的影响。而随着企业负债比重的增加，投资者的风险会加大，股票价格和企业价值也会有下降的风险，因此如果单纯用 EBIT-EPS 分析法有时会作出错误的决策。但是在不完善的资本市场中，投资者大多根据每股收益的多少来进行投资决策，而每股收益的增加也的确有利于股票价格的上升。

(三)企业价值比较法

企业价值比较法就是以企业总价值为标准选择筹资方式的方法。无论是比较资本成本法，还是 EBIT-EPS 法，这两种方法虽然考虑了资本成本和财务杠杆利益，都有一个最大的缺陷即没有充分考虑企业财务风险因素的影响。对于 EBIT-EPS 分析法而言，只有在风险不变的前提下，每股收益的增长才会直接拉升股价的上涨。一般而言，随着公司 *EPS* 的上升，公司财务风险也会上升，如果 *EPS* 上升的幅度不足以弥补由于风险增加所需增加的报酬，公司股价仍然会下跌。因此，公司的最佳资本结构不仅仅是追求 *EPS* 的最大，而是公司总价值最大。并且，从公司理财目标来讲，财务管理的目标是使企业价值达到最大。

企业价值比较法是在充分考虑财务风险因素的前提下，通过计算企业价值，以企业价值的大小作为决策的标准，来确定最佳资本结构的决策方法。以企业价值作为标准，选择最佳资本结构，不仅考虑了风险因素，而且资本成本也是最低的。其计算步骤如下：

第一步，计算公司价值V。假设公司的全部资本只有长期债务（包含长期借款与长期债券）与普通股，则公司价值由股票价值和债务价值两部分构成，公司的市场价值V等于公司股票的市场价值S与长期债务的市场价值B之和，即

$$V=S+B$$

为了简化计算，假定长期债务（包含长期借款与长期债券）的现值等于其面值，股票的市场价值即现值等于其未来的全部净收益的折现后的价值，假设公司持续经营，股利支付率为100%，股东要求的投资回报率不变，即权益资本成本不变，公司预期EBIT的增长率为0，则股票的市场价值为：

$$S=\frac{(EBIT-I)(1-T)-D_p}{K_S}$$

式中：$EBIT$为公司未来的息税前利润；I为公司每年长期债务利息；T为公司所得税税率；D_p为优先股股利；K_S为普通股资本成本率，即股票投资期望收益率，可以根据资本资产定价模型计算。

$$K_S=R_F+\beta(R_M-R_F)$$

式中：K_S为公司普通股资本成本率，R_F为无风险报酬率，β为公司股票的贝塔系数，R_M为所有股票的市场报酬率。

第二步，计算公司加权平均资本成本。由于公司的全部资本只有长期债务与普通股，则公司的加权平均资本成本为：

$$WACC=K_B\left(\frac{B}{V}\right)(1-T)+K_S\left(\frac{S}{V}\right)$$

式中：K_B为公司长期债务税前资本成本率，可以参考公司长期债务的年利率；K_S为公司普通股资本成本率。

第三步，确定公司最佳资本结构。根据上述两步，计算不同资本结构下的公司总价值及其加权平均资本成本，选择使公司价值最大、同时加权平均资本成本最低的资本结构，即为公司最佳资本结构。

下面以一个例子来说明企业价值比较法的运用。

【例5-21】某公司目前资本总额全部由普通股资本组成，普通股账面价值1 000万元，所得税率40%，预计年息税前利润为300万元。该公司认为目前的资

本结构不合理，拟改变目前资本结构，准备用发行债券的办法回购部分股票以调整资本结构，有关债务利率和权益资本情况见表 5-10。根据表 5-10 所列资料计算公司价值及加权平均资本成本。

表 5-10 公司不同长期债务水平下的债务年利率和普通股资本成本率

债务资金规模 B(万元)	税前债务资本成本 K_B(%)	β系数	无风险报酬率 R_F(%)	股票市场平均报酬率 R_M(%)	权益资本成本 K_S(%)
0		1.2	10	15	16
100	8	1.4	10	15	17
200	10	1.6	10	15	18
300	12	1.9	10	15	19.5
400	14	2.20	10	15	21
500	16	2.50	10	15	22.5

第一步，计算公司价值。

当 $B=100$ 万元时，$S=\dfrac{(300-100\times 8\%)\times(1-40\%)}{17\%}=1\ 031$(万元)

$$V=B+S=100+1\ 031=1\ 131(\text{万元})$$

第二步，计算加权平均资本。

$$WACC=8\%\times\frac{100}{1\ 131}\times(1-40\%)+17\%\times\frac{1\ 031}{1\ 131}=15.92\%$$

按照同样的方法可以计算出不同债务水平下公司的股票价值和总价值，以及对应的公司加权平均资本成本，计算结果参见表 5-11，根据结果可以对公司的总价值与加权平均资本成本进行比较，以确定公司的最佳资本结构。

表 5-11 不同债务规模下的公司价值和公司加权平均资本成本

债务资金规模 B(万元)	股票市场价值 S(万元)	公司价值 V(万元)	税前 K_B(%)	K_S(%)	$WACC$(%)
0	1 125	1 125		16	16
100	1 031	1 131	8	17	15.92
200	933	1 133	10	18	15.88
300	812	1 112	12	19.5	16.18
400	697	1 097	14	21	16.41
500	587	1 087	16	22.5	16.57

从表 5-11 中我们可以看出，在负债为 0 时，公司总价值就是其股票的市场价值。随着负债额的增加，公司价值也在上升，当负债额为 200 万元时，公司价值达到最高，加权平均资本成本最低；当负债额超过 200 万元后，公司价值开始下降，加权平均资本成本开始上升。因此，负债额为 200 元时的资本结构为公司最佳资本结构。

与前述两种方法相比，公司价值比较法以公司价值最大化作为决策标准，同时考虑了公司的财务风险与资本成本，更加符合公司财务管理的目标，但其计算过程较为复杂。

第五节　杠杆价值

"给我一个支点，我可以将地球撬起来"，阿基米德的这一名言很形象地描述了自然界的杠杆效应。杠杆效应是指人们通过利用杠杆，可以用较小的力量移动较重物体的现象，杠杆中最关键的是那个支点，如果没有支点，杠杆作用也会消失。财务管理中也存在着类似的杠杆效应，表现为：由于固定费用（如固定生产经营成本或固定的财务费用）的存在而导致的，当某一财务变量以较小幅度变动时，另一相关变量会以较大幅度变动。在财务管理中，杠杆的支点就是固定的费用支出，包括经营管理中的固定成本，以及筹资中的固定筹资成本。了解这些杠杆的原理，有助于企业合理的规避经营风险和财务风险，提高财务管理水平。

财务管理中的杠杆效应有三种形式，即经营杠杆、财务杠杆和总杠杆，要说明这些杠杆的原理，需要首先了解成本习性、边际贡献、息税前利润和盈亏临界点等相关术语的含义。

一、成本习性

所谓成本习性，是指成本与业务量（如产量、销售量）之间的依存关系。根据成本习性对成本进行分类，对于正确地进行财务决策有着十分重要的意义。

按成本习性可把成本划分为固定成本、变动成本和混合成本三类。

（一）固定成本

凡总额在一定时期和一定业务量范围内不受业务量增减变动影响而固定不变的成本叫固定成本。属于固定成本的主要有折旧费、保险费、管理人员工资和办公费等(财务实务界人士称之为“开门费”),这些费用每年支出水平基本相同,产销量在一定范围内变动,而它们保持不变。正是由于这些费用总额固定不变,随着产量的增加,单位产品分摊的固定费用逐渐减少。

固定成本可进一步分为约束性固定成本和酌量性固定成本两类:

(1)约束性固定成本。约束性固定成本属于企业“经营能力”成本,是企业为维持一定的业务量所必须承担的最低成本。厂房、机器设备折旧费、保险费等都属于这类成本。企业的经营能力一旦形成,在短期内很难有重大改变,因而这部分成本具有很大的约束性,管理当局的决策行动不能轻易改变其数额,要想降低约束性固定成本,只能从合理利用经营能力入手。

(2)酌量性固定成本。酌量性固定成本是属于企业“经营方针”成本,即根据企业经营方针由管理当局确定的一定时期的成本。广告费、研究与开发费、职工培训费等都属于这类成本。这些成本的支出随企业经营方针的变化而变化,一般在一个预算年度开始,管理当局根据企业的经营方针和财务状况,斟酌这部分成本的开支情况。因此,要降低酌量性固定成本,就要在预算时精打细算,合理确定这部分成本的数额。

应当指出的是,固定成本总额只在一定时期和一定业务量范围内保持不变。这里所说的一定范围通常为相关范围,超过了相关范围,固定成本就会发生变化。

(二)变动成本

凡总额同业务量成同比例增减变动的成本叫变动成本。直接材料、直接人工等属于变动成本。从产品的单位成本来看,则恰恰相反,单位产品的变动成本却保持不变。

与固定成本相同,变动成本也要研究相关范围问题,也就是说,只有在一定范围之内,产量和成本才能完全成正比例变化,超过了一定范围,这种关系就不存在了。

(三)混合成本

有些成本虽然也随着业务量的变动而变动,但不成正比例变动,不能简单地归入变动成本或固定成本,这类成本称为混合成本。混合成本按其与业务量的关系又可分为半变动成本和半固定成本。

(1)半变动成本。它通常有一个初始量,类似于固定成本,在初始量的基础上随产量的增长而增加,又类似于变动成本。例如,在租用机器设备时,租约可能规定租金同时按两种标准计算:①每年支付一定租金数额(固定成本);②每运转一小时支付一定租金数额(变动成本)。

(2)半固定成本。这类成本随产量的变化而呈阶梯形增长,产量在一定限度内,这种成本保持不变,当产量超过一定限度后,成本就跳跃到一个新水平,化验员、质检员的工资就属于这类成本。

(四)总成本习性模型

从以上分析我们知道,成本按习性可分为变动成本、固定成本和混合成本三类,混合成本又可按一定方法分解为变动成本和固定成本,这样总成本习性模型可用下式表示:

$$TC=F+vQ$$

式中:TC 为总成本,F 为固定成本,v 为单位变动成本,Q 为产销量。

显然,若已知 F 和 v 的值,就可以利用这个直线方程进行成本预测、成本决策和其他短期决策。所以,总成本习性模型是一个非常重要的模型。

二、边际贡献、息税前利润与盈亏临界点

1. 边际贡献

成本按习性分类后,又引出一个新的概念——边际贡献。边际贡献是指销售收入减去变动成本后的差额。其计算公式为:

$$M=S-VC=(p-v)Q=mQ$$

式中:M 为边际贡献总额,S 为销售收入总额同,VC 为变动成本总额,p 为销售单价,m 为单位边际贡献。

2. 息税前利润

息税前利润是指支付利息和交纳所得税之前的利润,等于税前利润加上利息费用。成本按习性分类后,息税前利润可用下列公式计算:

$$EBIT=S-VC-F=(p-v)Q-F=M-F$$

式中:$EBIT$ 为息税前利润,F 为固定成本。

3. 盈亏临界点

盈亏临界点是指企业在一定时期内经营处于不盈不亏时的销售量(额),超过该点后企业处于盈利状态。其计算公式如下:

$$Q_{BE}=\frac{F}{p-v}=\frac{F}{m}$$

三、经营杠杆

(一)经营杠杆的概念

某企业的产品单位售价为 10 元,单位变动成本为 5 元,年固定成本总额 10 000 元,在产销量为 10 000 件时,该企业的息税前利润为 40 000 元;如果该企业的产销量增加一倍即提高到 20 000 件,那么其息税前利润也增加一倍即为 80 000 元吗?不是,息税前利润将为 90 000 元。为什么该企业产销量增加一倍,而息税前利润却不是增加一倍呢?原来是固定成本的存在使得产销量较小的变动引起息税前利润更大的变动,这就是经营杠杆(图 5-5)。因此,我们可以得出经营杠杆的含义:经营杠杆是企业在一定时期内对固定成本的利用。企业利用经营杠杆,有时可以获得一定的经营杠杆利益,有时也会使给企业遭受更大的损失。可以说,经营杠杆是一把“双刃剑”。

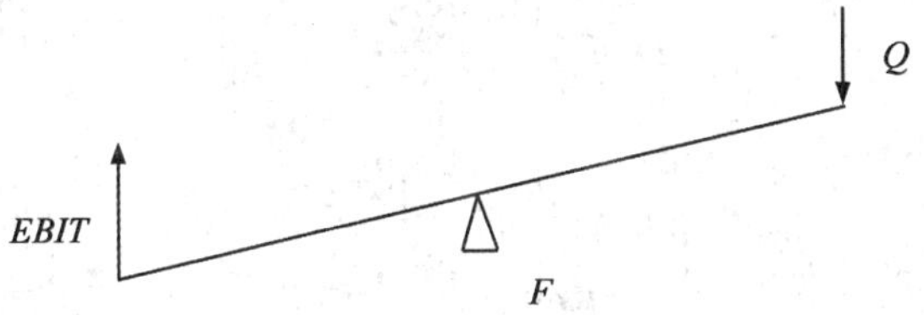

图 5-5 经营杠杆作用示意图

经营杠杆利益是指在企业扩大产销量的条件下,单位产销量的固定成本下降给企业增加的息税前利润。在企业一定的经营规模内,变动成本随着营业总额的增加而增加,固定成本则不因产销量的增加而增加,而是保持固定不变,随着产销量的增加,单位产销量所负担的固定成本会相对减少,从而给企业带来额外的利润。

经营杠杆损失,是指企业在经营活动中利用经营杠杆而导致息税前利润下降的风险。由于经营杠杆的作用,当产销量下降时,息税前利润会下降得更快,从而给企业带来经营杠杆损失。

(二)经营杠杆的计量

只要企业存在固定成本,就存在经营杠杆效应。但不同企业或同一企业不同产销业务量基础上的经营杠杆效应的大小是不完全一致的,为此需要对经营杠杆的作用进行计量。对经营杠杆进行计量最常用的指标是经营杠杆系数或经营杠杆度(DOL)。所谓经营杠杆系数,是指息税前利润变动率相当于产销业务量变动率的倍数。其计算公式为：

$$DOL=\frac{\Delta EBIT/EBIT}{\Delta Q/Q}=\frac{\Delta EBIT/EBIT}{\Delta S/S}$$

式中：DOL 为经营杠杆系数，$EBIT$ 为变动前的息税前利润，$\Delta EBIT$ 为息税前利润的变动额，Q 为变动前的产量或销量，ΔQ 为产量或销量的变动数，S 为变动前的营业额，ΔS 为营业收入的变动额。

根据这个公式可知，DOL 表示企业产销量变动百分之一将导致 $EBIT$ 变动百分之几。这个公式是计算经营杠杆系数的理论公式，该公式必须以已知变动前后的相关资料为前提，比较麻烦，而且无法预测未来的经营杠杆系数。

为便于计算，可将上列公式变换如下：

因为
$$EBIT=Q(p-v)-F$$
$$\Delta EBIT=\Delta Q(p-v)$$

所以
$$DOL_Q=\frac{Q(p-v)}{Q(p-v)-F}$$

或
$$DOL_Q=\frac{M}{M-F}$$

或
$$DOL_Q=\frac{M}{EBIT}$$

或
$$DOL_Q=1+\frac{F}{EBIT}$$

【例 5-22】某公司有关资料如表 5-12 所示，试计算该企业 2008 年的经营杠杆系数。

表 5-12　某公司收入成本资料　　元

项目	2007 年	2008 年	变动额	变动率
销售额	10 000	12 000	2 000	20%
变动成本	6 000	7 200	1 200	20%
边际贡献	4 000	4 800	800	20%
固定成本	2 000	2 000	0	0
息税前利润	2 000	2 800	800	40%

根据理论公式，按表 5-12 中变动前后的有关数据可求得 2007 年的经营杠杆系数：

$$DOL_{10\,000}=\frac{800/2\,000}{2\,000/10\,000}=\frac{40\%}{20\%}=2$$

根据简化公式，按表 5-12 中 2007 年的资料可求得 2007 年的经营杠杆系数：

$$DOL_{10\,000}=\frac{4\,000}{2\,000}=2$$

计算结果表明，两个公式计算出的 2007 年经营杠杆系数完全相同。

同理，可计算出 2008 年的经营杠杆系数：

$$DOL_{12\,000}=\frac{4\,800}{2\,800}\approx 1.71$$

在此例中，经营杠杆系数为 2 的意义在于：当企业销售增长 1 倍时，息税前利润将增长 2 倍；反之，当企业销售下降 1 倍时，息税前利润将下降 2 倍。前种情形表现为经营杠杆利益，后一种情况则表现为经营杠杆损失。

（三）经营杠杆与经营风险的关系

经营风险是指企业因经营上的原因而导致息税前利润变动的风险。影响企业经营风险的因素很多，主要有：①产品需求。市场对企业产品的需求越稳定，经营风险就越小；反之，经营风险则越大。②产品售价。产品售价变动不大，经营风险则小，否则经营风险便大。③产品成本。产品成本是收入的抵减，成本不稳定，会导致利润不稳定，因此产品成本变动大的，经营风险就大；反之，经营风险就小。④调整价格的能力。当产品成本变动时，若企业具有较强的价格调整能力，经营风险就小；反之，经营风险则大。⑤固定成本的比重。根据这些影响因素可知，经营杠杆本身并不是利润不稳定的根源。但是，产销业务量增加时，息税前利润将以 DOL 倍数的幅度增加；而产销业务量减少时，息税前利润又将以 DOL 倍数的幅度减少。可见经营杠杆放大了市场和生产等不确定因素对利润变动的影响。而且经营杠杆系数越大，利润变动越激烈，企业的经营风险就越大。于是，企业经营风险的大小和经营杠杆有重要关系。一般来说，在其他因素不变的情况下，固定成本越高，经营杠杆系数越大，经营风险越大。

另外，由经营杠杆系数的计算公式可知：

$$DOL=\frac{Q(p-v)}{Q(p-v)-F}$$

上式右边分子分母同时除以 $(p-v)$ 得：

$$DOL=\frac{Q}{Q-\frac{F}{p-v}}$$

因为 $$Q_{BE}=\frac{F}{p-v}$$

所以 $$DOL=\frac{Q}{Q-Q_{BE}}$$

上式表明，经营杠杆系数与企业产销量距盈亏临界点销售量的距离有关，产销量越是接近盈亏临界点销售量，经营杠杆系数越大，当产销量逼近于盈亏临界点销售量时，企业的经营杠杆系数趋向于无穷大；反之，产销量越是远离盈亏临界点销售量，经营杠杆系数越小，经营风险越小。图 5-6 表示经营杠杆系数与产销量的关系。

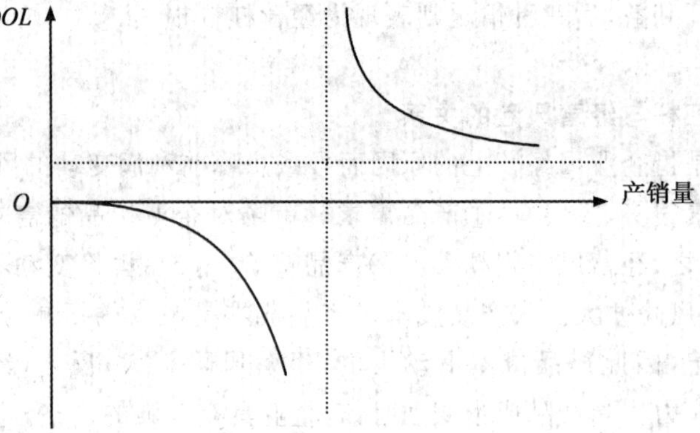

图 5-6 经营杠杆系数与产销量关系

四、财务杠杆

(一)财务杠杆的概念

财务杠杆，亦称筹资杠杆，是指企业在筹资活动中对资本成本固定的债务资金的利用。债务的利息和优先股的股利通常不会随着企业息税前利润变动而变动。当息税前利润增大时，每 1 元盈余所负担的固定财务费用就会相对减少，这能给普通股东带来更多的盈余；反之，当息税前利润减少时，每 1 元盈余所负担的固定财务费用就会相对增加，这就会大幅度减少普通股的盈余。这种由于债务的存在而导致普通股股东权益变动大于息税前利润变动的杠杆效应，称为财务杠杆（图5-7）。因此，企业利用财务杠杆有时可能给股权资本的所有者带来额外收益即财务杠杆利益，有时可能造成一定的损失。

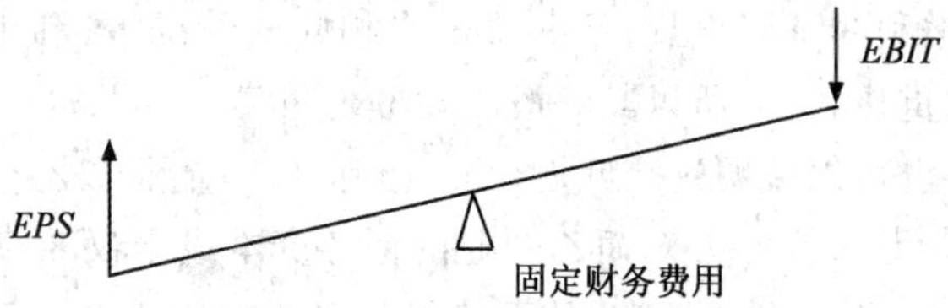

图 5-7　财务杠杆作用示意图

下面我们举例说明财务杠杆是如何影响股权资本所有者的收益的。

【例 5-23】假设甲企业和乙企业除了资本结构外，其余的情况均相同。它们的资本总额均为 1 000 万元，息税前利润为 100 万元，所得税税率为 30%。甲企业和乙企业的资本结构见表 5-13。

表 5-13　甲企业和乙企业资本结构　　万元

资本结构	甲企业	乙企业
普通股（面值 100 元）	1 000 （100%）	500 （50%）
长期债券（利率 8%）	0 （0%）	500 （50%）
资本总额	1 000	1 000

根据表 5-13，计算甲企业和乙企业每股收益额如表 5-14 所示：

表 5-14　甲企业和乙企业的每股收益计算　　万元

项目	甲企业	乙企业
息税前利润	100	100
利息	0	40
税前利润	100	60
所得税	30	18
税后净利润	70	42
每股收益（元/股）	7.0	8.4

以上计算表明，在其他条件不变的情况下，应用财务杠杆的企业（如乙企业）的每股收益额大于没有应用财务杠杆的企业（如甲企业）。这种财务杠杆的应用对企业的每股收益产生的有利影响，称为正财务杠杆。这时，尽管企业增加了利息负担，并导致税后净利润下降，但由于在总资本相同的情况下，利用财务杠杆的企业的普通股所占比重比较小，所以其每股收益额仍较高。从总资产报酬率（息税前利润/平均总资产）也可以说明这个问题。如上例中，甲企业和乙企业的总资产报酬率均为10%（100万/1 000万），而乙企业的债务资本成本仅8%。因此，乙企业还有2%（10%－8%）可分配给股东，从而使得每股收益额上升。只要总资产报酬率大于债务资本成本，每股收益必然上升，这时利用财务杠杆是有利的。

与此相反，在其他条件不变的情况下，财务杠杆也可能对每股收益产生不利的影响。这种不利影响称为负财务杠杆，即财务杠杆的应用使企业每股收益下降。

【例5-24】假设例5-23中的其他条件不变，债务资本成本上升为12%，则甲企业和乙企业的每股收益计算见表5-15。

表5-15　甲企业和乙企业的每股收益计算　万元

项目	甲企业	乙企业
息税前利润	100	100
利息	0	60
税前利润	100	40
所得税	30	12
税后净利润	70	28
每股收益(元/股)	7.0	5.6

上例，总资产报酬率（10%）小于债务资本成本（12%），因而每股收益下降。只要总资产报酬率小于债务资本成本，每股收益必然下降，必然出现财务负杠杆。

（二）财务杠杆的计量

从上述分析可知，只要在企业的筹资方式中有固定资本成本的债务和优先股，就会存在财务杠杆效应。但不同企业财务杠杆作用程度是不完全一致的，即使是同一企业在不同时期其财务杠杆作用程度也可能是不相同的，为此需要对财务杠杆进行计量。对财务杠杆进行计量的最常用指标是财务杠杆系数（DFL）。所谓财务杠杆系数就是普通股每股收益的变动率相当于息税前利润变动率的倍数。其计算公式为：

$$DFL=\frac{\Delta EPS/EPS}{\Delta EBIT/EBIT}$$

式中:DFL 为财务杠杆系数,EPS 为变动前的普通股每股收益,ΔEPS 为普通股每股收益变动额。

这个公式是计算财务杠杆系数的理论公式,必须以已知变动前后的相关资料为前提,比较麻烦。为便于计算,可将上列公式作如下变换:

因为
$$EPS=\frac{(EBIT-I)(1-T)}{N}$$

$$\Delta EPS=\frac{\Delta EBIT(1-T)}{N}$$

所以
$$DFL=\frac{EBIT}{EBIT-I}$$

式中:I 为债务年利息额,T 为企业所得税率,N 为流通在外普通股股数。

如果公司发行有优先股,则财务杠杆系数应按下面公式计算:

$$DFL=\frac{EBIT}{EBIT-I-\frac{d}{1-T}}$$

式中 d 为支付的优先股股利额。

【例 5-25】如例 5-23 的资料,甲、乙两企业的财务杠杆系数的计算分别如下:

甲企业:
$$DFL=\frac{100}{100-0}=1$$

乙企业:
$$DFL=\frac{100}{100-40}=1.67$$

上例中乙企业的财务杠杆系数为 1.67 表明:当息税前利润增长 1 倍时,普通股每股收益将增长 1.67 倍;反之,当息税前利润下降 1 倍时,普通股每股收益将下降 1.67 倍。前一种情形表现为财务杠杆利益,后一种情形表现为财务杠杆损失。甲企业的财务杠杆系数为 1 表明:当企业没有债务资金,也没有发行优先股时,则其财务杠杆系数为 1,每股收益将与息税前利润同幅度变化。

因此,当公司总资产报酬率大于固定资本成本(主要是指债务资本成本)时,企业应适当地利用负债性资金,发挥财务杠杆作用,可增加每股利润,使股票价格上涨,增加企业价值。

(三)财务杠杆与财务风险的关系

财务风险,亦称筹资风险,是指企业在经营活动中与筹资有关的风险,尤其是指在筹资活动中利用财务杠杆可能导致企业股权资本所有者收益波动(上升或下降)的风险。由于人们更害怕损失,所以财务风险更多情况下是指企业在筹资活动中利用财务杠杆可能导致企业股权资本所有者收益下降的风险,甚至可能导致企业破产的风险。除债务资金固定利息以外,财务风险还受资本规模的变动、资本结构的变动、债务利率的变动和息税前利润的变动的影响。一般而言,财务杠杆系数越大,企业的财务风险就越高;财务杠杆系数越小,企业财务风险就越低。

五、总杠杆

(一)总杠杆的概念

如前所述,由于存在固定的生产经营成本,产生经营杠杆效应,使息税前利润的变动率大于产销业务量的变动率;同样,由于存在固定财务费用(如债务利息、优先股股利),产生财务杠杆效应,使企业每股收益的变动率大于息税前利润的变动率。如果两种杠杆共同起作用,那么销售额稍有变动就会使每股收益产生更大的变动。这种由于固定生产经营成本和固定财务费用的共同存在而导致的每股收益变动大于产销业务量变动的杠杆效应,称为总杠杆,又称为联合杠杆或复合杠杆。

总杠杆是企业经营杠杆作用与财务杠杆作用对企业每股收益的综合影响。从时间上看,经营杠杆的作用在前,财务杠杆的作用在后。它们之间的关系及对每股收益的影响可见图 5-8。

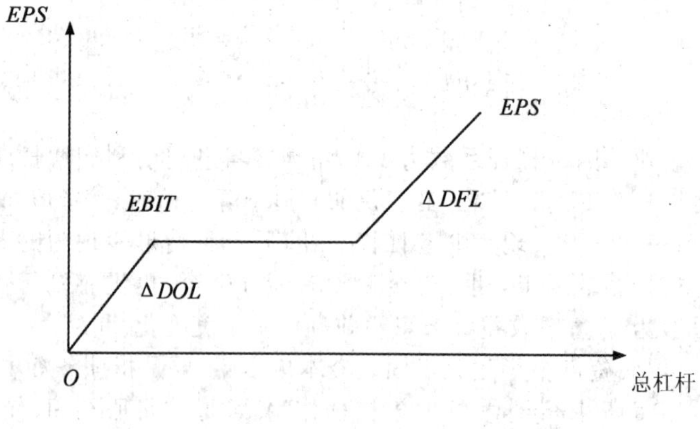

图 5-8 总杠杆、财务杠杆与经营杠杆三者关系图

(二)总杠杆的计量

从以上分析中得知,只要企业同时存在固定的生产经营成本和固定的财务费

用等支出，就会存在总杠杆的作用。但不同企业，总杠杆的作用的程度是不完全一致的，为此，需要对总杠杆作用的程度进行计量。对总杠杆进行计量的最常用指标是总杠杆系数或总杠杆度（DTL 或 DCL）。所谓总杠杆系数，是指每股收益变动率相当于产销业务量变动率的倍数。其理论公式为：

$$DTL=\frac{\Delta EPS/EPS}{\Delta Q/Q}$$

或

$$DTL=\frac{\Delta EPS/EPS}{\Delta S/S}$$

总杠杆系数与经营杠杆系数、财务杠杆系数之间的关系可用下式表示：

$$DTL=DOL\times DFL$$

即总杠杆系数等于经营杠杆系数与财务杠杆系数之积。

总杠杆系数的计算公式还可作如下简化：

因为

$$DOL=\frac{M}{EBIT}$$

$$DFL=\frac{EBIT}{EBIT-I}$$

$$DTL=DOL\times DFL$$

所以

$$DTL=\frac{M}{EBIT}\times\frac{EBIT}{EBIT-I}=\frac{M}{EBIT-I}$$

如果企业发行有优先股，其总杠杆系数的计算公式如下：

$$DTL=\frac{M}{EBIT-I-\frac{d}{1-T}}$$

【例 5-26】某公司的经营杠杆系数为 2，同时财务杠杆系数为 1.5，则该公司的总杠杆系数计算为：

$$DTL=2\times1.5=3$$

在此例中，总杠杆系数为 3 表示：当企业产销业务量增长 1 倍时，普通股每股收益将增长 3 倍；反之，当企业产销业务量下降 1 倍时，普通股每股收益将下降 3 倍。

（三）总杠杆与企业总风险的关系

从以上分析看到，在总杠杆的作用下，当企业经济效益好时，每股收益会大幅度上升,当企业经济效益差时,每股收益会大幅度下降。企业总杠杆系数越大,每股收益的波动幅度越大。由于总杠杆作用使每股收益大幅度波动而造成的风险,称为总风险,或称联合风险、复合风险。在其他因素不变的情况下,总杠杆系数越大,总风险越大;总杠杆系数越小,总风险就越小。

第六节 投资决策原理

企业通过各种渠道和方式筹集而来的资金最终都是要用来投资的,投资对象、投资方式、投资成本、投资风险和投资收益等是企业投资决策要解决的主要问题。投资决策尤其是重大投资决策对于企业的生存与发展起着决定性的作用,珠海巨人、郑州亚细亚、水仙电器等一些曾经知名的企业皆因投资决策失误而如今陷入困境。因此,作为财务管理专业的学生必须要认真学习和掌握投资决策的基本原理,为将来学习中级财务管理奠定理论基础。

一、企业投资的基本内涵

(一)企业投资的概念及特征

投资是指将财力投放于一定对象,以期望在未来获取收益(或报酬)的经济行为。投资概念有广义和狭义之分,广义的投资包括企业内部的资金投放和使用,以及对外部的投出资金;狭义的投资仅指对外投出资金。

从财务上说,投资具有以下特征:①财力上的预付性。投资是在实际的经营活动进行之前发生的,具有预付款的性质,这种投资预付款只有在投资形成生产经营能力或投资实际运转后才能收回。②时间上的选择性。投资并非随时进行的,只有客观上存在投资的条件即投资的可能性和必要性时,投资时机才真正到来。③空间上的流动性。在投资的过程中,投出的资金不仅会在空间上流动,大到跨国投资、小到企业间投资,而且投出资金转化成的实物和证券等也会产生形态上的流动。④目标上的收益性。尽管各个具体的投资在目标上不尽相同,但是这些投资的最终和长远目标都是为了取得投资收益。⑤收益的不确定性。尽管投资是为了获取收益,但收益只是在未来才能获得的,最终收益是多少事先难以知晓。⑥回收上的时限性。任何投资都必须收回,否则无人进行投资。由于资金时间价值的存在,投资不仅要收回,而且应及时收回。⑦效果上的综合性。在市场经济条件下,企业能否把财务资源投放到收益高、回收快、风险小的项目上去,对企业生存和发展是十分重要的。企业进行投资是取得利润的基本前提，是发展生产和经营的必要手段，也是降低风险的重要途径。

(二)企业投资的动机

企业进行投资归纳起来不外乎以下三个方面的动机：

1. 取得投资收益

获取收益是企业投资的最主要的动机。其具体表现在：

(1)取得规模效益。规模效益是假定企业生产的产品(或提供的服务)的市场需求规模不受限制，而产品(或服务)成本一定的前提下，企业单纯通过投资而扩大产品(或服务)的数量，所取得的投资收益。企业通过投资扩大其业务规模，可以使收益增加，而这种增加是有限度的，这种限度为边际收入等于边际成本时的业务规模，如果继续生产或增加服务势必使利润达不到最大或下降。

(2)维持现有规模效益。这是取得规模效益中的一种特殊情形。它是假定企业生产的产品(或提供的劳务)的市场需求规模不变，而在产品(或劳务)成本一定的前提下，企业通过投资维持现有的生产经营规模(或服务规模)所取得的效益。由于连续不断的生产经营(或服务)活动，企业生产设备因报废或已损坏，不能保持企业的生产经营规模或服务规模，以致企业效益下降，所以更新是必须投资的。

(3)降低成本。它是假定企业的生产经营(或服务)规模不变，企业通过投资如用于更换可用但已陈旧的生产经营设备等来单纯降低产品(或服务)的单位成本所取得的效益。

2. 降低投资风险

投资风险表现为投资收益的不确定性，或预期收益不能实现的可能性。降低投资风险主要通过两种途径：①通过多样化经营实现风险分散，使经营失败的项目受到经营成功的项目的补偿；②通过风险控制可以减少投资风险，如在现代企业投资中，企业往往先期投入大量资金，进行可行性论证，预知投资的各种可能风险，提出控制措施。

3. 承担社会义务

有时企业的投资并非是为了取得投资收益，也不是为了降低投资风险，而是一种单纯的义务性投资，如工业安全和环境保护等投资。这种投资表面上看是义务性、强制性和非收入性，但从长远看可能影响到企业的投资收益，因为企业如果不进行这方面的投资将会影响到其社会形象，进而影响企业的生产经营活动，甚至被政府强制关门停产等。

(三)企业投资的种类

企业投资按照不同的标准有不同的分类。

(1)根据投资的方向,投资可分为对内投资和对外投资两类。

企业对内投资是为了保证本企业内部生产经营活动的顺利进行和规模扩大,进行的厂房与设备的更新、改建、扩建、新建、购置,无形资产购置,流动资金投入的财务活动。应该说这些是正常投资活动的主体。对内投资具体又分为流动资产投资、固定资产投资和无形资产投资。

企业的流动资产投资是指可以在一年或者超过一年的一个营业周期内变现或者运用的资产投资。与内部其他投资比较,流动资产投资具有流动性强的特征,即变现所需时间短、速度快。作为企业投资的重要组成部分,有效的流动资产投资对企业增加盈利是非常重要的。流动资产投资具体包括货币资金投资、应收账款投资、存货投资和短期证券投资等项内容。这些内容都有一个共同的特点,其管理目的都是在满足生产经营需要、确保企业利润的实现并不断增长的前提下,尽可能降低这部分投资的资金占用量。

固定资产投资是指建造、购置、改造固定资产而进行的经济活动。从实物形态来看,它是用新投入的资金来建立和完善各种生产经营条件;从价值形态来看,它就是为固定资产再生产投入资金。固定资产投资是企业生存和发展的基本保证。与流动资产相比,具有单项投资额大,投资回收期长,对企业的资金运动和经济效益影响深远的特点。因此,在确定企业固定资产投资政策时,要充分进行投资方案的可行性论证,综合考虑技术上的先进性、实用性和经济上的合理性、效益性,选择投资少、见效快、收益大的投资方案和项目,避免错误决策带来的严重后果。

无形资产是指可供企业长期使用但没有实物形态的资产,其投资区别于流动资产、固定资产等有形资产投资,具有以下特点:①无实体性。它不像有形资产具有物资实体,而是通过企业卓有成效的经营活动和投资活动而获得的某种权利,有的只是一种观念。②独占性,也称垄断性。有形资产可以大量、成批生产制造,可以复制,但无形资产投资是单一的,仅与特定的主体有关,与特定主体的持续经营紧密相连。③不确定性。除了法律规定有些无形资产的寿命有确定的期限外,其余无形资产的有效期限难以准确计量,而且获得收益与无形资产投资既不成比例关系,也很难确定哪些投资已经收回,哪些投资没有收回,回收期有多长。④具有长期超额收益能力。无形资产将在较长时期内为企业提供收益,并有助于企业获取高于一般水平的收益。无形资产投资一般包括专利权投资、商标权投资、著作权投资、土地使用权投资、非专利技术投资、商誉投资等。

对外投资包括境内合资投资、并购投资、信托投资、境外直接投资、证券投资等。

(2)根据投资回收期的长短，投资可分为长期投资和短期投资。

长期投资是指一年以上才能收回的投资，主要指对厂房、机器设备等固定资产的投资，也包括对无形资产和长期有价证券的投资。长期投资具有投资回收期长、投资风险大、预期投资收益高等特点。

短期投资是指能够并且也准备在一年以内收回的投资，主要指对现金、应收账款、存货、短期有价证券等的流动资产投资，长期有价证券如能随时变现亦可用于短期投资。企业进行短期投资的主要目的是为了保证企业资产具有一定的流动性，降低企业风险。短期投资具有投资回收期短、流动性强、投资收益低等特点。

(3)按投资与企业生产经营的关系，投资可分为直接投资和间接投资两类。

直接投资是指把资金投放于生产经营性资产，以便获取利润的投资。在非金融性企业中，直接投资所占比重很大。

间接投资又称证券投资，是指把资金投放于证券等金融资产，以便取得股利或利息收入的投资。随着我国金融市场的完善和多种筹资渠道的形成，企业间接投资将越来越广泛。

二、企业投资决策的概念与分类

(一)企业投资决策的概念

企业投资决策是企业对投资的必要性、投资目标、投资规模、投资方向、投资结构、投资成本与收益等投资活动中的重大问题所进行的分析、判断和选择。它是一个包含了评价投资环境，以及选择企业投资目标、实现目标的道路(手段)、代价的动态过程。其核心与实质是在比较与鉴别各投资方案的预期收益和预期成本的基础上选择最满意的投资方案　　努力地谋求在一定环境条件下，用尽可能小的投资成本实现投资预期目标的过程。

(二)企业投资决策的种类

企业投资决策的表现形式丰富多彩，但常见的主要有以下几类：

(1)从企业投资决策需要解决的主要问题来看主要有以下几个方面的决策：①企业投资规模决策。企业投资规模决策是企业对投资活动范围与投资工作量的选择，它既是企业对未来生产规模的决定，又是企业对投资成本的选择。②企业投资方向决策。企业投资方向决策是企业在其投资总规模一定的前提下，对不同流向、不同性质、不同用途的投资所作的安排。③技术选择。技术选择包括对企业投资项目技术装备水平、生产工艺及设备的选择，技术选择是否恰当，对企业资本有机构成和企业在市场竞争中的地位有直接的影响。④企业投资方式决策。企业投资方式决策是企业关于投资目标的实现形式与手段的选择，有新建、扩建、改建、购并等方式。

(2)企业投资决策按其所依据的信息和资料的性质不同划分，可分为确定条件下的决策、风险条件下的决策与不确定条件下的决策。确定条件下的投资决策是指在存在一种已知的自然状态下的决策；风险条件下的投资决策是指在存在几种自然状态，且每一种状态都具有一定的不确定性，无论作何选择，都要承担一定风险的决策；不确定条件下的投资决策是指在存在几种自然状态，且这些自然状态出现的可能性与发生的概率是无法确定的情形下进行的决策。

(3)根据企业投资决策中所涉及的方案个数及其相互关系分，可分为独立投资方案决策和相关投资方案决策。一般地说，如果一个投资方案的采纳与否并不影响或不显著影响其他投资方案的取舍，则该方案就是独立投资方案；如果在一组投资方案中，某一投资方案的取舍会极大地影响其他投资方案的选择，则该投资方案便为相关投资方案。在相关投资方案中又有互补投资方案与互斥投资方案之分。如果一个投资方案的取舍决定于另一个投资方案的取舍，则将它们称之为互补投资方案，如港口与码头、油田和油管都属互补投资方案；如果一个投资方案的采纳意味着对其他投资方案的拒绝，则将它们称之为互斥投资方案。与此相适应，企业的投资决策便有独立投资方案决策和相关投资方案决策之分。前者是指企业单独分析、评价一个投资方案是否具有可行性，并做出是否投资的选择；后者是指在分析、评价几个投资方案的基础上，从中选出最合意的投资方案。

(4)按企业投资决策过程的不同阶段分，可分为动议研究决策、方案初选决策与最终决策。动议研究决策是企业投资决策全过程的初始阶段，核心是围绕某一投资动议，进行专门的分析、论证，以确定该项投资动议的可行性，并在此基础上作出相应的决定。方案初选决策是在动议研究决策基础上，由企业自己的或企业委托的专门的投资决策研究机构对全部备选投资方案所进行的分析、比较与筛选，其功能是为最终决策提供依据，因而它是决定企业投资决策质量的关键阶段。最终决策就是通常意义上的拍板定案，是由企业最高领导者或最高决策层对方案初选决策提供的可行方案所作的选择。

三、企业投资决策过程

企业投资决策作为一个对诸多复杂因素进行逻辑判断与综合分析及在此基础上进行投资方案选择的动态过程是不能随心所欲的，它必须适应或符合企业投资决策活动内在的不依人们意志为转移的各项工作的阶段性与连续性的要求。这种存在于企业投资决策活动内部的不依人们意志为转移的各项工作的先后顺序就是企业投资决策过程。

企业投资决策过程是投资决策的工作步骤与各项投资决策工作在企业内部各层级之间的行政程序的有机统一，一般应包括以下环节：

(1)发现问题。企业投资决策就是为了解决投资问题而存在的。一个成功的企业往往在于其投资决策者能审时度势，善于发现投资问题，抓住投资机会。发现问题应成为企业的自觉行为。其核心就是要时时刻刻分析企业的自身特点、优势与劣势、企业投资环境的变化等，并在此基础上提出投资问题。

(2)确定投资目标。当企业发现投资问题后，首要任务便是确定一个恰当的投资目标。企业投资目标是企业投资的行动指南，如果企业确定的投资目标不恰当或者说不具可行性，必将导致投资决策失误。

投资目标的确定应注意以下几个方面的问题：第一，要明确做什么，即务使投资目标有价值；第二，要明确先做什么，后做什么，即务使目标可以分解，便于确定实现目标的顺序；第三，要明确做多少，即务使有具体的目标——有准确的数据与明确的质量标准；第四，要明确怎么做，即必须确定目标的方向与涉及的幅度；第五，要明确何时完成，确保目标的实现有一个准确的时限。

(3)提出投资项目建议。企业要实现投资目标，可能存在多种机会与多种选择。但是，对不同投资机会的选择，在实施后的效应是不可能完全一致的，这就要求企业须进行投资机会研究，把握最佳时机，并在此基础上提出投资项目建议，以确定一个基本的投资项目框架。

(4)拟定可供选择的投资方案。一个投资项目要付诸实施，可以通过多种途径，采用多种方式。为了寻找最合理的投资途径与方式，使企业投资效益相对最大，就必须根据已知的约束条件，制定科学的可供选择的投资项目方案。

企业拟定备选投资方案包括项目初选与准备。具体讲，就是在投资项目建议书获得企业投资最高决策者批准后，应进行初步可行性研究，以对投资项目的各种预选方案进行筛选，进一步考虑拟投资项目的规划方案及做出选择或建议的理由。在对企业投资项目进行初选之后，便可对初步选定的所有方案进行详细可行性研究,明确拟投资项目的投资目的及实现目的的手段。在对拟投资项目进行详细可行性研究,选出最佳投资方案,做出可行与否的客观评定,为最终的“拍板定案”提供科学依据。总之,只有经过可行性研究并被证明是可行的投资方案,才能列入备选方案。

拟定备选方案应注意以下几点:第一,根据投资项目的重要程度、规模与选择成本制定足够多的备选方案;第二,备选方案均需围绕投资项目的主要内容、范围进行全面的设计,并要突出诸如投资额、新增生产能力、产品、项目技术水平、项目经济寿命、生产成本与收益预期、投资地点等重要问题与基本指标;第三,要保证各备选方案之间所使用的指标口径具有可比性。

(5)比较、鉴别备选投资方案。比较和鉴别备选投资方案就是指企业为了确保投资决策的科学性、客观性、准确性,而在“拍板定案”之前,在可行性研究的基础上,运用科学方法对各投资方案进行全面的技术经济论证与评价,即项目评估。

(6)选定最恰当的投资方案。在比较与鉴别各备选投资方案后,企业投资决策者应从备选方案中选出一个最能满足预期投资目标要求的合意方案。

(7)编制投资计划。企业投资计划是投资决策的综合体现,它既是投资决策的直接结果,又是企业投资决策执行的具体依据。

(8)决策跟踪与检查。由于投资决策者的有限理性决定了任何投资决策在其执行过程中都可能出现偏差,因此为了投资决策执行结果与决策时的预期大体一致,就必须在投资决策执行过程中建立科学的信息反馈系统,以便对投资决策进行跟踪与检查。

值得注意的是:企业投资决策虽然包括了这八个步骤,但它们并非是一次顺序完成的,往往需要从后一步骤返回到以前的步骤。例如,在拟定可供选择的投资方案时可能会发现在提出项目建议书时收集的信息尚不够充分,因而还需要再收集信息;在比较与鉴别各备选投资方案时也可能会发现原有投资方案的设计还有缺陷,需要修改设计。尽管如此,企业在投资决策中却不能跃过某一环节而进入下一个环节,否则企业投资决策绝难取得令人满意的结果。

四、影响企业投资决策的因素

1.投资决策者

企业投资决策者是企业投资决策的行为主体,它可以是个人,也可以是一级组织。一般而言,企业投资决策者是投资决策行为中最大的未知数,对投资决策影响深远。一方面,如果企业投资决策者是个人,便会因个人的素质、性格、爱好、胆识、经验、偏见、权威、信息等因素影响企业投资决策的进行。另一方面，如果投资决策者是一级组织（比如公司的董事会），既会因个人理性不等于组织理性而使企业投资决策不一定是企业最优的选择，又会因企业投资决策组织成员的多元化和成员间的差异性而可能导致与企业发展要求不一致的多元化问题。

2.投资决策依据

企业投资决策依据包括构成企业投资环境的外部因素和企业投资目标等内部因素。在其他条件既定时，投资决策依据的真实性、可靠性对企业投资决策质量至关重要。如果企业不能了解与把握投资环境，缺少有关投资环境的信息，如立法与司法、政府的产业政策、市场需求、竞争程度、资源供给、基础设施等方面的信息，如果企业投资目标不确定或不明确、不科学，如果企业不了解自身的优势和劣势，就会因失去明确的方向和真实的前提，而出现由盲目决策所导致的盲目投资。因此，企业投资决策的首要任务是全面地分析投资环境，确定科学的、明确的投资目标。

3.投资决策方式

企业投资决策方式一般指的是企业实现投资决策的组织形式，即企业投资决策的实现是通过“集议”方式完成的？还是通过“独断”方式完成的？它旨在确定“真正的决策者究竟是谁?”，解决企业投资决策权限的划分问题，是集权还是分权？如果是集权，集权的限度是什么？如果是分权，分权的限度又是什么？一般而论，企业投资决策权的过分集中或过分分散都不利于投资决策效率的提高。当企业投资决策权过度集中时，即企业投资由其最终决策者“独断”，会因最终决策者的信息不对称问题而使企业投资决策质量及其效率下降，如巨人总裁史玉柱在检讨失败时曾坦言：“巨人的董事会是空的，决策是一个人说了算。因我一人的失误，给集团整体利益带来了巨大的损失，这也恰好说明，权力必须有制约。”当企业投资决策权过分分散时，即企业是否投资是通过“集议”方式完成的，又会因参与企业投资决策的人员过多而使达成一致同意或多数同意的费用与时间增大，从而不利于企业投资决策效率的提高。

4.投资决策方法

企业能否选择恰当的投资决策方法是影响其决策质量的又一重要因素。一般而言，能使企业投资决策者做出正确决策的方法应是能将投资方案预计寿命周期内所有现金流量及资金时间价值都考虑到的，并能使企业投资决策者在多个备选方案中进行择优的方法。然而，在现实中并不存在这样的十全十美的方法。每一种投资决策方法不仅对投资方案分析与评价的角度和标准各不相同，适用范围相异，而且各有利弊，即使对同一投资方案进行分析与评价，也会因采用的方法不同而得出不同的结论，最终导致不同的甚至是错误的投资选择。

5.投资决策原则

企业投资决策原则是企业投资决策者在进行分析、论证、评价、判断、抉择时的行为准则，具体包括普适性原则和非普适性原则。前者是指为了确保投资决策质量，所有投资决策者都应遵循的原则，通常包括目的性原则、科学性原则、效率性原则；后者是指投资决策者偏爱的行为准则，通常有瓦尔特决策准则（小中取大）、逆瓦尔特决策准则（大中取大）和萨维奇决策准则（以遗憾最小的投资方案为最佳方案）。因此，企业投资决策者是否遵循普适性原则和遵循什么样的非普适性原则是保证投资决策有效地、高质量地进行的又一重要因素。

五、企业投资规模决策

企业投资规模是指一定时期企业投资的总水平和投资总额，它是以一定时期或一定的企业内外部条件为前提并随企业内外部条件变化而相应变化的。企业投资规模决策是对企业投资的总水平和投资总额的判断和选择。正确确定企业投资规模有利于提高企业经济效益，有利于正确确定企业投资成本，有利于正确组织投资所需资金的筹措和供应。

企业投资规模决策是一项非常复杂的工作，它必然要受到企业内外部各种环境因素的影响，具体而言主要包括以下内容：

(1)投资收益。投资收益有预计投资收益和必要投资收益之分，前者指投资后预期获得的收益，后者指投资后必须获得的最低收益。这两者之间的相对关系影响着投资规模的大小。只有当预计投资收益水平高于必要投资收益水平时，投资规模才有必要扩张，反之不必要。

(2)经营目标。企业的经营目标就是谋求经营活动的效益最大化，其中一个主要方面就是规模效益。也就是说，当投资达不到一定规模时，投资收益率不可能最高，或者说为了实现企业经营活动的效益最大化，企业必须使投资维持在一定的合理水平或规模上。因为投资达到一定规模，方可实现生产和经营活动的分工协作，才能实现各种资产或设备的配套成龙，才可以使用技术先进和效率高的设备。

(3)市场规模。市场规模对企业投资规模的影响是以企业既定的投资方向为基础的。因为就各个独立企业而言，只要投资方向可以调整，市场规模就不会制约投资规模，因为企业可以通过调整投资方向即通过多元化经营来实现投资规模扩张。然而，就企业既定的投资方向，由于一定时期的市场需求量是一定的，而本企业所占的市场份额会随竞争的强弱程度而变化，从而投资规模必然受制约。

(4)产业政策。产业政策涉及国家的产业发展规划及相应政策。一般国家重点扶持要发展的行业,制约不宜发展的行业,并采用金融、行政等配套政策措施,从而必然影响到有关行业的获利水平,使投资收益或升或降。企业显然会扩大投资收益上升产业的投资,而收缩投资收益下降的产业投资。然而这并不意味着企业总投资规模必须扩张或收缩,其结果要取决于企业投资和产业类型及扩、缩程度。

(5)筹资能力。从决策程序上看是投资规模决定了筹资规模,因为有多大的投资需求就需要筹措多少资金。然而,在实际的投资程序中是先有筹资,才能用资。在特定时期和特定经营及财务状况下,在宏观资金规模一定时,企业能够筹措到的资金毕竟是有限的,从而必然制约着企业的投资规模。

(6)企业素质。从财务角度看,企业素质就是企业偿债能力、营运能力和盈利能力的综合表现,如前所述,尽管特定时期资金供应总量有限,产业政策鼓励或限制某些产业发展,而市场规模则限定了劳务和产品的需求,所有这些都会限制或扩张企业的投资规模,然而主要还取决于该企业的竞争能力,这归根结底取决于企业素质。

六、投资工具的选择

投资工具是资本市场上投资的对象。随着信用关系的日益深化和投资活动的多样化,为了便利资金融通、媒介资金运动、适应各种投资活动的需要,各种投资工具应运而生。当今发达金融市场上最常见的投资工具共分为以下五类。

(一)利息率工具

这是指与利息收入相联系的各种投资工具,是投资者对于筹资者的债权凭证,具体包括货币市场和债券市场上的所有投资对象。这类工具的特点是:其投资者按照预先约定的数额定期取得利息,并且通常到约定的期限可以收回本金。主要有国库券、公债、企业债券、大额定期存单、银行承兑汇票和商业承兑汇票几种。这类产品的风险较小。

这类投资工具的主体是债券投资。债券投资是企业通过购入债券成为有关方面的债权人,并获取债券利息收益的投资行为。这种投资行为既可以在一级市场(发行市场)上进行,也可以在二级市场(交易市场)上进行;既可用以进行长期投资,也可用以进行短期投资。

(二)股票类工具

这是指与企业的所有权相联系的各种投资工具,具体包括普通股、投资基金等。在理论上,还包括与企业的自有资本筹集相联系的其他投资工具,如参股证或股权证等。这类产品的最大特点是:投资者没有定期取得收入的任何保证,也不能将股票退还给企业要求得到偿还,但是作为企业的主人可参与企业利润分配。股票类工具是高风险投资工具。

(三)实物类工具

有些实物商品具有特定的使用价值,但是在金融市场上,这些商品的使用价值失去了其原有的意义和重要性,人们买卖这些实物商品的目的不再是它们有什么样的具体作用,而是它们的价格(价值)的变动。正是在这一意义上,它们被视为实物类投资工具。常常被作为投资工具的实物商品主要有:贵金属(黄金、铂金、钻石等)、艺术品、房产、地产、石油、邮票、外汇等。

(四)衍生类工具

这是指以另一(或另一些)投资工具的存在为前提,以这些投资工具的买卖为对象的投资工具。最常见也是最重要的衍生投资工具是期权和期货。这些投资工具的最大特点是:它们都是合同对象,它们的价格在很大程度上取决于合同中作为买卖对象的产品(即标的产品)的价格,并且它们的价格波动幅度通常要明显大于标的产品的价格波动幅度。衍生投资工具是一种风险较大的投资工具。

1.期货投资

期货是通过期货交易所买卖某种标准化商品或金融产品的合约。标准化指的是商品或金融产品的数量、等级、交货时间与地点是统一的。合约的价格是由买卖双方或双方的代理人在交易所内通过公开叫价而定的。

期货交易是买卖外汇、有价证券等的交货合同的交易方式。买卖双方交易的只是一张统一的标准合同,即“期货合约”。它是现代市场上最常见的交易方式之一。而期货合约是期货交易的主要内容,是规范化的、受法律约束与保护的、规定在某一特定时间和地点交收载明证券的标准合同。买入期货合同意味着承诺在某一指定时间、地点,按约定价格接收某种一定数量的商品或证券。同样,卖出期货合约也就意味着承诺在一定时间、地点,按约定价格交出某种一定数量的商品或证券。一般的期货合约应载明交易单位、敲定价格、最小变动价位、每日价格最大波动限制、合约月份、交易时间、最后交易日、交割方式、合约到期日、交割地点等条款。

期货投资是指为减少现货市场可能出现的不利价格变动，及时抓住机会去保护经营中的边际获利机会，免受不愿承担和无法预见的价格波动风险，而投资从事期货交易的活动。其投资特点是：①投资对象复杂。根据期货交易的对象，期货可分为商品期货和金融期货两大类。商品期货又包括金属期货、工业品期货和动植物期货。当然，可以进行期货交易的商品必须具备供求量大、不易腐烂、可贮存、能标准化和分级、有自由竞争的价格等条件。因此，期货交易一般只适用于交易量大的大宗商品，如粮食、棉花、食糖及外汇、证券等的交易。金融期货包括货币期货、利息期货、股票指数期货和期权期货。②投资地点、方式、场所，法规有严格的限制。期货投资的运作是众多的买家或卖家在期货交易所内，按照一定的规则，通过讨价还价的激烈竞争之后完成的。③期货投资在多数情况下根本无需进行商品或金融产品的交割。期货交易中，期货合同的持有者既可以履行合同义务，也可以在交货期到来之前，将合同转手或冲销。在期货交易中，真正需要履约进行现货交割的合同是极少数，一般只占成交合同总数的1%～2%，而多数为买空、卖空交易。④期货投资使用资金较少，灵活方便。

2.期权投资

期权（又称选择权）交易实际上是一种权利的买卖。买主买进的并不是实物，只是买一种权利，这种权利使他可以在一定时期内的任何时候以事先确定好的价格（一般称为协定价格），向期权的卖方购买或出售一定数量的某种证券，不管此时的证券市场价格高低。这个“一定时期”、“协定价格”和买卖证券的数量及种类都是在期权合同中事先规定的。在期权合同的有效期内，买主可以行使或转卖这种权利，超过规定期限合同失效，买主的期权也随之作废。

期权分为看涨期权（也称买进期权）和看跌期权（也称卖出期权）两种。买了看涨期权，买主可以在期权有效期内的任何时候按协定价格向期权的卖主购买事先规定数量的某种证券；买了看跌期权，买主可以在期权有效期内的任何时候按协定价格向卖主出售事先规定数量的某种证券。

期权投资的显著特点是：①投资对象是一种权利。它是一种关于买进或者卖出证券的权利的投资，而且这种权利具有很强的时间约束。②是否执行权利较为灵活。投资者买进期权，享有选择权，有权在规定的期限内根据市场行情决定是否执行契约。对执行期权、放弃交易或把期权转让给第三者，投资者无需承担任何义务。③投资风险较小。对于投资者来说，利用期权投资进行证券买卖的最大风险仅限于购买期权的价格（保险费），而期货投资等的风险将难以控制，因此期权投资实质是防范风险的投资交易。

(五)混合类工具

这是指由两种或两种以上的投资工具混合而成,具有每一组成工具的一部分属性的投资工具。最常见的混合投资工具是优先股和可转换债券,它们既有债券的一些属性,如定期取得股(利)息收入、债券到期还本等;又有股票的一些属性,如可以从股票价格上涨中获利等。混合投资工具的风险取决于其组成工具的风险。

第七节 收益分配决策原理

企业收益分配,是一个既古老又现实的经济学问题。从亚当·斯密的《国富论》到马克思的《资本论》,从西方经济学的边际生产力理论和均衡价格理论到我国的利润留成制、利改税、税利分流等,收益分配理论在不断地发展和完善。收益分配作为现代企业财务管理的主要内容之一,它不仅影响企业的筹资和投资决策,而且涉及国家、企业、投资者、职工等多方面的利益关系,涉及企业长远利益与近期利益、整体利益与局部利益等关系的处理与协调,必须慎重对待。

一、企业收益的界定

只有明确界定企业收益,才能对企业收益进行分配。按会计收益的定义,企业收益是企业一定时期已实现的收入与其相关的成本费用之间的差额。因此,收益的界定就包含三个部分:企业收入的构成及实现、成本费用的内容及发生、收入与成本费用的配比。

1. 企业收入的构成及实现

企业收入指企业在销售商品、提供劳务及他人使用本企业资产等日常活动中所形成的经济利益总流入。企业收入的构成通常包括营业收入、投资收入和营业外收入三个部分。其中营业收入是企业从事生产活动所取得的收入,包括主营业务收入和其他业务收入,营业收入是企业收入的主要来源;投资收入是指企业对外投资而取得的收入;营业外收入指与企业生产经营活动没有直接联系的收入以及各种偶然所得。对于收入的实现,我们遵循的是权责发生制的收入实现原则,即物权转移才视为收入实现和确认收入的产生。

2. 成本费用的内容及发生

在收入已定的前提下,收益的高低取决于成本费用的多少。成本费用包括营业成本、营业费用、营业税金及附加、投资支出、营业外支出和所得税六部分。之所以将所得税也列为成本费用，而不将其列为利润分配，是因为所得税是为了使企业最终获得净收益而发生的支出，它与营业税金一样，都是企业的一项费用支出。

3.收入与成本费用的配比

收入与成本费用相配比体现在两个方面：一为因果上的联系，即特定收入总与引起收入的成本费用相配比；二为时间上的联系，即收入与成本费用是同期发生的。作为收入与成本费用配比的结果，企业收益为企业税后净利润。本书所指企业收益分配即对企业税后净利润的分配。

税后净利润＝利润总额－所得税

利润总额＝营业利润＋投资净收益＋营业外收支净额

营业利润＝主营业务利润＋其他业务利润－管理费用－财务费用

主营业务利润＝主营业务净收入－主营业务成本－销售费用－营业税金及附加

其他业务利润＝其他业务收入－其他业务成本－其他业务营业税金及附加

投资净收益＝投资收益－投资亏损

营业外收支净额＝营业外收入－营业外支出

二、企业收益分配的原则

为合理组织企业财务活动和正确处理财务关系，企业在进行收益分配时应遵循以下原则：

(1)依法分配原则。企业的收益分配必须依法进行，这是正确处理各方面利益关系的关键。为规范企业的收益分配行为，国家制定和颁布了若干法规。这些法规规定了企业收益分配的基本要求、一般程序和重大比例，企业应认真执行，不得违反。

(2)兼顾各方面利益原则。收益分配是利用价值形式对社会产品的分配，直接关系到有关各方的切身利益，有人将其形象地比喻为“分蛋糕”。因此，要坚持全局观念，兼顾各方利益。投资者作为资本投入者、企业所有者，依法享有收益分配权。企业的净利润归投资者所有，是企业的基本制度，也是企业所有者投资于企业的根本动力所在。但企业的利润离不开全体职工的辛勤工作，职工作为利润的直接创造者，除了获得工资及奖金等劳动报酬外，还要以适当方式参与净利润的分配。因此，应提取公益金，用于职工集体福利设施的购建开支。可见，企业进行收益分配时，应统筹兼顾，合理安排，维护投资者、企业与职工的合法权益。

(3)分配与积累并重原则。企业进行收益分配，应正确处理长远利益和近期利益的辩证关系，将二者有机结合起来，坚持分配与积累并重。考虑未来发展需要，增强企业后劲，企业除按规定提取法定盈余公积金以外，可适当留存一部分利润作为积累。这部分留存收益虽暂时未予分配，但仍归企业所有者所有。而且，这部分积累不仅为企业扩大再生产筹措了资金，同时也增强了企业抵抗风险的能力，提高了企业经营的安全系数和稳定性，这也有利于增加所有者的回报。通过正确处理收益分配和积累的关系，留存一部分利润以供未来分配之需，还可以达到以丰补歉，平抑收益分配数额波动幅度，稳定投资报酬率的效果。实践证明，投资者更为青睐能够提供稳定回报的企业，而利润分配时高时低的企业因暗含不稳定信息，对投资者的吸引力难免大打折扣。因而企业在进行收益分配过程时应当正确处理分配与积累的关系。

(4)投资与受益对等原则。企业分配收益应当体现“谁投资谁受益”、受益大小与投资比例相适应，即投资与受益对等原则，这是正确处理投资利益关系的关键。投资者因其投资行为而享有收益权，并与其投资的比例相适应。这就要求企业在向投资者分配收益时，应本着平等一致的原则，按照各方投入资本的多少来进行，决不允许发生任何一方随意多分多占的现象。只有这样，才能从根本上保护投资者的利益，鼓励投资者投资。

三、企业收益分配的程序

收益分配程序是企业根据国家对财务管理制度和企业章程，将净利润进行具体分配的步骤和顺序。根据我国的有关规定，企业的利润总额在依法缴纳所得税后，应按下列顺序进行分配：

(1)承担被没收的财务损失，支付各项税收的滞纳金和罚款。

(2)弥补超过用所得税前利润弥补期、按规定可用税后利润弥补的亏损。

(3)按规定计提法定公积金。公司从税后利润中提取法定公积金后，经股东会或者股东大会决议，还可以从税后利润中提取任意公积金。

(4)向投资者分配利润。企业以前年度未分配的利润，可以并入本年度向投资者分配。

企业违反上述收益分配顺序，在抵补亏损和提取法定公积金之前向投资者分配利润的，必须将违反规定发放的利润退还给企业。

上述步骤的意义是：

第一，企业的罚没支出不许在税前利润列支，以免损害国家利益，失去依法惩处的警示作用。

第二，企业以前年度的亏损，如果未能在 5 年内弥补，就只能从税后利润中弥补,以体现企业自主经营、自负盈亏、自我发展、自我约束的性质。

第三,法定公积金的法定提取比例为10%,公司法定公积金累计额为公司注册资本的50%以上的,可以不再提取。法定公积金可用于弥补公司的亏损、扩大公司生产经营或者转为增加公司资本,法定公积金转为资本时,所留存的该项公积金不得少于转增前公司注册资本的25%。

第四,资本公积金不得用于弥补公司的亏损。

第五,资本金制度的建立,使投资者按出资比例参与利润分配。因此,企业在按规定提取公积金和公益金之后,便需向投资者分配利润。

可见,企业收益分配步骤之间存在这样一种逻辑关系:企业以前年度亏损未弥补完,不得提取法定公积金,在提取法定公积金之前,不得向投资者分配利润;企业在对税后利润进行了前述各项划分之后,才能向投资者分配利润。

本章小结

财务决策是财务管理的核心环节,应遵循信息准确全面、求真务实、系统分析、对比选优、注重时效和集体决策等原则。财务决策系统由决策者、决策对象、信息、决策理论和方法以及决策结果组成。财务决策可分为筹资决策、投资决策和利润分配决策。财务决策的方法有优选对比法、数学微分法、线性规划法和概率决策法。

企业可能因创业、维持经营、扩张或调整资本结构而筹资,筹资时应遵循规模适度、成本效益、结构合理、时机得当、依法筹资等原则。当前我国企业主要有国家财政资金、银行信贷资金、非银行金融机构资金、其他法人资金、居民个人资金、企业内部资金和外商资金七个筹资渠道,有吸收直接投资、发行股票、发行债券、银行借款、商业信用、租赁等六种筹资方式,筹措到企业的资金按资金性质可分为股权资本和债务资金,按期限长短可分为长期资金和短期资金,按是否通过中介机构可分为直接筹资和间接筹资。

资本成本是企业为筹集和使用资金而付出的代价,包括筹资费用和用资费用,分为个别资本成本、加权平均资本成本和边际资本成本三大类。个别资本成本中包括长期借款、债券、普通股、优先股、留存收益等资本成本,前两者是债务资本成本,债务利息可以抵税,其资本成本一般低于权益资本成本。普通股资本成本的计算比较复杂,有股利折现模型法、资本资产定价模型法和风险溢价法三种计算方法。加权平均资本成本是对各个个别资本成本的加权平均计算得到的,边际资本成本是指资金每增加一个单位而增加的成本。

杠杆在财务管理中的运用比较广泛。经营杠杆是企业产销量较小的变动引起息税前利润较大的变动,用经营杠杆系数来衡量,经营杠杆系数越大,企业的经营风险就越大。财务杠杆是企业在筹资中对资本成本固定的债务资金的利用,是指企业息税前利润较小的变动引起普通股股东每股收益较大的变动,用财务杠杆系数来衡量,财务杠杆系数越大,企业的财务风险就越大。总杠杆系数是衡量企业总风险的指标,它等于经营杠杆系数与财务杠杆系数的乘积。

资本结构一般指企业长期资本的构成及其比例关系,加权平均资本成本最低、企业价值最大时的资本结构被认为是最佳资本结构,影响资本结构的因素主要有企业经营者与所有者的态度、企业信用等级与债权人的态度、政府税收、企业盈利能力、资产结构、成长性、理财水平、法律限制、利率变动趋势、行业因素和企业规模以及国别差异等,最佳资本结构的定量分析方法有比较资本成本法、EBIT-EPS分析法与企业价值比较法。

企业可能出于取得投资收益、降低投资风险和承担社会义务的动机进行投资,有对内投资和对外投资、长期投资和短期投资、直接投资和间接投资之分。影响投资决策的因素有决策者、决策依据、决策方式、决策方法、决策原则等。确定投资规模时主要应考虑投资收益、经营目标、市场规模、产业政策、筹资能力、企业素质等方面的因素。可供选择的投资工具主要有利息率、股票类、实物类、衍生类和混合类工具。

企业在界定其收益以后,应遵循依法分配、兼顾各方利益、分配与积累并重、投资与受益对等等原则进行收益分配。分配时要遵循国家有关规定顺序,重点注意法定盈余公积金和公益金的计提基数的确定。

参考文献

1. 焦鸿根. 浅议影响企业财务决策的市场因素. 财会研究,2010(22).

2. 戴斐斐,赵自强. 财务决策与公司可持续发展——基于三大政策的分析. 财务与会计,2008(22).

3. 蒋东生. 战略性资产与企业的财务决策. 管理世界,2007(7).

4. 黄玉英. 财务杠杆简化计算公式运用要注意前提条件. 财会月刊,2011(1).

5. 容少华,阳建芳. 资本成本观点的思考. 财会通讯,2010(26).

6. 冯曰欣. 论资本成本的度量及内涵——兼论资本成本与资金成本的区别. 东岳论丛,2010(7).

思考题

1.企业财务决策有哪些种类？进行财务决策时应遵循哪些原则？

2.我国企业目前筹资渠道和筹资方式主要包括哪几种？

3.什么是资本成本？请简述它与货币时间价值的关系。

4.怎样计算长期借款、债券的资本成本？两者的计算有何区别？

5.普通股资本成本的计算方法有哪几种？请简述其中股利折现模型法是如何计算普通股资本成本的。

6.什么是边际资本成本？如何计算确定边际资本成本？

7.什么是经营杠杆？如何计算确定企业的经营杠杆系数？

8.什么是财务杠杆？如何计算确定企业的财务杠杆系数？

9.什么是总杠杆？总杠杆系数与经营杠杆系数、财务杠杆系数三者之间的关系是什么？

10.什么是资本结构？影响资本结构的因素有哪些？确定最佳资本结构的方法有哪些？

11.企业为什么要进行投资？影响企业投资决策的因素有哪些？企业如何选择投资工具？

练习题

1.某公司发行普通股股票1 000万元，筹资费率为5%，第一年年末股利率为10%，预计股利每年增长4%，所得税税率为33%。

要求：计算普通股资本成本。

2.某公司拟筹集资本总额5 000万元，其中：发行普通股1 000万股，每股面值1元，发行价格2.5元，筹资费用100万元，预计下一年每股股利0.4元，以后每年增长5%；向银行长期借款1 000万元，年利率10%，期限3年，手续费率0.2%；按面值发行3年期债券1 500万元，年利率12%，发行费用50万元。

要求：计算该公司的加权平均资本成本。

3.某企业资本总额为250万元，负债比率为45%，负债利率为14%，该企业年度销售额为320万元，固定成本为48万元，变动成本率为60%。

要求：

(1)计算保本销售额。

(2)计算经营杠杆系数、财务杠杆系数、复合杠杆系数。

4.某公司目前发行在外普通股100万股(每股1元),已发行10%利率的债券400万元。该公司打算为一个新的投资项目融资500万元,新项目投产后公司每年息税前利润增加到200万元。现有两个方案可供选择:按12%的利率发行债券(方案1);按每股20元发行新股(方案2)。公司适用所得税率40%。

要求:

(1)计算两个方案的每股利润;

(2)计算两个方案的每股利润无差别点息税前利润;

(3)计算两个方案的财务杠杆系数;

(4)判断哪个方案更好。

5.某公司拥有长期资金500万元,其中长期借款100万元,普通股400万元。该资本结构为公司理想的目标结构。公司拟筹集新的资金,并维持目前的资本结构。预计随筹资额增加,各种资本成本的变化见表5-16。

表5-16 筹资区间与资本成本变动

资金种类	新筹资额	资本成本
长期借款	50万元及以下	5%
	50万元以上	10%
普通股	80万元及以下	12%
	80万元以上	14%

要求:计算各筹资总额突破点及相应各筹资范围的边际资本成本。

案例分析

资本结构筹资决策

A公司是一家位于某市高教园区的快餐连锁经营店,假设你刚被A公司聘任为财务经理。A公司去年的息税前利润为50万元,由于高校扩招,预期公司的息税前利润将会持续稳定。由于公司不需要扩张资金,公司以后的盈余准备全部用来发放股利。

A公司现有的资金全部都是自有资金,它有10万股股票流通在外,每股面值为20元。你知道企业所有者可以举债经营受益,于是你向你的新老板建议采用负债筹资,并得到认可,要求你提出一份报告。假设你从公司的投资银行得到不同债务水平下有关债务成本和权益成本的资料(表5-7)。

表 5-17　不同债务水平下债务成本和权益成本

总负债	0	25 万元	50 万元	75 万元	100 万元
债务成本	—	10%	11%	13%	16%
股票成本	15%	15.5%	16.5%	18%	20%

如果公司准备筹资，将会举借债务，并用于回购公司股票。公司适用的所得税率为 40%。要求你对以下问题进行分析：

1.(1)什么是经营风险？影响一个公司的经营风险的因素有哪些？

(2)什么是经营杠杆？经营杠杆如何影响一个公司的经营风险？

2.(1)什么是财务风险？影响一个公司的财务风险的因素有哪些？

(2)什么是财务杠杆？财务杠杆如何影响一个公司的财务风险？

3.如何衡量公司的经营风险与财务风险？

4.请你设计一个关于财务杠杆利益的例子给公司董事会，以两种企业模式为例：甲公司，没有负债；乙公司，有债务 10 万元，债务利率为 12%。两个公司的总资产都是 20 万元，所得税率都是 40%。表 5-8 是两个公司未来一年内相同的息税前利润预测。

表 5-18　公司息税前利润预测

概率	息税前利润(元)
0.2	20 000
0.5	30 000
0.3	40 000

(1)分别编制两个公司的部分利润表，从息税前利润开始。

(2)这个例子说明了财务杠杆对风险和预期报酬率会产生什么影响？

5.不要用数据，简要说明如果公司重新筹资后会产生什么结果，并考虑：

(1)当公司重新筹资，负债总额分别达到 25 万元、50 万元、75 万元时，公司的股价将是多少？

(2)在不同负债水平下，公司流通在外的股票股数分别是多少？

(3)哪一种负债水平是公司的最佳资本结构？

6.计算公司在不同负债水平下的每股收益。假设公司最初是以零负债开始，然后逐次改变资本结构，当每股收益最大时是否公司股价也最高？

7.计算公司在不同负债水平下的加权平均资金成本。加权平均资金成本与股价有什么关系？

8. 假设你发现公司比原来预期的经营风险要大得多，这会如何影响以上分析？如果比预期的经营风险要更小时，结论又会如何？

9. 是否大多数公司都能采取相同的分析方法？为什么？你认为哪一种分析方法更适合公司最佳资本结构决策？公司经理在资本结构决策时，还应考虑哪些因素？

第六章　财务预算与控制

本章导读

小王大学毕业后分配到金属零件厂工作已有两个多月了，他感到最满意的是领导对他很重视。一天，领导让他编制他们科室下一个年度的预算。参考了本厂去年的各项财务指标并与科室其他的同事商量之后，小王起草了一个预算报告并交给了科长。今天，小王向康科长就预算的编制情况进行汇报。

“小王，你坐下。我看了你起草的预算报告，有几个问题想问你一下。例如，你估计行政费用是7 716元？”

“是的，康科长。如果你不信，可以看我的计算根据。”

“噢，不必要。我之所以问这个问题是因为我觉得这个数字太不显眼。让我们把它改成8 000元。”

“好。”

“其他几个地方也有这样的问题，我帮你都改过来。”

“这样总金额是多少？”

“正好74 000元。”

“这比我申请的要高一些。这样合适吗？”

“当然。不用担心，你不知将来什么东西会比你预算的要贵一些。”

“行，康科长，你说行我就行。”

“好。顺便问一声。你是怎么得来这些数据的？”

“我首先考虑今年我们科要干什么事，然后再看各项活动大约需要多少钱。我手上有厂里编制预算的手册。我的计算公式都是从那里得来的。”

“这是一种做预算的方法，但是我建议你在每一项经费里加一个保险系数。”

“保险系数？”

“是的。你知道，万一什么事不妙也好对付。而且，你不知道厂长们会把什么经费砍掉。比你真正需要的多一点总没错。你懂我的意思吗？”

“我懂。”

“好。这里是你的预算报告。除了把各个数字变成整数之外，另加20%，然后交给我，由我送到厂里去。”

转眼间到了年底。12 月中旬的一天,康科长把小王叫到自己的办公室。

"小王,我们今年花了多少钱,还剩多少钱?"

"让我看看,我们科今年共花了 78 134 元钱,按预算还应有 23 456 元钱。"

"昨天厂里开会了,要求我们把预算中结余的钱交到厂里去。"

"这怎么行,这些钱都是我们省吃俭用省下来的。如果上交了,明年谁还会省钱?"

"如果我们今年上交了,明年就没有钱省了。"

"这是什么意思?"

"今年我们有多余的钱上交,明年厂里还会给我们批这么高的预算吗?"

"那怎么办?"

"很好办,今天交给你的一个任务是在半个月之后,把这些钱花掉。不,只留 3 000 元左右上交。"

"这些钱用来干什么?"

"只要是能报账,干什么都行。"

"这……"

"有困难吗?"

"没有什么困难。"

走出康科长的办公室,小王开始感到为难。20 000 多块钱,要是自己的钱该多好啊,可以省下来留着娶媳妇用,可偏偏是公家的钱,要找理由花掉,小王感到有些不可理解。

这个故事揭示了预算理论与实践之间的差异。一个好的预算制度非常重要,但更重要的是如何保证预算的执行不偏离既定的目标,这就需要良好的预算控制制度。

第一节　财务预算

财务预算是反映企业计划期内现金收支、财务成果和财务状况的预算,它明确了企业近期财务工作的目标,是控制企业财务活动的标准和考核财务业绩的依据。

财务预算有狭义和广义之分。狭义的财务预算是针对企业预算期经营活动而编制的货币性财务报告预算,主要包括现金预算、预计资产负债表、预计利润表和预计现金流量表。广义的财务预算就是全面预算,它是以货币等形式展示计划期内企业全部活动的目标以及资源配置的定量说明。全面预算主要包括经营预算、财务预算和资本预算三个组成部分。经营预算是企业的业务预算，包括销售预算、生产预算、直接材料预算、直接人工预算、制造费用预算、产品成本预算、销售费用预算、管理费用预算及财务费用预算等。经营预算常常分别以实物量指标和价值量指标反映企业的收入、费用及资产的构成。资本预算是关系企业长远发展的投融资预算，如固定资产的购置、扩建、改建、更新等都需要在投资项目可行性论证之后编制出反映投资时间、规模、收益以及筹资方式的专门预算。

企业应根据长期市场预测和生产能力，编制长期销售预算。以此为基础，确定本年度的销售预算，进而确定资本支出预算。销售预算是年度预算的编制起点，根据“以销定产”的原则确定生产预算。生产预算的编制除了考虑计划销售量以外，还要考虑现有存货和年末存货；根据生产预算来确定直接材料预算、直接人工预算和制造费用预算；产品成本预算和现金预算是有关预算的汇总；预计利润表、预计资产负债表和预计现金流量表则是全部预算的综合。

图 6-1 简明描述了全面预算中各项预算之间的主要关系。

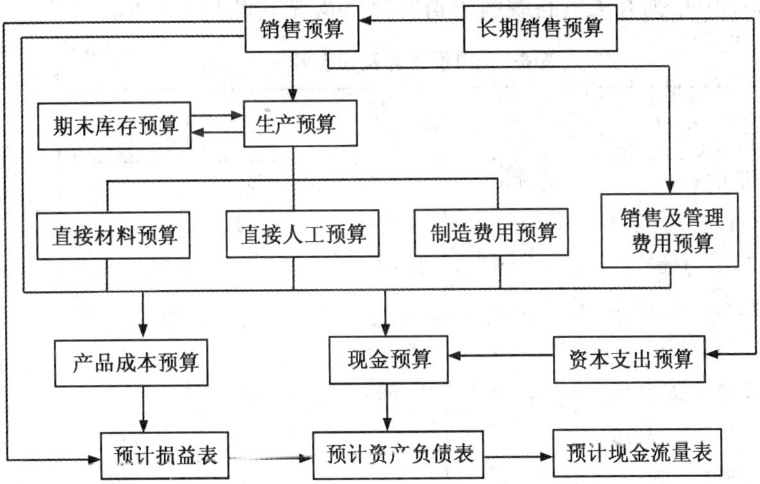

图 6-1 全面预算体系

现金预算是反映企业预算期内现金收支、现金余缺以及现金筹集和运用情况的预算。现金预算可以帮助财务人员了解公司未来一定期间内现金收支及现金余缺的数额和时间，以便及时作出投资和筹资决策，防止现金积压或短缺，保持正常支付能力，更有效地管理现金流。

现金预算的编制要以各项经营预算和资本支出预算为基础，在编制其他各项预算时要为现金预算做好数据准备。下面以 CN 公司为例介绍全面预算的编制。

CN公司只生产一种产品A，预计20×9年的产品销售量、销售单价以及生产A产品的相关成本资料已列入下列相关预算表中。要求分季度编制CN公司的各项预算。

一、销售预算

销售预算是为企业销售活动编制的预算，是全面预算的编制起点。一般说来，当企业参照销售预测确定销售规模时，销售决定着生产，即"以销定产"。销售预算和生产预算一经确定，就成为各项生产成本预算的依据。

销售预算的主要内容包括销售数量、销售价格和销售收入。同时，为了便于编制财务预算，编制销售预算的同时，还应编制预计现金收入计算表，用来反映各期销售所得现金数额。其中，各季度的现金收入额由本季销售所得现金和本季收到上季销售的现金两个部分组成。

表6-1为根据有关资料编制的销售预算及现金收入计算表。

表6-1　销售预算及现金收入计算表

季度 项目	1	2	3	4	全年
预计销售量(件)	400	500	600	500	2 000
销售单价(元)	50	50	50	50	50
预计销售收入(元)	20 000	25 000	30 000	25 000	100 000
上年应收账款收现(元)	7 000				7 000
第一季度销货收现(元)	14 000	6 000			20 000
第二季度销货收现(元)		17 500	7 500		25 000
第三季度销货收现(元)			21 000	9 000	30 000
第四季度销货收现(元)				17 500	17 500
现金收入合计(元)	21 000	23 500	28 500	26 500	99 500

参照CN公司以往历史资料，估计以后每季的销售中有70%能于当季收到现金，其余30%要到下季才能收到现金。20×8年末应收账款为7 000元，这些销货款均将于20×9年第1季度收回现金。

二、生产预算

生产预算是为生产活动编制的预算。销售预算编制完成后，即可据以编制生产预算，但预算期的生产量并不一定等于预算期的销售量，这是由于企业往往要贮存一定数量的产成品存货，以备临时性销售量变动的需求。预算期的销售量与期末产成品存货之和为预算期的需要量，该需要量的一部分可以由期初的产成品存货得到满足，剩余部分则是预算期应该安排的生产量。因此，预算期的生产量可按下列公式计算：

预计生产量＝（预计销售量＋预计期末产成品存货量）－预计期初产成品存货量

表 6-2 为根据销售预算及有关资料编制的生产预算。

表 6-2　生产预算

件

项目＼季度	1	2	3	4	全年
预计销售量	400	500	600	500	2 000
加：预计期末存货量	50	60	50	60	60
减：预计期初存货量	40	50	60	50	40
预计生产量	410	510	590	510	2 020

CN 公司预计 20×9 年各季度的期末存货量占下季度销售量的 10%，预计明年第一季度的销售量为 600 件，上一年末的产品存货为 40 件。

三、直接材料预算

直接材料预算又叫直接材料采购预算，是为直接材料的采购活动而编制的预算。其编制依据为预算期生产量、直接材料单位耗用量及标准价格等资料。

企业往往要保留一定数量的材料以备临时性产量变化之需，预算期直接材料的生产用量与期末材料存货量之和是预算期直接材料的需要量，再减去期初直接材料存货量，才是预算期应该采购的直接材料数量，用公式表示即为：

$$\text{预计材料采购量}=\text{预计生产量}\times\text{单位产品材料标准耗用量}+\text{预计期末材料存货量}-\text{预计期初材料存货量}$$

直接材料的采购量与标准价格相乘，即为直接材料的采购金额。

直接材料预算通常包括一个现金支出计算表，用以计算预算期为采购直接材料而支付的现金数额，供编制现金预算之需。预算期用于采购直接材料方面的现金支出，包括本季采购现金支出与支付上季采购款两个部分。

表6-3为根据生产预算及其他相关资料编制的直接材料预算及现金支出计算表。

表6-3　直接材料预算及现金支出计算

项目＼季度	1	2	3	4	全年
预计生产量	410	510	590	510	2 020
单位产品标准耗用量(千克/件)	5	5	5	5	5
生产需用量(千克)	2 050	2 550	2 950	2 550	10 100
加:预计期末存货量(千克)	765	885	765	900	900
减:预计期初存货量(千克)	600	765	885	765	600
预计采购量(千克)	2 215	2 670	2 830	2 685	10 400
标准价格(元/千克)	4	4	4	4	4
预计采购金额(元)	8 860	10 680	11 320	10 740	41 600
上年应付账款(元)	4 000				4 000
第一季度采购付款(元)	5 316	3 544			8 860
第二季度采购付款(元)		6 408	4 272		10 680
第三季度采购付款(元)			6 792	4 528	11 320
第四季度采购付款(元)				6 444	6 444
现金支出合计(元)	9 316	9 952	11 064	10 972	41 304

CN公司生产A产品只需一种材料C，产品标准单位耗用量为5千克/件，材料标准单位成本为4元/千克，公司确定每季末的材料存货量应该相当于下季度生产用量的30%。上年年末的材料存货量为600千克，预计明年第一季度生产用量为3 000千克。预计每季材料采购额中60%需在当季付款，其余40%在下季付款，上年年末应付材料采购款为4 000元。

四、直接人工预算

直接人工预算是反映为完成预算期生产任务而直接发生的工时耗费和人工成本支出的预算，它也是以生产预算为基础，并结合直接人工标准耗用量和标准工资率等资料编制。

表 6-4 为根据生产预算及其他相关资料编制的直接人工预算。

表 6-4 直接人工预算

项目＼季度	1	2	3	4	全年
预计生产量(件)	410	510	590	510	2 020
单位产品标准工时(小时/件)	3	3	3	3	3
直接人工总工时(小时)	1 230	1 530	1 770	1 530	6 060
标准工资率(元/小时)	4	4	4	4	4
直接人工成本(元)	4 920	6 120	7 080	6 120	24 240

CN 公司生产产品 A 所需各工种的标准单位工时直接人工成本都是 4 元,生产 1 件产品 A 所需各工种的工时之和为 3 小时。由于直接人工成本全部用现金在预算期内一次支付给生产工人,因而直接人工预算实际上也就是预算期内直接人工的现金支出计算表。

五、制造费用预算

制造费用是指生产成本中除了直接材料、直接人工以外的生产费用。在编制制造费用预算时,应将其分为变动制造费用和固定制造费用两大类,并分别进行编制。

变动制造费用是根据生产预算和变动制造费用分配率编制的;固定制造费用通常与本期产量无关,需要逐项按实际情况编制。

$$\text{变动制造费用分配率(元/单位产品)}=\frac{\text{预算期变动制造费用总额}}{\text{预算期生产量}}$$

或

$$\text{变动制造费用分配率(元/直接人工工时)}=\frac{\text{预算期变动制造费用总额}}{\text{预算期直接人工工时总额}}$$

制造费用预算也应包括一个现金支出计算部分,计算预算期在制造费用方面的现金支出,以供编制现金预算之需。本例假定除折旧费以外的各项制造费用均需在当季支付现金,制造费用预算及现金支出计算表如表 6-5 所示。

表 6-5 制造费用预算及现金支出计算 元

项目 \ 季度	1	2	3	4	全年
变动制造费用：					
间接材料	246	306	354	306	1 212
间接人工	205	255	295	255	1 010
维修费	123	153	177	153	606
水电费	246	306	354	354	1 212
小计	820	1 020	1 180	1 020	4 040
固定制造费用：					
管理人员工资	390	390	390	390	1 560
保险费	250	250	250	250	1 000
维修费	360	360	360	360	1 440
折旧	500	500	500	500	2 000
小计	1 500	1 500	1 500	1 500	6 000
合计	2 320	2 520	2 680	2 520	10 040
减：折旧	500	500	500	500	2 000
制造费用现金支出合计	1 820	2 020	2 180	2 020	8 040

CN 公司制订的变动制造费用标准耗用量为：间接材料、间接人工、维修费和水电费分别为 5 千克/件、5 小时/件、5 小时/件和 5 小时/件，标准价格分别为 0.12 元/千克、0.1 元/小时、0.06 元/小时、0.12 元/小时，每件产品 A 分配的变动制造费用为 2 元；固定制造费用全年预算分别为：管理人员工资 1 560 元，保险费 1 000 元，维修费 1 500 元，折旧 2 000 元。

六、产品成本预算

产品成本预算是生产预算、直接材料预算、直接人工预算和制造费用预算的汇总，主要反映预算期内产品的单位生产成本、产成品存货成本和总销货成本。表 6-6 为 CN 公司的产品成本预算。

表 6-6 产品成本预算

成本项目	单位产品耗用量	标准价格	产品成本(元)
直接材料	5 千克/件	4 元/千克	20
直接人工	3 小时/件	4 元/小时	12
变动制造费用			2
固定制造费用(不计入产品成本)			6 000 元
单位产品成本			34
生产总成本(预计生产量 2 020 件)			68 680
年初存货成本(年初存货 40 件)			1 360
年末存货成本(年末存货 60 件)			2 040
销货成本(销售量 2 000 件)			68 000

在编制预算时,为准确核算产品成本和企业利润,也可将固定制造费用作为期间费用直接冲减收入,产品成本只包含直接材料、直接人工和变动制造费用,本例中采用变动成本法。按制造成本法计算的产品单位成本为约 37 元,即加上单位产品负担的固定制造费用 3 元(6 060/2 020≈3)。

七、销售及管理预算的编制

销售及管理费用预算,是为那些产品销售活动和一般行政管理活动以及有关的经营活动编制的预算。如有需要,实务中也可按销售和管理费用分别编制两个预算。

表 6-7 是 CN 公司全年的销售及管理费用预算,本例假定,各项销售及管理费均于当季付现。表 6-8 是 CN 公司销售及管理费用各季预算及现金支出计算表。

表 6-7 销售及管理费用预算 元

变动费用			固定费用	
项目	单位产品标准费用额①	全年费用额②=①×全年销售量	项目	全年费用额
销货佣金	0.8	1 600	管理人员工资	2 800
交货运输费	0.7	1 400	租金	2 000
合计	1.5	3 000	合计	4 800

表 6-8 销售及管理费用现金支出计算表 元

项目＼季度	1	2	3	4	全年
销售量	400	500	600	500	2 000
变动费用现金支出＝销售量×1.5	600	750	900	750	3 000
固定费用现金支出＝4 800÷4	1 200	1 200	1 200	1 200	4 800
现金支出合计	1 800	1 950	2 100	1 950	7 800

CN 公司制定的变动销售及管理费用的标准价格为：销售佣金 0.8 元/件，交货运输费 0.7 元/件；固定销售及管理费用的标准价格为：管理人员工资 2 800 元，租金 2 000 元。变动费用和销售量有关，相关现金支出依据单位产品分配标准和各季度的销售量在各季度间分配；而固定费用与业务量无关，全年的固定费用在各季度间平均分配。

八、资本支出预算的编制

资本支出预算，是为购置固定资产、无形资产等投资活动编制的预算，是经过审核批准的各个长期投资项目详细列示现金流量等重要财务资料的明细表，是控制资本支出，检查投资效果的重要依据。编制资本支出预算的主要根据，是长期投资决策的结果。资本支出预算中各期的投资额应编入该期现金预算的现金支出部分和预计资产负债表的资产部分。

假定 CN 公司根据长期投资决策的结果，20×9 年度发生的资本性支出共计 5 000 元，其中第 1 季度购置一台 A 型车床，价值 3 000 元，第 3 季度购入 B 型测温仪，价值 2 000 元。设备价款均在当期付现。

表 6-9 是 CN 公司 20×9 年度的资本支出预算。

表 6-9 资本支出预算 元

项目＼季度	1	2	3	4	全年
A 型车床 1 台	3 000				3 000
B 型测温仪 1 台			2 000		2 000
合计	3 000		2 000		5 000

九、现金预算的编制

现金预算是以上各项预算中有关现金收支部分的汇总，它反映预算期企业现金收入、现金支出和资金融通。现金预算既可作为加强现金流量的计划控制，又可作为编制筹资及投资计划的依据。

现金预算由可供使用现金、现金支出和资金融通三个部分组成。其中可供使用现金包括期初现金余额和预算期收入；现金支出主要指直接材料采购支出、直接人工支出、股息支出等；资金融通是指为了保持预算期合理的现金余额，以现金预算中的现金余缺数为出发点，通过筹资以弥补现金之不足，通过偿还借款或短期投资以运用多余现金。具体来讲，每个企业应首先根据自己的实际需要，确定现金余额的最高和最低限额；当现金余额低于最低限额时，企业一般以向银行借款、出售证券、发行股票或债券等方式，使现金余额提高到最低限额与最高限额之间；若现金余额高于最高限额，那么企业则应以归还银行借款、购入证券、收回本公司股票或债券等方式，使现金余额降低到最低限额与最高限额之间。

现金预算应按年分季或分月进行编制，以便对现金收支进行有效控制。季度内或月内借入资金的具体时间不易确定，所以借入资金的时间通常算作季初或月初，归还借款本息的时间算作季末或月末，这种作法可以保证预算期对现金的需求。

CN 公司 20×9 年度的现金预算见表 6-10，假定 CN 公司在现金管理中确定的现金最低余额为 1 000 元，最高余额为 2 000 元，借款利息为 12%，还款付息后还有多余，可购入有价证券。公司上一年末的现金余额为 1 000 元，计划于预算年度每季发放股息 900 元，所得税数据来源于利润计划，按季预缴。

表 6-10 现金预算 元

项目 \ 季度	1	2	3	4	全年
期初现金余额	1 000	1 544	1 342	1 728	1 000
加：销售现金收入(表 6-1)	21 000	23 500	28 500	26 500	99 500
其他现金收入					
可动用现金合计	22 000	25 044	29 842	28 228	100 500
减：本期现金支出					
直接材料(表 6-3)	9 316	9 952	11 064	10 972	41 304
直接人工(表 6-4)	4 920	6 120	7 080	6 120	24 240

续表 6-10

季度 项目	1	2	3	4	全年
制造费用(表 6-5)	1 820	2 020	2 180	2 020	8 040
销售及管理费用(表 6-8)	1 800	1 950	2 100	1 950	7 800
所得税	1 700	1 700	1 700	1 700	6 800
设备购置(表 6-9)	3 000		2 000		5 000
股息(计划发放数)	900	900	900	900	3 600
现金支出合计	23 456	22 642	27 024	23 662	96 784
现金余缺	−1 456	2 402	2 818	4 566	3 716
借入现金(年利率 12%)	3 000				3 000
归还借款		−1 000	−1 000	−1 000	−3 000
支付利息		−60	−90	−120	−270
购入有价证券				−2 000	−2 000
期末现金余额	1 544	1 342	1 728	1 446	1 446

其中第 1 季度的期初现金余额来自上一年的资产负债表;第 2、3、4 季度的借款利息计息如下:

第 2 季度归还的 1 000 元应按半年息计算:

$$利息=1\ 000\times12\%\times1/2=60(元)$$

第 3 季度归还的 1 000 元应按 3 个季度的利息计算:

$$利息=1\ 000\times12\%\times3/4=90(元)$$

第 4 季度归还的 1 000 元应按一年息计算:

$$利息=1\ 000\times12\%=120(元)$$

十、利润计划的编制

利润计划即预计收益表,用以反映预算期的财务成果。它是控制企业营业活动和财务收支的重要依据。编制利润计划,主要利用销售预算、年末产成品存货预算、销售及管理费用预算、制造费用预算、专门决策预算等有关资料。利润计划通常是按年不分季度进行编制,其格式与实际收益表基本相同。

表 6-11 是根据相关预算编制的 CN 公司 20×9 年度利润计划。

表 6-11 利润计划

元

销售收入	(1)＝销售预算(3)全年	100 000
销售成本	(2)＝销售预算(1)全年×产品成本预算(5)＝2 000×34	68 000
变动销售及管理费用	(3)＝销售及管理费用预算(2)	3 000
贡献毛益	(4)＝(1)－(2)－(3)	29 000
固定制造费用	(5)＝制造费用预算(10)全年	6 000
固定销售及管理费用	(6)＝销售及管理费用预算(3)	4 800
营业净利	(7)＝(4)－(5)－(6)	18 200
利息费用	(8)＝现金预算(15)	270
税前净利	(9)＝(7)－(8)	17 930
所得税	(10)＝专门决策预算(从略)	6 800
税后净利	(11)＝(9)－(10)	11 130

其中所得税额，通常用专门决策预算求得，一般使用估计数值，而非税前净利与所得税率的乘积。这是因为税法规定与会计处理方法不完全相同，有些费用按税法规定不能列作税前费用，而在会计处理中都可以列作税前费用，因而要对会计上的税前净利按税法进行相应调整，之后才能据以估算所得税额。

十一、预计资产负债表的编制

预计资产负债表，是根据企业预算期初的资产负债表和全面预算中的其他各项算编制的，它反映预算期末企业的预计财务状况。

由于预计资产负债表受其他各项预算的制约，因此为了使预算年度保持良好的财务状况，在确定其他预算时应充分考虑其对预计资产负债表的影响。只有在编制预算时，不断协调好各个预算之间的关系，才能保证企业预算期末有一个良好的财务状况。

表 6-12 是根据相关预算编制的 CN 公司 20×9 年度预计资产负债表。

表 6-12 预计资产负债表 元

		年初数	年末数
资产			
流动资产：			
现金	(1)	1 000	1 446
短期投资	(2)		2 000
应收账款	(3)	7 000	7 500
材料存货	(4)	2 400	3 600
产成品存货	(5)	1 360	2 040
流动资产合计		11 760	16 586
固定资产：			
土地		10 000	10 000
房屋及设备净值	(6)	28 240	31 240
固定资产合计		38 240	41 240
资产总计		50 000	57 826
负债及权益			
流动负债：			
应付账款	(7)	4 000	4 296
股东权益：			
普通股股本	(8)	30 000	30 000
保留盈余	(9)	16 000	23 530
股东权益合计		46 000	53 530
负债及权益总计		50 000	57 826

表中有关项目的年末数填列说明如下：

(1)＝现金预算(17)全年＝1 446 元

(2)＝现金预算(16)全年＝2 000 元

(3)＝销售预算(3)(第 4 季度)－销售预算(5)(第 4 季度)＝25 000－17 500＝7 500(元)

(4)＝直接材料预算(4)(第 4 季度)×直接材料预算(7)＝900(千克)×4(元)＝3 600 元

(5)＝产品成本预算(8)＝2 040 元

(6)＝年初余额＋资本支出预算(3)全年－制造费用预算(12)全年

＝28 240＋5 000－2 000＝31 240(元)

(7)＝直接材料预算(9)(第4季度)－直接材料预算(11)(第4季度)＝10 740－6 444＝4 296(元)

(8)＝年初余额＝30 000元

(9)＝年初余额＋利润计划(11)－现金预算(10)全年＝16 000＋11 130－3 600＝23 530(元)

全面预算的编制以销售预算为出发点,涉及企业经营的各个方面,以现金管理为核心的财务预算在整个预算体系中至关重要。编制现金预算时考虑到部分销售延期收款和部分材料延期付款的因素,使现金收支的预计比较准确;把制造费用、销售和管理费用划分为固定和变动两部分,对于准确预计成本、利润和现金收支,均有重要意义;在全面预算的整个体系中安排一个预计资产负债表,有利于预见和改进企业的财务状况。

第二节 财务控制

一、财务控制的含义

财务控制是以财务计划(财务预算)为依据对公司日常财务活动进行指导、督促和约束,确保财务计划(财务预算)全面完成的一种管理活动。

一般可以认为,财务控制与会计控制的内容大多属于日常的业务控制,两者之间有重复,只是控制目标的侧重点不同。会计控制是为了保证会计信息真实、可信;而财务控制是为了保证计划(预算)的完成。财务控制是按照财务计划(财务预算)的要求有效地对企业资产进行管理的活动。

按控制环节划分,财务控制分为制订计划、日常控制和定期考核评价。制订计划既为控制提供依据,也是控制的方式之一,因为计划意味着责任和约束,执行者必须努力完成。预算是计划的详细数量说明,实施财务预算的企业,其编制预算的过程也就是制订计划。日常控制是指制定财务计划后,如何保证财务计划得以实施的过程,它具有跟踪控制和反馈控制的特征,跟踪控制要求各计划执行主体保证财务计划的实现,反馈控制要求通过计划与执行差异的分析,纠正偏差。定期考核评价则是根据各计划执行主体完成计划指标的情况,找出差异,实施奖惩,并提出进一步的改进建议和方案。

按控制内容划分，财务控制分为收支控制和现金控制。公司的财务计划（财务预算）体现了未来的收支流动和现金流动情况。收支流动表现为公司的收入和成本费用，从而形成公司的盈利；现金流动表现为现金流入和现金流出，从而形成公司的现金净流量。由于收支流动和现金流动的变动必然会引起相应的资产、负债和股东权益的总量和结构的变动，因此对公司未来财务状况的控制主要是通过收支控制和现金控制实现的。

收支控制是以收入和成本费用计划（预算）为依据，对公司日常经营活动所实现的收入和形成的成本费用进行指导、监督和约束，以保证实现经营目标和财务计划（财务预算）目标的管理活动。在实际工作中，收支控制往往是按预算进行的，故也称预算控制。预算控制具有项目上的针对性、时间上的连续性、责任主体明确等基本特征。

现金控制是以现金流量计划（现金预算）为依据，对财务收支过程中发生的现金流入、流出进行指导、监督和约束，以保证实现经营目标和财务计划（财务预算）目标的管理活动。

公司的收支活动往往与现金流入和流出相联系，特别是成本费用的发生或者以现金流出为前提，或者伴随着现金流出。所以，控制现金流动，也就从根本上控制了收支活动或经济活动。

二、收支控制方法

对整个公司的收支活动进行有效控制往往需要通过预算来进行，预算控制包括建立责任单位、确定责任预算、组织责任核算以及进行责任考核等环节。

1. 建立责任单位

收支控制主要通过控制公司的收入、成本费用，进而实现目标利润。收入、成本费用的发生源于各部门、各层次的业务活动，要进行收支控制，就必须划定各部门、各层次的收支责任，从而确定责任主体。责任主体也称责任单位，它是承担一定收支责任，享有相应权限的基本组织单元。

(1)收入责任单位。它是只对销售收入以及其他收入计划（预算）的完成承担责任的基本组织单元，如单纯的销售公司或分公司。

(2)成本责任单位。它是只对成本费用计划（预算）的完成承担责任的基本组织单元，如生产车间、公司的职能管理部门。

(3)利润责任单位。它是对收入计划和成本费用计划的完成都承担责任的基本组织单元。这里的收入和成本费用之间应该以相应的权责为范围构成对应关系，既包括单纯面对市场完成购销过程的分公司、分厂等“自然利润责任单位”，也可以包括公司内部视同完成购销过程的分公司、分厂等“人为利润责任单位”。

2.确定责任预算

确定责任预算是对财务计划或公司的整体预算进行分解，落实到各责任单位的过程。只有把投资者的期望报酬率和经营者的责任目标层层分解落实到公司的每个部门、每个岗位，才能调动公司内部的积极性，才能使责、权、利、效统一起来，使企业的运营成为一个有机的系统。确定责任预算必须遵循以下原则：

(1)责任预算的内容必须与责任单位所从事业务活动的性质相一致。

(2)责任预算的水平必须与责任单位所从事业务活动的规模相一致，保证责、权、利相对等。

(3)责任预算必须确保经营目标和财务目标的实现，相互之间应能协调一致。

(4)责任预算的确定必须充分发挥责任单位的积极性，考虑责任单位的合理要求。

3.组织责任核算

责任核算是以责任单位为核算主体，以责任预算的内容为对象所进行的核算，其目的是对各责任单位的预算执行情况进行控制和考核，包括日常记录和定期报告两方面。

(1)日常记录。不同责任单位的核算内容不同，应根据成本、费用、收入和利润分别设置有关明细账。为了与会计核算方法一致，应将责任核算与会计核算的账户设置保持一致。

(2)定期报告。在日常核算的基础上，各责任单位应定期编制责任报告。责任报告的项目与责任预算的内容应保持一致，责任报告应分别列示预算、实际、差异等数据，并说明差异的成因，提出改进措施。

4.进行责任考核

责任考核是以责任预算为依据，与责任报告中的实际完成情况进行比较，借以评价与考核各个责任单位的工作成果，并根据业绩考核结果进行奖惩，促使各责任单位积极纠正偏差。

在责任考核中，应遵循以下原则：

(1)要坚持考核的动态化，以便把责任预算执行过程中的问题尽快解决。

(2)要坚持预算标准，即使客观环境发生了变化，也要维护预算的严肃性，不能随意调整预算标准。

(3)要坚持奖惩规定，收支控制的最终体现就是严格执行奖惩标准，一旦奖惩不到位，控制的效力将大打折扣。

三、现金控制方法

现金控制往往涉及企业集团集权与分权的管理体制,也就是集团公司所属各子公司是否有货币资金使用的决策权、经营权,这对集团公司的资金管理尤其重要。由于现金控制的目的是防止公司发生支付危机,并通过现金流动有效控制公司的经营活动和财务活动。因此,现金控制的集权和分权的程度,会影响公司现金流入、流出的平衡,影响公司经营和财务活动的效率。

现金控制的模式较多,包括统收统支方式、设立结算中心方式、设立内部银行方式、设立财务公司方式等。

1.统收统支方式

统收统支是指公司的一切现金收支活动都集中在财务部门,各分支机构或子公司不单独设立财务账号,所有现金收入集中后缴至财务部门,所有现金支出都要通过财务部门支付。现金收支的批准权高度集中在经营者手中,或者经营者授权的代表手中。

统收统支的方式有助于公司实现现金收支的平衡,提高现金的流转效率,减少现金沉淀,控制现金支出;但是,统收统支方式不利于调动各部门开源节流的积极性,影响公司经营的灵活性,以致降低公司经营和财务活动的效率。

2.设立结算中心方式

结算中心是公司内部尤其是集团公司内部设立的,办理内部各成员公司或分公司现金收付和往来结算业务的专门机构。它通常设于财务部门内,是一个独立运行的职能结构。设立结算中心方式的主要职能是:

(1)集中管理各成员公司或分公司的现金收入,各成员公司或分公司收到的现金收入都必须转账存入结算中心在银行开立的账户,不得挪用。

(2)统一拨付各成员公司或分公司因业务需要使用的货币资金,监控货币资金的使用方法。

(3)统一对外筹资,确保整个公司和集团的资金需要。

(4)办理各成员公司或分公司之间的往来结算。

(5)计算各成员公司或分公司在结算中心的现金流入净额和相应的利息成本或利息收入。

(6)核定各成员公司或分公司日常留用的现金余额。

可以看到,设立结算中心的方式,各成员公司或分公司有着独立的财权,在现金管理上,有了部分经营权和决策权,公司或集团公司通过现金支出的审批权限和监控现金按规定范围和标准使用来实施现金控制。

3.设立内部银行方式

内部银行是将社会银行的基本职能与管理方式引入公司内部管理机制而建立起来的一种内部资金管理机构,主要职责是进行公司或集团公司内部日常的往来结算和资金调拨、运筹。其具体职责包括:

(1)设立内部结算账户。每个成员公司或分公司都在内部银行开设账户,其生产经营活动中一切实物的转让、劳务协作均视为商品交易,通过内部银行办理往来结算。

(2)发行内部支票和内部货币。内部银行根据有关规定发行其自身的内部支票和内部货币,在各成员公司或分公司之间使用。

(3)发放内部贷款。内部银行根据公司或集团公司为各个成员公司或分公司核定的资金和费用定额,结合实际需要,对其发放贷款。贷款分为两类:一是全额有偿专用方式,即不论是定额内还是超定额的内部贷款,都实行有偿专用、计付利息;二是差额有偿专用方式,即只对超定额部分的内部贷款计息。

(4)内部银行统一对外筹措资金。各成员公司或分公司无权对外筹资,内部银行根据公司经营状况统一筹划,合理调度资金。

(5)制定结算制度。内部银行制定统一的内部结算制度,包括结算方式、时间,规范结算行为;同时,对结算业务中资金流向的合理、合法性进行监督,发现不合理的资金流向,及时纠正资金使用中的问题。

(6)建立信息反馈系统。内部银行定期或不定期地将资金流通状况以报表形式反馈给各成员公司或分公司,报送公司或集团,以便各方及时掌握资金使用情况。

(7)银行化管理。内部银行自身也实行银行化管理,建立贷款责任制度,强化资产负债风险管理,实行相对独立核算,自负盈亏。

设立内部银行方式是把一种模拟的银企关系引入到公司或集团的内部资金管理中,各成员公司或分公司与公司或集团公司的关系是一种贷款管理关系,内部银行成了结算中心、货币发行中心、贷款中心和监管中心。

4.设立财务公司方式

财务公司又称财务有限公司,是一种经营部分银行业务的非银行金融机构。目前财务公司的分工差异较大,有的财务公司专门经营抵押放款业务,有的则依靠吸收大额定期存款作为贷款或投资的资金来源,有的财务公司专门经营耐用消费品的租赁或分期付款销售业务。财务公司的经营范围已经越来越综合,几乎与投资银行相同，一些大的财务公司还兼营外汇、联合贷款、包销债券、不动产抵押、财务及投资咨询等。

从财务公司的功能看，集团公司设立财务公司是把一种完全市场化的公司与公司或银企关系引入到集团公司内部的资金管理中。财务公司具有以下特征：

(1)集团各子公司具有完全独立的财权，可以自行经营自身的现金，对现金使用具有决策权。

(2)集团公司对各子公司的现金控制是通过财务公司进行的。财务公司通过对集团内各成员单位进行贷款或投入资本，以债权人或所有者的身份行使决策权。

(3)集团公司经营者(或最高决策机构)不再直接对子公司的现金使用进行干预。

可以看出，以上四种现金控制方法是随着公司或企业集团在管理模式上的集权逐渐弱化、分权逐渐强化的趋势而变动的。

本章小结

财务预算和财务控制是企业财务管理的主要环节。

财务预算是反映企业计划期内现金收支、财务成果和财务状况的预算，是控制企业财务活动的标准和考核财务业绩的依据。广义的财务预算就是全面预算，主要包括经营预算、财务预算和资本预算三个部分。其中的现金预算是销售预算、直接材料预算、直接人工预算、制造费用预算、期间费用预算等各有关预算现金收支部分的汇总，以及收支差额平衡措施的具体计划。

财务控制是以财务计划(财务预算)为依据对公司日常财务活动进行指导、督促和约束，确保财务计划(财务预算)全面完成的一种管理活动。按控制内容划分，财务控制分为收支控制和现金控制。收支控制(也称预算控制)包括建立责任单位、确定责任预算、组织责任核算以及进行责任考核等环节。现金控制的模式较多，包括统收统支方式、设立结算中心方式、设立内部银行方式、设立财务公司方式等。

参考文献

1. 王栋. 影响企业财务预算管理执行力的因素分析．会计之友(上旬刊)，2010(11).

2. 赵峰. 浅谈企业财务预算的细化与执行机制．商业会计，2010(17).

3. 向晟. 我国企业财务预算管理分析. 财政监督，2009(16).

4. 刘淑芹. 试析企业财务预算监控的方式与方法. 财会月刊,2007(3).

5. 马军. 浅议企业财务控制的不足与改善. 财会通讯,2009(32).

6. 朱元午. 我国企业财务控制的现状与问题. 财务与会计,2008(16).

7. 张庆,何威风. 民营企业财务控制——来自顺驰的案例分析. 财务与会计,2008(8).

思　考　题

1. 什么是财务预算？它由哪些主要部分组成？

2. 试述销售预算、直接材料预算、直接人工预算、制造费用预算、期间费用预算、现金预算等的编制方法。

3. 什么是财务控制？如何进行收支控制？如何进行现金控制？

练　习　题

1. 某企业预算人员收集了下列资料：

(1)预算年度到 2010 年 12 月 31 日止。该公司制造和销售产品只有一种，售价每件 16 元。

(2)2010 年产品销量预计为 340 000 件，2010 年 1 月 1 日产成品库存为 20 000 件，2010 年 12 月 31 日产成品库存预计为 24 000 件。

(3)2010 年 1 月 1 日原材料库存为 12 000 千克，2010 年 12 月 31 日原材料库存为 28 000 千克，制造产品只需一种原料。每件产品需耗用 4 千克，预计每千克原料成本 0.7 元。

(4)直接人工为每小时 10.8 元，制造每件产品需耗用 0.1 小时。

(5)制造费用按直接人工小时计算，变动制造费用按预计经营水平计算的预计数额为 51 600 元，固定制造费用预计为 34 400 元。

(6)2010 年 1 月 1 日成品存货金额为 82 600 元，2010 年 12 月 31 日成品库存为 99 120 元。

要求：根据资料为该公司分别编制 2010 年度销售预算、生产水平预算、原材料耗用和采购预算、制造费用预算以及销售成本预算。

2. 假设天明公司计划期间第一季度的简略销售预算如表 6-13 所示。

表 6-13 天明公司一季度销售预算资料

月份	1	2	3	合计
预计销售收入(元)	25 000	37 500	45 000	107 500

若销售当月收回货款 60%，次月收款 30%，第三个月收款 10%；计划年度期初应收账款余额 11 000 元，其中包括上年度 11 月份销售的应收账款 2 000 元，12 月份销售的应收账款 9 000 元。

要求：

(1)计算上年度 12 月份及 11 月份销售总额各为多少？

(2)预计第一季度各月份的现金收入。

3.某零售企业 2010 年 7～9 月份实际销售额分别为 222 000 元、186 000 元、214 000 元，10～11 月份预计销售额分别为 200 000 元、220 000 元。该公司的其他相关资料如下：

(1)商品售价平均按成本加 80%标价，销售货款当月可收回 60%，下月可收回 20%，余 20%在商品售出月份的第 2 个月份收回。

(2)采购商品时当月付款 70%，其余 30%在下月支付，商品需在销售的前一个月份购进。

(3)2010 年 9 月末现金余额为 8 000 元，预计 10 月底要保留库存现金 15 000 元，预计 10 月份需要支出的款项有：工资 28 000 元，其他费用 24 000 元，应付票据款 40 000 元。

要求：为该公司编制 2010 年 10 月份的现金预算，并说明 10 月底是否需要外筹资金。

案例分析

“泸天化”的“十个统一”

一、基本案情

泸天化(集团)有限责任公司是我国特大型化工企业，年销售额近 20 亿元，利税 2 亿元左右，是中国 500 家最大工业企业和最佳经济效益企业之一。集团公司形成了以“十个统一”为内容的财务管理机制和会计核算体系。

(1)统一资产管理。集团公司拥有的资产由公司统一管理，各单位受托经营本单位资产，受托经营限额以内的部分资产处置权必须报集团公司批准并备案，集团公司内任何单位和个人不具备资产处置权。

(2)统一资金管理。集团公司财务部成立了资金结算中心，取消了二级财务机构在各专业银行的账户，1997 年度财务费用比上年同期减少了 1 500 多万元。具体措施主要有：①集团公司内所有资金应由公司集中统一管理，通过资金结算中心对内部各单位统一结算和收付。②各二级单位在资金结算中心开立内部结算账户，并执行资金的有偿占用。③统一包括附营业务收入在内的所有财务收支，各单位通过资金结算中心统一结算。

(3)统一银行账户管理。各二级单位开立的账户均予以注销，二级单位确因生产经营、科研开发、基本建设等需要，在各专业银行或非银行金融机构开立账户时需报经集团公司批准。集团公司有权调用各单位的结余，并实行有偿占用。

(4)统一信贷管理。集团公司作为一级法人，统一向各专业银行、非银行金融机构和有关单位办理各种资金信贷事项，各二级单位向集团公司申请内部贷款，有偿使用。

(5)统一税费征纳管理。

(6)统一物资采购管理。集团公司内主要原材料、燃料、设备、备品备件、辅助材料由公司统一采购，各项物资采购必须编制采购计划，严格物资进出库的计量和检验制度。集团公司内有部分采购权的二级单位，其采购业务在供应部门指导下进行，并优先使用公司内各级库存物资。

(7)统一财务收入管理。集团公司各种主营业务收入和附营业务收入都归口为财务部门管理，各单位和部门的非财务机构不得截留公司的各项收入。各单位财务部门必须将所实现的收入通过资金结算中心的内部结算制度集中统一到集团公司。

(8)统一发票管理。集团公司实施了由财务部统一购领发票，统一解缴税金等一系列发货票管理制度。

(9)统一会计核算和管理。①各单位财务负责人对所设会计科目和会计账簿的真实性和准确性负责，并全面及时地反映资产、负债，权益的财务状况和收入、成本(费用)、利润及其分配的经营成果，各内部报表编制单位必须及时、定期向集团公司财务部报送内部报表。②集团公司各单位必须建立财产清查制度，保证公司财产物资的账实、账账和账证相符。③各单位审核报销各种费用，必须按照集团公司的有关规定执行。④集团公司内各财务部门应当建立健全稽核制度，严格执行出纳人员不得兼管稽核、会计档案保管和有关收入、费用、债权债务等账务的登录。

坚持出纳和会计核算岗位分开的内控原则。

(10)统一财会人员管理。集团公司财务实行月度例会制,由财务部负责人主持,负责总结和布置集团公司财务工作。集团公司会计人员的业务接受财务部监督和指导。集团公司逐步实施对二级单位的会计主管和会计人员的集中管理。

另外,集团公司实施了基本建设三项管理制度——投资计划管理制度、项目在建管理制度、工程预决算管理制度。

二、分析要点

1.“泸天化”实施的“十个统一”集权式财务管理对这家大型集团公司而言,是否适合?为什么?

2.针对我国众多集团公司财权分散,财务失控,竞争力急剧下降而纷纷陷于困境的状况,“泸天化”财务管理有什么样的启示?

第七章　财务分析

本章导读

2002年初的诸多新闻人物中，一位充满悲情神色的女学者刘姝威给人留下深刻印象。就是这位深藏科研大院，看似弱不禁风的中年女性，用一篇不足600字的短文，把曾经创造中国股市长盛不衰绩优神话的蓝田股份拉下了马，这件事本身就像是另一个神话。

被称作“中国农业第一股”、“中国农业产业化旗帜”的蓝田股份是中国证券市场上一只老牌绩优股，熟悉湖北、了解蓝田股份的人称：蓝田厉害，惹不起，不能动。可中央财经大学研究所的学者刘姝威，却在不经意中闯进了蓝田禁地，捅破了神秘的蓝田股份泡沫。

刘姝威对蓝田招股说明书以及2001年中期财务报告等公开资料进行分析后发现，从蓝田的资产结构看，1997年开始，其资产大幅上涨，与之相对应的是，流动资产却逐年下降。这说明，其整个资产规模是由固定资产来带动的，公司的产品占存货百分比和固定资产占资产百分比异常高于同业平均水平。刘姝威觉得应该提示一下银行。于是，她撰写了《应立即停止对蓝田股份发放贷款》。小小一篇文章竟然激起了千层巨浪，不仅让这位名不见经传的研究人员尝到了太岁头上动土的苦果，也让她迅速被媒体捧为金融界的知名人物。

此事最终以刘姝威的胜利而告终。2002年1月，涉嫌提供虚假财务信息，蓝田董事长瞿保田等10名中高层管理人员被拘传接受调查；2002年3月，公司实行特别处理，股票简称变更为“ST生态”；2002年5月，因连续3年亏损，暂停上市。2003年5月23日被上海证券交易所终止上市。

财务分析是财务管理的重要环节和基础工作，目的是将财务报表数据转换为更为有用的信息，帮助报表使用者进行相关决策。财务分析既是过去财务活动的总结，又是未来财务预测的前提，在财务管理循环中起着承上启下的重要作用。

第一节　财务分析概述

一般认为,财务分析产生于19世纪末。最早的财务分析主要是以银行为服务对象的信用分析,资本市场形成后出现了盈利分析,财务分析的主体由贷款银行扩大到投资人。随着资本市场的发展,企业筹资范围和渠道也不断增加,公司规模越来越大并日渐成熟,企业财务报表的使用范围不断扩展,以企业盈利能力分析、筹资结构分析、利润分配分析为基础的外部财务分析体系逐渐成熟并扩大到以改善内部管理为目的的财务分析。

现代企业的生存与发展,在很大程度上取决于企业的财务能力。企业的财务能力一般可归纳为"四种能力",即偿债能力、营运能力、盈利能力和发展能力。为了准确把握和充分发挥企业的财务能力,不但需要对企业的各项财务能力进行分析和评价,也需要对企业进行财务总体分析和评价。

财务分析是以企业财务报告提供的有关数据为主要依据,采用专门的方法,对企业过去的财务状况、经营成果及未来前景进行系统分析和评价的一项业务手段。财务分析的一般内容包括评价企业过去的经营业绩,衡量企业现在的财务状况,预测企业未来的发展趋势等。

不论是静态的资产负债表,还是动态的利润表与现金流量表,他们所提供的有关财务状况和经营成果的信息都是历史性的描述。尽管过去的信息是进行决策的主要依据之一,但过去未必能代表现在和将来。因此,财务报表上所列示的各类项目的金额,如果孤立起来看,是没有多大意义的,必须将其与其他项目金额相关联或相比较才能成为有意义的信息,供决策者使用,而这些正是财务分析所要解决的问题。

一、财务分析的主体和目的

企业财务报告的信息使用者往往是多方面的,他们与企业的经济利益关系往往有所不同,对企业财务状况的关注点也就有所侧重。企业对外发布以财务报表为主体的财务报告是根据所有信息需求者的一般要求设计的,往往难以适合特定使用人的特定要求。不同的财务分析主体需要要从中选取自己需用的信息,重新加工,使之满足特定的决策需求。

不同财务分析主体选择的财务分析内容不尽相同,财务分析的目的也会有所不同。

(1)投资者。投资者对企业拥有收益权和剩余财产所有权的同时,公司制企业的投资者对企业的债务负有限责任,投资各方在企业经营时不能抽回资金,作为所有权主体的投资者从而与作为经营权主体的经理人员共同承担经营风险。投资者进行财务分析的目的一般包括:①为决定是否追加投资,分析企业的资产状况和盈利能力;②为决定是否转让股权或股份,分析盈利状况、股价水平和发展前景;③为考查经营者的业绩,要分析资产盈利水平、破产风险和竞争能力;④为决定股利分配政策,要分析筹资状况。

(2)债权人。企业的债权人包括贷款银行、融资租赁出租方、企业债券持有者等。债权人进行财务分析的目的一般包括:①是否发放贷款,要分析投资的报酬和风险;②了解短期偿债能力,要分析流动状况;③了解长期偿债能力,要分析盈利状况和资本结构;④是否转让债权,要分析其价值。

(3)经理人员。经理人员对企业所有者承担经营管理责任,因此对企业的经营成败要负主要责任。为了编制财务计划,估计企业的财务状况,有效筹措外部资金和改善财务决策,经理人员必须进行财务分析,且财务分析的目的是综合的和多方面的,涉及的内容最广泛,几乎包括财务信息外部使用人关心的所有问题。

(4)其他企业。其他企业包括由于相互提供产品和劳务与企业发生商业信用和结算关系的企业,即供应商和客户。通过财务分析,其他企业可以确定销售信用条件、是否延长付款期、是否与企业建立业务关系或修订与企业的现有关系,以及是否增加投资以控制相关企业的生产经营等。

(5)政府。政府制定宏观经济政策,需要通过财务分析了解企业的资金运用、投资行为、经济效益以及职工收入和就业等情况;政府还要监督企业的纳税情况,企业是否遵守法规和市场秩序情况等。对于国有企业和国有控股企业而言,政府除了执行宏观经济管理职能以外,还要代表国家行使所有者职能,关心所有投资者都关心的问题。

(6)雇员和工会。企业职工为其前途担心,工会为职工利益着想,他们自然关心企业的财务状况,尤其要通过分析判断企业盈利与雇员收入、保险、福利之间是否相适应。

(7)中介机构。审计人员通过财务分析可以确定审查重点;随着财务分析领域的逐渐扩展与咨询业的发展有关,财务分析师已经成为专门的职业,他们通过财务分析为各类财务报表使用人提供专业咨询。

尽管不同利益相关者进行财务分析各有侧重,但总体来看,财务分析可以分为两大层次,即业绩评价和价值评估。前者包括长、短期偿债能力分析、营运能力分析和盈利能力分析;后者包括衡量公司市场价值的各种比率分析。

二、财务分析的形式与要求

(一)财务分析的形式

按照进行财务分析的角度不同,财务分析可以分为多种形式。

(1)按财务分析的内涵,财务分析有广义和狭义两个层次。狭义的财务分析就是财务报表分析,即根据财务报表资料对企业的财务状况、经营成果、现金流量及其变动情况所进行的分析。广义的财务分析,是指以会计核算资料为主,结合统计核算资料、业务核算资料和经济调查资料,对企业的财务状况、经营成果、现金流量及其变动情况所进行的分析。财务分析是企业经济活动分析的重要组成部分。本章所述主要是狭义的财务分析。

(2)按财务分析的主体不同划分,财务分析有内部分析和外部分析。内部分析是指企业内部经营者对企业财务状况的分析。外部分析指企业外部的投资者、债权人及政府部门等根据各自需要或分析目的,对企业的有关情况进行的财务分析。

内部分析和外部分析并不是完全孤立或隔离的,要保证财务分析的准确性,内部分析有时也应站在外部分析的角度进行,而外部分析也应考虑或参考内部分析的结论,以避免出现片面性。

(3)按财务分析的分析方法不同划分,财务分析有静态分析和动态分析。静态分析是根据某一时点或某一时期的会计报表或分析信息,分析报表中各项目或报表之间各项目关系的财务分析形式。动态分析是根据几个时期的会计报表或相关信息,分析财务变动状况。

静态分析与动态分析各有优点与不足,要全面综合分析财务报表,这两类分析都是必需的。

(4)按财务分析的内容与范围不同划分,财务分析有全面分析和专题分析。全面分析是指对企业在一定时期生产经营各方面的情况进行系统、综合、全面的分析与评价。专题分析是指根据分析主体或分析目的的不同,对企业生产经营过程中某一方面的问题所进行的较深入的分析。财务分析的专题分析有破产预测、审计师的分析性检查程序等。

(5)按财务分析依据的资料不同划分,财务分析有财务报表分析和内部报表分析。

(二)财务分析的要求

要做好财务分析,充分发挥财务分析的作用,必须满足一定的前提条件。这些条件包括统一的财务会计制度、产权清晰的企业制度和完善的信息披露制度等。在此基础上,为健全与完善财务分析理论,搞好财务分析实务,还必须注意做好以下几点:

(1)创造与完善财务分析条件。财务分析的前提条件也是进行财务分析的基本要求。要完善和发展财务分析理论与方法,首先必须满足这些条件,或采取措施创造与完善这些条件。

(2)学习与掌握财务分析方法。财务分析的起点是财务报表,正确理解财务报表是进行财务分析的前提。要搞好财务分析,除了必要的外部条件或信息资料,关键还在于分析者的理论与实践水平。

(3)建立与健全财务分析组织。随着我国现代企业制度的建立,企业的财务分析工作将逐步走上制度化、规范化的道路。这就要求企业必须建立与健全完善的财务分析组织体系,及时、系统、全面地分析企业的经营状况和财务状况。

三、财务分析的程序与步骤

公司的经营者、投资人、债权人和其他报表使用者对公司财务分析的侧重点不同,分析方法也可能不同,但进行财务分析的程序大同小异。科学的程序是财务分析顺利进行的有效保证,财务分析的基本程序也是财务分析的基本步骤,一般包括以下几个阶段:

(1)确定分析内容。财务分析的内容包括分析企业的资金结构、风险程度、盈利能力、经营成果等。不同财务分析主体的目的不同,选择的财务分析内容也不完全相同。

公司的债权人关注公司的偿债能力,通过流动性分析,可以了解公司清偿短期债务的能力;投资人更加关注公司的发展趋势,尤其侧重公司盈利能力及资本结构的分析;而公司经营者对公司经营活动的各个方面都必须了解。此外,作为经营者还必须了解本行业其他竞争者的经营情况,以便今后更好地为本公司的生产经营进行决策分析,如销售产品定价。

(2)搜集有关资料。一旦确定了分析内容,需尽快着手搜集有关经济资料,这些资料是进行财务分析的基础。分析者要掌握尽量多的资料,包括公司的财务报表,以及一些统计核算、业务核算等方面的资料。

(3)运用特定方法进行分析比较。在占有充分的财务资料之后,即可运用特定分析方法来比较分析，以达到财务分析的目的，经营者借此寻找公司经营中存在的问题，分析问题产生的原因。财务分析的最终目的是进行财务决策，只有分析问题产生的原因并及时将信息反馈给有关部门，方能做出决策或帮助有关部门进行决策。

四、财务分析的方法

财务分析的方法灵活多样，随着分析对象、企业实际情况和分析者的目的不同，有不同的分析方法。财务分析的基本方法包括比较分析法和因素分析法。

（一）比较分析法

比较分析法（又称对比法）是将同一企业不同时期的经营状况、财务状况进行比较，或将不同企业之间的经营状况、财务状况进行比较，揭示其中数量关系和差异的一种分析方法。它是财务分析中普遍使用的最基本的分析方法。比较分析的具体方法通常可以按比较对象和比较内容进行分析。

1.按比较对象分类

(1)横向分析，即与行业整体水平或者主要竞争对手比较。行业平均数据或主要竞争对手的数据均可以作为比较依据。通过横向分析，可以帮助分析者发现本公司在市场占有率、品牌影响力、经营战略等方面与其他公司之间的差异，可以帮助分析者发现本公司在盈利水平、资产质量、现金流量管理等方面与其他公司之间的差异，从而发现有助于企业增强其核心竞争力的优势和可能会降低其核心竞争力的劣势。

(2)纵向分析，即与企业自身不同时期比较。与本企业计划或预算比，即实际执行结果与本期计划指标、长远规划指标、理论数或定额数对比，也称"差异分析"。与本企业历史比，即实际执行结果与不同时期（2～10年）的实际水平、历史最好水平、有典型意义的数据比，也称"趋势分析"。通过横向分析，可以帮助分析者发现本公司在市场占有率、品牌影响力、经营战略等方面与历史时期或计划预算之间的差异，从而寻找企业从战略制定、执行、控制、调整这一过程中存在的问题；可以帮助分析者发现本公司在盈利水平、资产质量、现金流量管理等方面与历史时期或计划预算之间的差异，从而判断企业财务状况的发展趋势，发现财务管理中存在的问题。

进行趋势分析时需要计算趋势百分比，其中以某一确定时间的数据（如历史最好水平）作为比较基准的称为定基趋势百分比，以上期数据作为比较基准的称之为环比趋势百分比。

$$定基趋势百分比=\frac{本期金额}{某一确定基期金额}\times100\%$$

$$环比趋势百分比=\frac{本期金额}{上期金额}\times100\%$$

2.按比较内容分类

(1)比较会计因素的绝对数指标，即财务报表项目的总金额，也称总量比较。总量比较主要用于时间序列分析，如研究企业营业收入、总资产、净资产、净利润等的逐年变化趋势，分析其增长潜力。有时也用于同行业的比较，分析企业的相对规模和竞争地位。

(2)比较结构百分比，即将某一总体财务项目的总额视为100%，将总体项目中的各个具体项目以相当于总额的百分比表示，用以说明某一总体财务项目的构成比例及其合理性。比较结构百分比报表用于发现有显著问题的项目，寻求进一步分析的方向。

(3)比较财务比率。财务比率反映了两个可比财务数据之间的内在联系。通过比较财务比率可以排除规模差异的影响，使不同比较对象之间具有一定的可比性。财务比率比较重在分析，也就是说财务比率比较要以财务比率的计算为基础，在计算的基础上需要对其加以说明和解释。

财务比率通常包括构成比率、投入产出比率和相关比率。构成比率，又称为结构比率，反映某项经济指标各个组成部分占总体的比重关系，如存货与流动资产的比率。投入产出比率，反映某项经济活动投入与产出之间的关系，揭示企业的资产营运效率和获利能力，如资产报酬率。相关比率，是指根据经济活动客观存在的相互依存、相互联系的关系，将两个性质不同但又相关的指标加以对比，求出比率，以便从经济活动的客观联系中认识企业的生产经营情况，如流动比率。

(二)因素分析法

因素分析法是依据分析指标与其影响因素之间的关系，按照一定的程序和方法，确定各因素对分析指标差异影响程度的一种技术方法。这种分析方法的思路是，当有多个因素对分析指标产生影响时，在假设其他因素都不变的情况下，按顺序确定每个因素单独变化对分析指标产生的影响。因素分析法根据其分析特点一般可分为连环替代法和差额计算法。

1. 连环替代法

连环替代法是因素分析法的基本形式，其名称是由其分析程序的特点决定的。这种方法是将分析指标分解为各个可以计量的因素，并根据各个因素之间的依存关系，顺次用各因素的实际值替代标准值（或计划值），据以测定各因素对分析指标的影响。

【例 7-1】某企业计划本年生产甲产品 100 件，生产产品只耗用 A 材料，其计划用量为 8 千克/件，计划单价为 40 元/千克。本年实际完工产量为 110 件，耗用直接材料的实际用量为 7 千克/件，实际单价为 45 元/千克。

直接材料成本是由产品产量、单位产品直接材料耗用量、直接材料单价三个因素的乘积构成。因此，可以把直接材料成本这一分析指标分解为三个因素，然后逐个分析其对直接材料成本的影响程度。具体数据见表 7-1。

表 7-1　生产甲产品的相关资料

项目	计划数	实际数	差异
产品产量（件）	100	110	10
单位产品直接材料耗用量（千克/件）	8	7	−1
直接材料单价（元/千克）	40	45	5
直接材料成本（元）	32 000	34 650	2 650

根据表 7-1 中的资料，直接材料成本实际数较计划数增加 2 650 元，这就是分析对象。运用连环替代法分析各因素对直接材料成本的影响程度可按以下步骤进行：

计划指标：100×8×40＝32 000（元）　(1)

第一次替代：110×8×40＝35 200（元）　(2)

第二次替代：110×7×40＝30 800（元）　(3)

第三次替代：110×7×45＝34 650（元）（实际指标）　(4)

因素分析：

(2)－(1)＝35 200－32 000＝3 200（元）　产量增加的影响

(3)－(2)＝30 800－35 200＝－4 400（元）　材料节约的影响

(4)－(3)＝34 650－30 800＝3 850（元）　价格提高的影响

3 200－4 400＋3 850＝2 650（元）　全部因素的影响

2.差额计算法

差额计算法是连环替代法的一种简化形式。差额计算法作为连环替代法的简化形式,其因素分析的原理与连环替代法是相同的。区别只在于分析程序上,差额计算法比连环替代法简化,即它可直接利用各影响因素的实际数与基期数的差额,在其他因素不变假定条件下,计算各该因素对分析指标的影响程度。或者说差额计算法是将连环替代法的第三步骤和第四步骤合并为一个步骤进行。

【例 7-2】仍依上例,运用差额计算法分析各因素变动对直接材料成本差异的影响。

分析对象:直接材料成本总差异＝34 650－32 000＝2 650(元)(超支差)

因素分析:

(1)由于产量增加对直接材料成本的影响:

(110－100)×8×40＝3 200(元)(超支差)

(2)由于直接材料耗用数量的影响:

110×(7－8)×40＝－4 400(元)(节约差)

(3)由于直接材料单价的影响:

110×7×(45－40)＝3 850(元)(超支差)

全部因素的影响:3 200－4 400＋3 850＝2 650(元)(超支差)

五、财务分析依据的资料

财务分析的基本依据是企业的财务会计报表。财务报表向财务会计报告使用者提供与企业财务状况、经营成果和现金流量等有关的会计信息,反映企业管理层受托责任履行情况,有助于财务会计报告使用者作出经济决策。一套完整的财务报表至少应当包括资产负债表、利润表、现金流量表、股东权益(或所有者权益,下同)变动表和附注,财务报表是进行财务定量分析的主要直接依据。表 7-2、表 7-3、表 7-4、表 7-5 分别是资产负债表、利润表、现金流量表和股东权益变动表的基本格式。

为便于说明财务比率的计算和分析,本章将以 JL 公司的相关财务报表数据为例。

表 7-2 资产负债表

编制单位:JL 公司　　20×2 年 12 月 31 日　　万元

资产	年初余额	期末余额	负债或股东权益	年初余额	期末余额
流动资产:			流动负债:		
货币资金	1 532	815	短期借款	1 217	1 915
交易性金融资产	12	6	交易性金融负债	0	0
应收票据	22	0	应付票据	0	100
应收账款	1 546	586	应付账款	231	230
预付款项	9	81	预收款项	14	33
应收利息	0	0	应付职工薪酬	234	206
应收股利	0	0	应交税费	96	194
其他应收款	581	522	应付利息	13	6
存货	556	374	应付股利	5	6
一年内到期的非流动资产	0	45	其他应付款	85	188
其他流动资产	24	21	一年内到期的非流动负债	0	30
流动资产合计	4 282	2 450	其他流动负债	5	3
非流动资产:			流动负债合计	1 900	2 911
可供出售金融资产	0	0	非流动负债:		
持有至到期投资	58	3 447	长期借款	20	40
长期应收款	0	0	应付债券	100	220
长期股权投资	0	0	长期应付款	57	33
投资性房地产	0	0	专项应付款	0	0
固定资产	2 683	2 684	预计负债	0	0
在建工程	19	67	递延所得税负债	0	0
工程物资	0	0	其他非流动负债	5	2
固定资产清理	12	0	非流动负债合计	182	295
生产性生物资产	0	0	负债合计	2 082	3 206
油气资产	0	0	股东权益:		
无形资产	190	189	股本	1 375	1 375
开发支出	0	0	资本公积	1 791	1 905
商誉	0	0	减:库存股	0	0
长期待摊费用	0	0	盈余公积	926	1 126
递延所得税资产	38	38	未分配利润	1 118	1 274
其他非流动资产	10	11	股东权益合计	5 210	5 680
非流动资产合计	3 010	6 436			
资产总计	7 292	8 886	负债和股东权益总计	7 292	8 886

表 7-3　利润表

编制单位:JL 公司　　20×2 年度　　万元

项　目	上年数	本年数
一、营业收入	10 656	13 258
减:营业成本	8 961	11 392
营业税金及附加	6	7
销售费用	253	483
管理费用	545	516
财务费用	228	150
资产减值损失		
加:公允价值变动收益(损失以"－"填列)		
投资收益(损失以"－"填列)	6	528
其中:对联营企业和合营企业的投资收益		
二、营业利润(亏损以"－"填列)	669	1 238
加:营业外收入	113	10
减:营业外支出	37	11
其中:非流动资产处置损失		
三、利润总额(亏损总额以"－"填列)	745	1 237
减:所得税费用	186	309
四、净利润(净亏损以"－"填列)	559	928
五、每股收益		
(一)基本每股收益		
(二)稀释每股收益		

表 7-4　现金流量表(数据略)

项　目	本期金额	上期金额
一、经营活动产生的现金流量		
销售商品、提供劳务收到的现金		
收到的税费返还		
收到其他与经营活动有关的现金		
经营活动现金流入小计		
购买商品、接受劳务支付的现金		

续表 7-4

项 目	本期金额	上期金额
支付给职工以及为职工支付的现金		
支付的各项税费		
支付其他与经营活动有关的现金		
经营活动现金流出小计		
经营活动产生的现金流量净额		
二、投资活动产生的现金流量		
收回投资收到的现金		
取得投资收益收到的现金		
处置固定资产、无形资产和其他长期资产收回的现金净额		
处置子公司及其他营业单位收到的现金净额		
收到其他与投资活动有关的现金		
投资活动现金流入小计		
购建固定资产、无形资产和其他长期资产支付的现金		
投资支付的现金		
取得子公司及其他营业单位支付的现金净额		
支付其他与投资活动有关的现金		
投资活动现金流出小计		
投资活动产生的现金流量净额		
三、筹资活动产生的现金流量		
吸收投资收到的现金		
取得借款收到的现金		
收到其他与筹资活动有关的现金		
筹资活动现金流入小计		
偿还债务支付的现金		
分配股利、利润或偿付利息支付的现金		
支付其他与筹资活动有关的现金		
筹资活动现金流出小计		
筹资活动产生的现金流量净额		
四、汇率变动对现金的影响		
五、现金及现金等价物净增加额		
加:期初现金及现金等价物余额		
六、期末现金及现金等价物余额		

表 7-5 股东权益变动表

编制单位：JL 公司　　20×2 年度　　万元

项 目	本年金额						上年金额(略)
	股本	资本公积	减:库存股	盈余公积	未分配利润	股东权益合计	
一、上年年末余额	1 375	1 791		926	1 118	5 210	
加:会计政策变更							
前期差错更正							
二、本年年初余额	1 375	1 791		926	1 118	5 210	
三、本年增减变动金额(减少以"－"填列)		114		200	156	470	
(一)净利润					928	928	
(二)直接计入股东权益的利得和损失							
1.可供出售金融资产公允价值变动净额							
2.权益法下被投资单位其他股东权益变动的影响							
3.与计入股东权益项目相关的所得税影响							
4.其他							
上述(一)和(二)小计					928		
(三)所有者投入和减少资本		114				114	
1. 所有者投入资本							
2.股份支付计入股东权益的金额							
3.其他		114				114	
(四)利润分配				200	－772	－572	
1.提取盈余公积				200	－200	0	
2.对股东的分配					－512	－512	
3.其他					－60	－60	
(五)股东权益的内部结转							
1.资本公积转增资本(或股本)							
2.盈余公积转增资本(或股本)							
3.盈余公积弥补亏损							
4.其他							
四、本年年末余额	1 375	1 905		1 126	1 274	5 680	

资产负债表是最基本、最重要的财务会计报表，反映了某个时点企业的资产、负债和股东权益的存量状况，利润表、现金流量表、股东权益变动表反映的是企业某一期间内从期初到期末的经营成果、现金流量变动和股东权益变动过程的累计结果。

资产负债表在前一个会计期间存量的基础上，记录了一个新的会计期间内企业在产品市场和资本市场上进行的经营活动、投资活动和筹资活动，伴随着现金流量循环，创造价值过程的累计存量。因此，可以说资产负债表是企业永恒的价值载体。如果按照利润形成的过程记录企业一个时期内的成本、费用和收入的累计量，就形成了利润表，它反映了企业的经营业绩。如果按照经营活动、投资活动和筹资活动的现金流入和流出过程分别记录企业一个时期内的各类现金流量的累计量，就形成了现金流量表。如果按照股东权益变动的过程记录一个时期内企业增发新股、回购股份、分配利润等行为的累计量，就形成了股东权益变动表。在这四张会计报表中，资产负债表是最基础的一张报表，记录了企业资产、负债和股东权益的时点存量，反映了价值创造过程的结果，如图 7-1 所示。

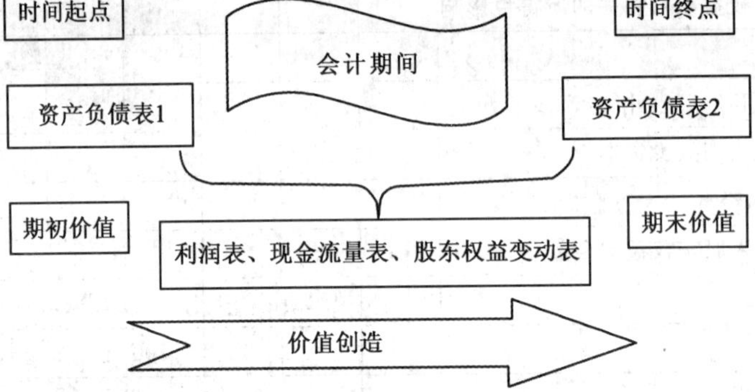

图 7-1 基于价值创造的财务报表体系

六、财务分析的局限性

前已述及，财务分析有广义与狭义之分，狭义的财务分析是指财务报表分析，并且财务报表分析是广义财务分析的基础，所以了解财务报表分析的局限性，可以帮助了解其他形式财务分析的局限性。

1. 财务报表本身的局限性问题

财务报表的编制以四个基本假设为前提，也就是说，财务报表是在四个假设成立的条件下对企业的财务状况进行披露，而不能认为报表揭示了企业经营的全部实际情况。①资产的价值只代表历史成本，而不能反映其现行成本或变现价值；②币值稳定的假设未考虑通货膨胀因素；③稳健原则要求预计损失而不预计收益，有可能夸大费用，少计收益和资产；④会计分期的假设要求企业仅仅呈报短期的经营成果和财务状况，而无法提供反映企业长期潜力的信息。

2. 财务报表的真实性问题

财务分析结论的准确性依赖于财务报表本身的真实性。为了提高财务分析结论的准确性，分析者应当注意一些与报表真实性相关的问题，如财务报告的规范性、财务报表是否完整、财务数据是否存在反常现象以及审计师的声誉及其出具的审计报告类型。

3. 财务报表的可比性问题

会计准则允许不同企业对同一会计事项合理选择不同的会计处理方法，例如固定资产折旧方法有直线法、双倍余额递减法等，存货计价可以采用先进先出法或后进先出法等。尽管财务报表附注会披露企业的会计政策，但财务报表使用分析者未必能够意识到不同企业采用不同会计政策造成的经营成果和财务状况的差异；即使意识到了差异的存在，也未必有能力完成可比性的调整工作；就算财务分析人员意识到了差异的存在，并且有能力完成为了可比性的调整工作，但是否进行调整，还要考虑成本效益原则。

4. 比较分析法的比较标准问题

在采用比较分析法进行财务分析时，必须选择比较的基础，作为评价企业当期实际数据的比较基准，一般包括本企业历史数据、计划（或预算）数据和同行业数据。

趋势分析以本企业的历史数据作为比较基础。企业的经营环境常常会发生变化，历史数据代表过去，并不代表合理性。

实际与计划（或预算）数据之间的差异分析，是企业管理者进行财务分析的常用形式。通过差异分析，将实际执行结果与计划（或预算）进行比较出现的差异可能是由于计划执行不当，也有可能因为作为标准的预算不够合理，而不仅仅是执行中出了问题。

横向比较时一般选用同行业平均数据作为标准。同行业的平均数据，只起一般性的指导作用，不一定是最合理的水平。有的企业实施多元化经营，没有明确的行业归属，同业比较就更困难。

总之，进行财务分析时应当准确理解比较基础并选用合适的标准，标准选用不当将会导致分析结果不准确甚至错误从而造成决策失误。

第二节　偿债能力分析

一、偿债能力的含义与种类

偿债能力是指企业偿还其债务（含本金和利息）的能力，通常以其资产的变现性为衡量标准，分为短期偿债能力和长期偿债能力。短期偿债能力是指企业以其流动资产支付在一年内即将到期的流动负债的能力。长期偿债能力是企业以其资产或劳务支付长期债务的能力。企业的长期偿债能力不仅受其短期偿债能力的制约，还受企业获利能力的影响。

偿债能力分析就是通过对企业变现能力和债权物质保障程度的分析，观察和判断企业偿还到期债务能力的强弱。通过偿债能力的研究及分析，能揭示一家企业财务风险的大小。

二、短期偿债能力分析

（一）短期偿债能力分析指标

对于短期债权人而言，他们关心的是企业是否有足够的现金和其他能在短期内转化为现金的资产，以支付即将到期的债务。企业若无法满足债权人的要求，可能会造成生产经营的混乱甚至引起破产。短期偿债能力体现在公司流动资产与流动负债的对比关系中，反映流动资产对偿付流动负债的保障程度。因此，短期偿债能力分析就要揭示企业流动资产与流动负债的适应程度，查明企业资产变现能力的强弱，可通过流动比率、速动比率和现金比率等指标来进行分析。

1. 流动比率

流动比率是流动资产除以流动负债的比值，其计算公式为：

$$流动比率=\frac{流动资产}{流动负债}$$

流动比率表明企业每一元流动负债有多少流动资产作为偿付保证，比率越大，说明企业对短期债务的偿付能力越强。但流动比率过高，说明企业有较多的资金滞留在流动资产上，从而影响其获利能力。因此，流动比率应保持一定的幅度，通常认为，该比率宜保持在2(倍)左右为宜。但具体分析企业的流动比率时，应根据不同行业、不同经营性质和不同营业周期的特点加以分析。即使同一家企业，在不同的时期(如旺季与淡季)，流动比率也可能会有较大差别。因此，确切地说，流动比率应该超过1，但应控制在2以下，既有利于加速资产的流动性，又能保证企业的流动资产在清偿流动负债之后有余力去应付日常活动中的其他资金需求。

由于流动比率没有考虑流动资产的构成，因此流动比率高，不能绝对地认为短期偿债能力强，往往还需结合对速动比率等其他指标的分析，才能更确切地反映企业的短期偿债能力。

2. 速动比率

比流动比率更进一步揭示企业变现能力的比率指标为速动比率，也称为酸性测试比率。速动比率是速动资产除以流动负债的比值。速动资产包括货币资金、交易性金融资产和各种应收、预付款项等，可以在短时间内变现。计算速动资产时也可从流动资产总额中扣除存货、1年内到期的非流动资产及其他流动资产等非速动资产。速动比率的计算公式为：

$$速动比率=\frac{速动资产}{流动负债}$$

企业的流动资产中，存货的变现周期较长，而且可能发生损耗和出现滞销积压，流动性较差。把存货等非速动资产从流动资产总额中减去而计算出的速动比率，反映的短期偿债能力会更加令人信服。

通常认为速动比率应保持在1左右，才算具有良好的财务状况和较强的短期偿债能力。但这也仅是一般的看法，没有统一的标准。行业不同，速动比率会有很大的差别。例如，采用大量现金销售的商店，几乎没有应收账款，小于1的速动比率则是比较合理的；相反，一些应收账款较多的企业，速动比率可能要大于1才会被认为是合理的。

影响速动比率可信性的重要因素是应收账款的变现能力。应收账款变现的速度快慢、坏账发生的多少都会对企业短期偿债能力产生影响。

3. 现金比率

现金比率又称即付比率，是指企业现金类资产与流动负债之间的比率关系。其计算公式为：

$$现金比率=\frac{货币资金+交易性金融资产}{流动负债}$$

现金资产与其他流动资产的区别在于其本身就是可以直接偿债的资产，以从速动资产中减去各类应收、预付款项后的现金类资产而计算的现金比率，是对流动比率和速动比率的进一步分析，它是评价企业流动资产中的货币资金和交易性金融资产用于偿付流动负债的指标，较之于流动比率和速动比率而言更为严格，因为现金资产是企业偿还债务的最终手段。

一般认为，现金比率应保持在0.2以上为好。但也不能认为该项指标越高越好，因为现金比率太高也可能是由于企业拥有大量不能盈利的现金和银行存款所致。因此，将流动比率、速动比率和现金比率结合起来分析和评价企业的短期偿债能力，其结果比依据单项指标更为全面和准确。

(二)短期偿债能力分析举例

【例7-3】根据表7-2的相关资料，下面对JL公司20×2年的短期偿债能力进行分析。

(1)公司20×1年的短期偿债能力指标：

①流动比率=4 282÷1 900=2.25

②速动比率=(4 282－556－24)÷1 900=1.95

③现金比率=(1 532+12)÷1 900=0.81

(2)公司20×2年的短期偿债能力指标：

①流动比率=2 450÷2 911=0.84

②速动比率=(2 450－374－45－21)÷2 911=0.69

③现金比率=(815+6)÷2 911=0.28

(3)列表对比评价。将上述计算数据列入表7-6。

表7-6 JL公司短期偿债能力分析表

指标名称	20×1年度	20×2年度	简 评
流动比率	2.25	0.84	较低，较上年大幅下降
速动比率	1.95	0.69	偏低，较上年大幅下降
现金比率	0.81	0.28	尚可，较上年大幅下降

(4)综合评价。从计算结果看，该公司的流动比率和速动比率未达到公认的评价标准，流动比率远低于2，说明公司的短期偿债能力不强，特别是与上一年相比，

呈大幅下降的趋势。尽管如此,但公司的现金比率却大于0.2的一般标准,表明公司拥有的现金资产比例尚可,下一步该公司应分析造成本年度短期偿债能力大幅下降的原因,积极改善资产结构,增加流动资产的数量。

三、长期偿债能力分析

(一)长期偿债能力分析指标

对于长期债权人来说,他们更注重从长远的观点来评价企业的偿债能力。企业的长期偿债能力与企业的盈利能力、资本结构有着十分密切的关系。衡量企业长期偿债能力的指标较多,通常包括资产负债率、产权比率、利息保障倍数和长期负债与营运资金的比率等。

1.资产负债率

资产负债率是负债总额除以资产总额的百分比,也就是负债总额与资产总额的比例关系。资产负债率是从总体上表明企业的债务状况、负债能力和债权保障程度的一个综合指标。它能够反映资产占用资金中有多大比例是通过借债筹资形成的,也可以衡量企业在清算时保护债权人利益的程度。其计算公式为:

$$资产负债率=\frac{负债总额}{资产总额}\times 100\%$$

企业的债权人、所有者以及经营者往往从不同的角度来评价这一比率。

对债权人而言,他们最为关心的是其贷给企业资金的安全性,即到期能否收回本息。如果公司总资产中由所有者提供的部分较少,则意味着风险主要由债权人承担,这显然对其不利。因此,债权人总是希望该比率越低越安全。

对所有者而言,他们关心的主要是投资收益率的高低。如果负债的利息率低于总资产收益率,负债比例越大,所有者的投资收益也越大。这样,所有者就希望能通过增加负债来提高资本收益率,从中获得更多的利益。

从公司经营者的角度看,则希望将资产负债率控制在一个合理的水平。资产负债率高,说明企业扩展经营的能力强,股东权益的运用越充分。但债务太多,会影响债务的偿还能力,加大企业的财务风险,一旦发生经营不利的情况,企业将难以承受沉重的债务负担,甚至可能因出现资不抵债而导致公司破产。

资产负债率的合理水平,一般应在50%左右。但具体而言,到底应为多少,要根据公司的经营情况,特别是盈利能力等进行综合考察。

2.产权比率

产权比率也是衡量企业长期偿债能力的指标之一。它是负债总额与股东权益总额的比率。这一比率可用以衡量权益资本对借入资本的保障程度。其计算公式为：

$$产权比率=\frac{负债总额}{股东权益总额}\times 100\%$$

该项指标反映了由债权人提供的资本与所有者(股东)提供的资本的相对关系,反映企业基本财务结构是否合理或稳定。产权比率高,说明是高风险、高报酬的财务结构;产权比率低,说明是低风险、低报酬的财务结构。企业应对收益与风险进行权衡,力求保持合理、适度的财务结构,以便既能提高盈利能力,又能保障债权人的利益。一般而言,产权比率应小于100%,即借入资本小于权益资本较好,但也不能一概而论。

3. 利息保障倍数

利息保障倍数指标是指企业一定时期内所获得的息税前利润与当期所支付利息费用的比率,用以衡量企业以所获取利润总额承担支付利息的能力,也叫利息支付倍数。计算公式为：

$$利息保障倍数=\frac{息税前利润}{利息费用}$$

或

$$利息保障倍数=\frac{利润总额+利息费用}{利息费用}$$

实务中计算该指标时,如果"利息费用"的数据难以取得,可以用利润表中"财务费用"的数据替代计算。

一般来说,利息保障倍数越高越好,这个指标较高,就意味着利息费用的支付就有保障。特别对于分期还本付息的长期负债来说,如果企业在支付债务利息方面不存在困难,通常也就有可能再借款用于偿还到期的债务本金,形成良性循环。反之,利息保障倍数越小,则表明企业可用于支付利息的利润越少。当该比率小于1时,表示企业的盈利能力根本无法承担举债经营的利息支出,此时企业已陷入财务困境之中,举债的安全保障已成问题。

4. 长期负债与营运资金比率

长期负债除以营运资金称为长期负债与营运资金比率。其计算公式为：

$$长期负债与营运资金比率=\frac{长期负债}{营运资金}$$

公式中,营运资金=流动资产-流动负债。

长期负债会随时间的推移不断延续地转化为流动负债，因此流动资产除了要满足偿还流动负债的要求，还必须有能力偿还到期的长期负债。如果保持长期负债不超过营运资金，就不会因为这种转化而造成流动资产小于流动负债，从而长期债权人和短期债权人都会感到贷款有安全保障。

企业的长期偿债能力与其盈利能力是相互关联的。如果企业的盈利能力不强，未来就很难有充足的现金流入量，这必然影响公司的偿债能力。因此，在分析企业长期偿债能力时，还应进一步分析其盈利能力。

(二)长期偿债能力分析举例

【例 7-4】根据表 7-2 与表 7-3 的相关资料，下面对 JL 公司 20×2 年的长期偿债能力进行分析。

(1)公司 20×1 年的长期偿债能力指标：

①资产负债率＝2 082÷7 292×100％＝28.55％

②产权比率＝2 082÷5 210×100％＝39.96％

③利息保障倍数＝(745＋228)÷228＝4.27

④长期负债与营运资金比率＝182÷(4 282－1 900)×100％＝8％

(2)公司 20×2 年的长期偿债能力指标：

①资产负债率＝3 206÷8 886×100％＝36.08％

②产权比率＝3 206÷5 680×100％＝56.44％

③利息保障倍数＝(1 237＋150)÷150＝9.25

④长期负债与营运资金比率＝295÷(2 450－2 911)×100％＝－64％

(3)列表对比评价。将上述计算数据列入表 7-7。

表 7-7 JL 公司长期偿债能力分析表

指标名称	20×1 年度	20×2 年度	变动幅度	简 评
资产负债率	28.55％	36.08％	26.37％	正常
产权比率	39.96％	56.44％	41.24％	正常
利息保障倍数	4.27	9.25	116.63％	好
长期负债与营运资金比率	8％	－64％		很差

(4)综合评价。从上面的计算分析可以看出，该公司的资产负债率、产权比率和利息保障倍数较上一年呈不同幅度的上升趋势，特别是利息保障倍数的增加幅度达到了 122.2％，说明公司的长期偿债能力有所提高，但负债水平仍然处于略微

偏低的水平。尽管如此，但公司的长期负债与营运资金比率出现了负数，原因在于该公司本年度的营运资金为负数，下一步该公司应分析资产状况，考虑增加长期负债，改善短期偿债能力。

第三节 营运能力分析

一、营运能力的含义

营运能力是指企业对其所拥有的有限资源的配置和利用能力，从价值的角度看，就是企业资金的利用效果。一般情况下，企业管理人员的经营管理能力，以及对资源的配置能力都可通过相关的财务指标反映出来。

企业在资源配置上是否有效或高效，可以直接从企业资产结构状况、周转状况以及运用状况等方面反映出来，这些状况从不同方面反映了企业的财务状况，在一定程度上或某些方面，也可反映企业的短期偿债能力和盈利能力。

企业的营运能力最终是通过资产的运作体现出来的。对企业营运能力分析的内容包括流动资产营运能力分析和总资产营运能力分析，其中重点是对流动资产中的应收账款、存货等内容进行分析。

二、应收账款周转率的计算与分析

及时收回应收账款，不仅能增强企业的短期偿债能力，也反映出企业管理应收账款方面的效率。应收账款周转率是指企业年度内应收账款转为现金的平均次数，它说明应收账款流动的速度。其计算公式为：

$$\text{应收账款周转率}=\frac{\text{营业收入}}{\text{平均应收账款余额}}$$

公式中，平均应收账款余额是应收账款期初余额与期末余额的平均数。

用时间表示的周转速度是应收账款周转天数，也叫应收账款回收期或平均收现期，它表示企业从取得应收账款的权利到收回款项，转换为现金所需要的时间。其计算公式为：

$$\text{应收账款周转天数}=\frac{360}{\text{应收账款周转率}}$$

应收账款周转率是分析企业应收账款变现能力和管理效率的财务比率。应收账款周转次数多或应收账款周转天数少，表明企业对流动资金运用和管理效率高，企业组织收回应收账款的速度快，形成坏账损失的风险小，流动资产流动性好，短期偿债能力强；反之，应收账款周转次数少或应收账款周转天数多，表明企业对流动资金运用和管理效率低，企业组织收回应收账款的速度慢，形成坏账损失的风险大，流动资产流动性差，短期偿债能力弱。

三、存货周转率的计算与分析

存货周转率是衡量存货变现能力强弱和存货是否过量的指标。存货周转率是指企业一定时期内的销售成本与存货平均余额之间的比率。该指标有存货周转次数和存货周转天数两种表示方法。其计算公式为：

$$存货周转率=\frac{营业成本}{平均存货}$$

$$存货周转天数=\frac{360}{存货周转率}$$

公式中，平均存货是存货期初余额与存货期末余额的平均数。

存货周转率是从存货变现速度的角度来分析企业的销售能力及存货适量程度的。存货周转次数越多，说明存货变现速度越快，企业销售能力越强，企业控制存货的能力强；反之，存货周转次数越少，说明存货变现速度慢，企业销售能力较弱，存货积压，营运资金沉淀与存货数量较大。

分析存货周转率时应注意以下几点：

(1)计算存货周转率时，分子也可用"营业收入"的数据。使用"营业收入"还是"营业成本"作为周转额，要看分析的目的。进行短期偿债能力分析时，为了评估资产的变现能力需要计算存货转换为现金的效率时，可采用"营业收入"。在评价企业的营运能力时，一般采用"营业成本"。

(2)存货批量的影响。存货批量很小时，存货可以较快地转换，因而存货周转率较快。但存货批量过小，甚至使得企业的库存低于安全储备量时，可能会导致经常性的缺货，影响企业正常的生产经营。

(3)企业采用不同的存货计价方法，会影响到存货周转率指标的大小。因此与其他企业进行比较时，应考虑存货计价方法不同所产生的影响。

四、流动资产周转率的计算与分析

流动资产周转率是营业收入与平均流动资产占用额的比值。该指标有流动资产周转次数和流动资产周转天数两种表示方法。其计算公式为：

$$流动资产周转次数=\frac{营业收入净额}{平均流动资产占用额}$$

$$流动资产周转天数=\frac{360}{流动资产周转次数}$$

公式中，平均流动资产占用额是流动资产期初余额与流动资产期末余额的平均数。

该项指标反映流动资产在一定时期内的周转速度和营运能力，流动资产周转速度快，相当于相对扩大了资产投入，或相对节约了流动资产，增强了企业的盈利能力和偿债能力；流动资产周转速度慢，就需要补充流动资产参加周转，形成较多的资金占用，降低企业的盈利能力和偿债能力。

五、总资产周转率的计算与分析

总资产周转率是营业收入与资产总额的比值。该指标也有总资产周转次数和总资产周转天数两种表示方法。其计算公式为：

$$总资产周转次数=\frac{营业收入净额}{平均资产总额}$$

$$总资产周转天数=\frac{360}{总资产周转次数}$$

公式中，平均资产总额是期初资产总额与期末资产总额的平均数。

该项指标反映资产总额的周转速度。资产周转速度越快，即企业资产闲置越少，反映销售能力越强。企业可以通过薄利多销的方法加快资产周转，以增加利润绝对额。

各项资产营运能力指标除了可以用以衡量企业运用资产赚取收入的能力大小外，还可以和反映盈利能力的指标结合使用，从而达到全面评价企业盈利能力的目的。另外，应收账款和存货周转率指标也可对企业短期偿债能力的分析评价做一补充。

六、资产营运能力指标计算举例

【例 7-5】根据表 7-2 与表 7-3 的相关资料，下面将计算 JL 公司 20×2 年的资产营运能力指标。

(1)应收账款周转率：

平均应收账款余额＝(1 546＋586)÷2＝1 066(万元)

应收账款周转次数＝13 258÷1 066＝12.44(次)

应收账款周转天数＝360÷10.33＝29(天)

(2)存货周转率：

平均存货＝(556＋374)÷2＝465(万元)

存货周转次数＝11 392÷465＝24.5(次)

存货周转天数＝360÷24.5＝15(天)

(3)流动资产周转率：

平均流动资产＝(4 282＋2 450)÷2＝3 366(万元)

流动资产周转次数＝13 258÷3 366＝3.92(次)

流动资产周转天数＝360÷3.92＝92(天)

(4)总资产周转率：

平均资产总额＝(7 292＋8 886)÷2＝8 089(万元)

总资产周转次数＝13 258÷8 089＝1.64(次)

总资产周转天数＝360÷1.64＝220(天)

第四节 盈利能力分析

一、盈利能力的含义

盈利能力是指企业生产经营活动获取利润的能力。这是投资者投资企业的初衷，也是企业经营管理人员经营的具体目标。良好的盈利能力不仅是企业吸收投资和借款的重要前提，而且是评价企业经营业绩的基本标准。因此，盈利能力分析是财务分析的重点内容。

二、盈利能力分析的基本指标

反映企业盈利能力的指标很多，通常使用的主要有销售毛利率、销售净利率、总资产收益率、净资产收益率、资本保值增值率等指标。

1. 销售毛利率

销售毛利率是毛利占营业收入的百分比，其中毛利是营业收入与营业成本的差额。其计算公式为：

$$销售毛利率=\frac{营业收入-营业成本}{营业收入}\times 100\%$$

销售毛利率表示每1元营业收入扣除商品营业成本后有多少钱可以用于补偿各项期间费用和形成盈利。它反映了企业销售产品或商品的初始获利能力，该比率越大越好，越大就说明每增加1元营业收入的毛利就越大。

通常来说，毛利率随行业的不同而高低各异，但同一行业的毛利率一般相差不大。与同行业的平均毛利率比较，可以揭示公司在定价政策、商品销售或产品生产成本控制方面的问题。

2. 销售净利率

销售净利率是指净利润与营业收入的百分比。其计算公式为：

$$销售净利率=\frac{净利润}{营业收入}\times 100\%$$

公式中的“净利润”是指企业的税后利润。

销售净利率是企业销售的最终获利能力指标。该比率越高，说明企业的盈利能力越强。该指标除了和销售毛利率同样受行业特点、价格高低和成本水平等因素影响外，还会受到诸如期间费用、其他业务利润、投资收益、营业外收支、所得税率等因素的影响，具体分析时应多加注意。

从指标的计算可以看出，只有当利润总额的增长速度快于营业收入净额的增长速度时，销售净利率才会上升；企业采用薄利多销的政策，会降低销售净利率；销售品种结构或经营业务改变也会影响企业的销售净利率。可见，销售净利率既反映企业的成本费用水平，也反映企业的经营方针和策略对盈利能力的影响。

3. 总资产收益率

总资产收益率，又称总资产报酬率，它反映企业利用全部经济资源的获利能力。其计算公式有两种：

公式(1):总资产收益率=(净利润÷平均资产总额)×100%

公式(2):总资产收益率=[(净利润+利息支出)÷平均资产总额]×100%

以上公式中,平均资产总额是期初资产总额与期末资产总额的平均数。

一般常用公式(1)计算总资产收益率。

在公式(2)的分子中,净利润之所以要加上利息支出,基于两方面理由:一是总资产不仅来源于投资者的投入资本,也包括债权人的借入资本。利息支出实际上是分配给债权人的一部分报酬,加上利息支出才能全面反映总资产的收益率;二是由于不同企业的举债程度不同,其利息支出也会有较大的差别,将利息费用扣回,可以消除不同举债经营水平对资产收益率的影响,以便在同行业中具有可比性。

总资产收益率是从总体上反映企业投入与产出,所用与所得对比关系的一项经济效益指标。该比率表明企业资产利用的综合效果,总资产收益率越高,说明企业盈利能力越强。这项指标是财务管理中的一个重要指标,也是总公司对分公司下达经营目标,进行内部考核的主要指标。它对综合分析企业的经济效益和正确进行投资决策,都具有十分重要的作用。

4.净资产收益率

净资产收益率又称权益报酬率或权益净利率,它是净利润与净资产的比率。其基本计算公式为:

$$净资产收益率=\frac{净利润}{平均净资产}\times 100\%$$

公式中,平均净资产期初净资产与期末净资产的平均数。

这个公式具有普遍性,适用于一般类型企业。

净资产收益率是反映企业盈利能力的核心指标,它是评价企业自有资本及其积累获取报酬水平的最具综合性与代表性的指标,反映企业资本运营的综合效益。该指标通用性强,适应范围广,不受行业局限,在国际上的综合评价中使用率非常高。通过对该指标的综合对比分析,可以看出企业盈利能力在同行业中所处的地位,以及与同类企业的水平差异。

净资产收益率越高,投资者投入资本所得的收益就越大,对投资者(包括潜在投资者)的吸引力越大。如果净资产收益率高于借入资本成本率,较高的负债水平则对投资者是有利的;反之,借入资本成本率高于净资产收益率,过高的负债将损害投资者的利益。净资产收益率是一个综合性很强的分析评价指标,它不仅是投资者衡量企业盈利能力,作为投资决策导向的依据,也是企业资本结构决策分析中的参考指标。

5. 资本保值增值率

资本保值增值率反映企业所有者投入企业的资本保全和增值情况。它是期末所有者权益与期初所有者权益的比率。其计算公式为：

$$资本保值增值率=\frac{期末所有者权益总额}{期初所有者权益总额}\times 100\%$$

该指标通常应大于1，分析时必须具体分清期末所有者权益的增加是由于所有者在分析期增加投入资本，还是由于企业保留盈余所致。剔除所有者权益项目中投入资本的金额后，该指标也可以反映企业的盈利能力。同时，还要考虑货币时间价值和通货膨胀因素的影响。

资本保值增值率指标从两个方面考核企业经营者对所有者权益的保障程度。一方面要求企业按照资本保全原则的要求管好用好投资者投入的资本，在生产经营期间，除了投资者依法转让投资外，各方不得以任何理由抽走资本金。资本保值是企业持续经营和实现自负盈亏的前提条件。企业保持与其生产经营规模相适应的资本金，才能保证财务状况的安全性和稳定性，为提高企业的盈利能力奠定基础。另一方面要求实现盈利的企业还要注重内部积累和再投入，以保证企业自我发展和自我约束的能力，增强企业长期盈利能力，从长远考虑保障投资者的权益。

除了上面介绍的五类指标之外，出于一些特定目的，还可利用其他一些指标分析企业的盈利能力。比如从考察企业主要业务盈利能力的角度选用主营业务利润率，从耗费与产出的角度选用成本费用利润率等指标来进一步分析企业的盈利能力。

$$主营业务利润率=\frac{营业利润}{营业收入}\times 100\%$$

$$营业成本费用利润率=\frac{营业利润}{营业成本+期间费用}\times 100\%$$

三、盈利能力指标计算举例

【例 7-6】根据表 7-2 与表 7-3 的相关资料，下面将计算 JL 公司 20×2 年的盈利能力指标。

(1)20×2 年的销售毛利率＝[(13 258－11 392)÷13 258]×100％＝14.07％

20×1 年的销售毛利率＝[(10 656－8 961)÷10 656]×100％＝15.91％

(2)20×2 年的销售净利率＝(928÷13 258)×100％＝7％

20×1 年的销售净利率＝(559÷10 656)×100％＝5.25％

(3)总资产收益率：

平均资产总额＝(7 292＋8 886)÷2＝8 089(万元)

总资产收益率＝(928÷8 089)×100％＝11.47％

(4)净资产收益率：

平均净资产＝(5 210＋5 680)÷2＝5 445(万元)

净资产收益率＝(928÷5 445)×100％＝17.04％

(5)资本保值增值率＝(5 680÷5 210)×100％＝109.02％

四、上市公司的盈利能力分析

公司发行的股票或债券如果在证券交易所公开挂牌交易，习惯称之为上市公司。各国有关证券市场的法律法规都规定了上市公司持续信息披露制度，要求公司在其证券挂牌交易期间自觉持续地披露规定的内容。通常，上市公司进行信息披露的公告主要有招股说明书、上市公告、定期报告和临时公告等内容。这些公告中的大部分信息都与企业的财务活动有关，特别是其中的财务报告使得对上市公司进行财务分析的依据就比较充分。

(一)上市公司盈利分析依据

1.招股说明书

招股说明书是股票发行公司向社会公众发布的旨在公开募集股份的书面文件。主要内容和财务信息包括：募集资金的运用计划；投资风险和对策；股利分配政策；验资证明；经营业绩；股本；债务；盈利预测以及财务报告。

2.上市公告

公司发行的股票获准在证券交易所交易后，上市公司应当发布上市公告书。上市公告书的内容除应包括招股说明书的主要内容外，还应包括：股票获准在证券交易所交易的日期；股票发行情况及股权结构；公司创立大会或者股东大会同意公司股票在交易所交易的决议；公司高管简况及其持有本公司证券的情况；公司近三年或者成立以来的经营业绩和财务状况以及下一年的盈利预测文件等。

3.定期报告

定期报告分为年度报告和中期报告。年度报告的主要内容包括：公司概况；公司财务会计报告和经营情况；已发行的股票、公司债券情况；大股东及其持股情况等。中期报告的主要内容包括：公司财务报告和经营情况；涉及公司的重大诉讼事项；已发行的股票、公司债券变动情况；提交股东大会审议的重要事项等。

我国上市公司中期报告中的财务报告，除证券监管部门规定的特别情况外，一般无须经会计师事务所审计。因此，对上市公司进行财务分析时，还应注意财务报告是否经过审计以及出具的审计报告类型。

4. 临时公告

上市公司要就一些重大事件向社会及时公告。所谓重大事件是指某些事件的发生对上市公司原有财务状况和经营成果已经或将要产生较大影响，并可能影响公司的股票交易价格。对于这些重大事件，上市公司应立即报告证券监管部门，并向社会公布说明事件的性质。这些重大事件包括：公司的经营方针和经营范围的重大变化；公司的重大投资行为和重大的购置财产的决定；公司订立重要合同，而该合同可能对公司的资产、负债、权益和经营成果产生重要影响；发生重大债务和未能清偿到期债务的违约情况；发生重大亏损或者遭受超过净资产10%以上的重大损失；公司减资、合并、分立、解散及申请破产；涉及公司的重大诉讼，以及法院依法撤销股东大会、董事会的决议等。

（二）上市公司盈利分析指标

鉴于上市公司的资本划为等额股份、股本增加频繁等特点，对其进行财务分析较之于其他类型的企业组织形式就有所不同。上市公司投资者众多，对其盈利能力的分析考察是各方关注的重点。除了其他指标外，股东权益报酬率、每股收益、每股净资产构成了上市公司财务分析的三大财务指标。

1. 股东权益报酬率①

股东权益报酬率是净利润与股东权益的比率。其计算公式为：

$$股东权益报酬率=\frac{净利润}{年度末股东权益}\times 100\%$$

该指标与前述净资产收益率的计算公式基本相同，区别在于股东权益采用年（期）末数，不需计算平均值，其理由主要是：

（1）由于上市公司增加股份时新股东要超面值缴入资本并获得同股同利同权

①股东权益报酬率与净资产收益率的含义相同。根据中国证监会发布的《公开发行证券公司信息披露编报规则》第9号的通知的规定：全面摊薄净资产收益率＝报告期净利润÷期末净资产。加权平均净资产收益率的计算公式为：$ROE=P/(E_0+NP\div 2+E_i\times M_i\div M_0-E_j\times M_j\div M_0)$，其中：$P$为报告期利润；$NP$为报告期净利润；$E_0$为期初净资产；$E_i$为报告期发行新股或债转股等新增净资产；$E_j$为报告期回购或现金分红等减少净资产；$M_0$为报告期月份数；$M_i$为新增净资产下一月份起至报告期期末的月份数；$M_j$为减少净资产下一月份起至报告期期末的月份数。

的地位，期末的所有股东所持股份对本年利润拥有同等权利。

(2)这样计算可以和每股收益、每股净资产指标计算中的分母一致，都按“年末股本数”计算，保持了口径一致。

我国对上市公司采用配股、增发新股等形式再次发行股票融资的一个关键条件就是按照股东权益报酬率(净资产收益率)表示的公司盈利能力要达到规定的水平标准。

2. 每股收益

每股收益是本年(或本期)净收益与年末(或期末)普通股流通股数的比值。其计算公式为：

$$每股收益=\frac{净利润}{年末普通股股份总数}$$

计算该指标时要注意以下问题：

(1)合并报表问题。编制合并报表的公司，应以合并报表数据计算该指标。

(2)优先股问题。如果公司发行了不可转换优先股，计算时要扣除优先股股数及其分享的股息，以使每股收益反映普通股的收益状况。

$$每股收益=\frac{净利润-优先股股息}{年末股份总数-年末优先股股份总数}$$

(3)年度中普通股增加或减少问题。在某个会计期间，公司发行在外的普通股股数如发生变化时，应根据发生变化前后的时间比例加权平均计算发行在外的普通股股数。

$$平均发行在外的普通股股数=\frac{\sum(发行在外普通股股数\times发行在外月份数)}{12}$$

(4)复杂股权结构问题。除了普通股与不可转换的优先股外，公司股权结构中可能还有可转换优先股、可转换债券、认股权证等。它们都有可能造成公司普通股增加，从而会导致每股收益摊薄减少，称为“稀释”。按照我国证监会(CSRC)目前的规定，发行普通股以外的其他种类股票的公司，应按国际惯例计算该指标，并说明计算方法和参照依据。

在对上市公司的财务状况进行研究时，投资者最关心的一个指标就是每股收益。每股收益反映了公司每一股所具有的当前获利能力。考察历年每股收益的变动情况，是研究公司经营业绩变化最简单明了的方法。

利用每股收益指标分析企业的盈利能力时，需要注意以下几个方面。

(1)公司财务报表上的净利润数字，是根据一定时期的会计制度核算出来的，并不一定能真实地反映出公司实际的获利情况，采取不同的会计处理方法，可能会取得不同的盈利数字。与其他国家会计制度比较，相对来说，我国会计制度核算出的净利润，比采用国际通行的会计制度核算出来的盈利数字通常偏高。

(2)公司应收账款的变化情况是否与公司营业收入的变化相适应，如果应收账款的增长速度大大超过收入的增长速度，很可能一部分已计入利润的收入最终将收不回来，这样的净利润数字当然要打折扣；公司每年计提的固定资产折旧是否足够，如果这些资产的实际损耗与贬值的速度大于其折旧速度，当企业进行设备更新换代时，就要付出比预期更高的价格，这样就需低估当前账面的盈利数字。

(3)在研究公司每股收益变化时，还必须同时参照其净利润总值与总股本的变化情况。上市公司通过配股或增发、资本公积或盈余公积转增股本、股票股利、股票分割等财务活动都会导致公司股本的扩张，因此必须注意不同时期的每股收益数据的可比性。公司的净利润绝对值可能实际上是增长了，但由于有较大比例的送、转以及配股等，每股收益往往被摊薄变小，可能表现出减少的迹象。但如果以此便认为公司的盈利能力降低了，显然不够客观全面。

(4)公司的购并业务引起每股收益的变化。比如，上市公司收购了另外一家公司，从而将该公司的利润纳入本期的报表中，由于该公司的盈利能力与母公司往往有较大差异，这样就很容易地使得每股收益得到增长或者大幅下降。

为了更详细的说明公司的盈利状况，克服每股收益指标的局限性，还可以计算市盈率、每股股利、股利支付率、股利保障倍数、留存盈利比率等延伸指标。

$$\text{市盈率(倍数)}=\frac{\text{普通股每股市价}}{\text{普通股每股收益}}$$

$$\text{每股股利}=\frac{\text{股利总额}}{\text{年末普通股股份总数}}$$

$$\text{股票获利率}=\frac{\text{普通股每股股利}}{\text{普通股每股市价}}\times 100\%$$

$$\text{股利支付率}=\frac{\text{每股股利}}{\text{每股净收益}}\times 100\%$$

$$\text{股利保障倍数}=\frac{\text{普通股每股收益}}{\text{普通股每股股利}}$$

$$\text{留存盈利比率}=\frac{\text{净利润}-\text{全部股利}}{\text{净利润}}\times 100\%$$

关于市盈率有一点需要说明，一个国家或地区的证券市场如果比较完善和健全，市盈率准确性较高；如果证券市场不完善，人为操作、炒作现象比较严重，市盈率就有可能成为投机性股价与每股收益之比，其准确性也就大打折扣。

3.每股净资产

每股净资产是期末净资产(即股东权益)与年度末普通股股份总数的比值，也称为每股账面价值。其计算公式为：

$$每股净资产=\frac{年度末股东权益}{年度末普通股股数}$$

公式中年度末股东权益是指已扣除优先股权益后的余额。

每股净资产反映的是发行在外的每股普通股所代表的企业净资产成本，即账面权益。每股净资产在理论上提供了股票的最低价值；每股市价是这些资产及其未来收益能力的现在价值，它是证券市场交易的结果。把每股净资产和每股市价联系起来，可以说明市场对公司资产质量的评价。反映每股市价和每股净资产关系的比率称为市净率，其计算公式为：

$$市净率(倍数)=\frac{每股市价}{每股净资产}$$

市净率表明股价以每股净资产的若干倍在流通转让，分析股价相对于净值而言是否被过高估计。它是投资者判断个股股票投资价值的重要指标，一般而言，该指标值越低越好。

【例 7-7】根据表 7-2、表 7-3 与表 7-5 的相关资料，假如 JL 公司为上市公司，股本总额 1 375 万股(每股股票面值 1 元)，公司没有发行优先股和可转换债券，当年也没有增资扩股。上市公司 20×2 年的相关指标计算如下：

股东权益报酬率＝928÷5 680×100％＝16.34％

每股收益＝928÷1 375＝0.67(元)

每股股利＝512÷1 375＝0.37(元)

股利支付率＝0.37÷0.67＝55％

留存盈利比率＝(928－512)÷928×100％＝45％

每股净资产＝5 680÷1 375＝4.13(元)

知识链接:沪深两市分行业财务指标统计平均值(2003年度)①

表7-8 沪深两市分行业财务指标统计平均值(2003年度)

分类代码	分类名称	上市公司数	每股收益	净资产收益率	主营业务利润率	资产负债率	每股净资产	资产周转率
A	农、林、牧、渔业	30	0.076	2.90%	23.00%	50.73%	2.61	38.64%
A01	农业	18	0.071	2.80%	21.50%	52.29%	2.56	44.73%
A03	林业	3	0.221	6.40%	26.70%	40.72%	3.44	38.02%
A07	渔业	3	0.050	2.10%	23.40%	49.98%	2.37	10.72%
A09	农、林、牧、渔服务业	2	−0.093	−2.80%	26.70%	41.28%	3.34	19.63%
B	采掘业	18	0.236	11.40%	20.50%	48.70%	2.07	101.22%
B01	煤炭采选业	9	0.377	9.90%	40.40%	29.56%	3.82	58.97%
B03	石油和天然气开采业	4	0.227	11.70%	19.60%	50.62%	1.93	105.06%
B07	有色金属矿采选业	3	0.082	4.10%	13.70%	29.48%	2.03	95.13%
C	制造业	772	0.216	7.70%	19.10%	49.17%	2.83	73.50%
C0	食品、饮料	58	0.103	3.50%	27.70%	43.88%	2.95	65.80%
C1	纺织、服装、皮毛	56	0.136	4.70%	16.00%	48.32%	2.89	61.75%
C2	木材、家具	2	−0.234	−7.40%	18.00%	45.58%	3.17	40.00%
C3	造纸、印刷	24	0.019	0.70%	22.50%	58.27%	2.73	42.50%
C4	石油、化学、塑胶、塑料	139	0.126	5.10%	14.40%	48.67%	2.47	77.60%
C5	电子	39	0.210	5.70%	17.80%	47.66%	3.71	72.81%
C6	金属、非金属	118	0.379	12.60%	18.20%	47.70%	3.01	78.70%
C7	机械、设备、仪表	193	0.202	7.60%	18.60%	51.72%	2.67	77.92%
C8	医药、生物制品	77	0.180	6.30%	30.80%	50.82%	2.84	67.75%
C9	其他制造业	16	0.096	3.80%	18.90%	54.67%	2.52	36.62%
D	电力、煤气及水的生产和供应业	51	0.365	10.70%	31.40%	39.96%	3.41	32.05%
D01	电力、蒸气、热水的生产和供应业	42	0.383	11.00%	32.20%	40.87%	3.48	31.57%
D03	煤气生产和供应业	1	0.360	15.80%	33.30%	31.37%	2.29	56.44%
D05	自来水的生产和供应业	3	0.207	6.90%	48.10%	10.07%	2.99	16.38%
E	建筑业	23	0.039	1.30%	9.00%	63.34%	2.92	65.60%
E0	土木工程建筑业	14	0.077	2.40%	8.80%	64.80%	3.23	63.40%

①陈蕾.沪深两市分行业财务指标统计平均值.理财者,2004,3,61.

续表 7-8

分类代码	分类名称	上市公司数	每股收益	净资产收益率	主营业务利润率	资产负债率	每股净资产	资产周转率
F	交通运输、仓储业	54	0.152	5.70%	27.00%	49.16%	2.67	30.26%
F0	交通运输业	22	−0.006	−0.30%	18.60%	65.49%	2.26	37.99%
F1	交通运输辅助业	25	0.269	9.10%	47.40%	30.54%	2.95	19.49%
F2	仓储业	1	0.104	4.10%	9.30%	58.90%	2.55	100.03%
G	信息技术业	80	0.079	3.00%	29.90%	53.16%	2.62	59.01%
G8	通信及相关设备制造业	66	0.062	2.50%	31.80%	53.45%	2.48	57.33%
H	批发和零售贸易	96	0.105	4.10%	9.80%	62.90%	2.56	128.80%
H0	食品、饮料、烟草和家庭用品批发业	9	0.018	1.80%	12.70%	68.58%	1.05	106.36%
H1	零售业	52	0.066	2.50%	15.20%	55.47%	2.65	103.49%
H2	商业经纪与代理业	22	0.200	6.50%	5.10%	71.17%	3.07	180.89%
I	金融、保险业	10	0.279	10.30%		96.37%	2.71	3.34%
I0	银行业	4	0.363	12.30%	21.70%	96.73%	2.94	3.29%
I2	证券期货业	2	0.125	5.70%	4.30%	60.40%	2.18	6.45%
I3	金融信托业	3	−0.278	−14.40%	9.50%	66.90%	1.93	12.88%
J	房地产业	47	0.168	5.90%	23.50%	56.88%	2.83	33.06%
J0	房地产开发与经营业	35	0.197	6.70%	23.20%	55.94%	2.93	34.55%
K	社会服务业	39	0.105	4.30%	35.80%	43.65%	2.42	25.86%
K0	公共设施服务业	11	0.133	4.80%	32.40%	50.24%	2.75	24.48%
K1	邮政服务业	1	0.054	2.20%	17.60%	54.30%	2.40	50.35%
K3	租赁服务业	22	0.057	2.50%	42.30%	40.90%	2.27	25.01%
K9	其他社会服务业	1	0.059	1.90%	29.10%	48.66%	3.14	35.81%
L	传播与文化产业	12	−0.263	−10.00%	26.80%	45.20%	2.63	31.82%
L1	广播电影电视业	3	0.113	2.10%	23.90%	43.88%	5.31	23.96%
L2	信息传播服务业	7	−0.030	−1.20%	28.30%	38.20%	2.48	36.87%
L9	其他传播、文化产业	1	−3.693	165.40%	11.00%	252.63%	−2.23	64.70%
M	综合业	80	0.032	1.50%	16.70%	56.54%	2.06	47.95%

第五节 增长能力分析

一、增长能力分析的内涵

(一)增长能力分析的目的

增长能力通常是指企业未来生产经营的发展趋势和发展水平,包括企业的资产、销售收入、收益等方面的增长趋势和增长速度。

前面对企业一定时期或特定时点的盈利能力、营运能力和偿债能力分析大多是从静态的角度对企业的财务状况进行分析和评价的,这对于处在日益激烈的市场竞争环境中的现代企业显然不够全面和充分。企业的价值在很大程度上取决于企业未来的获利能力,取决于企业销售收入、收益以及股利的未来增长。企业增强其盈利能力、偿债能力或是提高资产的营运效率,都是为了企业未来的生存和发展,提高其增长能力。增长能力是企业盈利能力、营运能力和偿债能力的综合体现,它对于投资者、债权人以及管理者等其他企业利益相关者至关重要。

增长能力分析的目的具体体现在以下方面:

(1)利用增长能力的有关分析指标衡量和评价企业的实际成长能力,分析影响企业增长能力的因素。反映企业增长能力的指标包括资产增长率、营业收入增长率、收益增长率等。通过对企业一定时期实际增长能力指标与计划、同行业平均水平、其他企业的同类指标相比较,可以衡量和评价企业增长能力的大小;将企业不同时期的增长能力指标数值进行比较,可以分析企业在资产、销售收入、收益等方面的增长速度和增长趋势。

(2)企业策略研究表明,在企业市场份额和行业分析既定的情况下,如果企业采取一定的经营策略和财务策略,就能够使企业的价值最大化。也就是说企业通过调整其经营策略和财务策略能够影响企业的未来增长能力。因此,在评价企业当前盈利能力、营运能力、偿债能力和股利政策的基础上,可进一步分析影响企业持续增长的相关因素,并根据企业制定的发展战略及实际经营情况,确定企业未来的增长速度,调整其经营策略和财务策略,实现企业的持续增长。

(二)企业生命周期及特征

产品生命周期理论认为,产品都有一定的寿命周期。一种产品从投入市场到退出市场一般经历试销期、成长期、成熟期和衰退期四个阶段，在这一过程中，销售量的变化呈一条曲线，称作产品寿命周期曲线。判断产品所处的寿命周期阶段，通常采用计算销售增长率的办法。产品寿命周期曲线告诉我们，在产品寿命的不同阶段，增长率是不同的。一般来说，试销期增长率不稳定，成长期增长率最大，成熟期增长率稳定，衰退期增长率小于零。

我们也可以用产品周期理论来描述一个企业的成长过程。在企业的初创期，企业致力于新产品的开发、生产和市场开拓。该阶段企业的经营特征是：投资活动活跃，需要大量的资金投入，投资活动现金流量大于经营活动产生的现金流量，企业通常处于亏损状态。接着是企业的成长期，如果企业能够度过艰难的初创期，将迎来快速成长的阶段。处于该阶段企业的经营特征是：企业的产品开始走向成熟，销售商品、提供劳务产生的现金流量逐年大幅增长，企业开始获利；但是由于发展速度很快，企业仍然需要从外部融资。到了成熟期，企业经过一段时期的快速发展，销售和经营趋于平稳。该阶段的经营特征是：企业的增长速度开始趋缓，获利水平相对稳定，扩张能力有限，会产生富余的现金流量而不再需要外界的资金支持。最后是衰退期，当企业在成熟期不能保持其持续的竞争能力，维持市场份额，最终将不得不陷入衰退境况。该阶段的经营特征是：销售出现负增长，企业的获利能力开始下降；现金流量可能依然较多，但内部再投资机会已经枯竭。

同产品的寿命周期相似，并非所有企业都能走完上述四个阶段，也并非经历了四个阶段的企业就要倒闭灭亡。企业的成长经历是复杂的，有的在初创阶段就消亡了，有的经过快速成长期就进入了衰退期，有的企业进入成熟期以后又找到了新的发展机遇，从而进入了新一轮发展期。我们进行企业增长能力分析的最终目的就是通过调整企业不同时期经营和财务策略，不断开发新产品新业务，并适时投放市场，使企业经营的不同产品或业务的生命周期不断交替，形成企业经营的持久生命力，使企业得以持续发展。企业生命周期可以用图 7-2 表示。

（三）增长能力分析的内容

与增长能力分析的目标相适应，增长能力分析的内容分为增长能力指标分析和持续增长策略分析两部分。

（1）增长能力指标分析。这里主要通过企业的资产、营业收入、收益等方面的增长趋势和增长速度来分析企业的增长能力。①资产增长能力分析，主要是通过资产增长率进行分析和评价；②销售增长能力分析，主要是通过营业收入增长率进行分析和评价；③收益增长能力分析，主要是通过营业利润增长率和净利润增长率进行分析和评价。

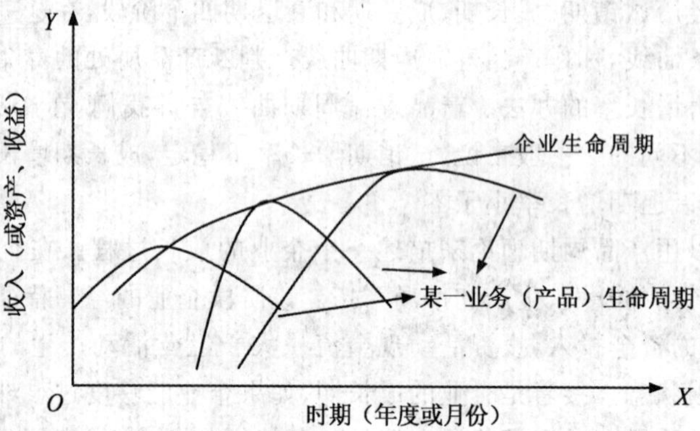

图 7-2 企业寿命周期

(2)持续增长策略分析。一家企业为了达到持续增长的目标，通常需要调整其销售政策、资产营运政策、筹资政策和股利政策。销售政策和资产营运政策属于企业的经营策略；筹资政策和股利政策则属于企业的财务策略。我们可利用可持续增长率这一综合指标来全面衡量企业综合运用这些不同策略所能够达到的预期增长速度。持续增长策略分析的内容包括：①分析影响企业持续增长的因素，确定企业的可持续增长率；②分析企业为达到增长目标应选择的增长策略，包括经营策略分析和财务策略分析两个方面。

二、增长能力指标分析

(一)资产增长率

资产增长率反映企业一定时期在资产规模方面的增长情况，它是指本期资产增加额与上期资产总额的百分比率。其计算公式为：

$$资产增长率=\frac{本年资产增加额}{上年资产总额}\times 100\%$$

资产增长率是用来分析企业资产规模增长幅度的财务指标。该比率为正数，说明企业本年度的资产规模增加；该比率为负数，说明企业本年度的资产规模减少；该比率为零，说明企业本年度的资产规模没有变化。

对于一家处在成长期的企业而言，通常有较多良好的投资机会，此时企业的经营者会通过各种方式和渠道筹集资金，以扩大投资规模，这时企业的资产增长率越高越好；如果企业处在成熟期或衰退期，通常缺乏较好的投资机会，此时经营者则一般不会考虑大规模增加投资规模，这时的资产增长率不会很高，甚至为负数也是合理的。对资产增长率进行具体分析时，应该注意以下几点：

(1)企业资产增长率越高并不意味着企业的资产规模增长就一定适当和有效。要全面、准确地评价一家企业的资产规模增长是否适当，必须与其营业收入增长、利润增长等方面结合起来分析。只有在企业的收入增长、利润增长超过资产规模增长的情况下，这种资产规模增长才属于有效益的增长；反之，如果企业的收入增长、利润增长远远低于资产规模增长，并且持续存在，这种资产规模增长属于效益低下的增长，往往会损害投资者的利益。

(2)需要分析企业资产增长的资金来源。如果一家企业资产的增长较多依赖于对外负债的增加，而所有者权益在年度里没有发生变动或变动不大；或所有者权益虽然增长较大，但主要依赖投资者的新增投资，企业的自我积累很小，则很难说明企业具备良好的发展潜力。从企业自身的角度看，企业资产的增加只有取决于所有者权益的增加，才能使企业保持较强的举债能力；从债权人的角度看，企业资产的增加只有取决于所有者权益的增加，才能使其债权更安全；从企业所有者的角度来看，企业资产的增加只有主要取决于企业自我积累的增加，才能使其获得较高的收益。可通过分别计算负债和所有者权益的增加占资产增加额的比重并进行比较，或者通过对企业资本积累率的高低来分析企业资产规模增长的效率。

(3)为全面分析评价企业资产规模的增长趋势和增长水平，应将企业不同时期的资产增长率加以比较。一家健康的处于成长期的企业，其资产规模应该是持续增长的，如果时增时减，则表明企业的经营业务并不稳定，也很难说明企业具备良好的增长能力。所以，只有利用趋势分析法将一家企业不同时期的资产增长率加以比较，才能较准确地评价企业资产规模的增长能力。

(二)销售增长率

营业收入增长率反映企业一定时期在销售方面的成长能力，它是指本期销售增长额与上期销售额的百分比率。其计算公式为：

$$营业收入增长率=\frac{本年营业收入增长额}{上年销售额}\times 100\%$$

销售增长率是用来分析企业某个年度整体销售增长幅度的财务指标。该比率越高，说明企业本年度的销售状况越好；该比率越小，说明企业本年度的销售状况越差；该比率为负数，说明企业本年度的销售萎缩，企业前景令人担忧。

市场是企业生存和发展的空间，一家企业的销售增长率越高，说明企业的销售状况越好，其所占的市场份额越多，企业发展和获利的空间也就越大。但在市场竞争日益加剧的今天，企业有时候出于某些考虑，为了保持或达到一定的市场占有率，单纯追求较高的销售增长率，可能反倒使企业的盈利增加不多或没有增加，甚至盈利减少。因此对企业销售增长率的分析必须与收益增长率结合起来分析，才能全面、客观地评价企业的持续增长能力。另外，对销售增长率的分析还需注意两点，一是要全面、准确地分析和判断一家企业的销售增长趋势和增长水平，需要将企业多个时期的销售增长率放在一起进行比较和分析，以此来消除某一时期影响企业销售的一些偶然和非正常的因素，因为现实中，影响企业销售的因素比较多，其中的偶然和非正常因素在分析企业销售增长率时应予剔除；二是对一家企业销售增长的分析应结合其所经营的主要产品的销售结构及其寿命周期。对于一家具有良好成长性的企业来说，较为理想的产品结构是“成熟一代，生产一代，储备一代，开发一代”，以此保持企业的高成长性。对于一家所有产品都处于成熟期或衰退期的企业来说，即使某一期的销售增长率较高，但其未来的成长性和可持续发展能力就值得怀疑了。

(三)收益增长率

一家企业的价值主要取决于其盈利以及盈利增长能力，企业收益增长率的高低便成为反映其增长能力的重要方面。企业收益的表现形式有营业利润、利润总额、净利润等多个指标，因此收益增长率也有不同的表现形式。通常使用的是营业利润增长率和净利润增长率两种指标。

1. 营业利润增长率

营业利润增长率反映企业一定时期基本业务盈利水平的增长能力，它是指本期营业利润增长额与上期营业利润的百分比率。其计算公式为：

$$\text{营业利润增长率}=\frac{\text{本年营业利润增长额}}{\text{上年营业利润}}\times 100\%$$

一般而言，营业利润增长率越高，说明企业基本业务创利能力越强，业务扩张能力强；反之，营业利润增长率越低，说明企业基本业务利润增长得越慢，主要业务发展停滞，业务扩张能力弱。

用营业利润增长率分析企业的增长能力，应结合企业的营业收入增长情况一起分析。如果企业的营业利润增长率高于企业的销售增长率，则表明企业的业务正处于高成长期，基本业务正在不断拓展，企业的盈利能力在不断加强；反之，如果企业的营业利润增长率低于销售增长率，则表明企业营业成本、营业税金及附加等成本上升超过了收入的增长幅度，说明企业盈利能力并不很强，发展潜力有待进一步分析。

为了更准确判断企业基本业务利润的增长趋势，可将企业连续多期的营业利润增长率指标进行对比分析，这样可以排除个别时期偶然或特殊因素的影响，更真实地考察和分析基本业务利润的增长情况。

2. 净利润增长率

净利润增长率反映企业一定时期净利润的增长能力，它是指本期净利润增长额与上期净利润的百分比率。其计算公式为：

$$净利润增长率=\frac{本年净利润增长额}{上年净利润}\times 100\%$$

净利润是企业一定时期收入与费用配比的结果，是反映企业经营业绩综合性最强的指标，其增长情况是企业成长性的基本表现。净利润增长率越大，表明企业综合收益增长得越多，经营业绩突出，市场竞争能力越强；反之，净利润增长率越小，则表明企业综合收益增长得越少，经营业绩不佳，市场竞争能力越弱。

要全面分析和认识企业净利润的增长能力，也需要结合企业同期营业收入的增长情况。如果企业的净利润增长率高于企业同期的销售增长率，则表明企业盈利能力在不断增强，企业正处于高成长期，具有良好的增长能力；反之，如果企业的净利润增长率低于销售增长率，特别是若低于营业利润增长率，则表明企业的各类成本费用的上升超过了销售的增长，说明企业发展潜力并不很强。

同样，要全面、准确地分析企业的净利润增长趋势和增长水平，也需要将企业连续几年的净利润增长率指标进行对比分析。

三、持续增长策略分析

企业的增长能力一方面主要体现为资产、销售收入以及收益方面的增长能力，另一方面主要受企业经营策略和财务策略的影响。我们会利用可持续增长率这一综合指标，既可以把企业潜在成长率与目前的经营成果和财务成果联系起来，又可以把企业未来成长目标与企业未来的经营策略和财务策略结合起来。前者可称之为可持续增长率分析；后者可称之为持续增长策略分析。

(一)可持续增长率

1. 可持续增长率指标的内涵和计算

可持续增长率是指企业在保持目前经营策略和财务策略的情况下能够实现的增长速度。设计的计算公式为:

$$可持续增长率(g)=净资产收益率\times(1-股利支付率)$$

公式中净资产收益率、股利支付率根据企业当期资产负债表和损益表的有关项目计算得出。

用上式计算企业的可持续增长率,是基于下列假设条件:①企业想以市场条件允许的速度尽快发展;②企业经营者不愿意或者不能够筹集新的权益资本;③企业想维持原有或目标资本结构和固定的股利政策。

在这些假设条件下,企业要保持现在的收益增长速度,就必须增加销售收入;而在企业资产周转率一定的条件下,增加销售收入必须依赖资产的相应增加;而要增加资产,在不对外进行权益资本融资的条件下,其来源只有企业内部积累和对外进行债权融资;在不改变现有或目标资本结构的条件下,债务的增加又取决于企业自身内部积累多少;而内部积累数量又取决于其本身的盈利能力和既定的股利政策。

根据公式可以看出:在保持目前经营策略和财务策略的情况下,企业的收益在下一会计年度的最大增长速度为公式中的 g。换句话说,企业未来一年的收益增长率不可能大于本年度净资产收益率,即企业不发现金股利的时候,可持续增长率最大等于净资产收益率。可持续增长率越高,表示企业未来收益的增长速度越快;反之,则反映企业未来收益的增长速度越慢。

2. 可持续增长率因素分析

可持续增长率指标的计算公式是在假设企业经营策略和财务策略不变的前提下推导出来的。我们可对其中的净资产收益率指标进一步分解,分解后的可持续增长率公式为:

$$可持续增长率=销售净利率\times资产周转率(次数)\times权益乘数\times(1-股利支付率)$$

从公式可以看出,影响企业可持续增长率的因素有四个:销售净利率、资产周转率、权益乘数、股利支付率。前三个因素是杜邦财务分析体系净资产收益率的分解结果(本章第七节将对此详述),因此可持续增长率与杜邦财务分析具有共同因素。以上四个因素中:①销售净利率反映企业的盈利能力,销售净利率越高,可持续增长率就越高。②资产周转率反映企业资产的营运效率,资产周转率越高,可持续增长率越高。③权益乘数是资产与所有者权益之比,权益乘数越大,企业的负债程度越高，能给企业带来较大的财务杠杆利益，可持续增长率越高；反之，权益乘数越小，企业的负债程度越低，能给企业带来的财务杠杆利益就越少，可持续增长率越低。④股利支付率反映企业股利分配政策和支付股利能力，股利支付率越高，可持续增长率就越低；反之，股利支付率越低，可持续增长率就越高。

在上述可持续增长率因素分解公式的基础上，我们可运用杜邦财务分析方法，也可用连环替代法分析销售净利率、资产周转率、权益乘数、股利支付率变动对可持续增长率的影响。

(二)持续增长策略分析

影响企业可持续增长率的四个因素中，销售净利率和资产周转率是企业经营业绩的综合体现，反映的是企业的经营策略效果；而权益乘数和股利支付率则分别体现了企业的融资政策和股利政策，反映的是企业的财务策略效果。因此，一家企业在经营环境不变或变化不大的情况下要超过原有的增长率水平，或者在经营环境发生较大变化的情况下要继续保持原有的增长率水平，就需要对影响企业可持续增长率四个因素中的一个或几个进行调整。

持续增长策略分析就是在利用本年度财务报表相关数据计算出企业可持续增长率的基础上，结合企业的外部市场环境和企业内部的实际情况，分析影响企业可持续增长率的各项因素及其可能变动情况，从而确定企业下一年度的增长目标，并相应调整企业的经营策略和财务策略，以实现企业的持续增长目标。

1.经营策略分析

经营策略分析主要是研究提高企业销售净利率和资产周转率的途径。销售净利率反映企业的基本获利能力，资产周转率则反映企业资产的营运效率。无论是提高销售净利率还是提高资产周转率均有利于提高企业的可持续增长率，因此企业的经营策略分析就包括销售净利率分析和资产周转率分析两个方面。

在分析销售净利率和资产周转率时，应借鉴杜邦财务分析体系中指标分解的方法，将企业的销售净利率、资产周转率分别与企业目标值、行业先进水平进行比较，分析判断出影响销售净利率、资产周转率升降变化的具体原因，从而寻求实现企业持续增长的途径。

(1)销售净利率分析。企业的销售净利率主要表现为企业控制产品价格和产品成本的能力，这常常是由企业所处的行业及企业所采用的竞争战略决定的。销售净利率的分析应以行业分析和竞争战略分析为基础，一般来讲，一个垄断性较强的行业，其控制产品价格和产品成本的能力要比竞争激烈的行业高，销售利润率也会更高；一家采取成本优势竞争战略的企业，其销售净利率要比采取追求差异竞争战略的企业低。在此基础上，可以将影响销售净利率水平的因素进一步细分为销售毛利率、经营费用和税收负担三个主要因素，并进行深入分析。

(2)资产周转率分析。对企业资产周转率的分析，除了对资产的各构成部分从占用量上是否合理进行分析外，还应通过流动资产周转率、存货周转率、应收账款周转率等有关组成部分使用效率的分析，寻找影响企业资产周转效率的主要问题。在分析企业资产周转率的过程中，同样也应该结合行业分析和竞争战略分析，资本密集程度不同的行业其资产周转率也往往差异较大，采取成本优势竞争战略的企业其资产周转率一般比采取追求差异竞争战略的企业高。

2.财务策略分析

企业当期的实际可持续增长率常常会与其确定的下期目标增长率不相一致。当目标增长率大于实际增长率时，企业将常常面临资金短缺问题；当目标增长率小于实际增长率时，企业将面临资金富余问题。第一种情况多发生在处于初创期和成长期的企业，后一种情况多发生在处于成熟期和衰退期的企业。我们这里研究企业的持续增长问题，主要分析的是目标增长率大于(或等于)实际增长率情况下的财务策略分析。当企业出现内部产生的资金在支付现金股利之后无法满足实现目标增长率的资金需求时，企业此时除了考虑调整其经营策略外，还可以考虑从财务角度出发改变企业当前的资本结构或股利政策。需要注意的是，相对于企业的经营策略而言，通过调整财务策略达到目标增长率一定要谨慎，因为企业对融资政策和股利政策的调整和改变具有一定的局限性。一般而言，如果一家企业主要依赖调整和改变财务策略来获得较高的收益增长率，表明企业的净资产收益率正在下降，企业的成长率具有潜在的不确定性。

如果经营者认为企业将可以保持较高的增长水平，此时可考虑的财务策略主要包括增加权益资本、提高财务杠杆、降低股利支付率等。

(1)增加权益资本。如果企业愿意并且能够在资本市场发行股票或用其他形式吸收股权资本，那么通过发行股票筹集资金就可以促进企业发展。但各国有关公司和资本市场的法律，以及资本市场环境都对权益性融资，特别是发行股票有不同程度的制约。另外，由于对股权增加产生的稀释每股收益和分散控制权的担忧，以及权益资本融资成本较高的考虑，企业也会谨慎采用增加权益资本达到目标增长率的财务策略。

(2)提高财务杠杆。企业利用财务杠杆，通过对外举债，也可以为企业的发展提供资金，提升其增长能力。但现代资本结构理论告诉我们，提高企业的财务杠杆是有上限的，超过了上限，企业很难再进行债务融资，即便进行债务融资，过高的融资成本将会对企业的增长产生副作用。

(3)降低股利支付率。通过降低股利支付率，可以为企业发展提供资金支持。

但是，股利支付率的高低是一个比较复杂的问题，它属于企业的股利政策。简单来说，股利支付率最低为零，但企业必须考虑不派发或者过低的现金股利将产生很多负面影响，甚至影响到企业的组织结构。

四、增长能力分析举例

【例 7-8】根据表 7-1 与表 7-2 的相关资料，下面将对 JL 公司的增长能力进行分析。

(1)资产增长能力分析指标：

资产增长率＝[(8 886－7 292)÷8 886]×100％＝17.94％

资本积累率＝[(5 680－5 210)÷5 680]×100％＝8.27％

(2)销售增长能力分析指标：

营业收入增加额＝13 258－10 656＝2 602(万元)

销售增长率＝(2 602÷10 656)×100％＝24.42％

(3)收益增长能力分析指标：

营业利润增长率＝[(1 238－669)÷669]×100％＝85.05％

净利润增长率＝[(928－559)÷559]×100％＝66.01％

(4)简要分析。根据以上指标的计算结果，并结合表 7-2 和表 7-3 可以看出，JL 公司 20×2 年总体的增长能力较高，特别是营业利润和净利润的增长水平很高，分别高达 61.27％和 66.01％。但进一步分析可以看到公司的持续增长能力并不很强，公司的资本积累率只有 8.27％，远低于资产、营业收入和净利润的增长水平。说明公司的资产增长较多地依赖于增加负债，加大了公司的财务风险；另一方面，说明公司可能采取了降价促销的策略，使得收入增长得较快，净利润的高增长主要依赖于投资收益不可思议的大幅增加。

第六节　现金流量分析

一、企业现金流量的基本特点

资产的内在价值是其未来现金流量的现值。在市场经济条件下，各种信用关系比较复杂，企业的现金流量在很大程度上决定着企业的生存和发展能力。一家企业即使有盈利能力，但若现金周转不畅、调度不灵，也将严重影响企业正常的生产经营,企业偿债能力的弱化直接影响企业的信誉,并最终影响企业的生存。因此,现金流量信息在企业经营和管理中越来越显重要,日益受到企业理财人员和外部投资人的关注。

现金流量与会计利润是企业两类重要的财务指标。通过现金流量分析不但可以了解企业的现金流转状况,还可以预测企业未来的发展并印证净利润的质量。与会计利润相比,现金流量有以下特点:

(1)企业的现金流量与利润在数额上往往不相等。利润是按照权责发生制计算得出的,计算利润所使用的收入并不等于实际的现金收入金额(这与会计上收入确认的标准有关);计算利润所使用的成本也并不等于实际的现金支出数额,因为成本计量时发生的费用分摊、折旧计提等并不需要支出现金。相比之下,按照收付实现制计算的现金流量就真实、简单多了。

(2)现金流量具有客观性、可比性,利润指标的透明度较差。在按照权责发生制计算利润指标时,必然会遇到多种存货计价、成本分摊、折旧计提、费用摊销的方法选择问题。不同的企业,同一企业的不同时期可能选用不同的方法,这就使得利润指标相关性较差,透明度不高。反观现金流量指标的计算是以实实在在的资金流入和流出为依据,因而比利润指标客观,可比性也更强。

下面将以我国现金流量表的内容提供的信息为基础,通过对主表和附注的结构分析以及相关数据所形成的比率分析,阐述企业现金流量分析的主要内容和方法。

二、现金流量表的结构分析

(一)分类的现金流量分析

我国的现金流量表分为主表和附注两大部分,主表要求以直接法分别列示经营活动现金流量、投资活动现金流量和筹资活动现金流量;而用间接法将净利润调整为经营活动现金净流量的过程在附注中列示。

1. 经营活动现金流量分析

经营活动现金流量是企业现金流量分析中最重要的部分。分析企业经营活动现金流出量、流入量和经营活动现金净流量,对于分析和评价企业的偿债能力和利润质量至关重要。在企业经营正常、购销基本平衡的情况下,将“销售商品、提供劳务收到的现金”与“购进商品、接受劳务支付的现金”进行比较,其相对比率越大,说明企业的销售利润大,货款回收及时,创现能力强;反之,则说明企业销售状况不佳,或赊销金额较大,创现能力差。将“销售商品、提供劳务收到的现金”与“经营活动流入的现金总额”进行比较，其相对比率越大，即企业产品销售获取的现金占经营活动流入的现金比重大，说明企业主营业务突出，营销状况良好；反之，则说明企业主营业务不突出，或营销状况不乐观。将本期经营活动现金净流量与上期数据进行比较，其绝对差额大于零或相对比率大于1，可大致说明企业本期较上期呈现出一定的增长性，通常是比率越高，成长性越好；反之，通常说明企业的主营业务出现萎缩。

2.投资活动现金流量分析

当企业扩大规模或开发新的利润增长途径时，往往需要大量的现金投入，企业进行各项投资流出的现金通常远大于直接从原有的投资活动中获得的现金，投资活动现金净流量为负数。但如果企业的投资有效，将会在未来产生大量的经营活动现金净流量用于偿还前欠投资款或进行投资规模的再度扩张，使企业效益不断提高，股东财富不断增加。当然，企业投资效率低下甚至失败的话，由于大量的现金支出，将会使企业陷入窘境。近年来，我国许多上市公司由盛及衰，大量的投资失败是主要原因。因此，在分析投资活动现金流量时，应结合企业目前的投资项目发展前景具体分析，而不能简单地以现金净流量的正负和大小来分析投资活动好坏。

3.筹资活动现金流量分析

一般来说，筹资活动产生的现金净流量越大，企业面临的偿债压力也将越大，但如果现金净流量主要来自于企业吸收的权益性资本，则不但无偿债之忧，而且企业资金实力反而会增强。因此，分析筹资活动现金流量时，可计算“吸收权益性资本收到的现金”与“筹资活动流入的现金总额”的比值，并将本期比率与上期比率比较，如呈现增长趋势，说明企业资金实力增强，财务风险降低；反之，则说明企业资金实力下降，财务风险增大。

(二)经营活动现金净流量与净利润差异分析

企业的现金净流量和会计利润是采用不同的核算原则计算得出的，二者一般不相等，而且有时差异还相当大。现金流量分析着重分析企业通过经营活动、投资活动和筹资活动获取现金用于各种支付的能力，而利润分析着重分析企业的盈利能力，通过对现金净流量与净利润的差异产生原因进行分析，可以评价企业盈利的质量，揭示企业在生产经营活动中的许多问题。

我国的现金流量表附注内容中，将企业净利润调整为经营活动现金净流量的调整项目分为不减少现金的费用、非经营性损益和经营性项目增减变动三大类。

经营活动现金净流量与净利润的差异情况可分为两大类进行分析。

(1)企业有获利能力却无获取相应现金能力的支撑,往往表现为经营活动现金净流量小于净利润。这里主要是以经营活动现金流量分析评价企业内在获取现金流量的能力。其原因大致有以下两种:①净利润中有大量非经营性收益,如对外投资收益、处置非流动资产收益等。此类收益的取得固然会引起净利润的增加,但与企业正常的经营活动无关。如果是这一因素造成企业获利能力与创造现金流量的能力不一致,我们可以认为由于企业的本期盈利大多来自不确定的、偶发的非经营活动,故不能以净利润作为评价企业持续获利能力的客观依据,企业盈利质量较差。此时,企业外部信息使用者还应关注企业的财务背景,进而判断是否有人为操纵非经营性收益的迹象。②经营性项目中非现金流动资产如存货、应收账款等大量增加,或流动负债如应付账款、增值税等大量减少。这类变动虽不影响净利润却会引起现金流量的减少,在这种情况下,可以认为企业资产的流动性在下降。存货、应收账款等非现金流动资产的大量增加往往出于两种原因:一是大量的赊购和赊销;二是应收账款回收和存货的产销状况不佳,这时应收账款周转率和存货周转率将会明显下降,企业资产的流动性下降。应付账款、应交税金等流动负债的减少说明企业偿还前欠的货款或税金等债务。一般而言,企业偿还欠款表示会发生相应的现金流出,这时如果没有应收账款的大量收回来补充现金流量,将会使企业资产结构恶化,流动性下降。企业资产流动性差对大多数企业利益相关者而言显然是不利的信号,它意味着企业即使利润表显示有较强的获利能力,但由于缺乏现金流量资源,可能因资金短缺而错过有利的投资机会,甚至无法按时偿还债务,支付现金股利。目前,由于流动性差造成的现金短缺问题是我国企业经营中普遍面临的一个实际问题。

(2)企业有获取现金能力却无获利能力的支撑,往往表现为经营活动现金净流量大于净利润。一般而言,这类情形表明企业已无法持续经营、面临破产清算的境地,他们不得不折价变卖资产以获取现金来偿还债务;或是被特别处理、准备购并重组的上市公司,往往也会出现账面巨额亏损却有经营活动现金净流入。具体可从以下三个方面分析:①不减少现金的费用激增,如折旧、坏账准备、存货跌价准备、无形资产摊销等。企业当期过多计提不减少现金的费用通常出于一定的财务动机。对会计信息使用者而言,可以审视企业对不减少现金的费用主要是折旧、各类资产计提准备、摊销等的会计处理是否存在变更会计政策的迹象,还应进一步分析这种变更是否与企业所处的财务背景相关联,进而判断企业是否存在利润操纵,误导会计信息使用者的行为。②发生大量非经营性损失,主要是利息负担过重或由于变卖、处置各项非流动资产的损失。对会计信息使用者而言,如发现企业存在较大的利息负担,则应注意其资产的流动性,以防范债务风险;如发现企业发生较大的投资损失,则应关注其投资损失是决策失误还是急于变现资产所致,并关注损失对企业财务状况的影响大小,如发生大量处置非流动资产损失,则应进一步获取信息,辨别企业是否处于破产清算的境地。③经营性项目中非现金流动资产如存货、应收账款等大量减少,或应付账款等流动负债大量增加,这类变动虽不影响净利润却会引起现金流量的增加,使得经营活动现金流量远大于净利润。出现这种局面通常有两种情况:一是企业加强资产和负债的管理,加快账款回收和对存货实行有效管理,或是延缓欠款支付以使往来款项具备自偿能力;二是企业处于破产清算的境地,不得不尽量变卖积压存货,收回应收账款债权,变现各项流动资产,以便获取尽可能多的现金偿付给债权人和职工。会计信息使用者应结合企业披露的其他信息对此作出判断。

(三)现金流量增加净额分析

对现金流量表的分析,首先应该关注现金流量增加净额。一个企业在生产经营正常,投资和筹资规模不变或变动不大的情况下,现金流量增加净额越大,企业活力越强。换句话说,如果企业的现金流量增加净额主要是由于经营活动产生的现金净流量引起的,可以反映出企业创现能力强,发生坏账的风险小,其营销能力一般也不错;如果企业的现金流量增加净额主要是投资活动产生的当期投资收益引起的,甚至是由处置固定资产、无形资产和其他长期资产引起的,这可能反映出企业生产经营能力衰退,从而处置非流动资产以缓解资金矛盾,但也可能是企业为了走出经营窘境而调整资产结构,这还须结合资产负债表和损益表作更深入分析;如果企业现金流量增加净额主要是由于筹资活动引起的,这意味着企业将支付更多的利息或股利,企业未来的现金流量增加净额必须更大,才能满足偿付的需要,否则企业就可能承受较大的财务风险。现金流量增加净额也可能是个负数,即现金流量净减少,这一般是个不良信息,因为至少企业的短期偿债能力会受到影响。但如果企业经营活动产生的现金流量净额是正数,且数额较大,而企业整体上现金流量净减少主要是固定资产、无形资产或其他长期资产投资增加引起的,或主要是对外投资增加引起的,这一般是由于企业进行设备更新或扩大生产能力或投资开拓更广阔的市场。那么,这种现金流量净减少并非企业经营能力不佳,而是意味着企业未来可能有更大的现金流入。如果企业现金流量净减少主要是由于偿还债务及利息引起的,这就意味着企业未来用于满足偿付债务需要的现金可能将减少,企业财务风险变小,只要企业营销状况正常,企业不一定就会走向衰退。当然,一个较短时期内过多的现金用于偿债,可能会引起企业资金周转困难。

总之,企业现金流量分析往往比较复杂。除了采用上述方法进行定性分析外,还需要运用较多的比率进行更深入地定量分析。

三、现金流量表的比率分析

现金流量比率分析是将企业一定时期财务报告中不同类型但具有一定关系的项目及数据进行对比,以计算的比率反映各项目之间的内在联系,据此分析企业的财务状况和经营成果。重点是对企业产生现金流量的主要来源和现金流量的主要用途及其风险性、偿还债务和支付股利占净现金流量的比重等进行分析。

判断企业获取现金能力的主要依据是经营活动现金流量,现金流量分析应首先关注分析经营活动现金流量,现金流量分析的比率包括现金利息比、现金负债比、现金股利比、再投资比率等。

(一)创现能力分析评价指标

1.经营活动创造现金能力的比率

经营活动创造现金能力的比率反映企业一定时期自身的创现能力,其计算公式为:

$$\text{经营活动创现能力比率}=\frac{\text{经营活动净现金流量}}{\text{现金及现金等价物净增加额}}$$

公式中“经营活动净现金流量”和“现金及现金等价物净增加额”均来自现金流量表。

这个比率越高,表明企业自身创造现金的能力越强,财力基础越稳固,偿债能力和对外筹资能力越强。经营活动的净现金流量从本质上代表了企业自身创造现金的能力,尽管企业也可以通过对外筹资的途径取得现金,但企业债务本息的偿还最终有赖于经营活动的净现金流量。

2.现金流入现金流出比率。

现金流入对现金流出比率是指企业一定时期经营活动现金流入量与现金流出量的比率。其计算公式为:

$$\text{现金流入现金流出比率}=\frac{\text{经营活动的现金流入量}}{\text{经营活动引起的现金流出量}}$$

公式中“经营活动现金流入量”和“经营活动引起的现金流出量”均来自现金流量表。

这个比率表明企业经营活动所得现金满足其所需现金开支的程度。一般来讲，该比率的数值应大于1，这样企业才能在不增加负债的情况下维持简单再生产。它体现了企业经营活动产生有利的现金流量的能力，在某种程度上也体现了企业盈利水平高低，其数值越大，说明企业整体经营状况越好；反之，则说明企业上述各方面的状况越差。

(二)偿债能力分析评价指标

1. 现金负债比率

现金负债比率包括短期债务现金负债比率和全部债务现金负债比率。

(1)短期债务现金负债比率是指企业一定时期经营活动的净现金流量与流动负债的比率。其计算公式为：

$$短期债务现金负债比率=\frac{经营活动净现金流量}{流动负债}$$

公式中“流动负债”来自资产负债表，为期末数。

显然，这个比率越大，说明企业短期偿债能力越强，它可以弥补流动比率与速动比率的某些不足。

(2)全部债务现金负债比率是指企业一定时期经营活动的净现金流量与企业需偿付的全部债务的比率。其计算公式为：

$$全部债务现金负债比率=\frac{经营活动净现金流量}{负债总额}$$

公式中“负债总额”来自资产负债表，为期末数。

这个比率反映企业一定时期，每1元负债由多少经营活动现金流量来补充，这个比率越大，说明企业承担全部债务能力越强。

2. 到期债务本息偿付比率

到期债务本息偿付比率是指企业一定时期经营活动的净现金流量与本期到期债务本金和现金利息支出之和的比率。其计算公式为：

$$到期债务本息偿付比率=\frac{经营活动净现金流量}{本期到期债务本金+现金利息支出}$$

公式中分子、分母中各项目的数据均来自现金流量表。

到期债务本息偿付比率是专门用于评价企业通过经营活动创造现金独立偿还债务的能力，可以反映企业持续经营再举债的能力。该比率越高，说明企业短期偿债能力越强。如果这一比率小于1，表明企业经营活动产生的现金不足以偿还本期到期的债务及利息支出，企业必须通过其他途径才能偿还债务。

为了与利息保障倍数相对应，也可设计现金利息比率，以便更真实地揭示企业的最低负债能力。现金利息比率的计算公式为：

$$现金利息比率=\frac{经营活动净现金流量+所得税付现}{现金利息支出}$$

公式中分子、分母的各项数据均来自现金流量表。

由于我国现金流量表中将利息支出列为投资活动现金流出，不在经营活动现金流量中列示，故在计算现金利息比率时无须在分子中加回。该比率通常应该大于1，表明企业有用经营活动创造的现金流量支付利息的能力，它比利息保障倍数反映的偿债能力更真实。

(三)股利分配支付能力分析评价指标

分析评价企业股利分配支付能力的比率指标主要有现金股利比率和每股现金净流量。

现金股利比率是指公司经营活动净现金流量与支付股利的比率。其计算公式为：

$$现金股利比率=\frac{经营活动净现金流量}{现金股利支出总额}$$

公式中“现金股利支出总额”来自现金流量表筹资活动现金流量中“分配股利或利润所支付的现金”项目的数据。

该比率用于评估企业用经营活动现金流量支付现金股利的能力。一般而言，该比率应大于1，表明企业支付现金股利的资金来源于经营活动所创造的现金流量，但公司在确定本期发放的现金股利水平，即制定股利分配政策时，首先应考虑公司是否具有支付当期或未来股利的能力。

反映企业当期有能力发给股东最高现金股利金额的指标是每股现金流量。其计算公式为：

$$每股现金净流量=\frac{经营活动净现金流量}{总股数}$$

或

$$=\frac{经营活动净现金流量-优先股股利}{普通股加权平均流通在外股数}$$

公式中“优先股股利”、“普通股加权平均流通在外股数”分别来自利润表、资产负债表中有关项目的数据。

该比率反映每股流通在外普通股的现金净流量大小，将其与每股现金股利相比可以评价企业当期发放的现金股利是否适度。一般而言，每股现金净流量应大于每股现金股利，体现了量入为出的原则；反之，如果每股现金股利大于每股现金净流量，则表明企业是在用处置资产或收回投资所收到的现金或是用借款等外部筹资发放现金股利，或是动用以前创造的现金流量支付股利，应进一步分析是否存在现金股利水平超过股东可享有的累计净利润的"清算股利"现象。由于发放清算股利会危及债权人的利益，增加其债务风险，因此要引起债权人的高度关注。

（四）资本支出能力分析评价指标

1. 现金再投资比率

现金再投资比率是指企业一定时期经营活动净现金流量与企业当期购置资产付现总额的比率。其计算公式为：

$$现金再投资比率=\frac{经营活动的净现金流量}{购置资产付现总额}$$

公式中"购置资产付现总额"是指企业为维持或扩大生产能力而购置固定资产或无形资产而发生的现金支出，它来自现金流量表。

该比率主要反映企业用经营活动产生的净现金流量维持或扩大生产经营规模的能力，其数值越大，说明企业发展能力越强；反之，则表明企业发展能力越弱。另外，该比率也可用于分析评价企业的偿债能力，因为当经营活动产生的净现金流量大于维持或扩大生产规模所需的资本支出时，其余部分可用于偿还债务。

2. 投资活动融资比率

投资活动融资比率是指企业一定时期投资活动现金流出量与经营活动净现金流量及筹资活动净现金流量之和的比率。其计算公式为：

$$投资活动融资比率=\frac{投资活动现金流出量}{经营活动的净现金流量+筹资活动净现金流量}$$

公式中分子、分母均来自现金流量表。

该比率原则上应小于1，如果大于1，则说明投资活动的现金流出不但耗尽了同期经营活动和筹资活动产生的现金流量，还动用了前期的现金及现金等价物，企业资产的流动性降低，偿债能力下降。

（五）盈利质量和营运能力分析评价指标

除了上述指标之外，还可用一些指标分析评价企业的盈利质量和营运能力。

1. 净现金流量偏离标准比率

净现金流量偏离标准比率是指一定时期企业经营活动产生的现金净流量与净利润和非付现成本之和的比率。其计算公式为：

$$净现金流量偏离标准比率=\frac{经营活动净现金流量}{净收益+折旧或摊销额}$$

这个比率表示经营活动的净现金流量偏离正常情况下应达到的水平程度，其标准值应为1。它说明企业在存货、应收账款、负债等项目管理上的效果。其数值大于1时，说明企业在应收账款、存货管理等方面措施得当，产生了有利于企业的现金流量；其数值小于1时，说明企业在应收账款、存货管理等方面措施不力，经营活动产生的现金流量不足。

2. 销售收现比率

销售收现比率是指企业一定时期经营活动中销售收现与当期销售收入的比率。其计算公式为：

$$销售收现比率=\frac{销售收现金额}{销售收入}$$

公式中“销售收现金额”来自现金流量表，“销售收入”为本期实现的销售净额，来自利润表。

该指标可以衡量企业当年销售收入的收现程度，用以评价销售工作。这一比率越高，说明积压在应收账款上的资金越少，企业的经营成本越低。

3. 利润变现比率

利润变现比率是指企业一定时期经营活动净现金流量与当期营业利润的比率。其计算公式为：

$$利润变现比率=\frac{经营活动净现金流量}{营业利润}$$

公式中“营业利润”来自利润表。

该指标显示经营活动净现金流量与营业利润的差异程度，它可以帮助有效识别企业人为的利润操作。

现金流量表与资产负债表及损益表及相关附表构成了企业完整的会计报表信息体系，利用现金流量表分析企业现金流量时，尤其要注意与资产负债表和损益表信息资料相结合。现金流量表反映的只是企业一定期间现金流入和流出的情况，它既不能反映企业的营销状况，也不能反映企业的资产、负债状况。在对现金流量表进行分析运用时，不能孤立地仅凭一张现金流量表的信息就事论事，而应与资产负债表和损益表结合起来，从而对企业的经营活动情况作出较全面、正确的评价。例如，通过现金流量表，可以了解企业经营活动产生的净现金流量金额及产生的主要原因，但是无法分析企业的销售规模、销售能力、盈利能力、赊销政策的变化等，若能结合损益表中收入、成本及利润项目的分析，又结合资产负债表中应收账款项目变化情况的分析，则可获得上述信息，并可进一步分析企业经营活动产生的现金流量，是主要来源于以前债权的收回，还是本期现销比例的提高，同时又可考察企业的收益质量、发生坏账损失的风险等；又如，从现金流量表中可以得到购建固定资产、无形资产和其他长期资产所支付的现金，却无法了解企业这些付出是用于更新设备，还是增购资产，若结合资产负债表中固定资产、无形资产等项目的分析，则可作出较准确的判断。

四、现金流量分析举例

【例 7-9】本章案例分析中的表 7-23 与表 7-24 为湖北江湖生态农业股份有限公司 2001 年的现金流量表及其附注，结合表 7-20、表 7-21、表 7-22 等主要会计报表资料，试对该公司 2001 年的现金流量进行简要分析。

首先，对该公司现金流量进行结构分析。

公司 2001 年经营活动产生的现金流量净额是－14 656 万元，投资活动产生的现金流量净额是 －16 844 万元，筹资活动产生的现金流量净额是 38 225 万元，现金及现金等价物净增加额是 6 726 万元。这表明：①公司经营活动产生的现金净流量为巨额负数，说明企业已无法依赖经营活动产生现金流量。②公司筹资活动产生的现金流量净额主要来自于当年借款所收到的现金 69 300 万元。公司购建固定资产、无形资产和其他长期资产所支付的现金 15 823 万元以及投资所支付的现金 1 020 万元均来自于借款；公司经营活动产生的现金流入是 22 804 万元竟不能满足现金流出 37 459 万元，也就是说经营活动支出的现金中也有 14 655 万元来自于借款；公司偿还债务所支付的现金 28 635 万元以及分配股利、利润或偿付利息所支付的现金 2 440 万元也来自于借款。这说明公司维持生存的资金来源是借款，并且在用举新债、还旧债的方法支付借款本金和利息。这些都已表明该公司的现金流转状况极差。

其次，对公司现金流量进行比率分析。

由于该公司经营活动净现金流量为负数，因此公司 2001 年的经营活动创现能力比率、短期债务现金负债比率、全部债务现金负债比率、到期债务本息偿付比率、现金股利比率、每股现金净流量、现金再投资比率等财务比率均小于 0，表明公司的创现能力、偿债能力和支付能力都很差，随时都可能发生财务危机。

该公司不但现金流转状况差，结合利润表中公司的利润数据和收入结构会进一步发现，公司不但已陷入财务危机，而且整个经营状况也非常差。

第七节　财务状况综合分析

一、财务状况综合分析的意义

无论是基本的财务比率分析，还是企业之间的比较分析，或是多时期的比较分析，它们基本上是根据资产负债表、损益表或现金流量表的某些项目及比率，对企业偿债能力、营运能力和盈利能力等其中的某一方面进行分析评价，往往难以说明企业的整体财务状况。因此，必须在上述财务分析的基础上对企业财务状况进行综合分析，才能全面认识企业的财务状况，找到企业经营中存在的主要问题，为企业会计信息使用者进行相关决策提供全面的财务信息。

二、杜邦财务分析体系

杜邦财务分析体系是利用各种财务比率之间的内在联系，对企业财务状况和经济效益进行综合分析和评价的一种系统评价方法。它是由美国杜邦公司率先采用的一种财务评价方法，故又称杜邦系统（The Du Pont System）。杜邦体系的关键在于建立一套指标间具有系统联系的财务比率体系，并确定一总指标，通常使用权益净利率，然后利用指标分解的方法建立起指标之间的相互联系，通过数据的替代，确定各个从属指标变动对总指标的影响。图 7-3 为一张典型的杜邦图。

权益净利率就是前述的净资产收益率，或股东权益报酬率，它是所有比率中综合性最强，最具代表性的一个指标。以权益净利率为总指标也体现了对股东权益保值增值的关注。

因为　　权益净利率 ＝ 资产净利率×权益乘数

而且　　资产净利率 ＝ 销售净利率×总资产周转率（次数）

　　　　权益乘数 ＝资产/所有者权益＝ 1/（1－资产负债率）

所以　　权益净利率 ＝ 销售净利率×总资产周转率×1/（1－资产负债率）

从以上公式可知，决定权益净利率高低的因素有三个方面：销售净利率、资产

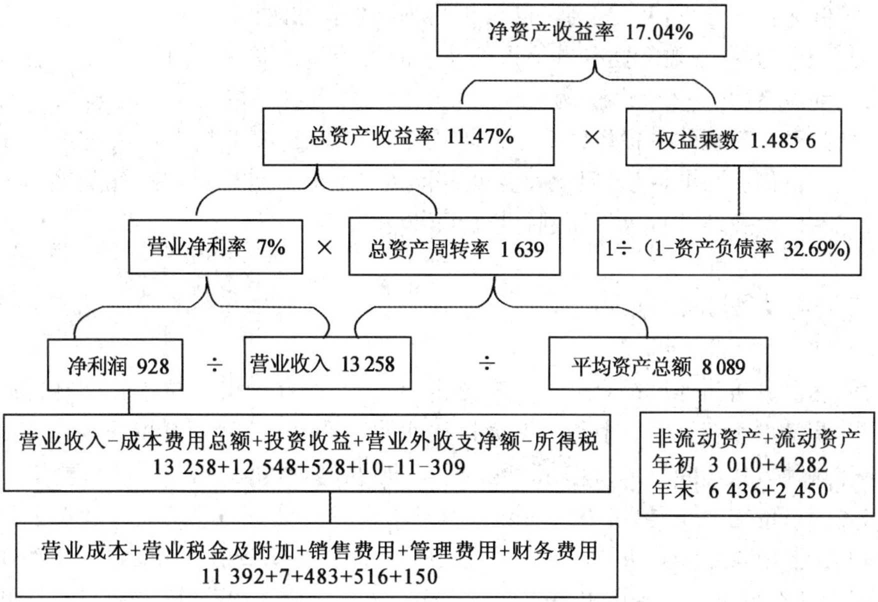

图 7-3 杜邦财务分析示意图

周转率、权益乘数。其中权益乘数表示企业的负债程度，权益乘数越大，负债程度越高，给企业带来较多的杠杆利益的同时也给企业带来较多的风险。

该公式中的资产负债率指的是全年平均资产负债率，即全年平均负债总额与全年平均资产总额的百分比。销售净利率的分解可从销售额和销售成本两方面进行。对资产周转率的分析，可结合存货周转率、应收账款周转率、流动资产周转率等指标，分析资产的各构成部分及各部分的使用效率。通过层层的指标分解，可以对企业的财务状况进行较全面的分析和评价，寻找企业权益净利率发生变动的具体原因，进而有针对性地采取措施。

【例 7-10】结合前面各章节的举例，运用杜邦财务分析体系分解 JL 公司的财务比率。

运用杜邦财务分析体系对 JL 公司的财务分析比率分解如图 7-3 所示。

根据表 7-2，JL 公司全年平均资产负债率为：

$[(2\ 082+3\ 206)\div2]\div[(8\ 886+7\ 292)\div2]\times100\%=32.69\%$

杜邦财务分析体系是分解财务比率的方法，而不是另外新建指标，关键在于对指标的理解和运用，而不是计算。其作用在于通过自上而下的分析，可以了解企业财务状况全貌以及各项指标之间的内在联系，财务状况变动的原因及其存在的主要问题，为经营者提供解决企业财务问题的思路；同时也为企业提供了财务目标的分解控制途径。自下而上运用,可以考察企业经营活动中各项财务指标的实际情况,为企业的财务控制和财务考核提供基本的路径和范围,有利于企业财务管理中责、权、利关系的进一步明确,为建立有效的内部财务管理体系奠定基础。

杜邦财务分析体系提供的指标分解的方法和思路,对于财务分析的进一步发展提供了范例。当前,我国理论和实务界借助于指标分解法正在财务预警和财务实时控制以及业绩评价等方面进行广泛而深入地研究。

三、雷达图分析法

雷达图分析法亦称综合财务比率分析图法,又可称为戴布拉图、蜘蛛网图、蜘蛛图。是日本企业界对企业综合实力进行评估而采用的一种财务状况综合评价方法。按这种方法所绘制的财务比率综合图状似雷达,故得此名。雷达分析图是企业财务分析的重要工具,可以从动态和静态两个方面分析企业的财务状况。静态分析是将企业的各种财务比率与同行业中的其他企业或整个行业的财务比率作横向比较;动态分析是将企业本期的财务比率与先前的财务比率作纵向比较,以此来全面分析企业的财务及经营情况的发展变化方向。雷达图把纵向和横向的分析比较方法结合起来,计算综合分析企业的收益性、成长性、安全性、流动性及生产性这五类指标,因此又称财务分析的"五性"分析。

下面对"五性"分析及各类指标进行简要说明。

(1)收益性分析。收益性分析的目的在于观察企业一定时期的收益及获利能力,主要指标见表7-9。

表 7-9　企业收益性指标

收益性比率	计算公式
总资产报酬率	净利润/资产总额
所有者权益报酬率	净利润/所有者权益
毛利率	销售毛利/净销售收入
销售利税率	利税总额/净销售收入
净利润率	净利润/净销售收入
成本费用利润率	(经收益+利息费用+所得税)/成本费用总额
每股利润	(净利润-优先股股利)/普通股发行在外的平均股数
每股股利	支付普通股的现金股利/普通股发行在外的平均股数
股利发放率	每股股利/每股利润
股利报酬率	(净利润-优先股股利)/平均普通股权益
市盈率	普通股每股市场价格/普通股每股利润

(2)流动性分析。流动性分析的目的在于观察企业在一定时期内资金周转状况,是对企业资金活动的效率分析,为此要计算出各种资产的周转率和周转期,分别分析其运用效率。流动性分析主要指标见表 7-10。

表 7-10　企业流动性指标

流动性比率	计算公式
存货周转率	销售成本/平均存货
应收账款周转率	赊销收入净额/应收账款平均额
流动资产周转率	销售收入/流动资产平均额
固定资产周转率	销售收入/固定资产净值
总资产周转率	销售收入/资产总额

(3)安全性分析。安全性是指企业经营的安全程度,这里主要分析的是资金调动的安全性。对企业安全性指标分析的目的在于观察企业在一定时期内的偿债能力状况。一般来说,企业收益性好,安全性也高。但在有的情况下,收益性高,资金调度却不顺利。安全性分析主要指标见表 7-11。

表 7-11　企业安全性指标

安全性比率	计算公式
流动比率	流动资产/流动负债
速动比率	速动资产/流动负债
负债比率	负债总额/资产总额
权益乘数	资产总额/股东权益
负债与股东权益比率	负债总额/股东权益
利息保障倍数	(税前利润+利息费用)/利息费用

(4)成长性分析。成长性分析的目的在于观察企业在一定时期内的经营能力发展状况。一个企业即使收益性很高,但如果成长性不好,也不能给以很高的评价,成长性就是从量和质的角度评价企业发展情况即将来的发展趋势。其指标是将前期目标做分母,本期指标做分子,求得增长率。具体指标见表 7-12。

表 7-12 企业成长性指标

成长性比率	计算公式
销售收入增长率	本期销售收入/前期销售收入
税前利润增长率	本期税前利润/前期税前利润
固定资产增长率	本期固定资产/前期固定资产
人员增长率	本期职工人数/前期职工人数
产品成本降低率	本期产品成本/前期产品成本

(5)生产性分析。企业的生产性指标分析的目的在于要查明企业在一定时期内的人均生产经营能力、生产经营水平和生产成果的分配问题。其主要指标见表7-13。

表 7-13 企业生产性指标

生产性比率	计算公式
人均销售收入	销售收入/平均职工数
人均利润率	净利润/平均职工数
人均资产总额	资产总额/平均职工人数
人均工资	工资总额/平均职工人数

上述企业经营的"五性"分析的结果可以用雷达图表示出来,如图 7-4 所示。雷达图的绘制方法是:首先,画出三个同心圆,同心圆的最小圆圈代表同行业平均水平的 1/2 值或最低水平,中间圆圈代表同行业平均水平,又称标准线,最大圆圈代表同行业先进水平或平均水平的 1.5 倍;然后,把这三个圆圈的 360 度分成五个扇形区,分别代表收益性、安全性、流动性、成长性和生产性指标区域;再次,从 5 个扇形区的圆心开始以放射线的形式分别画出相应的财务指标线,并标明指标名称及标度,财务指标线的比例尺及同心圆的大小由该经营比率的量纲与同行业的水平来决定;最后,把企业本期的相应指标值用点标在图上,以线段依次连接相邻点,形成的多边形折线闭环,就反映了企业分析期的财务状况。

从图 7-4 中可以看出,当指标值处于标准线以内时,说明该指标低于同行业水平,需要加以改进;若接近最小圆圈或处于其内,说明该指标处于极差状态,是企业经营危险的标志;若处于标准线外侧,说明该指标处于较理想状态,是企业经营的优势所在。当然,并不是所有指标都处于标准线外侧就是最好,还要结合企业的具体情况进一步分析。

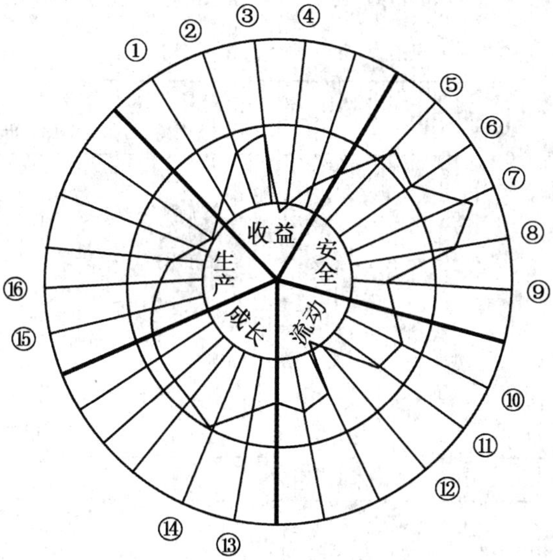

收益性：①资产报酬率　②所有者权益报酬率　③销售利润率　④成本费用率

安全性：⑤流动比率　⑥速动比率　⑦资产负债率　⑧所有者权益比率　⑨利息保障倍数

流动性：⑩总资产周转率　⑪应收账款周转率　⑫存货周转率

成长性：⑬销售收入增长率　⑭产值增长率

生产性：⑮人均工资　⑯人均销售收入

图 7-4　雷达图分析法示意图

四、沃尔比重分析法

亚历山大·沃尔(Alexander Wall)是财务状况综合评价的先驱者之一，1928年，他创立综合比率评价体系。他选择了7种财务比率，分别给定了各自在总评价分值中所占比重，总和为100分。然后确定标准比率，并与实际比率相比较，评出每项指标的得分，最后求出总评分，以此来评价该企业的综合绩效。表7-14以前述JL公司为例，列出了沃尔比重分析法选择的财务比率及其评分的简要程序。

沃尔评分法从理论上讲有弱点，即未证明为什么采取这7项指标，而不是更多或更少，或选择其他指标，以及未能证明每个指标所占比重的合理性。

耐人寻味的是，很多理论上相当完善的经济计量模型在实践中往往很难应用，而企业实际使用并行之有效的模型却又在理论上无法证明。这可能是人类对经济变量之间数量关系的认识还相当肤浅造成的。尽管沃尔的评分方法在理论和技术上有一些缺陷，但他对于后来的效绩评价体系提供了思路和方法。

表 7-14 沃尔比重分析法

财务比率	比重 ①	标准比率 ②	实际比率 ③	相对比率 ④=③÷②	评分 ⑤=①×④
流动比率	25	2.0	0.84	0.42	10.5
净资产/负债	25	1.50	1.77	1.18	29.5
资产/固定资产	15	2.5	3.31	1.32	19.8
销售成本/存货	10	8	30.46	3.81	38.1
销售额/应收账款	10	6	22.62	3.77	37.7
销售额/固定资产	10	4	4.94	1.23	12.3
销售额/净资产	5	3	2.33	0.78	3.89
合计	100				151.79

五、国有资本金效绩评价

企业效绩是指企业一定经营期间的经营效益和经营者业绩。企业效绩评价是指运用数理统计和运筹学方法，采用特定的指标体系，对照统一的评价标准，按照一定的程序，通过定量定性对比分析，对企业一定经营期间的经营效益和经营者业绩，做出客观、公正和准确的综合评判。在我国，研究企业业绩评价不仅对提高国有企业资产的运作效率，确保国有资产的保值与增值具有十分重大的现实意义，而且，对促进证券市场的健康发展以及优化银行信贷管理也将带来深远的影响。

财政部等四部委在 1999 年 6 月 1 日联合印发了《国有资本金效绩评价规则》及《国有资本效绩评价操作细则》，2002 年又对操作细则做了修订。这是迄今为止我国最为科学、最为完备的企业经营效绩评价体系。就工商类竞争性企业而言，该评价体系的重点是评价企业资本效益状况、资产经营状况、偿债能力状况和发展能力状况等四项内容，以全面反映企业的生产经营状况和经营者的业绩。它与西方企业实施的平衡计分卡既有相似之处又有不同的地方，在内外产生动因及指标类型上它们趋于一致，而在指标的相关性、财务指标与非财务指标的融合方式及业绩指标的层次性等诸多方面，它们又表现出明显的不同。

(一)我国企业效绩评价体系的构成

企业效绩评价体系是指由一系列与效绩评价相关的评价制度、评价指标体系、评价方法、评价标准以及评价机构等形成的有机整体。由效绩评价制度体系、效绩评价指标体系和效绩评价组织体系三个子体系组成。

1. 效绩评价制度体系

效绩评价制度体系主要由以下文件组成:《国有资本金效绩评价规则》、《国有资本金效绩评价操作细则》、《国有资本金效绩评价指标解释》、《国有资本金效绩评价计分办法》、《国有资本金效绩评价标准》、《企业效绩评价行业基本分类》、《国有资本金效绩评价专家咨询组工作规则》、《国有资本金效绩评价文本格式》。

2. 效绩评价组织体系

效绩评价组织体系由效绩评价管理机构、组织机构和实施机构组成。

各级财政部门是效绩评价的管理机构。负责制定效绩评价工作实施办法和组织协调。组织机构由各级财政、经贸、人事等综合部门和有关行业主管部门组成。主要职能是选择评价对象,负责成立评价工作组和专家咨询组,制订工作计划,审定实施方案,对评价报告进行审核等。实施机构是指由评价组织机构成立的评价工作组和专家咨询组,以及接受委托的社会中介机构等,负责进行效绩评价的具体操作。

3. 效绩评价指标体系

企业效绩评价指标体系横向分为四个部分,纵向分为三个层次,形成立体结构。四个部分分别反映企业的财务效益状况、资产营运状况、偿债能力状况和发展能力状况,通过 8 项基本指标、12 项修正指标和 8 项评议指标三个层次对企业效绩进行层层深入分析,如表 7-15 所示。

表 7-15　工商类竞争性企业效绩评价指标体系

<table>
<tr><th>评价内容</th><th>基本指标</th><th>修正指标(＋/－)</th><th>评议指标(＋/－)</th></tr>
<tr><td>财务效益状况(38)</td><td>净资产收益率(25)
总资产报酬率(13)</td><td>资本保值增值率(12)
主营业务利润率(8)
盈余现金保障倍数(8)
成本费用利润率(10)</td><td rowspan="4">1. 经营者基本素质(18)
2. 产品市场占有能力(服务满意度)(16)
3. 基础管理水平(12)
4. 发展创新能力(14)
5. 经营发展战略(12)
6. 在岗员工素质(10)
7. 技术装备更新水平(服务硬环境)(10)
8. 综合社会贡献(8)</td></tr>
<tr><td>资产营运状况(18)</td><td>总资产周转率(9)
流动资产周转率(9)</td><td>存货周转率(5)
应收账款周转率(5)
不良资产比率(8)</td></tr>
<tr><td>偿债能力状况(20)</td><td>资产负债率(12)
已获利息倍数(8)</td><td>现金流动负债比率(6)
速动比率(4)</td></tr>
<tr><td>发展能力状况(24)</td><td>销售(营业)增长率(12)
资本积累率(12)</td><td>三年资本平均增长率(9)
三年销售平均增长率(8)
技术投入比率(7)</td></tr>
</table>

注:括号内数字表示指标权数;(＋/－)表示加或减。

(1)基本指标。基本指标是评价企业效绩的核心指标,由反映企业财务效益状况、资产营运状况、偿债能力状况、发展能力状况的四类 8 项计量指标构成,评价结果反映效绩评价内容的基本情况,可以形成企业效绩评价的初步结论。

各基本指标的计算公式为:

①净资产收益率＝净利润/平均净资产×100%

②总资产报酬率＝息税前利润总额/平均资产总额×100%

③总资产周转率(次数)＝主营业务收入净额/平均资产总额

④流动资产周转率(次)＝主营业务收入净额/平均流动资产总额×100%

⑤资产负债率＝负债总额/资产总额×100%

⑥已获利息倍数＝息税前利润总额/利息支出

⑦销售(营业)增长率＝本年主营业务收入增长额/上年主营业务收入总额×100%

⑧资本积累率＝本年所有者权益增长额/年初所有者权益×100%

(2)修正指标。修正指标是指用以对基本指标进行校正的重要辅助指标,它依附于基本指标而发挥作用。其基本功能是依据企业有关实际情况对基本指标评价结构进行逐一修正,以此形成企业效绩评价的基本定量分析结论。具体由 12 项计量指标构成。考虑到我国国有企业经营管理中存在着诸如经营者为完成任期目标虚增利润,企业管理不善、盲目投资等实际问题,为真实准确地评价企业绩效,通过设置修正指标,对初步评价指标结果进行修正。

各修正指标的计算公式为:

①资本保值增值率＝扣除客观因素后的年末所有者权益/年初所有者权益×100%

②主营业务利润率＝主营业务利润/主营业务收入净额×100%

③盈余现金保障倍数＝经营现金净流量/净利润

④成本费用利润率＝利润总额/成本费用总额×100%

⑤存货周转率(次)＝主营业务成本/存货平均余额

⑥应收账款周转率(次)＝主营业务收入净额/应收账款平均余额

⑦不良资产比率＝年末不良资产总额/年末资产总额×100%

⑧现金流动负债比率＝经营现金净流量/流动负债×100%

⑨速动比率＝速动资产/流动负债×100%

⑩三年资本平均增长率＝(年末所有者权益总额/三年前年末所有者权益总额－1)×100%

⑪三年销售平均增长率＝(当年主营业务收入总额/三年前主营业务收入总额

－1)×100％

⑫技术投入比率＝当年技术转让费支出与研发投入/主营业务收入净额×100％

(3)评议指标。评议指标是实施评论议定的指标，属于定性指标。基本功能是对影响企业经营效绩的非定量因素进行判断，用于对基本指标和修正指标评价形成的基本结果进行定性分析。具体由8项非计量指标构成见表7-15。为保证评议指标的评价客观公正，规定了8项评议指标的参考标准。

(二)评价方法

效绩评价指标体系采用以定量分析为基础，以定性分析为辅助，实行定量分析与定性分析相互校正，以此形成企业效绩评价的综合结论。

企业效绩评价结果的基本计算方法为功效系数法，辅以综合分析判断法，即按照统一制定的多层次指标体系，以企业经营期间的各项指标实际水平，对照全国统一测算和颁布的效绩评价标准值，分步得出效绩评价的初步结论、基本结论和综合结论。

具体评价步骤如下：

(1)根据8项基础指标各自的实际计算结果，选取与之对应的同行业、同规模的标准值，采用功效系数法得出各项指标的得分，加和后得到效绩评价的初步评价得分，即初步评价结论。

(2)采用功效系数法，分别计算出财务效益状况等四部分各自对应修正指标的修正系数，每部分的修正系数相加后乘以该部分的初步评价得分，得出该部分修正后的评价得分，再将各部分修正后得分相加，得到基础评价得分，即基本评价结论。

(3)遵循综合分析、持续稳重、长期发展、客观公正的原则，依据评价参考标准判定实际指标达到的等级，乘以单项指标权数得出单项指标得分，将各项指标得分加和后除以评议人员数，得出评议指标得分。为了使评议指标的评价较为公正客观，减少随意性，要求评议人员不得少于5人。

(4)综合评价得分等于80％的基础评价得分加上20％的评议指标得分。由于我国效绩评价工作尚处于起步阶段，评议指标的评价标准难以准确定位。为减少人为因素不确定性的影响，使评价结果更加符合实际，暂将企业效绩评价指标体系中定量分析结果的权重设为80％，定性分析结果权重设为20％。随着我国评价工作的发展和经验的积累，将通过调整使各部分的权数逐步趋于合理。

(三)评价结果

企业效绩评价结果以评价得分和评价类型加评价级别表示，并据此编制评价报告。评价类型是评价分数体现出来的企业经营效绩水平。用文字和字母表示，分为优(A)、良(B)、中(C)、低(D)、差(E)五种类型；评价级别是指对每种类型再划分级次，以体现同一类型中的不同差异，采用在字母后标注“＋、－”号的方式表示。

(1)类型判定。评价类型以评价得分为依据，按85、70、50、40四个分数线作为类型判定的资格界线。

优(A)：评价得分达到85分以上(含85分)；

良(B)：评价得分达到70～85分(含70分)；

中(C)：评价得分达到50～70分(含50分)；

低(D)：评价得分在40～50分(含40分)；

差(E)：评价得分在40分以下。

(2)级别标注。以上五种评价类型再划分为十个级别，分别是：

优：A＋＋，A＋，A

良：B＋，B，B－

中：C，C－

低：D

差：E

当评价得分属于“优”、“良”类型时，以本类分数段最低限为基准，每高出5分(含5分，小数点四舍五入)，提高一个级别；当评价得分属“中”类型，60分以下用“C－”表示，60分以上(含60分)用“C”表示；当评价得分属于“低”、“差”类型，不分级别，一律用“D”、“E”表示。

企业效绩评价结果以汉字、英文和“＋、－”符号共同标示，如优(A＋)、低(D)。

(四)评价标准

企业效绩评价标准是对评价对象进行客观、公正、科学分析判断的标尺。根据企业效绩评价指标的不同性质，评价标准值分为计量指标评价标准值和非计量指标评议参考标准。

计量指标评价标准值是根据全国企业(单位)会计决算及财务报告数据资料，按照国家标准划分的企业行业、规模等类型，由国家财政部统一测算和颁布。具体分为优秀值、良好值、平均值、较低值、较差值五档。

评价参考标准是评议指标的评价参考依据，主要根据有关法律、法规、制度、行业规范、国际公认标准和我国国情确定。分为优(A)、良(B)、中(C)、低(D)、差(E)

五个级别。

本章小结

财务分析是财务管理的基础工作之一。财务分析是以企业财务报告提供的有关数据为主要依据,采用专门的方法,对企业过去的财务状况、经营成果及未来前景进行系统分析和评价的一项业务手段。财务分析的主要依据是财务报告,不同的财务报表使用主体往往需要通过财务分析来满足其特定的决策需求。但财务报表本身的局限性、真实性、可比性问题以及如何选用分析比较标准等问题在一定程度上制约了财务分析工作。

财务分析是一项专业性较强的工作,分析者需要明确财务分析的要求,遵循财务分析的程序与步骤,掌握财务分析的方法。比较分析法和因素分析法是财务分析的基本方法。

企业财务分析包括偿债能力分析、资产营运能力分析、盈利能力分析、增长能力分析以及现金流量分析等方面。在此基础上,还可利用杜邦财务分析体系、雷达分析图、沃尔比重分析法和国有资本金效绩评价体系等对企业的财务状况进行综合分析和评价。

参考文献

1. 李东梅. 试论EXCEL在财务分析中的几点应用技巧. 现代经济信息,2010(24).

2. 王晓静. 上市公司财务分析方法局限性及其改进措施. 会计之友,2011(3).

3. 熊宁. 企业财务分析问题探析. 财会通讯,2010(26).

4. 谢桦. 论财务分析评价体系的改进与完善. 财务与金融,2010(4).

5. 任建国. 杜邦财务分析体系及其应用. 会计之友(下旬刊),2010(7).

6. 董秉玺. 改进企业财务分析体系浅见. 财会月刊,2010(17).

7. 罗芳. 改进现行财务分析指标体系的相关思考. 财会月刊,2010(10).

思考题

1. 什么是财务分析？企业内部管理当局、投资者、债权人、财税部门等与企业相关的其他方面进行财务分析的目的分别是什么？

2. 进行偿债能力分析时常用的财务分析指标有哪些？它们分别如何计算？

3. 进行营运能力分析时常用的财务分析指标有哪些？它们分别如何计算？

4. 进行盈利能力分析时常用的财务分析指标有哪些？它们分别如何计算？

5. 对上市公司进行财务分析时主要的财务分析指标有哪些？它们分别如何

计算？

6. 什么是企业的增长能力？进行增长能力分析时常用的财务分析指标有哪些？它们分别如何计算？

7. 与企业的其他资产相比，现金流量有哪些特点？如何进行现金流量分析？

8. 现金流量分析中的比率分析指标有哪些？它们分别如何计算？

9. 如何通过现金流量表的附注进行现金流量分析？

10. 杜邦财务分析体系的功能有哪些？

11. 国有资本金效绩评价指标体系中主要有哪些指标？

练　习　题

1. 表 7-16 和表 7-17 是 X 上市公司 20×3 年资产负债表和利润表。该公司发行在外的普通股数 20×3 年年初为 6 000 万股，年末为 6 400 万股，其平均市价分别为 4.5 元/股和 4.2 元/股，20×3 年派发现金股利 400 万元。

表 7-16　资产负债表

编制单位：X 公司　　　　20×3 年 12 月 31 日　　　　万元

项目	年初数	年末数	项目	年初数	年末数
流动资产：			流动负债：		
货币资金	1 600	2 900	短期借款	470	270
交易性金融资产	200	80	应付账款	650	490
应收账款	1 800	1220	应付职工薪酬	10	8
预付账款	10	220	应交税费	160	110
存货	180	150	一年内到期的非流动负债	170	90
流动资产合计	3 790	4 570	流动负债合计	1 460	968
非流动资产：			非流动负债：		
长期股权投资	600	1 390	应付债券	580	600
固定资产	9 200	8 550	长期借款	210	300
无形资产	50	30	非流动负债合计	790	900
非流动资产合计	9 850	9 970	负债合计	2 250	1 868
			股东权益：		
			股本(每股面值 1 元)	6 000	6 400
			资本公积	4 200	4 500
			盈余公积	520	800
			未分配利润	670	972
			股东权益合计	11390	12 672
资产总计	13 640	14 540	负债及股东权益合计	13 640	14 540

表 7-17　利润表

编制单位:X公司　　　　20×3 年度　　　　万元

项　目	上年同期数	本年累计
一、营业收入	45 100	47 000
减:营业成本	28 000	30 600
营业费用	800	1 000
管理费用	3 800	4 400
财务费用(利息费用)	−3 400	−200
营业税金(5%)	2 255	2 350
加:投资收益	900	100
二、营业利润	14 545	8 850
加:营业外收入	600	500
减:营业外支出	3 640	350
三、利润总额	11 505	9 100
减:所得税(25%)	2 876	2 275
四、净利润	8 629	6 825

要求:

(1)根据资料计算 20×3 年该公司的下列财务比率:流动比率、速动比率、应收账款周转率、存货周转率、已获利息倍数、资产负债率、总资产周转率、毛利率、净资产收益率、每股收益、市盈率、股利支付率和股利报酬率。

(2)对该公司进行趋势分析。

2.资料同上题。要求:试用杜邦财务分析体系对 X 公司财务状况进行综合分析。

3.Y 公司 20×3 年的有关资料如表 7-18、表 7-19 所示。其他资料如下:

(1)负债总额对股东权益的比率为 50%;

(2)应收账款平均收款期为 40 天(一年按 360 天计算)。期初应收账款余额为 88 000 元;

(3)存货周转率为 3 次,期初存货余额为 287 000 元;

(4)销售毛利率为 25%;

(5)酸性测试比率为 1.5;

(6)已获利息倍数为 10 倍;

(7)销售费用占销售收入的 15%;

(8)财务费用均为债券利息费用。

要求:根据上述资料,计算表7-18、表7-19中的未知项目。

表7-18 Y公司资产负债表

(20×3年12月31日) 元

资产	金额	负债及所有者权益	金额
货币资金	①	流动负债	⑥
交易性金融资产	100 000	长期借款	⑦
应收账款	②	应付债券(6%)	⑧
存货	③	实收资本	250 000
固定资产	④	资本公积	50 000
		未分配利润	400 000
资产总计	⑤	负债及所有者权益合计	⑨

表7-19 Y公司利润表

(20×3年年度) 元

项目	金额
销售净额	⑩
减:销售成本	⑪
销售毛利	225 000
减:销售费用	⑫
财务费用(利息费用)	⑬
利润总额	⑭
减:所得税(30%)	⑮
净利润	⑯

案例分析

怎样做财务报告的静态分析①

一、基本案情

财务分析有三种基本方法:静态分析、趋势分析和同业比较。其中,静态分析是趋势分析和同业比较的基础。

静态分析是指对一家上市公司一定时期或时点的财务数据和财务指标进行分

①文章摘自《中国青年报》,作者为刘姝威教授。ST生态2001年会计报表数据系作者补充,摘自湖北江湖生态农业股份有限公司2001年年度报告。

析。通过静态分析，我们寻找上市公司会计报表存在的问题和风险，或者说寻找调查分析的重点。

(一)一些财务指标的经济含义

作为普通投资者，在买进股票前，我们应该知道以下财务指标的计算方法和经济含义：

$$流动比率=\frac{流动资产}{流动负债}$$

流动资产是指可以在一年或者超过一年的一个营业周期内变现或者耗用的资产，包括存款、短期投资、应收账款、存货等。流动负债是指可以在一年或者超过一年的一个营业周期内偿还的债务。流动性比率是最常用的财务指标，它测量企业偿还短期债务的能力。在正常情况下，流动比率应该大于 1。一般来说，流动比率越高，企业偿还短期债务的能力越强。

$$速动比率=\frac{速动资产}{流动负债}$$

存货是指企业在生产经营过程中为销售或者耗用而储存的各种资产，包括商品、产成品、半成品、在产品以及原材料等。速动比率测量企业不依靠销售存货而偿还全部短期债务的能力。速动比率小于 1，意味着企业不卖出存货就不能偿还其短期债务。

$$净营运资金=流动性资产总额-流动性负债总额$$

净营运资金测量按照面值将流动性资产转换成现金清偿全部流动性负债后，剩余的货币量。净营运资金越多，意味着企业偿还短期债务的可能性越大。

$$债务资本比率=\frac{负债合计}{股东权益合计}$$

负债是企业所承担的能够以货币计量、需要以资产或者劳务偿付的债务。股东权益是股东对企业净资产的所有权，包括股东对企业的投入资本以及形成的资本公积金、盈余公积金和未分配利润等。企业的债务资本比率不应该大于 1.5。若债务资本比率大于 1.5，说明企业的债务负担过重，已经超过资本基础的承受能力。

(二)ST 生态 2000 年财务指标静态分析

按照上面的计算公式，我们分别对 ST 生态(原股票简称：蓝田股份，股票代码 600709)2000 年和 2001 年的几项财务指标进行静态分析。

流动比率＝0.77

速动比率＝0.35

净营运资金＝－127 606 680.11元

债务资本比率＝0.30

蓝田股份的流动比率小于1，意味着其短期可转换成现金的流动资产不足以偿还到期流动负债，偿还短期债务能力弱。一旦蓝田股份不能通过借款或变卖固定资产等取得现金，用于偿还到期债务，蓝田股份立即会遭遇一连串的债务危机。

蓝田股份的速动比率只有0.35，意味着，扣除存货后，蓝田股份的流动资产只能偿还35％的到期流动负债。

蓝田股份2000年净营运资金是负数，有1.3亿元的净营运资金缺口。这意味着蓝田股份将不能按时偿还1.3亿元的到期流动负债。

虽然2000年蓝田股份的债务资本比率只有0.30，明显小于预警值1.5，但是它的流动比率、速动比率和净营运资金已经明显超过了预警值。这个分析结果应该引起投资者的警觉。今年4月30日，ST生态发表2001年报，公司对2000年、1999年的财务报表进行了追溯调整，纠正了以前年度财务报告中的虚假成分。根据ST生态2001年报经过追溯调整的2000年财务数据，我们重新计算蓝田股份的财务指标。根据ST生态2000年报计算的财务指标与根据2001年报经过追溯调整的2000年财务数据计算的财务指标，我们进行静态分析结果的比较。

我们发现，根据2001年报经过追溯调整的2000年财务数据计算的流动比率已经由0.77下降到0.45，净营运资金由－1亿元下降到－5亿元。更可怕的是，债务资本比率由0.3上升到8。实际上，在2000年，蓝田股份已经至少不能按时偿还5亿元短期债务，债务负担已经到了崩溃的极限。

根据ST生态2001年报，我们计算它的2001年财务指标，进行2001年的静态分析。

虽然ST生态流动比率和速动比率上升到1以上，净营运资金上升到1.3亿元，但是，我们看到了一个可怕的结果，它的负债上升了50％，将近16亿元，而股东权益却是－4 600万元。ST生态2001年报称："公司濒临破产边缘"。

（三）主要财务项目之间的关系

除了主要的财务比率外，在买进股票前，投资者还应该知道主要财务项目之间的关系。例如，现金流量表分为三部分：经营活动产生的现金流量、投资活动产生的现金流量和筹资活动产生的现金流量。现金流量是指现金的流入和流出。经营活动产生的现金流量包括：销售商品、提供劳务收到的现金，购买商品、接受劳务支付的现金等。

投资活动产生的现金流量包括:收回投资本金和投资收益、分得股利或利润所收到的现金、处置固定资产或无形资产和其他长期资产而收回的现金净额的现金、购置固定资产或无形资产和其他长期资产而支付的现金、权益性投资所支付的现金等。

筹资活动产生的现金流量包括:吸收权益性投资所收到的现金、发行债券所收到的现金、借款所收到的现金、偿还债务所支付的现金、分配股利或利润所支付的现金、偿付利息所支付的现金等。现金流量表的最后一项"现金及现金等价物净增加额"等于"经营活动产生的现金流量净额"、"投资活动产生的现金流量净额"和"筹资活动产生的现金流量净额"之和。

分析现金流量表时,我们应该关注现金流量的来源和结构。在企业正常经营的情况下,企业的经营活动产生的现金流量净额应该是正数。如果经营活动产生的现金流量净额是负数,这说明公司通过经营活动创造现金流量的能力下降,而依靠出售固定资产或外部融资等弥补经营活动产生的现金流量缺口。例如,根据ST生态2001年财务报告,它的经营活动产生的现金流量净额是－14 656万元,投资活动产生的现金流量净额是－16 844万元,筹资活动产生的现金流量净额是38 225万元,现金及现金等价物净增加额是6 726万元。而筹资活动产生的现金流量净额主要来自于2001年借款所收到的现金6.93亿元。2001年它购建固定资产、无形资产和其他长期资产所支付的现金1.58亿元以及投资所支付的现金1 000多万元来自于借款。它的经营活动产生的现金流入是2.28亿元,现金流出是3.74亿元,经营活动支出的现金中有1.4亿多元来自于借款。它偿还债务所支付的现金2.86亿元以及分配股利、利润或偿付利息所支付的现金2 440万元也来自于借款。这说明它维持生存的资金来源是借款,并且用拆东墙补西墙的方法支付借款的本金和利息。

分析资料:表7-20、表7-21、表7-22、表7-23和表7-24为ST生态(原蓝田股份)2001年主要会计报表。

表7-20　资产负债表　　元

资产	附注	合并报表		母公司报表	
		2001年12月31日	2000年12月31日	2001年12月31日	2000年12月31日
流动资产					
货币资金		71 688 783.57	4 433 647.87	67 908 499.27	2 401 392.47

续表 7-20

资产	附注	合并报表		母公司报表	
		2001年 12月31日	2000年 12月31日	2001年 12月31日	2000年 12月31日
短期投资					
应收票据					
应收股利					
应收利息					
应收账款		20 982 430.28	15 333 837.46	10 161 889.57	9 516 551.79
其他应收款		483 278 890.76	286 503 212.24	762 993 995.60	451 792 827.18
预付账款		937 369.98	1 059 867.66	528 500.00	528 500.00
应收补贴款					
存货		100 717 849.25	124 494 781.61	3 102 471.81	9 394 433.97
待摊费用					
一年内到期的长期债权投资					
其他流动资产					
流动资产合计		677 605 323.84	431 825 346.84	844 695 316.25	473 633 705.41
长期投资					
长期股权投资		1 000 242.04		4 748 078.80	5 556 900.26
长期债权投资					
长期投资合计		1 000 242.04		4 748 078.80	5 556 900.26
固定资产					
固定资产原价		725 010 631.08	495 112 021.91	47 014 456.57	47 266 426.71
减:累计折旧		76 817 587.33	46 447 688.66	15 029 114.75	12 520 839.62
固定资产净值		648 193 043.75	448 664 333.25	31 985 341.82	34 745 587.09
减:固定资产减值准备		1 436 051.43		768 625.26	
固定资产净额		646 756 992.32	448 664 333.25	31 216 716.56	34 745 587.09
工程物资		2 926 526.11	2 346 869.06		
在建工程		187 750 768.91	270 425 136.02	18 188 703.67	18 241 285.87
固定资产清理					
固定资产合计		837 434 287.34	721 436 338.33	49 405 420.23	52 986 872.96
无形资产及其他资产					
无形资产		2 159 559.74	2 211 182.68		

续表 7-20

资 产	附注	合并报表		母公司报表	
		2001年 12月31日	2000年 12月31日	2001年 12月31日	2000年 12月31日
长期待摊费用		476 749.64			
其他长期资产					
无形资产及其他资产合计		2 636 309.38	2 211 182.68		
递延税项					
递延税款借项					
资产总计		1 518 676 162.60	1 155 472 867.85	898 848 815.28	532 177 478.63
流动负债					
短期借款		336 528 000.00	96 878 000.00	288 000 000.00	33 000 000.00
应付票据					
应付账款		63 310 323.16	88 800 160.32	2 458 558.85	2 590 310.53
预收账款		38 547 158.69	8 072 269.92		
应付工资		1 738 277.80	1 033 255.80	40 780.00	23 470.00
应付福利费		7 975 511.33	5 065 635.00	313 512.53	157 683.31
应付股利		48 670 084.00	89 207 844.00	48 670 084.00	89 207 844.00
应交税金		−58 958 419.73	−29 964 220.58	37 198.57	−134 202.49
其他应交款		29 440.16	14 489.82	1 355.66	
其他应付款		865 268 078.64	696 037 330.08	270 276 335.35	228 611 511.85
预提费用		2 697 130.28	131 213.37	1 046 681.25	
预计负债					
一年内到期的长期负债		82 166 800.00			
其他流动负债					
流动负债合计		1 387 972 384.33	955 275 977.73	610 844 506.21	353 456 617.20
长期负债					
长期借款		205 400 000.00	20 300 000.00	200 000 000.00	
应付债券			62 998 800.00		
长期应付款					
专项应付款					
其他长期负债					

续表 7-20

资 产	附注	合并报表		母公司报表	
		2001 年 12 月 31 日	2000 年 12 月 31 日	2001 年 12 月 31 日	2000 年 12 月 31 日
长期负债合计		205 400 000.00	83 298 800.00	200 000 000.00	
递延税项					
递延税款贷项					
负债合计		1 593 372 384.33	1 038 574 777.73	810 844 506.21	353 456 617.20
少数股东权益		−27 920 805.91	−12 355 842.33		
股东权益					
股本		446 039 220.00	446 039 220.00	446 039 220.00	446 039 220.00
资本公积		340 810 575.26	340 810 575.26	340 810 575.26	340 810 575.26
盈余公积					
其中:法定公益金					
未分配利润		−666 305 103.31	−585 955 496.21	−698 845 486.19	−608 128 933.83
未确认的投资损失		−167 320 107.77	−71 640 366.60		
股东权益合计		−46 775 415.82	129 253 932.45	88 004 309.07	178 720 861.43
负债及股东权益总计		1 518 676 162.60	1 155 472 867.85	898 848 815.28	532 177 478.63

表 7-21 利润表

元

项目	附注	合并报表		母公司报表	
		2001 年 年度	2000 年年度	2001 年年度	2000 年年度
一、主营业务收入		55 683 712.48	38 094 774.78	2 546 368.17	1 239 574.29
减:主营业务成本		84 372 304.44	62 058 177.30	884 636.90	1 653 178.27
主营业务税金及附加		1 914 721.33	1 597 292.46	9 640.49	65 102.81
二、主营业务利润		−30 603 313.29	−25 560 694.98	1 652 090.78	−478 706.79
加:其他业务利润		−1 783 754.39	−5 228 282.10	14 448.63	−11 361.67
减:营业费用		34 358 824.46	9 065 722.52	27 449 962.87	1 074 336.58
管理费用		92 046 481.24	27 214 914.07	42 017 661.05	6 057 812.01
财务费用		26 094 231.62	14 099 988.43	15 878 981.68	5 742 880.75

续表 7-21

项目	附注	合并报表		母公司报表	
		2001 年年度	2000 年年度	2001 年年度	2000 年年度
三、营业利润		−185 696 605.00	−81 169 602.10	−83 680 066.19	−13 365 097.80
加:投资收益		−111 138.01		−808 821.46	−297 643.13
补贴收入			350 000.00		
营业外收入		108 135.10	64 539.70		
减:营业外支出		7 006 083.99	416 350.26	6 227 664.71	22 356.76
四、利润总额		−192 705 691.90	−81 171 412.66	−90 716 552.36	−13 685 097.69
减:所得税(40%)					
少数股东本期损益		−16 676 343.63	−10 368 320.47		
加:未确认投资损失		95 679 741.17	60 116 522.97		
五、净利润		−80 349 607.10	−10 686 569.22	−90 716 552.36	−13 685 097.69

表 7-22 利润分配表 元

项目	附注	合并报表		母公司报表	
		2001 年年度	2000 年年度	2001 年年度	2000 年年度
一、净利润		−80 349 607.10	−10 686 569.22	−90 716 552.36	−13 685 097.69
加:年初未分配利润		−585 955 496.21	−486 061 082.99	−608 128 933.83	−505 235 992.14
其他转入					
二、可供分配的利润		−666 305 103.31	−496 747 652.21	−698 845 486.19	−518 921 089.83
减:提取法定盈余公积金					
提取法定公益金					
三、可供股东分配的利润		−666 305 103.31	−496 747 652.21	−698 845 486.19	−518 921 089.83
减:应付优先股股利					
提取任意盈余公积					
应付普通股股利			89 207 844.00		89 207 844.00
转作股本的普通股股利					
四、未分配利润		−666 305 103.31	−585 955 496.21	−698 845 486.19	−608 128 933.83

表 7-23　现金流量表　　元

项　　目	附注	2001 年年度	
		合并数	母公司数
一、经营活动产生的现金流量			
销售商品、提供劳务收到的现金		82 857 068.59	2 277 796.65
收到的税费返还			
收到的其他与经营活动有关的现金		145 179 790.53	95 177 290.56
现金流入小计		228 036 859.12	97 455 087.21
购买商品、接受劳务支付的现金		66 370 172.90	1 529 233.05
支付给职工以及为职工支付的现金		25 591 141.23	1 277 938.26
支付的各项税费		42 580 257.52	8 116 099.39
支付的其他与经营活动有关的现金		240 050 395.35	311 336 805.46
现金流出小计		374 591 967.00	322 260 076.16
经营活动产生的现金流量净额		−146 555 107.88	−224 804 988.95
二、资活动产生的现金流量			
收回投资所收到的现金			
取得投资收益所收到的现金			
处置固定资、无形资产和其他长期资产所收回的现金净额			
收到的其他与投资活动有关的现金			
现金流入小计			
购建固定资产、无形资产和其他长期资产所支付的现金		158 236 407.74	3 971 490.98
投资所支付的现金		10 200 000.00	10 200 000.0
支付的其他与投资活动有关的现金			
现金流出小计		168 436 407.74	14 171 490.98
投资活动产生的现金流量净额		−168 436 407.74	−14 171 490.98
三、筹资活动产生的现金流量			
吸收投资所收到的现金			
借款所收到的现金		693 000 000.00	525 000 000.00
收到的其他与筹资活动有关的现金			
现金流入小计		693 000 000.00	525 000 000.00
偿还债务所支付的现金		286 350 000.00	205 000 000.00

续表 7-23

项　　目	附注	2001 年年度	
		合并数	母公司数
分配股利、利润或偿付利息所支付的现金		24 403 348.68	15 516 413.27
其中：子公司支付少数股东的股利			
支付的其他与筹资活动有关的现金			
现金流出小计		310 753 348.68	220 516 413.27
筹资活动产生的现金流量净额		382 246 651.32	304 483 586.73
四、汇率变动对现金的影响			
五、现金及现金等价物净增加额		67 255 135.70	65 507 106.80

表 7-24　现金流量表附注　　元

项　　目	附注	2001 年年度	
		合并数	母公司数
一、将净利润调节为经营活动现金流量			
净利润		−80 349 607.10	−90 716 552.36
加：少数股东本期损益		−16 676 343.63	
减：未确认投资损失		95 679 741.17	
加：计提的资产减值准备		59 278 472.86	32 079 491.20
固定资产折旧		30 555 520.73	1 575 863.00
无形资产摊销		51 622.94	
长期待摊费用摊销		52 972.18	
待摊费用减少(减：增加)			
预提费用增加(减：减少)		2 565 916.91	1 046 681.25
处置固定资产、无形资产和其他长期资产的损失(减：收益)		71 085.58	69 336.58
固定资产报废损失			
财务费用		27 130 349.93	14 928 733.27
投资损失(减：收益)		111 138.01	−808 821.46
递延税款贷项(减：借项)			
存货的减少(减：增加)		23 776 932.36	6 295 997.16
经营性应收项目的减少(减：增加)		−202 424 271.34	−250 298 590.39
经营性应付项目的增加(减：减少)		104 980 843.86	61 026 907.80

续表 7-24

项　　目	附注	2001 年年度	
		合并数	母公司数
其他			
经营活动产生的现金流量净额		－146 555 107.88	－224 804 988.95
二、不涉及现金收支的投资和筹资活动			
债务转为资本			
一年内到期的可转换公司债券			
融资租入固定资产			
三、现金及现金等价物净增加情况			
现金的期末余额		71 688 783.57	67 908 499.27
减:现金的期初余额		4 433 647.87	2 401 392.47
加:现金等价物的期末余额			
减:现金等价物的期初余额			
现金及现金等价物净增加额		67 255 135.70	65 507 106.80

二、分析要点

1. 从 ST 生态债权银行的角度分析,你会作出何种决策?

2. 试对该公司的财务状况进行综合分析和评价。

第八章　财务工作组织

企业组织财务活动、处理各种财务关系应与特定的财务管理体制相适应，建立相应的组织体系。财务管理工作是一门专业性较强的管理工作，它要求财务人员不仅要有专业知识和技能，而且要有处理各种财务关系和社会关系的非财务素质。财务人员要遵守财务规范，恪守财务职业道德。

第一节　财务管理体制

一、财务管理体制的含义

企业财务管理体制，是协调企业利益相关主体之间财务关系的基本规则和制度安排，是构建企业财务管理制度的基础和框架。财务管理体制可分为宏观和微观两个层面：一是微观财务管理体制，即企业内部财务管理体制，它是规定企业内部财务关系的基本规则和制度安排，主要由投资者和经营者通过企业章程、内部财务制度等正式或非正式的契约确立。二是宏观财务管理体制，它是协调财政部门与企业之间财务关系的基本规则和制度安排，主要由国家以法律、法规、规章、规范性文件等形式予以确立，旨在对企业符合市场需求的行为予以引导和扶持。

宏观和微观财务管理体制的制定主体和确立方式虽然不同，但一旦形成，都具有"硬约束力"，是企业利益相关主体必须共同遵守的"宪法"。换而言之，企业财务管理体制的确定过程，是企业财权的分配调整过程，直接决定了财务管理机制、具体财务制度的构建。

二、我国的企业财务管理体制变革

(一)企业宏观财务管理体制的历史演变

国家与企业的利润分配和资金投入关系的变化，是贯穿我国企业宏观财务管理体制演变的两条主线。在财政与企业的利润分配上，经历了以下演变过程：

(1)统收统支阶段。在改革开放以前，我国实行高度统一的计划经济管理体制，企业财务由国家财政统收统支，国有企业实现的利润是国家财政收入最主要的来源。

(2)利润留成阶段。1978 年开始，为了扩大企业自主权，促进企业增收节支，保证完成国家财政收入，国务院决定在按职工全年工资总额的一定比例提取企业基金的基础上，实行利润留成办法，企业以利润留成资金按 6：4 比例用于生产发展、职工福利和职工奖励。

(3)利改税阶段。1981 年开始实行“以税代利”，逐步将企业上缴国家财政的利润，改为以流转税、所得税等各种税收形式确定下来，税后利润作为预算外资金，留给企业按规定用途安排使用。之后为了缓解国家重点建设财政资金紧缺的局面，增强宏观经济调控能力，中央和国务院决定，1982 年开始对预算外资金征收 15%的“国家能源交通重点建设基金”。

(4)承包经营阶段。1988 年，为了转变企业经营机制，增强企业活力，按照所有权与经营权分离的原则，国务院决定实行企业承包经营责任制，按照“包死基数、确保上缴、超收多留、歉收自补”的原则，确定国家与企业的分配关系。企业承包上缴利润可以采用“递增包干”、“基数包干，超收分成”、“微利企业上缴利润定额包干”、“亏损企业减亏或补贴包干”等形式。鉴于预算外资金每年平均以 23%的速度增长，大大超过预算内财政收入的增长速度，中央和国务院决定从 1989 年开始对预算外资金征收 10%的“国家预算调节基金”。从 1993 年 7 月 1 日开始，企业实行财务制度改革，全面改革计划经济管理体制下形成的企业财务管理模式和财务制度体系，但仍未触及企业承包经营的财务管理体制。

(5)统一税制阶段。1994 年 1 月 1 日起，国家实行财税改革，统一内资企业所得税制度。根据国务院的决定，作为过渡措施，对 1993 年底以前注册的多数国有全资老企业，实行税后利润不上交的办法，同时提出要“逐步建立国有资产投资收益按股分红、按资分利或税后利润上交的分配制度”。

伴随着企业利润分配体制的演变，国家对企业流动资金的管理体制也逐步改革，大体经历了以下三个历史时期：

一是财政主导时期。在 1983 年 7 月之前，企业的流动资金基本上实行以财政为主体、以定额为基础的管理体制。财政拨款是企业自有流动资金的唯一来源，也是企业生产经营过程中流动资金的主要来源，银行信贷在企业流动资金中占有的比重一般较小，甚至没有。

二是银行主导时期。1983 年 7 月之后，根据国务院的决定，企业的流动资金改由银行统一管理和供应，并从全额供应转变为差额供应，即企业每年根据其利润留成的一定比例补充自有流动资金，不足部分由银行补足，将原来计划经济的资金供给制转变为资金借贷制。但由于企业流动资金补偿机制未充分建立、金融市场发育不完善等原因，“银行统管”最终变成了“银行统包”，企业从过分依赖财政转向过分依赖银行。这个时期，财政对企业的资金支持主要以周转金的形式进行。自 1998 年 12 月财政部门清理整顿周转金以来，这部分资金供应已逐步取消。

三是企业自主筹资时期。1987 年之后，国家允许企业发行股票和债券筹集流动资金，但发行条件较为严格。之后，随着上海和深圳证券交易所的成立以及其他融资渠道的拓宽，企业筹措运营资金的渠道和方式逐渐多了起来，并且随着企业管理体制的改革，各级政府不断落实企业的自主经营权，企业逐步通过市场自主筹资。

从以上演变历程看，宏观财务管理体制的发展趋势，是从直接管理企业的生产经营和财务运行，到赋予企业越来越多的经营自主权，直至承认企业的法人财产权。这与国家经济管理体制由计划经济向市场经济转变的轨迹是一致的，但由于改革是渐进式的，目前我国企业宏观财务管理体制，一方面受传统体制留下的“后遗症”影响，没有与微观财务管理体制划清界限，仍然存在直接干预企业内部微观事务的现象，不适应现代企业制度的需要；另一方面又受到“国际接轨论”的片面影响，将企业宏观财务管理职能与市场经济对立起来，认为财政部门只能对国有企业实施管理，或者认为财政部门对企业的管理关系只存在于税收和会计领域。凡此种种，不利于规范企业财务秩序，不利于创造企业公平竞争环境，不利于完善与社会主义市场经济相适应的企业基本经济制度。

(二)企业微观财务管理体制模式的沿革

随着企业宏观财务管理体制的改变，企业微观财务管理体制的模式也经历了以下变化：

(1)单一的国有企业模式。改革开放之前，国有企业基本垄断了整个经济领域。顾名思义，“国有企业”就是国家直接经营的企业。在高度集中的“统收统支”模式下，国有企业就是一个个的工厂和车间，是政府机构的附属物，严格意义上的微观财务管理体制并不存在。

(2)多种所有制和治理结构并存的过渡模式。1979 年以来先后颁布了《全民所有制工业企业法》和三大外商投资企业法，从法律层面上肯定了企业的法人资格，区分投资者和经营者两个层次的企业微观财务管理体制得以初步确立。例如，《全民所有制工业企业法》赋予政府或政府主管部门和厂长(经理)相应职权，厂长(经理)兼有经营者和部分投资者职权，企业通过职工代表大会、工会等其他形式，对厂长(经理)进行监督。《中外合资经营企业法》构建了中外合营各方、董事会、正副总经理(正副厂长)的企业治理结构。企业的所有制和内部财务管理体制呈现多元化趋势。

(3)以公司制为主的现代企业模式。1993 年颁布的《公司法》,构建了企业以“新三会”(股东大会、董事会、监事会)为主线的管理体制,奠定了现代企业制度的基础。同年实施的《企业财务通则》及其引发的财务制度改革,为现代企业制度的推行,进一步创造了条件。之后,全民所有制企业按照《公司法》进行了大规模的公司制改建,确立了更规范的微观财务管理体制,绝大多数新成立的国有企业和外商投资企业,以及许多集体、私营企业,也是按照《公司法》组建的。公司制企业明晰的微观财务管理体制,由此成为主流。

综上所述,企业微观财务管理体制的演变与宏观财务管理体制有着密不可分的关系,宏观财务管理体制决定着微观财务管理体制的模式,并为其提供有效的体制保障。

三、企业微观财务管理体制

(一)企业微观财务管理体制的内涵

企业微观财务管理体制也即企业内部财务管理体制,是规定企业内部财务关系的基本规则和制度安排。具体包括企业内部财务管理主体及其财务责任、财务权限、财务关系、财务管理要素、财务运行机制等方面的内容。它又可分为投资者财务管理体制和经营者财务管理体制两个层次。

(1)投资者财务管理体制。投资者与企业是投资与被投资的关系,具有与财产所有权相联系的权力,主要包括:对投入资本进行运营并决定收益分配的权力;决定企业战略、经营方向、方针和政策的权力;选择企业主要经营者及对其进行奖惩、激励的权力。同时,投资者应当维护企业法人财产权的独立性,并承担与其投资相适应的有限责任。

(2)经营者财务管理体制。企业是以盈利为目的的法人,拥有独立的法人财产权,由经营者实施经营和管理,并对投资者、债权人、职工、国家等相关利益主体承担着不同的责任和义务。为此,企业根据生产经营特点、环境条件及战略要求、经营规模及组织形式,在法人内部各层次、各机构、各环节之间,采取集权模式或者分权模式设置财务权限,并明确对应的财务责任和利益。它更多地体现经营者财务管理的意图。

企业集团经济体系是一个控制系统,它在自我运行的同时调控着物资系统、生产经营以及资本流转系统。该系统活动要求以财务体制为保障,因此,在企业集团内部,母公司(即集团公司)对子公司之间存在着投资者财务管理体制,母公司或者子公司本身存在着经营者财务管理体制。前者对子公司的发展规模、经营方向、财务目标、投融资决策及利润分配政策构成决定性的影响，后者对企业经营者、财务负责人、财务及其他机构的财务权限及其责任、管理方式、内部分配等进行制度安排。

企业内部财务管理体制是组织财务活动、处理财务关系的根本制度，是构建企业内部财务制度的基础和框架。建立和完善现代企业制度，要求管理科学，企业财务管理首先要确定内部财务管理体制。

（二）企业内部财务管理体制研究的内容

建立企业内部财务管理体制，其根本目的是为了使企业内部纵向各层次之间、横向各部门之间以及企业与职工个人之间的财务关系得到妥善处理，以便实现责权利关系的制度化，进而促进企业财务目标的实现。

企业内部财务管理体制研究的内容包括两个方面，即财务管理的组织机构和财务管理的组织体制。财务管理的组织机构，也称财务管理的组织形式，指的是财务管理机构的安排和设置。财务管理的组织体制，是指财务管理组织内部纵向各层次之间和横向各部门之间的财务责任与财务权力的关系及具体规定。

（三）设计内部财务管理体制应注意的问题

(1)明确企业的各项财务关系。包括企业与投资者的财务关系；企业与被投资单位的财务关系；企业与内部各独立核算单位的财务关系；企业集团公司与成员单位之间的财务关系；企业内部各职能部门之间的财务关系。特别是实行公司制的企业，应根据公司章程的规定具体明确企业与股东会、董事会、监事会的关系。

(2)明确企业财务部门的权责。包括负责财务预算的编制、执行、检查、分析；具体制定企业内部财务管理办法，组织、指导基层单位的财务管理和经济核算；如实反映本单位的财务状况和经营成果，监督财务收支，依法计算缴纳国家税收并向有关方面报送财务决算；参与企业经营决策，统一调度资金，统筹处理财务工作中出现的问题。

(3)明确各职能部门的权责。包括配合财务部门，落实财务预算，检查分析财务预算的执行情况；组织基层单位的财务管理工作；建立基层单位的财务控制制度；填报各种原始记录和报表，做好各项基础工作。

(4)必须充分体现企业生产经营特点及其管理要求。不同的企业，生产规模、经营方式、组织形式不尽相同，其财务活动的内容也不可能完全一致。企业设计内部财务管理体制时应充分考虑其生产经营特点和管理要求，保证工作效率和财务管理目标的实现。

第二节 财务机构

一、财务机构及其职责

财务机构负责企业日常的各项财务工作，协调企业和外部以及企业内部的各种财务关系。企业财务机构的主要职责可概括为以下几项：

(1)进行财务预测、制定财务预算或计划；

(2)筹集资金；

(3)分析、评估投资项目的可行性，编制资本预算；

(4)负责企业的现金及有价证券的管理；

(5)分析客户信用，制定信用政策、收账政策；

(6)负责利润分配政策的制定与实施；

(7)分析企业的财务状况。

与上述内容相对应，企业会计机构的主要职责可概括为：

(1)按照会计准则和会计制度的要求编制对外会计报表；

(2)按照内部管理的要求编制内部会计报表；

(3)进行成本预测、计划、核算、控制、分析等项工作；

(4)负责企业纳税的计算和申报；

(5)执行内部控制制度，保护企业财产；

(6)办理审核报销等其他有关会计核算工作。

二、财务机构的设置

企业财务机构的设置应考虑企业的组织形式、经营规模、行业特点、业务类型等因素，财务机构内部的分工要明确，职权要到位，责任要清楚，要有利于提高财务管理效率。

根据西方发达国家的实践和经验，在企业总经理领导下可设置财务副经理来主管企业的财务与会计工作。在财务副经理下面可分设财务处和会计处，分别由财务主任(Treasurer)和主计长(Controller)担任主管人员，其下面根据工作内容再设置若干科室。图 8-1 就是典型的股份公司财务机构设置示意图。

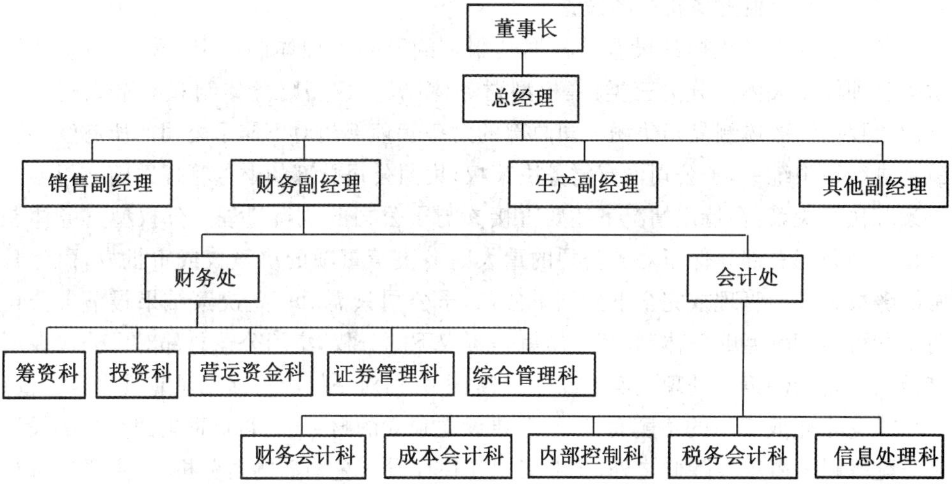

图 8-1　企业组织中的财务机构与会计机构

(一)财务机构的独立

如图 8-1 所示,在西方典型的公司制企业设置财务机构时,财务机构与会计机构是平行的,成为独立的机构,由财务主任负责。它主要就筹资、投资和分配等财务活动进行日常的专门化管理。我国理论界存在着财务与会计关系的争论,但在实践中,长期以来财务会计机构通常是合二为一的,这与我国传统高度集中的计划经济体制密切相关。随着我国市场经济的逐步完善,企业市场化管理的加强,财务与会计不分的机构设置越来越难以满足企业发展的要求。企业的财务管理要发挥参与经营管理的职能,财务机构的独立就显得十分必要,当前我国的大多数上市公司和一些大型国有公司已进行了财务与会计的职能分工与机构分设。

(二)单一企业财务机构的设置

单一设置企业财务机构可根据自身的投资主体、企业规模、业务类型等,通常可选择以下两种类型:

(1)以会计为轴心的财务机构。这也就是我国企业长期以来的所采用的合二为一的模式,目前仍为许多企业沿用。这种机构的特点是会计核算职能与财务管理职能不进行分工,且机构内部以会计核算职能为主划分内部职责。一般适用于中小型企业。

(2)与会计机构并行的独立财务机构。这种机构的示意图见图 8-1,其特点是实行会计核算职能与财务管理职能分离,一般适合于大型企业和股份公司。

(三)集团企业财务机构的设置

集团企业财务机构的设置要根据其制定的财务管理体制确定。集团型企业的财务管理体制大体上分为三类:集权型财务体制、分权型财务体制和相融型财务体制。集权型财务体制是指集团公司总部的财务管理部门对下属子公司的所有管理决策都进行集中统一,子公司没有财务决策权,集团公司总部的财务管理部门不但参与决策和执行决策,在特定情况下还要直接参与子公司的执行过程。分权型财务体制是指集团公司总部只保留对子公司的重大财务决策事项的决策权或审批权,而将日常财务决策权与管理权完全下放到子公司,子公司只需对一些决策结果报请母公司备案即可。相融型财务体制,其实质就是集权下的分权,集团公司总部对子公司在所有重大问题的决策与处理上实行高度集权,子公司对一切经济活动具有较大自主权。

从整个企业集团的角度而言,一般要设立独立的财务部门,负责集团企业的投资和分配等财务事项。除此之外,企业集团还往往设立公司型的财务机构,主要负责整个企业集团的资金调拨和运用。公司型财务机构本身是一个独立的公司法人,独立对外从事各种财务活动,公司内部除设立从事财务活动的业务部门外,还有一些行政部门,如财务公司。

第三节 财务人员

一、财务人员及其职责

1.厂长(经理)的财务管理权责

厂长(经理)全面负责企业的日常管理,其在财务管理方面的权责一般包括:

(1)遵守国家法律、法规;

(2)根据企业财务预算方案组织好企业生产经营;

(3)具体确定企业内部财务管理机构设置;

(4)组织拟定企业内部财务管理办法;

(5)接受企业内部审计机构的财务检查以及财政、税务、审计机关的监督等。

2.财务负责人的财务管理权责

企业财务负责人包括总会计师或行使总会计师职权的企业领导人员,他们向总经理负责。其财务管理权责一般包括:

(1)宣传贯彻国家有关财务政策；

(2)审核重要财务事项；

(3)协调各职能部门、基层单位与财务部门的关系；

(4)组织制定财务预算，负责预算方案的实施，并督促企业财务部门下达落实成本、费用、利润等考核指标；

(5)定期检查各职能部门、各基层单位财务预算执行情况，研究解决执行中的问题；

(6)负责组织企业财务核算，审核财务决算等。

3.财务人员的财务管理权责

这里的财务人员是指在企业财务部门工作的管理人员。他们的管理权责一般包括：

(1)负责财务预算的编制、执行、检查、分析；

(2)具体制定企业内部财务管理办法，组织、指导基层单位的财务管理和经济核算；

(3)如实反映本单位的财务状况和经营成果，监督财务收支，依法计算缴纳国家税收并向有关方面报送财务决算；

(4)参与企业经营决策，统一调度资金，统筹处理财务工作中出现的问题。

二、财务人员的素质

财务管理工作是一门专业性较强的管理工作，它对财务人员的素质要求较高。财务人员不仅要有专业知识和技能，而且要有处理各种财务关系和社会关系的非财务素质。

(1)科学文化素养。现代社会是知识经济社会，只有专业知识和技能，没有广博的社会科学和自然科学知识，没有高度的科学文化素质作为基础，专业知识和技能就难以得到充分的发挥。同时，财务人员还应具备获取、筛选、处理信息的能力，面对当今日益膨胀的各种信息资源，只有具备这种能力，财务人员才能去粗取精，获取有用信息，为财务管理和决策服务。

(2)组织能力。组织在现在和未来的公司财务工作中是非常重要的。对企业财力物力的调拨、设置工作流程、制定财务战略、寻找获利机会等，所有这些都需要管理人员有高水平的组织能力。财务人员的组织与控制能力决定着企业财务计划和财务目标的实现程度。

(3)分析判断能力。对财务人员分析判断能力的要求主要是两个方面：一是对当前所处经济发展周期阶段和未来趋势，以及市场环境变化等宏观和企业外部状况作出分析判断，以便识别资本市场的财务机会和财务风险，为财务决策提供科学的依据；二是要能够将企业的财务活动分割为许多财务现象或分解为不同的财务部分，进而从各种财务活动现象中，寻找一些规律和存在问题。

(4)参与决策能力。现代企业管理经营的重点在于决策。经理等高级管理人员进行经营决策需要包括财务部门在内的各职能部门提供决策依据，参与决策。为此，财务人员就应具备进行财务信息交流的能力，培养办事干练、决策果断的习惯。

(5)协调沟通能力。现代社会日益开放，人们需要掌握语言、电脑操作等，以便进行广泛的社会交往。员工的协调沟通能力是企业文化的一部分，它可以形成一种向心力，成为企业的竞争优势。财务人员需要学会与各种各样的人打交道，与跟自己利益一致或不一致的人合作、共处，以实现工作目标。财务人员只有具备了较强的协调沟通能力，才能保证企业财务工作高效运行。

(6)学习和创新能力。学习和创新能力已经成为现代企业培植其核心竞争力的一部分。财务人员面对快速变化的经济环境，需要不断学习新知识，充实自我，以适应工作要求。

(7)数字与计算的能力。财务和数学、数字是密不可分的，财务人员必须具备灵敏的数学计算分析、数字的反应能力及判断力。为了选择一个最佳方案，财务人员需要建立数学模型进行精确的计算和比较。财务人员提供的数据必须保证日与日、月与月之间的衔接，部门和部门之间的配合，这种顺利通畅将是实现长期高效运作的关键所在。

第四节 财务规范

一、财务规范及其构成要素

财务规范是企业财务活动中形成并为人们所遵循的一种准则体系，这种规范体系是确立和协调企业财务关系的要求和结果。

财务规范实质上就是对财务主体行为的保障、限制和协调。财务规范对企业财务管理工作的意义体现在以下三个方面：第一，保障企业的发展方向和企业财务目标的实现；第二，对于企业现实财务活动中所出现的一些消极因素进行必要的限制，并促使其向好的方向转化；第三，协调处理好各种财务关系及其他财务管理问题。

由于每一个企业的情况不同，企业的财务规范也应当从企业的实际情况出发，不同类型的企业不能照搬某一僵化的财务管理模式。企业选择运用适当的财务规范可以激发人们的创造性。财务规范既要相对稳定，也要随着时代的发展而不断地变化，既要体现原则性，也要体现灵活性。

财务规范主要是由一系列层次不同的财务法规、财务惯例和财务职业道德构成的。

二、财务法规与财务惯例、财务职业道德的关系

财务法规是根据国家有关方针、政策的要求，适应财务活动的实际需要，合理安排企业同各方面的财务关系，确定各有关部门财务管理的职责和权限。它是企业进行财务活动、处理财务关系的基本规范。我国目前的企业财务法规制度，包括企业财务通则、企业内部财务管理办法两个层次。

财务惯例是指在长期的财务管理实践中被自己、他人或社会接受的某种规范、行为模式或假设。它是财务管理理论及实务工作的基础。

财务职业道德是在财务管理实践中逐步形成的规范财务人员职业活动行为的约定，是财务人员所承担的道德责任和道德义务。它是一般社会道德在财务管理活动中的具体体现。

以上三者之间，财务法规是财务规范的基本内容，是对企业财务工作和财务人员进行财务活动的基本要求；财务惯例和财务职业道德往往是对财务法规的延伸，它们可以促进财务管理工作按照财务法规的基本要求更加科学、有效。

三、企业财务通则

1993 年实施的《企业财务通则》和分行业的财务制度是在建立社会主义市场经济体制初期制定的，在许多方面打破了计划经济管理的框框，对促进现代企业制度的建立、创造企业公平竞争的环境、促进企业改革与发展、规范企业财务行为发挥了重要的历史作用。但是，仍然带着“财务决定税收，财务决定会计”的烙印，其主要内容仍然是直接对企业交易、会计要素进行确认、计量。经过 10 多年改革之后，国家宏观经济体制和企业微观环境已经发生了重大变化，除了少数仍然基本按照计划经济体制实施财政管理的军工、农业等企业以外，对多数企业而言，原有的企业财务制度从形式到内容都已经落后于改革的步伐，面临许多问题，迫切要求企业财务制度进行彻底改革。

2006 年 12 月 4 日，财政部颁发了新的《企业财务通则》，要求国有及国有控股企业自 2007 年 1 月 1 日起施行，其他企业参照执行。这是我国企业财务制度建设的一件大事，对规范企业管理，依法协调各种利益关系，促进企业与社会和谐发展，具有重要的现实意义。新型企业财务制度体系以《企业财务通则》为主体，以企业具体财务行为规范、财务管理指导意见、财政监管办法为配套的，实现了企业财务制度体系的改革创新。其创新之处表现在以下方面：

一是功能创新。企业财务制度不再对会计要素的确认、计量作出规定，也不再为企业纳税扣除项目、标准作出规定，而是围绕企业财务的实质，对企业财务行为和财务关系作出规范，引导企业实行科学管理。

二是观念创新。适应市场经济发展的要求，强化企业财务风险管理，树立企业的社会责任观念，对企业重组中的资本权益事项和财务管理进行规范。

三是体制创新。从政府宏观财务、投资者财务、经营者财务三个层次，构建资本权属清晰、财务关系明确、符合企业法人治理结构要求的企业财务管理体制。

四是体系创新。建立了具有开放性的企业财务制度体系，便于《企业财务通则》实施以后根据企业财务运行、国家法制建设情况和宏观经济管理的需要，不断地调整、改革和发展企业财务制度。

五是机制创新。按照“规范、有效”的原则，建立健全企业财务运行机制，明确财务决策的要求、财务控制的方法，完善企业激励分配政策，建立企业财务监督机制，明确企业财务管理的法律责任。

六是内容创新。围绕企业财务管理环节，明确了资金筹集、资产营运、成本控制、收益分配、信息管理、财务监督等六大财务管理要素，并结合不同财务管理要素，对财务管理方法和政策要求作出了规范。

新《企业财务通则》共由 10 章 78 条组成，包括：第一章总则，第二章企业财务管理体制，第三章资金筹集，第四章资产营运，第五章成本控制，第六章收益分配，第七章重组清算，第八章信息管理，第九章财务监督，第十章附则。

从框架结构看，新《企业财务通则》既不翻版 1993 年实行的《企业财务通则》及分行业财务制度，也不重复税收管理制度和企业会计制度的内容，而是跳出传统的思维定势，主要围绕与企业设立、经营、重组过程伴生的财务活动，规定了企业财务要素的内容，对企业财务管理主体应当履行的职责、享有的权利、承担的义务及其财务行为进行了规范，特别是解决了我国长期以来形成的企业投资者与经营者职责不分、角色错位的问题，同时对财政部门在新形势下管理企业财务的任务、方式、途径作出了规范，从而全面实现了企业财务管理的制度创新。

四、企业内部财务制度

企业内部财务制度是企业根据《企业财务通则》规定，结合其自身生产经营特点和管理要求而制定的规范企业内部财务活动的管理办法。企业必须按照国家的统一要求，建立起合理、科学、有序的内部财务管理办法，既把国家赋予企业的理财权具体化、制度化，也要强化企业自我约束，确保新的财务制度体系的有效实施。

企业财务通则规范了企业财务活动的框架，企业需要与其经营业务相适应的更具体的制度和办法来规范其财务关系。

企业内部财务管理制度的结构体系一般包括：选择和确立企业内部财务管理体制；规范企业内部财务管理的基础工作制度；资金筹集的管理制度；货币资金及往来户结算的管理制度；存货的管理制度；固定资产的管理制度；在建工程的管理制度；无形资产、递延资产的管理制度；对外投资的管理制度；成本、费用的管理制度；销售收入的管理制度；企业利润及其分配的管理制度等。

制定企业内部财务管理办法应注意以下几个方面的问题：

(1)企业内部财务管理办法的形式可根据企业的规模、管理特点而定，既可以制定一个总的内部财务管理办法，也可以按具体财务事项、有关内容单独制定内部财务管理办法，特别是大型企业经济活动和财务关系比较复杂，财务管理的职责分工较细，为便于执行，可设立单项的内部财务管理办法。单项财务管理办法的制定应统筹规划，自成体系，确保整个内部财务管理办法的完整性、系统性。

(2)制定企业内部财务管理办法，应根据本企业经济业务的特点，对有些内容作详细规定，有些内容只作一般规定，并合理安排结构。

(3)企业制定内部财务管理办法，应把国家赋予企业的各项理财自主权落到实处。

(4)企业制定内部财务管理办法时，应遵循一定的程序。制定企业内部财务管理办法不只是企业财务部门和财会人员的任务，应在企业厂长(经理)的领导下，吸收生产经营管理各方面人员参加，由财务部门具体操作共同完成。

新《企业财务通则》的颁布实施，是我国企业财务制度的根本性变革。我国目前正在形成以《企业财务通则》为主体，以企业具体财务行为规范、财务管理指导意见、财政监管办法为配套，以企业内部财务管理办法为补充的新型企业财务制度体系。但这一财务法规制度体系需要不断加以逐步完善，并使其与我国市场经济体制和现代企业制度的建设相适应。

第五节 财务职业道德

一、财务职业道德概述

道德是经济基础的反映，是一种社会意识形态，是指用来约束人们的行为、调节人与人及人与社会之间关系的行为规范总和。财务职业道德是在财务实践中逐步形成的，它既是财务人员在职业活动中道德规范行为的约定，又是财务管理活动对社会所承担的道德责任和道德义务。财务职业道德的内容一般包括职业品德、职业纪律、职业责任三个方面。

(1)职业品德。它要求财务人员在财务工作过程中做到客观公正、廉洁自律。所谓客观公正，就是要求财务人员在处理业务时以实事求是的态度如实反映每一项经济业务，做到收支要有据，核算要真实，不弄虚作假；在处理对外关系上，要态度诚实、讲求信誉、信守合同，决不用尔虞我诈之类的欺骗手段，损害他人的利益。所谓廉洁自律，就是要求财务人员做到不以权谋私，不搞权钱交易，不违反财经纪律，而且还要为单位的廉政建设做工作，敢于抵制不正之风，把好制度关口，健全内部各项管理制度，堵塞漏洞，发挥应有的内部控制的作用。

(2)职业纪律。它要求财务人员遵守《公司法》、《证券法》、《会计法》及其他相关的法规制度。财务人员是财经纪律、会计制度、财务法规的执行者，要有鲜明的对待职业纪律的态度，更好地为企业和社会尽职尽责，所以财务人员对各项财务收支，要坚持按国家法律、政府部门制定的规章制度严格审查，秉公办理。

(3)职业责任。它要求财务人员向社会公众应及时提供高质量的财务报告；要严格保守本单位的商业秘密，除法律规定和单位领导人同意外，不得私自向外界提供或者泄漏本单位的财务信息。

二、财务职业道德的特征

同其他任何行业一样，财务职业道德具有以下的共同特征：

(1)社会性。财务职业道德的社会性主要表现在两个方面：一方面，职业道德既是对本行业从业人员在职业活动中的行为规定，同时又是本行业对社会所负的道德责任和义务，因此具有鲜明的社会性；另一方面，财务职业道德在不同社会政治制度下存在着差异，虽然这种差异随着财务国际化趋势的发展将不断缩小，但国情、民族和传统文化等方面不同将注定必然存在这种差异。

(2)继承性。财务职业道德是在长期的财务实践中逐步发展形成的，具有明显的继承性。

(3)适应性。财务职业道德的适应性也表现在两个方面：一方面，财务职业道德之所以能延续和发展，是因为它能与一定的自然和社会环境相适应，并得到认同；另一方面，财务人员对财务工作领域中已认同的职业道德标准具有强烈的归属感，这就迫使财务人员要调节自我行为，与群体相适应。

(4)约束性。财务职业道德主要通过三条途径对财务人员进行约束以达到规范的要求。首先是通过舆论的、理智的、感情的无形压力对财务人员的行为给予约束；其次是通过财务人员承担的社会责任形成自我约束；再次是通过财务行为规范、财经纪律形成的制度进行约束。财务人员如果不能自觉地服从上述约束，一般可不负法律责任，但难以逃脱道德责任。

受财务职业特点的影响，财务职业道德除具有以上一般职业道德的特点以外，还有其他一些独特方面。

(1)互利是财务职业道德的基础。互利要求财务人员与其他人员之间的关系是一种自愿、平等的关系。财务人员必须把企业的利益追求与其他主体的利益结合起来，即不但要关心自身相应的回报，还应使对方的支出得到相应的回报，这两种回报之间的平衡便是互利，这是财务职业道德存在的基础。

(2)效率是财务职业道德的特色。社会经济的快速发展，使得“时间就是金钱”的观念已深入人心。对于整天与钱打交道的财务行业，效率更需放在重要位置。财务资本是流动的资本，流动得越快，效益越高。现代化的服务手段需要有高度惜时守时的财务职员，在职业道德中强化时间和效率观念成为财务现代化的必备条件。

(3)公正是财务职业道德的基本要求。财务工作的特征客观上要求财务人员具备公正无私的品质，公正无私是财务人员把职业意识、职业责任变成职业良心的结果，是财务职业发展的巨大推动力量。财务职业道德所要求的公正无私，首先要求财务人员要经得起金钱的考验，不非法牟取私利；其次要求财务人员维护单位利益，保护单位的财产不受损失；再次，财务职业道德所要求的公正无私还表现在财务人员在工作中要一丝不苟、一心一意做好业务，在账目数字和协议时间方面稍有懈怠都会给工作造成巨大损害；最后，公正无私还表现在财务人员拓展业务时，能够不畏艰苦，积极努力。

三、财务职业道德构建的原则

由于企业财务活动与会计活动在许多方面的密切联系，财务职业道德与会计职业道德实际上在很多方面都是相同或相似的。从各国的实践情况看，会计职业道德的发展往往比财务职业道德更为超前和完善。因此，在构建财务职业道德的过程中可以借鉴会计、审计职业道德构建中的有益经验。从美国的实践来看，会计职业道德的形成和发展不是自发的，可以说主要经历了两个明显的不同阶段：他律阶段和自律阶段。他律阶段以会计职业责任和义务为核心，强调社会、组织对会计职业个人的不当行为的防范，所以道德规则的重点是限制性或禁止性条款；自律阶段以职业良心、精神为核心，强调个人对社会的道德精神，所以道德规则的内容重点是描述个人内在的道德追求。

目前，美国会计师协会颁布的职业道德基本规则概括为表8-1。

表8-1 美国会计职业道德规范一览表

项目	注册会计师职业行为规则	管理会计师道德行为标准	财务经理道德规则
颁布机构	注册会计师协会	管理会计师协会	财务经理协会
原则	1.责任 2.公共利益 3.正直 4.客观与独立 5.能力 6.服务范围与种类	1.能力 2.机密性 3.正直 4.客观性	1.真诚与正直 2.以客观方式提供充分、相关的信息 3.遵守各项法规 4.尽力履行其责任 5.资料保密 6.不断提高专业技能 7.避免失信行为
行为规范	1.规则101：独立 2.规则102：正直与客观 3.规则201：一般准则，专有能力，应有职业注意，计划与督导，充分的相关资料 4.规则202：遵守准则 5.规则203：会计原理 6.规则301：保密委托人资料 7.规则302：应急费用 8.规则501：失信行为 9.规则502：广告与其他招揽顾客的方式 10.规则503：佣金 11.规则505：开业方式与名称		

《中国注册会计师职业道德基本准则》规定的职业道德是指注册会计师职业品德、职业纪律、专业胜任能力及职业责任等的总称。它包括：①一般原则；②专业胜任能力与技术规范；③对客户的责任；④对同行的责任；⑤其他责任等五个方面。

借鉴美国会计职业道德和我国注册会计师职业道德建设方面的做法，在构建中国的财务职业道德过程中应坚持以下两点：

(1)财务职业道德实质上的通用性与中国传统道德文化的相互融汇。西方现代财务和会计职业道德是随着市场经济的发展而逐步形成和完善起来的，西方学者对财务和会计职业道德做了多层面的探索研究，积累了许多有价值的思想和资料，值得我们学习和参考。例如美国会计职业道德规范中的“公正与正直”、“客观”、“业务能力与技术标准”、“保密”、“负责”等。在中国市场经济体系的建设和完善过程中，汲取和融汇西方财务与会计职业道德的价值目标、体系架构和精神内涵，对充实和发展我国的财务与会计职业道德十分必要。

但是，任何职业道德都不可能彻底摒弃本国的历史文化和道德传统。博大精深的中国传统道德文化，重视人伦价值，追求精神境界，提倡修养践履，推崇诚信无欺、信誉至上、取才有道、公而忘私的职业道德准则。这些准则在现阶段财务职业道德建设中尤其重要，也就是说，市场经济环境中财务职业道德的构建必须从中国传统文化中汲取有价值的思想营养，并赋予其新的思想意义，深化和充实我国财务职业道德的内涵。

(2)财务职业道德在内容上的原则性与操作性的有机结合。财务职业道德体系的构建必须特别重视道德规范的理论性和可操作性的融合。比如“客观性”、“公共利益”、“独立”、“能力”、“正直”等这些较为原则性的概念，着力于为财务职业道德的内在机制提供原则、思路和方向。但具体的职业道德规范条文要求行文具体，将抽象的原则性要求具体为可操作、可衡量的标准。比如，美国管理会计师协会(IMA)发布的《管理会计师职业道德行为规范》中的“机密性”原则，明确了管理会计师的三方面责任，其中第三条规定“禁止亲自或通过第三方使用或可能使用工作中获得的秘密信息去获取不道德的或违法的利益”。

财务职业道德作为一种财务行为规范机制，它是保证和促进财务活动达到预期目标的一种约束力量。它要在反映一个国家社会道德基本要求的同时，着重反映财务职业特殊的道德要求。

四、财务职业道德体系建设的基本内容

财务道德体系的内容，主要包括财务道德基本原则和意识理念(理念系统)、财务

道德规范系统、财务道德评价系统和财务道德保证系统等方面。其中财务道德理念系统是整个财务道德体系的核心;财务道德规范是基本原则的具体表现、补充和表述;而财务道德评价系统和保证系统自然是为了保证整个财务道德体系的可操作性。

(1)财务道德的理念系统。财务道德的理念系统包括财务道德的基本原则和财务道德的义务、良心、情操等意识理念,在财务道德体系中起统帅和支配作用。比如正直、客观公正、遵守法规、职业技能、资料保密等,既是财务职业道德的原则,又是对财务人员品德的要求,也是在制定财务道德规范条文时必须围绕的主题和核心。

(2)财务道德的规范系统。财务道德的规范系统包括整个社会对财务职业的看法、对财务工作的配合等财务道德的外部环境和财务从业人员的职业道德规范,如财务人员的工作态度、敬业精神、行为准则等内容。

(3)财务行为的道德评价系统。财务行为的道德评价系统包括社会组织、大众舆论对财务行为及财务人员的道德评价,以及财务人员对自身的道德评价。它又分为道德评价标准和道德评价方式。比如,对于财务人员的谨慎义务要求财务人员在履行职责时应合理地注意、审慎地判断、自主地决策,不得有疏忽、过失、懈怠。

(4)财务行为的道德保证系统。财务行为的道德保证系统包括财务道德教育、财务道德修养、财务道德监督的实践活动。前两者是为了培养财务人员良好的道德品质和情感习惯,能形成财务行为主体的自觉自律。财务道德监督则是将企业的财务行为和财务人员置于社会舆论和职能部门的监督之中,否定、斥责、惩治不道德的财务行为,肯定、奖励、表扬合情合理的财务行为及财务人员,以保证财务行为符合社会进步和经济发展的道德目标。

本章小结

企业组织财务活动,处理各种财务关系应与特定的财务管理体制相适应,建立相应的组织体系。企业财务管理体制是规范企业财务行为、协调企业同各方面财务关系的制度,它包含宏观和微观两个层次。财务机构负责企业日常的各项财务工作,协调企业和外部以及企业内部的各种财务关系。

财务管理工作是一门专业性较强的管理工作,它要求财务人员不仅要有专业知识和技能,而且要有处理各种财务关系和社会关系的非财务素质。财务人员要遵守财务规范,恪守财务职业道德。

参考文献

1. 谢荣,丁金斌. 从“娃哈哈”事件看新《企业财务通则》的价值. 财务与会计,2007(14).

2.沈长寿,沈良.万向集团财务管理体制的创新和实践.中国乡镇企业会计,2007(2).

3.田伟.试析国有企业集团财务制度体系的建设.国有资产管理,2007(3).

4.寸玉.美国某公司财务行为准则简介.上海会计,2005(1).

5.财政部企业司.《企业财务通则》解读.北京:中国财政经济出版社,2007.

思　考　题

1.如何理解企业财务管理体制的含义?

2.企业内部财务管理体制包括哪些内容?设计企业内部财务管理体制时应注意哪些问题?

3.企业财务机构的职责有哪些?企业财务机构可以设置为哪些形式?

4.企业各类财务人员的职责有何不同?

5.财务人员应该具备哪些素质?

6.什么是财务规范?我国的财务规范包含哪些层次和内容?

7.什么是财务职业道德?它有哪些特征?

附　　录

附表1 1元复利终值系数表

期数	1%	2%	3%	4%	5%	6%	7%	8%	9%	10%	12%
1	1.010 0	1.020 0	1.030 0	1.040 0	1.050 0	1.060 0	1.070 0	1.080 0	1.090 0	1.100 0	1.120 0
2	1.020 1	1.040 4	1.060 9	1.081 6	1.102 5	1.123 6	1.144 9	1.166 4	1.188 1	1.210 0	1.254 4
3	1.030 3	1.061 2	1.092 7	1.124 9	1.157 6	1.191 0	1.225 0	1.259 7	1.295 0	1.331 0	1.404 9
4	1.040 6	1.082 4	1.125 5	1.169 9	1.215 5	1.262 5	1.310 8	1.360 5	1.411 6	1.464 1	1.573 5
5	1.051 0	1.104 1	1.159 3	1.216 7	1.276 3	1.338 2	1.402 6	1.469 3	1.538 6	1.610 5	1.762 3
6	1.061 5	1.126 2	1.194 1	1.265 3	1.340 1	1.418 5	1.500 7	1.586 9	1.677 1	1.771 6	1.973 8
7	1.072 1	1.148 7	1.229 9	1.315 9	1.407 1	1.503 6	1.605 8	1.713 8	1.828 0	1.948 7	2.210 7
8	1.082 9	1.171 7	1.266 8	1.368 6	1.477 5	1.593 8	1.718 2	1.850 9	1.992 6	2.143 6	2.476 0
9	1.093 7	1.195 1	1.304 8	1.423 3	1.551 3	1.689 5	1.838 5	1.999 0	2.171 9	2.357 9	2.773 1
10	1.104 6	1.219 0	1.343 9	1.480 2	1.628 9	1.790 8	1.967 2	2.158 9	2.367 4	2.593 7	3.105 8
11	1.115 7	1.243 4	1.384 2	1.539 5	1.710 3	1.898 3	2.104 9	2.331 6	2.580 4	2.853 1	3.478 5
12	1.126 8	1.268 2	1.425 8	1.601 0	1.795 9	2.012 2	2.252 2	2.518 2	2.812 7	3.138 4	3.896 0
13	1.138 1	1.293 6	1.468 5	1.665 1	1.885 6	2.132 9	2.409 8	2.719 6	3.065 8	3.452 3	4.363 5
14	1.149 5	1.319 5	1.512 6	1.731 7	1.979 9	2.260 9	2.578 5	2.937 2	3.341 7	3.797 5	4.887 1
15	1.161 0	1.345 9	1.558 0	1.800 9	2.078 9	2.396 6	2.759 0	3.172 2	3.642 5	4.177 2	5.473 6
16	1.172 6	1.372 8	1.604 7	1.873 0	2.182 9	2.540 4	2.952 2	3.425 9	3.970 3	4.595 0	6.130 4
17	1.184 3	1.400 2	1.652 8	1.947 9	2.292 0	2.692 8	3.158 8	3.700 0	4.327 6	5.054 5	6.866 0

续附表 1

期数	1%	2%	3%	4%	5%	6%	7%	8%	9%	10%	12%
18	1.196 1	1.428 2	1.702 4	2.025 8	2.406 6	2.854 3	3.379 9	3.996 0	4.717 1	5.559 9	7.690 0
19	1.208 1	1.456 8	1.753 5	2.106 8	2.527 0	3.025 6	3.616 5	4.315 7	5.141 7	6.115 9	8.612 8
20	1.220 2	1.485 9	1.806 1	2.191 1	2.653 3	3.207 1	3.869 7	4.661 0	5.604 4	6.727 5	9.646 3
21	1.232 4	1.515 7	1.860 3	2.278 8	2.786 0	3.399 6	4.140 6	5.033 8	6.108 8	7.400 2	10.803 8
22	1.244 7	1.546 0	1.916 1	2.369 9	2.925 3	3.603 5	4.430 4	5.436 5	6.658 6	8.140 3	12.100 3
23	1.257 2	1.576 9	1.973 6	2.464 7	3.071 5	3.819 7	4.740 5	5.871 5	7.257 9	8.954 3	13.552 3
24	1.269 7	1.608 4	2.032 8	2.563 3	3.225 1	4.048 9	5.072 4	6.341 2	7.911 1	9.849 7	15.17 86
25	1.282 4	1.640 6	2.093 8	2.665 8	3.386 4	4.291 9	5.427 4	6.848 5	8.623 1	10.834 7	17.000 1
26	1.295 3	1.673 4	2.156 6	2.772 5	3.555 7	4.549 4	5.807 4	7.396 4	9.399 2	11.918 2	19.040 1
27	1.308 2	1.706 9	2.221 3	2.883 4	3.733 5	4.822 3	6.213 9	7.988 1	10.245 1	13.110 0	21.324 9
28	1.321 3	1.741 0	2.287 9	2.998 7	3.920 1	5.111 7	6.648 8	8.627 1	11.167 1	14.421 0	23.883 9
29	1.334 5	1.775 8	2.356 6	3.118 7	4.116 1	5.418 4	7.114 3	9.317 3	12.172 2	15.863 1	26.749 9
30	1.347 8	1.811 4	2.427 3	3.243 4	4.321 9	5.743 5	7.612 3	10.062 7	13.267 7	17.449 4	29.959 9
40	1.488 9	2.208 0	3.262 0	4.801 0	7.040 0	10.285 7	14.974 5	21.724 5	31.409 4	45.259 3	93.051 0
50	1.644 6	2.691 6	4.383 9	7.106 7	11.467 4	18.420 2	29.457 0	46.901 6	74.357 5	117.390 9	289.002 2
60	1.816 7	3.281 0	5.891 6	10.519 6	18.679 2	32.987 7	57.946 4	101.257 1	176.031 3	304.481 6	897.596 9

续附表 1

期数	14%	15%	16%	18%	20%	24%	28%	32%	36%
1	1.140 0	1.150 0	1.160 0	1.180 0	1.200 0	1.240 0	1.280 0	1.320 0	1.360 0
2	1.299 6	1.322 5	1.345 6	1.392 4	1.440 0	1.537 6	1.638 4	1.742 4	1.849 6
3	1.481 5	1.520 9	1.560 9	1.643 0	1.728 0	1.906 6	2.097 2	2.300 0	2.515 5
4	1.689 0	1.749 0	1.810 6	1.938 8	2.073 6	2.364 2	2.684 4	3.036 0	3.421 0
5	1.925 4	2.011 4	2.100 3	2.287 8	2.488 3	2.931 6	3.436 0	4.007 5	4.652 6
6	2.195 0	2.313 1	2.436 4	2.699 6	2.986 0	3.635 2	4.398 0	5.289 9	6.327 5
7	2.502 3	2.660 0	2.826 2	3.185 5	3.583 2	4.507 7	5.629 5	6.982 6	8.605 4
8	2.852 6	3.059 0	3.278 4	3.758 9	4.299 8	5.589 5	7.205 8	9.217 0	11.703 4
9	3.251 9	3.517 9	3.803 0	4.435 5	5.159 8	6.931 0	9.223 4	12.166 5	15.916 6
10	3.707 2	4.045 6	4.411 4	5.233 8	6.191 7	8.594 4	11.805 9	16.059 8	21.646 6
11	4.226 2	4.652 4	5.117 3	6.175 9	7.430 1	10.657 1	15.111 6	21.198 9	29.439 3
12	4.817 9	5.350 3	5.936 0	7.287 6	8.916 1	13.214 8	19.342 8	27.982 5	40.037 5
13	5.492 4	6.152 8	6.885 8	8.599 4	10.699 3	16.386 3	24.758 8	36.937 0	54.451 0
14	6.261 3	7.075 7	7.987 5	10.147 2	12.839 2	20.319 1	31.691 3	48.756 8	74.053 4
15	7.137 9	8.137 1	9.265 5	11.973 7	15.407 0	25.195 6	40.564 8	64.359 0	100.712 6
16	8.137 2	9.357 6	10.748 0	14.129 0	18.488 4	31.242 6	51.923 0	84.953 8	136.969 1
17	9.276 5	10.761 3	12.467 7	16.672 2	22.186 1	38.740 8	66.461 4	112.139 0	186.277 9

续附表 1

期数	14%	15%	16%	18%	20%	24%	28%	32%	36%
18	10.575 2	12.375 5	14.462 5	19.673 3	26.623 3	48.038 6	85.070 6	148.023 5	253.338 0
19	12.055 7	14.231 8	16.776 5	23.214 4	31.948 0	59.567 9	108.890 4	195.391 1	344.539 7
20	13.743 5	16.366 5	19.460 8	27.393 0	38.337 6	73.864 1	139.379 7	257.916 2	468.574 0
21	15.667 6	18.821 5	22.574 5	32.323 8	46.005 1	91.591 5	178.406 0	340.449 4	637.260 6
22	17.861 0	21.644 7	26.186 4	38.142 1	55.206 1	113.573 5	228.359 6	449.393 2	866.674 4
23	20.361 6	24.891 5	30.376 2	45.007 6	66.247 4	140.831 2	292.300 3	593.199 0	1178.677 2
24	23.212 2	28.625 2	35.236 4	53.109 0	79.496 8	174.630 6	374.144 4	783.022 7	1603.001 0
25	26.461 9	32.919 0	40.874 2	62.668 6	95.396 2	216.542 0	478.904 9	1 033.590 0	2 180.081 4
26	30.166 6	37.856 8	47.414 1	73.949 0	114.475 5	268.512 1	612.998 2	1 364.338 7	2 964.910 7
27	34.389 9	43.535 3	55.000 4	87.259 8	137.370 6	332.955 0	784.637 7	1 800.927 1	4 032.278 6
28	39.204 5	50.065 6	63.800 4	102.966 6	164.844 7	412.864 2	1 004.336 3	2 377.223 8	5 483.898 8
29	44.693 1	57.575 5	74.008 5	121.500 5	197.813 6	511.951 6	1 285.550 4	3 137.935 4	7 458.102 4
30	50.950 2	66.211 8	85.849 9	143.370 6	237.376 3	634.819 9	1 645.504 6	4 142.074 8	10 143.019 3
40	188.883 5	267.863 5	378.721 2	750.378 3	1 469.771 6	5 455.912 6	19 426.688 9	66 520.767 0	*
50	700.233 0	1 083.657 4	1 670.703 8	3 927.356 9	9 100.438 2	46 890.434 6	*	*	*
60	2 595.918 7	4 383.998 7	7 370.201 4	20 555.140 0	56 347.514 4	*	*	*	*

附表 2　1 元复利现值系数表

期数	1%	2%	3%	4%	5%	6%	7%	8%	9%	10%
1	0.990 1	0.980 4	0.970 9	0.961 5	0.952 4	0.943 4	0.934 6	0.925 9	0.917 4	0.909 1
2	0.980 3	0.961 2	0.942 6	0.924 6	0.907 0	0.890 0	0.873 4	0.857 3	0.841 7	0.826 4
3	0.970 6	0.942 3	0.915 1	0.889 0	0.863 8	0.839 6	0.816 3	0.793 8	0.772 2	0.751 3
4	0.961 0	0.923 8	0.888 5	0.854 8	0.822 7	0.792 1	0.762 9	0.735 0	0.708 4	0.683 0
5	0.951 5	0.905 7	0.862 6	0.821 9	0.783 5	0.747 3	0.713 0	0.680 6	0.649 9	0.620 9
6	0.942 0	0.888 0	0.837 5	0.790 3	0.746 2	0.705 0	0.666 3	0.630 2	0.596 3	0.564 5
7	0.932 7	0.870 6	0.813 1	0.759 9	0.710 7	0.665 1	0.622 7	0.583 5	0.547 0	0.513 2
8	0.923 5	0.853 5	0.789 4	0.730 7	0.676 8	0.627 4	0.582 0	0.540 3	0.501 9	0.466 5
9	0.914 3	0.836 8	0.766 4	0.702 6	0.644 6	0.591 9	0.543 9	0.500 2	0.460 4	0.424 1
10	0.905 3	0.820 3	0.744 1	0.675 6	0.613 9	0.558 4	0.508 3	0.463 2	0.422 4	0.385 5
11	0.896 3	0.804 3	0.722 4	0.649 6	0.584 7	0.526 8	0.475 1	0.428 9	0.387 5	0.350 5
12	0.887 4	0.788 5	0.701 4	0.624 6	0.556 8	0.497 0	0.444 0	0.397 1	0.355 5	0.318 6
13	0.878 7	0.773 0	0.681 0	0.600 6	0.530 3	0.468 8	0.415 0	0.367 7	0.326 2	0.289 7
14	0.870 0	0.757 9	0.661 1	0.577 5	0.505 1	0.442 3	0.387 8	0.340 5	0.299 2	0.263 3
15	0.861 3	0.743 0	0.641 9	0.555 3	0.481 0	0.417 3	0.362 4	0.315 2	0.274 5	0.239 4
16	0.852 8	0.728 4	0.623 2	0.533 9	0.458 1	0.393 6	0.338 7	0.291 9	0.251 9	0.217 6
17	0.844 4	0.714 2	0.605 0	0.513 4	0.436 3	0.371 4	0.316 6	0.270 3	0.231 1	0.197 8
18	0.836 0	0.700 2	0.587 4	0.493 6	0.415 5	0.350 3	0.295 9	0.250 2	0.212 0	0.179 9

续附表 2

期数	1%	2%	3%	4%	5%	6%	7%	8%	9%	10%
19	0.827 7	0.686 4	0.570 3	0.474 6	0.395 7	0.330 5	0.276 5	0.231 7	0.194 5	0.163 5
20	0.819 5	0.673 0	0.553 7	0.456 4	0.376 9	0.311 8	0.258 4	0.214 5	0.178 4	0.148 6
21	0.811 4	0.659 8	0.537 5	0.438 8	0.358 9	0.294 2	0.241 5	0.198 7	0.163 7	0.135 1
22	0.803 4	0.646 8	0.521 9	0.422 0	0.341 8	0.277 5	0.225 7	0.183 9	0.150 2	0.122 8
23	0.795 4	0.634 2	0.506 7	0.405 7	0.325 6	0.261 8	0.210 9	0.170 3	0.137 8	0.111 7
24	0.787 6	0.621 7	0.491 9	0.390 1	0.310 1	0.247 0	0.197 1	0.157 7	0.126 4	0.101 5
25	0.779 8	0.609 5	0.477 6	0.375 1	0.295 3	0.233 0	0.184 2	0.146 0	0.116 0	0.092 3
26	0.772 0	0.597 6	0.463 7	0.360 7	0.281 2	0.219 8	0.172 2	0.135 2	0.106 4	0.083 9
27	0.764 4	0.585 9	0.450 2	0.346 8	0.267 8	0.207 4	0.160 9	0.125 2	0.097 6	0.076 3
28	0.756 8	0.574 4	0.437 1	0.333 5	0.255 1	0.195 6	0.150 4	0.115 9	0.089 5	0.069 3
29	0.749 3	0.563 1	0.424 3	0.320 7	0.242 9	0.184 6	0.140 6	0.107 3	0.082 2	0.063 0
30	0.741 9	0.552 1	0.412 0	0.308 3	0.231 4	0.174 1	0.131 4	0.099 4	0.075 4	0.057 3
35	0.705 9	0.500 0	0.355 4	0.253 4	0.181 3	0.130 1	0.093 7	0.067 6	0.049 0	0.035 6
40	0.671 7	0.452 9	0.306 6	0.208 3	0.142 0	0.097 2	0.066 8	0.046 0	0.031 8	0.022 1
45	0.639 1	0.410 2	0.264 4	0.171 2	0.111 3	0.072 7	0.047 6	0.031 3	0.020 7	0.013 7
50	0.608 0	0.371 5	0.228 1	0.140 7	0.087 2	0.054 3	0.033 9	0.021 3	0.013 4	0.008 5
55	0.578 5	0.336 5	0.196 8	0.115 7	0.068 3	0.040 6	0.024 2	0.014 5	0.008 7	0.005 3

续附表 2

期数	12%	14%	15%	16%	18%	20%	24%	28%	32%	36%
1	0.892 9	0.877 2	0.869 6	0.862 1	0.847 5	0.833 3	0.806 5	0.781 2	0.757 6	0.735 3
2	0.797 2	0.769 5	0.756 1	0.743 2	0.718 2	0.694 4	0.650 4	0.610 4	0.573 9	0.540 7
3	0.711 8	0.675 0	0.657 5	0.640 7	0.608 6	0.578 7	0.524 5	0.476 8	0.434 8	0.397 5
4	0.635 5	0.592 1	0.571 8	0.552 3	0.515 8	0.482 3	0.423 0	0.372 5	0.329 4	0.292 3
5	0.567 4	0.519 4	0.497 2	0.476 1	0.437 1	0.401 9	0.341 1	0.291 0	0.249 5	0.214 9
6	0.506 6	0.455 6	0.432 3	0.410 4	0.370 4	0.334 9	0.275 1	0.227 4	0.189 0	0.158 0
7	0.452 3	0.399 6	0.375 9	0.353 8	0.313 9	0.279 1	0.221 8	0.177 6	0.143 2	0.116 2
8	0.403 9	0.350 6	0.326 9	0.305 0	0.266 0	0.232 6	0.178 9	0.138 8	0.108 5	0.085 4
9	0.360 6	0.307 5	0.284 3	0.263 0	0.225 5	0.193 8	0.144 3	0.108 4	0.082 2	0.062 8
10	0.322 0	0.269 7	0.247 2	0.226 7	0.191 1	0.161 5	0.116 4	0.084 7	0.062 3	0.046 2
11	0.287 5	0.236 6	0.214 9	0.195 4	0.161 9	0.134 6	0.093 8	0.066 2	0.047 2	0.034 0
12	0.256 7	0.207 6	0.186 9	0.168 5	0.137 2	0.112 2	0.075 7	0.051 7	0.035 7	0.025 0
13	0.229 2	0.182 1	0.162 5	0.145 2	0.116 3	0.093 5	0.061 0	0.040 4	0.027 1	0.018 4
14	0.204 6	0.159 7	0.141 3	0.125 2	0.098 5	0.077 9	0.049 2	0.031 6	0.020 5	0.013 5
15	0.182 7	0.140 1	0.122 9	0.107 9	0.083 5	0.064 9	0.039 7	0.024 7	0.015 5	0.009 9
16	0.163 1	0.122 9	0.106 9	0.093 0	0.070 8	0.054 1	0.032 0	0.019 3	0.011 8	0.007 3
17	0.145 6	0.107 8	0.092 9	0.080 2	0.060 0	0.045 1	0.025 8	0.015 0	0.008 9	0.005 4
18	0.130 0	0.094 6	0.080 8	0.069 1	0.050 8	0.037 6	0.020 8	0.011 8	0.006 8	0.003 9

续附表 2

期数	12%	14%	15%	16%	18%	20%	24%	28%	32%	36%
19	0.116 1	0.082 9	0.070 3	0.059 6	0.043 1	0.031 3	0.016 8	0.009 2	0.005 1	0.002 9
20	0.103 7	0.072 8	0.061 1	0.051 4	0.036 5	0.026 1	0.013 5	0.007 2	0.003 9	0.002 1
21	0.092 6	0.063 8	0.053 1	0.044 3	0.030 9	0.021 7	0.010 9	0.005 6	0.002 9	0.001 6
22	0.082 6	0.056 0	0.046 2	0.038 2	0.026 2	0.018 1	0.008 8	0.004 4	0.002 2	0.001 2
23	0.073 8	0.049 1	0.040 2	0.032 9	0.022 2	0.015 1	0.007 1	0.003 4	0.001 7	0.000 8
24	0.065 9	0.043 1	0.034 9	0.028 4	0.018 8	0.012 6	0.005 7	0.002 7	0.001 3	0.000 6
25	0.058 8	0.037 8	0.030 4	0.024 5	0.016 0	0.010 5	0.004 6	0.002 1	0.001 0	0.000 5
26	0.052 5	0.033 1	0.026 4	0.021 1	0.013 5	0.008 7	0.003 7	0.001 6	0.000 7	0.000 3
27	0.046 9	0.029 1	0.023 0	0.018 2	0.011 5	0.007 3	0.003 0	0.001 3	0.000 6	0.000 2
28	0.041 9	0.025 5	0.020 0	0.015 7	0.009 7	0.006 1	0.002 4	0.001 0	0.000 4	0.000 2
29	0.037 4	0.022 4	0.017 4	0.013 5	0.008 2	0.005 1	0.002 0	0.000 8	0.000 3	0.000 1
30	0.033 4	0.019 6	0.015 1	0.011 6	0.007 0	0.004 2	0.001 6	0.000 6	0.000 2	0.000 1
35	0.018 9	0.010 2	0.007 5	0.005 5	0.003 0	0.001 7	0.000 5	0.000 2	0.000 1	*
40	0.010 7	0.005 3	0.003 7	0.002 6	0.001 3	0.000 7	0.000 2	0.000 1	*	*
45	0.006 1	0.002 7	0.001 9	0.001 3	0.000 6	0.000 3	0.000 1	*	*	*
50	0.003 5	0.001 4	0.000 9	0.000 6	0.000 3	0.000 1	*	*	*	*
55	0.002 0	0.000 7	0.000 5	0.000 3	0.000 1	*	*	*	*	*

附表 3 1元年金终值系数表

期数	1%	2%	3%	4%	5%	6%	7%	8%	9%	10%
1	1.000 0	1.000 0	1.000 0	1.000 0	1.000 0	1.000 0	1.000 0	1.000 0	1.000 0	1.000 0
2	2.010 0	2.020 0	2.030 0	2.040 0	2.050 0	2.060 0	2.070 0	2.080 0	2.090 0	2.100 0
3	3.030 1	3.060 4	3.090 9	3.121 6	3.152 5	3.183 6	3.214 9	3.246 4	3.278 1	3.310 0
4	4.060 4	4.121 6	4.183 6	4.246 5	4.310 1	4.374 6	4.439 9	4.506 1	4.573 1	4.641 0
5	5.101 0	5.204 0	5.309 1	5.416 3	5.525 6	5.637 1	5.750 7	5.866 6	5.984 7	6.105 1
6	6.152 0	6.308 1	6.468 4	6.633 0	6.801 9	6.975 3	7.153 3	7.335 9	7.523 3	7.715 6
7	7.213 5	7.434 3	7.662 5	7.898 3	8.142 0	8.393 8	8.654 0	8.922 8	9.200 4	9.487 2
8	8.285 7	8.583 0	8.892 3	9.214 2	9.549 1	9.897 5	10.259 8	10.636 6	11.028 5	11.435 9
9	9.368 5	9.754 6	10.159 1	10.582 8	11.026 6	11.491 3	11.978 0	12.487 6	13.021 0	13.579 5
10	10.462 2	10.949 7	11.463 9	12.006 1	12.577 9	13.180 8	13.816 4	14.486 6	15.192 9	15.937 4
11	11.566 8	12.168 7	12.807 8	13.486 4	14.206 8	14.971 6	15.783 6	16.645 5	17.560 3	18.531 2
12	12.682 5	13.412 1	14.192 0	15.025 8	15.917 1	16.869 9	17.888 5	18.977 1	20.140 7	21.384 3
13	13.809 3	14.680 3	15.617 8	16.626 8	17.713 0	18.882 1	20.140 6	21.495 3	22.953 4	24.522 7
14	14.947 4	15.973 9	17.086 3	18.291 9	19.598 6	21.015 1	22.550 5	24.214 9	26.019 2	27.975 0
15	16.096 9	17.293 4	18.598 9	20.023 6	21.578 6	23.276 0	25.129 0	27.152 1	29.360 9	31.772 5
16	17.257 9	18.639 3	20.156 9	21.824 5	23.657 5	25.672 5	27.888 1	30.324 3	33.003 4	35.949 7
17	18.430 4	20.012 1	21.761 6	23.697 5	25.840 4	28.212 9	30.840 2	33.750 2	36.973 7	40.544 7

续附表 3

期数	1%	2%	3%	4%	5%	6%	7%	8%	9%	10%
18	19.614 7	21.412 3	23.414 4	25.645 4	28.132 4	30.905 7	33.999 0	37.450 2	41.301 3	45.599 2
19	20.810 9	22.840 6	25.116 9	27.671 2	30.539 0	33.760 0	37.379 0	41.446 3	46.018 5	51.159 1
20	22.019 0	24.297 4	26.870 4	29.778 1	33.066 0	36.785 6	40.995 5	45.762 0	51.160 1	57.275 0
21	23.239 2	25.783 3	28.676 5	31.969 2	35.719 3	39.992 7	44.865 2	50.422 9	56.764 5	64.002 5
22	24.471 6	27.299 0	30.536 8	34.248 0	38.505 2	43.392 3	49.005 7	55.456 8	62.873 3	71.402 7
23	25.716 3	28.845 0	32.452 9	36.617 9	41.430 5	46.995 8	53.436 1	60.893 3	69.531 9	79.543 0
24	26.973 5	30.421 9	34.426 5	39.082 6	44.502 0	50.815 6	58.176 7	66.764 8	76.789 8	88.497 3
25	28.243 2	32.030 3	36.459 3	41.645 9	47.727 1	54.864 5	63.249 0	73.105 9	84.700 9	98.347 1
26	29.525 6	33.670 9	38.553 0	44.311 7	51.113 5	59.156 4	68.676 5	79.954 4	93.324 0	109.181 8
27	30.820 9	35.344 3	40.709 6	47.084 2	54.669 1	63.705 8	74.483 8	87.350 8	102.723 1	121.099 9
28	32.129 1	37.051 2	42.930 9	49.967 6	58.402 6	68.528 1	80.697 7	95.338 8	112.968 2	134.209 9
29	33.450 4	38.792 2	45.218 9	52.966 3	62.322 7	73.639 8	87.346 5	103.965 9	124.135 4	148.630 9
30	34.784 9	40.568 1	47.575 4	56.084 9	66.438 8	79.058 2	94.460 8	113.283 2	136.307 5	164.494 0
40	48.886 4	60.402 0	75.401 3	95.025 5	120.799 8	154.762 0	199.635 1	259.056 5	337.882 4	442.592 6
50	64.463 2	84.579 4	112.796 9	152.667 1	209.348 0	290.335 9	406.528 9	573.770 2	815.083 6	1 163.908 5
60	81.669 7	114.051 5	163.053 4	237.990 7	353.583 7	533.128 2	813.520 4	1 253.213 3	1 944.792 1	3 034.816 4

续附表 3

期数	12%	14%	15%	16%	18%	20%	24%	28%	32%	36%
1	1.000 0	1.000 0	1.000 0	1.000 0	1.000 0	1.000 0	1.000 0	1.000 0	1.000 0	1.000 0
2	2.120 0	2.140 0	2.150 0	2.160 0	2.180 0	2.200 0	2.240 0	2.280 0	2.320 0	2.360 0
3	3.374 4	3.439 6	3.472 5	3.505 6	3.572 4	3.640 0	3.777 6	3.918 4	4.062 4	4.209 6
4	4.779 3	4.921 1	4.993 4	5.066 5	5.215 4	5.368 0	5.684 2	6.015 6	6.362 4	6.725 1
5	6.352 8	6.610 1	6.742 4	6.877 1	7.154 2	7.441 6	8.048 4	8.699 9	9.398 3	10.146 1
6	8.115 2	8.535 5	8.753 7	8.977 5	9.442 0	9.929 9	10.980 1	12.135 9	13.405 8	14.798 7
7	10.089 0	10.730 5	11.066 8	11.413 9	12.141 5	12.915 9	14.615 3	16.533 9	18.695 6	21.126 2
8	12.299 7	13.232 8	13.726 8	14.240 1	15.327 0	16.499 1	19.122 9	22.163 4	25.678 2	29.731 6
9	14.775 7	16.085 3	16.785 8	17.518 5	19.085 9	20.798 9	24.712 5	29.369 2	34.895 3	41.435 0
10	17.548 7	19.337 3	20.303 7	21.321 5	23.521 3	25.958 7	31.643 4	38.592 6	47.061 8	57.351 6
11	20.654 6	23.044 5	24.349 3	25.732 9	28.755 1	32.150 4	40.237 9	50.398 5	63.121 5	78.998 2
12	24.133 1	27.270 7	29.001 7	30.850 2	34.931 1	39.580 5	50.895 0	65.510 0	84.320 4	108.437 5
13	28.029 1	32.088 7	34.351 9	36.786 2	42.218 7	48.496 6	64.109 7	84.852 9	112.303 0	148.475 0
14	32.392 6	37.581 1	40.504 7	43.672 0	50.818 0	59.195 9	80.496 1	109.611 7	149.239 9	202.926 0
15	37.279 7	43.842 4	47.580 4	51.659 5	60.965 3	72.035 1	100.815 1	141.302 9	197.996 7	276.979 3
16	42.753 3	50.980 4	55.717 5	60.925 0	72.939 0	87.442 1	126.010 8	181.867 7	262.355 7	377.691 9
17	48.883 7	59.117 6	65.075 1	71.673 0	87.068 0	105.930 6	157.253 4	233.790 7	347.309 5	514.661 0

续附表 3

期数	12%	14%	15%	16%	18%	20%	24%	28%	32%	36%
18	55.749 7	68.394 1	75.836 4	84.140 7	103.740 3	128.116 7	195.994 2	300.252 1	459.448 5	700.938 9
19	63.439 7	78.969 2	88.211 8	98.603 2	123.413 5	154.740 0	244.032 8	385.322 7	607.472 1	954.276 9
20	72.052 4	91.024 9	102.443 6	115.379 7	146.628 0	186.688 0	303.600 6	494.213 1	802.863 1	1 298.816 6
21	81.698 7	104.768 4	118.810 1	134.840 5	174.021 0	225.025 6	377.464 8	633.592 7	1 060.779 3	1 767.390 6
22	92.502 6	120.436 0	137.631 6	157.415 0	206.344 8	271.030 7	469.056 3	811.998 7	1 401.228 7	2 404.651 2
23	104.602 9	138.297 0	159.276 4	183.601 4	244.486 8	326.236 9	582.629 8	1 040.358 3	1 850.621 9	3 271.325 6
24	118.155 2	158.658 6	184.167 8	213.977 6	289.494 5	392.484 2	723.461 0	1 332.658 6	2 443.820 9	4 450.002 9
25	133.333 9	181.870 8	212.793 0	249.214 0	342.603 5	471.981 1	898.091 6	1 706.803 1	3 226.843 6	6 053.003 9
26	150.333 9	208.332 7	245.712 0	290.088 3	405.272 1	567.377 3	1 114.633 6	2 185.707 9	4 260.433 6	8 233.085 3
27	169.374 0	238.499 3	283.568 8	337.502 4	479.221 1	681.852 8	1 383.145 7	2 798.706 1	5 624.772 3	11 197.996 0
28	190.698 9	272.889 2	327.104 1	392.502 8	566.480 9	819.223 3	1 716.100 7	3 583.343 8	7 425.699 4	15 230.274 5
29	214.582 8	312.093 7	377.169 7	456.303 2	669.447 5	984.068 0	2 128.964 8	4 587.680 1	9 802.923 3	20 714.173 4
30	241.332 7	356.786 8	434.745 1	530.311 7	790.948 0	1 181.881 6	2 640.916 4	5 873.230 6	12 940.858 7	28 172.275 8
40	767.091 4	1 342.025 1	1 779.090 3	2 360.757 2	4 163.213 0	7 343.857 8	22 728.802 6	69 377.460 4	*	*
50	2 400.018 2	4 994.521 3	7 217.716 3	10 435.648 8	21 813.093 7	45 497.190 8	*	*	*	*
60	7 471.641 1	18 535.133 3	29 219.991 6	46 057.508 5	*	*	*	*	*	*

附表 4　1 元年金现值系数表

期数	1%	2%	3%	4%	5%	6%	7%	8%	9%
1	0.990 1	0.980 4	0.970 9	0.961 5	0.952 4	0.943 4	0.934 6	0.925 9	0.917 4
2	1.970 4	1.941 6	1.913 5	1.886 1	1.859 4	1.833 4	1.808 0	1.783 3	1.759 1
3	2.941 0	2.883 9	2.828 6	2.775 1	2.723 2	2.673 0	2.624 3	2.577 1	2.531 3
4	3.902 0	3.807 7	3.717 1	3.629 9	3.546 0	3.465 1	3.387 2	3.312 1	3.239 7
5	4.853 4	4.713 5	4.579 7	4.451 8	4.329 5	4.212 4	4.100 2	3.992 7	3.889 7
6	5.795 5	5.601 4	5.417 2	5.242 1	5.075 7	4.917 3	4.766 5	4.622 9	4.485 9
7	6.728 2	6.472 0	6.230 3	6.002 1	5.786 4	5.582 4	5.389 3	5.206 4	5.033 0
8	7.651 7	7.325 5	7.019 7	6.732 7	6.463 2	6.209 8	5.971 3	5.746 6	5.534 8
9	8.566 0	8.162 2	7.786 1	7.435 3	7.107 8	6.801 7	6.515 2	6.246 9	5.995 2
10	9.471 3	8.982 6	8.530 2	8.110 9	7.721 7	7.360 1	7.023 6	6.710 1	6.417 7
11	10.367 6	9.786 8	9.252 6	8.760 5	8.306 4	7.886 9	7.498 7	7.139 0	6.805 2
12	11.255 1	10.575 3	9.954 0	9.385 1	8.863 3	8.383 8	7.942 7	7.536 1	7.160 7
13	12.133 7	11.348 4	10.635 0	9.985 6	9.393 6	8.852 7	8.357 7	7.903 8	7.486 9
14	13.003 7	12.106 2	11.296 1	10.563 1	9.898 6	9.295 0	8.745 5	8.244 2	7.786 2
15	13.865 1	12.849 3	11.937 9	11.118 4	10.379 7	9.712 2	9.107 9	8.559 5	8.060 7
16	14.717 9	13.577 7	12.561 1	11.652 3	10.837 8	10.105 9	9.446 6	8.851 4	8.312 6
17	15.562 3	14.291 9	13.166 1	12.165 7	11.274 1	10.477 3	9.763 2	9.121 6	8.543 6
18	16.398 3	14.992 0	13.753 5	12.659 3	11.689 6	10.827 6	10.059 1	9.371 9	8.755 6

续附表 4

期数	1%	2%	3%	4%	5%	6%	7%	8%	9%
19	17.226 0	15.678 5	14.323 8	13.133 9	12.085 3	11.158 1	10.335 6	9.603 6	8.950 1
20	18.045 6	16.351 4	14.877 5	13.590 3	12.462 2	11.469 9	10.594 0	9.818 1	9.128 5
21	18.857 0	17.011 2	15.415 0	14.029 2	12.821 2	11.764 1	10.835 5	10.016 8	9.292 2
22	19.660 4	17.658 0	15.936 9	14.451 1	13.163 0	12.041 6	11.061 2	10.200 7	9.442 4
23	20.455 8	18.292 2	16.443 6	14.856 8	13.488 6	12.303 4	11.272 2	10.371 1	9.580 2
24	21.243 4	18.913 9	16.935 5	15.247 0	13.798 6	12.550 4	11.469 3	10.528 8	9.706 6
25	22.023 2	19.523 5	17.413 1	15.622 1	14.093 9	12.783 4	11.653 6	10.674 8	9.822 6
26	22.795 2	20.121 0	17.876 8	15.982 8	14.375 2	13.003 2	11.825 8	10.810 0	9.929 0
27	23.559 6	20.706 9	18.327 0	16.329 6	14.643 0	13.210 5	11.986 7	10.935 2	10.026 6
28	24.316 4	21.281 3	18.764 1	16.663 1	14.898 1	13.406 2	12.137 1	11.051 1	10.116 1
29	25.065 8	21.844 4	19.188 5	16.983 7	15.141 1	13.590 7	12.277 7	11.158 4	10.198 3
30	25.807 7	22.396 5	19.600 4	17.292 0	15.372 5	13.764 8	12.409 0	11.257 8	10.273 7
35	29.408 6	24.998 6	21.487 2	18.664 6	16.374 2	14.498 2	12.947 7	11.654 6	10.566 8
40	32.834 7	27.355 5	23.114 8	19.792 8	17.159 1	15.046 3	13.331 7	11.924 6	10.757 4
45	36.094 5	29.490 2	24.518 7	20.720 0	17.774 1	15.455 8	13.605 5	12.108 4	10.881 2
50	39.196 1	31.423 6	25.729 8	21.482 2	18.255 9	15.761 9	13.800 7	12.233 5	10.961 7
55	42.147 2	33.174 8	26.774 4	22.108 6	18.633 5	15.990 5	13.939 9	12.318 6	11.014 0

续附表 4

期数	10%	12%	14%	15%	16%	18%	20%	24%	28%	32%
1	0.909 1	0.892 9	0.877 2	0.869 6	0.862 1	0.847 5	0.833 3	0.806 5	0.781 2	0.757 6
2	1.735 5	1.690 1	1.646 7	1.625 7	1.605 2	1.565 6	1.527 8	1.456 8	1.391 6	1.331 5
3	2.486 9	2.401 8	2.321 6	2.283 2	2.245 9	2.174 3	2.106 5	1.981 3	1.868 4	1.766 3
4	3.169 9	3.037 3	2.913 7	2.855 0	2.798 2	2.690 1	2.588 7	2.404 3	2.241 0	2.095 7
5	3.790 8	3.604 8	3.433 1	3.352 2	3.274 3	3.127 2	2.990 6	2.745 4	2.532 0	2.345 2
6	4.355 3	4.111 4	3.888 7	3.784 5	3.684 7	3.497 6	3.325 5	3.020 5	2.759 4	2.534 2
7	4.868 4	4.563 8	4.288 3	4.160 4	4.038 6	3.811 5	3.604 6	3.242 3	2.937 0	2.677 5
8	5.334 9	4.967 6	4.638 9	4.487 3	4.343 6	4.077 6	3.837 2	3.421 2	3.075 8	2.786 0
9	5.759 0	5.328 2	4.946 4	4.771 6	4.606 5	4.303 0	4.031 0	3.565 5	3.184 2	2.868 1
10	6.144 6	5.650 2	5.216 1	5.018 8	4.833 2	4.494 1	4.192 5	3.681 9	3.268 9	2.930 4
11	6.495 1	5.937 7	5.452 7	5.233 7	5.028 6	4.656 0	4.327 1	3.775 7	3.335 1	2.977 6
12	6.813 7	6.194 4	5.660 3	5.420 6	5.197 1	4.793 2	4.439 2	3.851 4	3.386 8	3.013 3
13	7.103 4	6.423 5	5.842 4	5.583 1	5.342 3	4.909 5	4.532 7	3.912 4	3.427 2	3.040 4
14	7.366 7	6.628 2	6.002 1	5.724 5	5.467 5	5.008 1	4.610 6	3.961 6	3.458 7	3.060 9
15	7.606 1	6.810 9	6.142 2	5.847 4	5.575 5	5.091 6	4.675 5	4.001 3	3.483 4	3.076 4
16	7.823 7	6.974 0	6.265 1	5.954 2	5.668 5	5.162 4	4.729 6	4.033 3	3.502 6	3.088 2
17	8.021 6	7.119 6	6.372 9	6.047 2	5.748 7	5.222 3	4.774 6	4.059 1	3.517 7	3.097 1
18	8.201 4	7.249 7	6.467 4	6.128 0	5.817 8	5.273 2	4.812 2	4.079 9	3.529 4	3.103 9

续附表 4

期数	10%	12%	14%	15%	16%	18%	20%	24%	28%	32%
19	8.364 9	7.365 8	6.550 4	6.198 2	5.877 5	5.316 2	4.843 5	4.096 7	3.538 6	3.109 0
20	8.513 6	7.469 4	6.623 1	6.259 3	5.928 8	5.352 7	4.869 6	4.110 3	3.545 8	3.112 9
21	8.648 7	7.562 0	6.687 0	6.312 5	5.973 1	5.383 7	4.891 3	4.121 2	3.551 4	3.115 8
22	8.771 5	7.644 6	6.742 9	6.358 7	6.011 3	5.409 9	4.909 4	4.130 0	3.555 8	3.118 0
23	8.883 2	7.718 4	6.792 1	6.398 8	6.044 2	5.432 1	4.924 5	4.137 1	3.559 2	3.119 7
24	8.984 7	7.784 3	6.835 1	6.433 8	6.072 6	5.450 9	4.937 1	4.142 8	3.561 9	3.121 0
25	9.077 0	7.843 1	6.872 9	6.464 1	6.097 1	5.466 9	4.947 6	4.147 4	3.564 0	3.122 0
26	9.160 9	7.895 7	6.906 1	6.490 6	6.118 2	5.480 4	4.956 3	4.151 1	3.565 6	3.122 7
27	9.237 2	7.942 6	6.935 2	6.513 5	6.136 4	5.491 9	4.963 6	4.154 2	3.566 9	3.123 3
28	9.306 6	7.984 4	6.960 7	6.533 5	6.152 0	5.501 6	4.969 7	4.156 6	3.567 9	3.123 7
29	9.369 6	8.021 8	6.983 0	6.550 9	6.165 6	5.509 8	4.974 7	4.158 5	3.568 7	3.124 0
30	9.426 9	8.055 2	7.002 7	6.566 0	6.177 2	5.516 8	4.978 9	4.160 1	3.569 3	3.124 2
35	9.644 2	8.175 5	7.070 0	6.616 6	6.215 3	5.538 6	4.991 5	4.164 4	3.570 8	3.124 8
40	9.779 1	8.243 8	7.105 0	6.641 8	6.233 5	5.548 2	4.996 6	4.165 9	3.571 2	3.125 0
45	9.862 8	8.282 5	7.123 2	6.654 3	6.242 1	5.552 3	4.998 6	4.166 4	3.571 4	3.125 0
50	9.914 8	8.304 5	7.132 7	6.660 5	6.246 3	5.554 1	4.999 5	4.166 6	3.571 4	3.125 0
55	9.947 1	8.317 0	7.137 6	6.663 6	6.248 2	5.554 9	4.999 8	4.166 6	3.571 4	3.125 0